Bertrand Cramer, Francisco Palacio-Espasa
Psychotherapie mit Müttern und ihren Babys

»edition psychosozial«

Bertrand Cramer, Francisco Palacio-Espasa

Psychotherapie mit Müttern und ihren Babys

Kurzzeitbehandlungen in Theorie und Praxis

Herausgegeben von Marie-Jeanne Augustin-Forster
Aus dem Französischen von Eike Wolff
Mit einem Vorwort von Marie-Jeanne Augustin-Forster

Psychosozial-Verlag

Titel der französischen Originalausgabe:
»La pratique des psychothérapies mères-bébés«
© Presses Universitaires de France

Bibliografische Information der Deutschen Nationalbibliothek
Die Deutsche Nationalbibliothek verzeichnet diese Publikation in der Deutschen
Nationalbibliografie; detaillierte bibliografische Daten sind im Internet über
<http://dnb.d-nb.de> abrufbar.

Deutsche Erstveröffentlichung
© 2009 Psychosozial-Verlag
Walltorstr. 10, D-35390 Gießen.
Tel.: 0641/969978-18; Fax: 0641/969978-19
E-Mail: info@psychosozial-verlag.de
www.psychosozial-verlag.de
Alle Rechte vorbehalten. Kein Teil des Werkes darf in irgendeiner Form (durch
Fotografie, Mikrofilm oder andere Verfahren) ohne schriftliche Genehmigung des
Verlages reproduziert oder unter Verwendung elektronischer Systeme verarbeitet,
vervielfältigt oder verbreitet werden.
Umschlagabbildung: Gustav Klimt: »Die drei Lebensalter der Frau« (1905)
(Ausschnitt)
Satz & Gestaltung: Hanspeter Ludwig, Wetzlar
www.imaginary-world.net
Printed in Germany
ISBN 978-3-89806-822-2

Inhalt

Vorwort	15
Einführung	21
Hinweis für den Leser	23
1 Klinische Illustrationen und Erörterungen von Beziehungspsychopathologien	23
2 Illustrationen zu Praxis und Theorie der Technik gemeinsamer Psychotherapie	24
3 Theoretische Ausarbeitungen zur gegenseitigen Durchdringung von Konflikthaftigkeit der Eltern und psychischen Abläufen im frühesten Lebensalter	25

Erster Teil
Die gemeinsamen Psychotherapien:
klinische Studien zur Eltern-Kleinkind-Psychopathologie

Einführung	28

Kapitel I
Woher kommen die gemeinsamen Therapien
von Mutter und Kleinkind? 29

I	Die Entwicklung eines Konzepts	29
	1 Die gemeinsamen Therapien von Mutter und Kleinkind	29
	2 Der Beitrag von René Spitz	30
	3 Der Beitrag von Margaret Mahler	31
	4 Der Beitrag Winnicotts	33
	5 Der Beitrag der »Interaktionisten«	34
	6 Der Beitrag von Selma Fraiberg	35
	7 Die französischsprachigen Beiträge	37
	8 Die Beiträge der Genfer Schule	41

II	Die Entwicklung der Psychiatrie des frühen Lebensalters	43
	1 Vorausgegangenes und Nachträglichkeit	43
	2 Die Definition der frühen Pathologien anhand der Interaktion	46
III	Die Kürze der Mutter-Kleinkind-Psychotherapien	48
	1 Die Mutter-Kind-Kurztherapien	51
	2 Kurztherapien und Techniken	52

Kapitel II
Die psychischen Abläufe im Postpartum: eine neue Topik 55

I	Spezifische Charakteristika der postnatalen Psychopathologie und deren Therapie	56
	1 Die Materialisierung	61
	2 Die Inkarnation oder das Objekt Kleinkind	62
	3 Das Baby als Strukturteil	62
	4 Das Kind als psychische Erweiterung	62
	5 Kontinuität und Diskontinuität	64
	6 Der Umbruch der Elternschaft	65
	7 Die Instabilität des Postpartums	66
II	Der Sektorcharakter der elterlichen Konfliktfelder	67
	1 Die Entkoppelung von Psychopathologie des Postpartums und vorheriger psychischer Struktur	68
	2 Zur Häufigkeit von Dekompensationen im Postpartum	68
III	Die Vorhersage-Irrtümer	69

Kapitel III
Die Entwicklung der Identifizierungen mit den Eltern 73

I	Von der Adoleszenz zum Erwachsenen	73
II	Identifizierungen zum Aufbau der Elternidentität	74
III	Die »entwicklungsbedingte Trauersituation« im Zusammenhang mit dem Eintritt in die Elternschaft	76
	1 Die Etablierung der »Elternfunktion«	76
IV	Unerreichbare Elternschaft: Extrem fordernde Elternideale	79

V	Depressive Entwicklung im Zusammenhang mit der Elternschaft	80
VI	Die »verfolgten« Eltern	81
VII	Entwicklungstrauer und therapeutische Rezeptivität	82

Zweiter Teil
Der psychotherapeutische Prozess:
Eingehende Untersuchung eines Falles

Einführung   86

Kapitel IV
Darstellung der ersten Sitzung einer Kurztherapie   87

I	»Eine Tochter tut ihrer Mutter Gewalt an«	87
	1 Das Aufkommen der symptomatischen Interaktionssequenz	99
II	Analyse der Hauptkonfliktthemen und Interventionen der ersten Sitzung	114
	1 Die Themen	114
	2 Die Interventionen	115
	3 Analyse der Interventionen	116

Kapitel V
Zusammenfassender Bericht zu den Sitzungen zwei bis sechs   119

I	Zweite Sitzung, 24. März 1988	119
	1 »Die Distanz«	119
II	Dritte Sitzung, 29. März 1988	123
	1 »Die Grenze«	123
III	Vierte Sitzung, 19. April 1988	131
	1 »Die Veränderung«	131
IV	Fünfte Sitzung, 28. April 1988	134
	1 »Der Ausschluss«	134
	2 Die Ankündigung des Endes	137
V	Sechste Sitzung, 4. Mai 1988	138
	1 »Die Wiedergutmachung«	138

Kapitel VI
Beurteilung der Psychotherapie-Effekte 145

I   Die Evaluation von Kurztherapien mit Kindern 149
    1   Zusammenfassende Beschreibung des Forschungsprojekts:
        Evaluation der Kurztherapien von Mutter und Säugling 150
II Die klinische Beurteilung der Therapieeffekte 153
    1   Symptome 156
    2   Die Interaktionen 158
    3   Tabelle der Ergebnisse nach Crittenden 158
    4   Tabelle der Ergebnisse nach der Sensibilitäts-Skala
        von Ainsworth 160
    5   Zusammenfassung 161
    6   Schlussfolgerungen zu den quantitativen Beurteilungen
        der Therapieeffekte 162

Kapitel VII
Katamnestische Beurteilungen und Einzeltherapie des Kindes 165

I   Die erste Katamnese, 16. März 1989 (Zehn Monate später) 165

II Die zweite Katamnese (14. Juni 1990)
    und Sandras Einzeltherapie 169
    1   Die Therapie 169
    2   Auszüge aus den beiden ersten Sitzungen 170
III Schlussfolgerungen 173

Kapitel VIII
Die symptomatische Interaktionssequenz (SIS):
zwischen Intrapsychischem und Interagiertem 177

I   Interaktion und Deutung 179
    1   Die symptomatische Interaktionssequenz 180

II Intrapsychisches und Interagiertes 186
    1   Deutung der SIS 187
    2   Der Effekt der Koinzidenz 189

Dritter Teil
Klinische Illustration:
Zusammenhänge zwischen den Konflikten der Eltern und der Psychopathologie des Kindes

Einführung 194

Kapitel IX
Verschiebung unabgeschlossener Trauer auf das Kind 195

I   Einführung   195

II   Erste Sitzung   195
     1   Kommentar zur ersten Sitzung   197

III   Zweite Sitzung   199
     1   Kommentar zur zweiten Sitzung   200

IV   Dritte Sitzung   201
     1   Kommentar zur dritten Sitzung   202

V   Vierte Sitzung   203
     1   Kommentar zur vierten Sitzung   204

VI   Fünfte Sitzung   205
     1   Kommentar zur fünften Sitzung   206

VII   Allgemeiner Kommentar zum Fall   206
     1   Der Herd   206
     2   Die Aufhebung der Symptome   208

VIII   Die Katamnese nach zwei Jahren:
Das Mädchen ist drei Jahre und zehn Monate alt   209
     1   Betrachtungen zur Psychogenese aus Interaktion:
         Das Fortleben mütterlicher Fantasien im Kind   211
     2   Analyse der zentralen Fantasien Maries   212
     3   Die Weitergabe der mütterlichen Fantasien   214

IX   Das Eindringen der mütterlichen Projektionen:
die symptomatischen Interaktionssequenzen   215

X   Rollenzuschreibung   216

XI   Der positive Einfluss der mütterlichen Projektionen   217

XII Ödipuskonflikt der Mutter, Ödipuskonflikt der Tochter   218

Vierter Teil
Theorie und Praxis der Technik

Einführung   222

Kapitel X
Die Ursachen therapeutischer Veränderungen   223

I   Faktoren der Veränderung in Therapien
    von Mutter und Kleinkind   226

II Die Reduzierung der mütterlichen Projektionen
    auf das Kind und damit einhergehende Veränderungen
    der Interaktion   231
    1   Die Ortung der Projektion und der Resonanzeffekt
        ihrer Deutung   232
    2   Die Dynamik der elterlichen Projektionen   237

III Die Veränderungen der Besetzungen des Kindes
    und der Vorstellungen der Mutter von ihm   242

IV Heilung des Kindes durch Erkrankung der Mutter – oder:
    Die Verlagerung der Pathologie vom Kind zur Mutter   243

V   Soll der Mutter eine zeitlich offene Psychotherapie
    eingeräumt werden?   245

VI Mütterliche Depressivität und selbstkorrektive Faktoren   247

VII Wenn die Kurztherapie nicht ausreicht   248

VIII Ein Fall von Heilung des Kindes durch eine
    erotische Erkrankung der Mutter   249
    1   Olaf, der Schreckliche!   249
    2   Analyse der kurativen Faktoren im Fall Olaf und Ingrid   265

Kapitel XI
Technische Prinzipien: Befragung der Technik   271

I   Psychotherapeutische Techniken und Psychotherapieforschung   272

II Spezifität und Nicht-Spezifität   273

III	Die Ausbildung in psychotherapeutischer Technik	275
IV	Schlussfolgerungen zur Evaluationsforschung in der Psychotherapie und zur Darstellung der Technik	276
V	Psychoanalyse und Psychotherapien: Gemeinsamkeiten und Differenzen	278
	1 Gold und Kupfer	279
	2 Das Problem der Veränderung unbewusster Strukturen	280
VI	Technische Prinzipien	282
	1 Dauer	282
	2 Frequenz	283
	3 Setting	283
	4 Psychotherapie mit zwei, drei oder vier Partnern?	283
	5 Und der Vater?	285
VII	Der Herd	286
VIII	Die Modelle	287
IX	Die klinischen Zeichen	289
X	Klinisches Auffassungsvermögen und Theorie des Therapeuten	291
XI	Profil der verbalen Aktivität des Therapeuten	293
XII	Vergleichende Analyse der verbalen Aktivität von Mutter und Therapeut	294
	1 Vergleich der Gesamtzahl der von Therapeut und Mutter gesprochenen Worte und der Sprechzeit in einer Sitzung	294
	2 Verteilung von Gesamtwortzahl und Sprechzeit von Mutter und Therapeut (drei Therapien)	295
	3 Prozentuale Verteilung der Anzahl der von Therapeut und Mutter gesprochenen Worte	297
	4 Diskussion der Grafiken 5 und 6	297
	5 Mittlere Wortanzahl pro Äußerung und mittlere Dauer der Interventionen von Mutter und Therapeut (drei Therapien)	298
	6 Vergleichende Entwicklung der Redeaufteilung zwischen erster und fünfter Sitzung in drei Therapien	300
XIII	Diskussion	304

XIV	Schlussfolgerung	306
XV	Der Inhalt der Interventionen des Therapeuten	307
	1 Ziele der Therapie	307
	2 Schlussfolgerungen zur Technik des Therapeuten	309
XVI	Das Problem der Übertragung in den gemeinsamen Therapien	310
	1 Übertragungsspaltung	311
XVII	Beendigung	312

Kapitel XII
Die Begrenztheiten der gemeinsamen Therapien   315

I	Der Umfang der therapeutischen Wirkungen	317
II	Die Evaluierung der Therapieergebnisse	317
	1 Die Dauer der Verbesserungen	317
III	Katamnese von zwei gemeinsamen Therapien: Prägung durch die Projektionen der Mutter	319
IV	Eine katamnestische Studie in der Adoleszenz	320
V	Das Schicksal der elterlichen Projektionen	321
VI	Ein Beispiel falscher Indikationsstellung zu gemeinsamer Therapie	323
VII	Die Begrenztheit der Wirkungen einer gemeinsamen Therapie samt einer Katamnese nach zwei Jahren	324
	1 Kommentar	326
	2 Zweite Sitzung	328
	3 Kommentar	329
	4 Dritte Sitzung	330
	5 Kommentar	331
	6 Vierte Sitzung	332
	7 Gesamtkommentar zum Fall	334
	8 Die Katamnese nach etwa zwei Jahren	337
	9 Die Unterredung mit dem Kind allein	339
	10 Kommentar zum Katamnesegespräch	340
	11 Zusammenfassung des Berichts von Dianes Logopädin acht Monate später	342

VIII Diskussion der Begrenztheiten der therapeutischen Wirkung in
Abhängigkeit von der Psychopathologie   343

Fünfter Teil
Psychische Funktionsweise und frühe Eltern-Kind-Beziehung:
Versuch einer theoretischen Ausarbeitung

Einführung   348

Kapitel XIII
Identifizierung, Projektion und projektive Identifizierung
in der frühen Mutter-Kind-Beziehung: der Beitrag
der gemeinsamen Therapien   349

I   Betrachtungen zur projektiven Identifizierung   350
   1   Pathologische projektive Identifizierungen:
      Ausstoßung und Annexion   351
   2   Die Unterschiede zwischen libidinösen
      und aggressiven projektiven Identifizierungen   352
   3   Die projektive Identifizierung in der Beziehung
      zwischen Mutter und Säugling   352
   4   Drei Modalitäten projektiver Identifizierung
      von Eltern auf ihre Kinder   353
   5   »Externalisierende« projektive Identifizierungen
      und Trauerfälle der Eltern   355
   6   »Zwingende« projektive Identifizierungen
      und pathologische Trauersituationen der Eltern   356
II Trauer der Eltern um ein real verlorenes Objekt   356
   1   Trauer der Eltern um ein Fantasieobjekt   357
   2   Narzisstischer Funktionsmodus der Eltern
      und Schwierigkeiten bei der Trauerarbeit   358
III Die Deutung »anaklitischer« oder »ödipaler« Projektionen   359
IV Die Rolle des Vaters und die Rolle des Dritten   361

Kapitel XIV
Die Beiträge der Mutter zu den Identifizierungen — 363

I Die strukturierende und die pathogene Rolle
der Identifizierungsfunktion der Mutter — 363
1 Die »entfremdenden« Identifizierungen
in den Theorien von Piera Aulagnier — 365
2 Die Identifizierungsfunktion der Mutter
in den Mutter-Kind-Psychotherapien — 366

II Die Rolle der »externalisierenden« und »empathischen«
projektiven Identifizierungen bei der Entwicklung
des kindlichen Identitätsgefühls — 367
1 Der »zwingende« Druck
der projektiven Identifizierungen der Eltern — 368
2 Das frühe Identifizierungsparadox,
durch die gemeinsamen Therapien evident gemacht — 369
3 Die Identifizierungen als Ausdrucksform früher Fantasien — 370

III Ausstoßende und deformierende projektive Identifizierungen
der Eltern: Frühe Identifizierungsstörungen des Kindes — 371
1 Verzerrungen der Interaktion zwischen Mutter und Baby — 372
2 Frühe Identifizierungsstörungen beim Kleinkind — 373
3 Negative Identifizierungen mit zurückweisenden
und verfolgenden Elternobjekten — 374
4 Der pathologische Narzissmus des Babys — 375

IV Fragen zur frühen Entwicklung der Identifizierungen — 375

Schlussfolgerungen — 379

I Der Umbruch — 379
II Die Kurzpsychotherapien — 381
III Evaluationen der Psychotherapieeffekte — 382
IV Technik — 383
V Die Beiträge der Eltern zur Formung der kindlichen Psyche — 384

Literatur — 387

Vorwort

Es ist erfreulich und höchste Zeit, dass dieses wichtige Buch der Genfer Autoren Bertrand Cramer und Francesco Palacio-Espasa nun endlich auf Deutsch vorliegt.
Das 1993 erstmals erschienene Buch *La pratique des psychothérapies mères-bébés* hat seither viele Neuauflagen erhalten. Als »Bilingue« wurde ich verschiedentlich gefragt, ob ich dieses wichtige Buch nicht selbst oder mit anderen zusammen übersetzen wolle. Ich realisierte also, dass ein Buch, das im französischen Sprachraum wie eine Art »Bibel« für viele im frühen Bereich tätigen Psychotherapeuten angesehen wurde, bei uns nur für diejenigen zugänglich war, die bereit und fähig waren, sich in den französischen Text zu vertiefen. Für viele Ausbildungskandidaten und Analytiker angesichts der darin enthaltenen analytischen Fachbegriffe eine unüberwindbare Angelegenheit.
Als ich beschloss, in späten Jahren neben der Erwachsenenanalyse noch eine Zusatzausbildung in psychoanalytischer Mutter-Baby-Therapie zu absolvieren und später dann auch selbst Kurse in diesem Bereich erteilte, erhielt das Buch für mich nochmals eine völlig neue Aktualität. So machte ich mich auf die Suche nach einer Übersetzungsmöglichkeit. Als ich auf die von Eike Wolff ins Deutsche übersetzten Texte von André Green stieß, war mein »Wunschübersetzer« in meinem Kopf klar umrissen. Wer einen Green übersetzen kann, ist hochbegabt und analytisch hochgeschult. Ich hatte das Glück, dass Herr Eike Wolff mir sofort zusagte. Er war es auch, der mir den Weg zum renommierten Psychosozial-Verlag in Gießen ebnete. Es blieb mir also nur noch, die Finanzierung der Übersetzung zu organisieren. Unerwarteterweise erhielt ich dann kurz nach Vertragsabschluss mit dem Verlag von der Stiftung Freie Assoziation in Basel für mein Babyzentrumsprojekt in Zürich einen finanziellen Beitrag,

den ich zur Hälfte für die vorliegende Übersetzung benutzen konnte. Meine Mutter und ich teilten uns dann noch die restlichen Kosten.

Beide Autoren kennt man im französischen Sprachraum gut. Beide sind Lehranalytiker und Supervisoren (d. h. Ausbildungsanalytiker) bei der Schweizerischen Gesellschaft für Psychoanalyse, Mitglieder der IPA; beide waren Professoren für Psychiatrie des Kindes und des Jugendlichen am Universitätsspital in Genf. Die Autoren haben 25 Jahre in Genf miteinander gearbeitet und geforscht. Cramer ist seit einigen Jahren, Palacio-Espasa seit Kurzem emeritiert.

Francisco Palacio-Espasa ist, laut einer mündlichen Mitteilung, vor allem für die theoretischen Teile des Buches verantwortlich, Bertrand Cramer für die klinischen und wissenschaftlichen Teile; jedes Kapitel wurde selbstverständlich von beiden durchgearbeitet. Beide Autoren arbeiten in freier Praxis im Raum Genf und halten Vorträge. Sie sind Verfasser zahlreicher Publikationen und psychoanalytischer Bücher. Um den Stellenwert von Bertrand Cramer in Frankreich zu verdeutlichen, sei eine kleine Anekdote aus einem Kongress zum Thema »Sa majesté le bébé«, der 2006 in Aix-en-Provence stattfand, angeführt: Der Leiter und Moderator der Tagung Fabien Joly stellte den Vortragenden B. Cramer (der auch dort Videodemonstrationen klinischer Beispiele präsentierte und im Publikum viel Begeisterung auslöste) vor, und meinte am Schluss: »Je crois, qu'on a tous un ›petit Cramer‹ en nous …« (»Wir haben, glaube ich, alle einen ›kleinen Cramer‹ in uns …«)

Die wissenschaftlichen Untersuchungen und klinischen Arbeiten der beiden Autoren sind bahnbrechend und einmalig, aber auch ihre Theorie der Technik, weil sie das Verständnis für die Entwicklung der Psyche des Kindes auf eine neue Basis stellen, nämlich die Basis frühester Interaktionen mit den Eltern. Dies stellt eine zentrale Erweiterung dar. Mit katamnestischen Untersuchungen konnten die Autoren die Wirksamkeit der Kurztherapien aufzeigen. Sie sind damit international bekannt geworden, und das Buch hat einen großen Stellenwert in Forschung und Praxis erhalten. Es gibt kaum ein namhaftes Buch oder Buchkapitel zur frühen psychischen Entwicklung, in dem das vorliegende Buch nicht zitiert wird. Gerade heute, wo die Kenntnisse über das Babyalter einen in der Geschichte nie erreichten Stellenwert bekommen haben (was mitunter auch zu einer Fetischisierung des Babys geführt hat) und die frühen Mutter-Baby-Therapien immer mehr an Bedeutung gewinnen, hat das Buch an Aktualität nochmals hinzu gewonnen.

Man kann feststellen, dass sich innerhalb der Psychoanalyse in den letzten Jahrzehnten eine Wende abgezeichnet hat: Neben der »inneren« Realität fasst man auch die »äußere« Realität des Kindes (die ja auch Teil seiner psychischen

Welt wird), vermehrt ins Auge. Serge Lebovici hat damals ein Tabu gebrochen, als er betonte, dass die Sicht auf die Interaktion zwischen Mutter und Baby nicht notwendigerweise die Aufdeckung der unbewussten Vorstellungswelt verdecken muss. Die Ankunft eines Babys kann die psychische Welt der Eltern vollkommen durcheinander bringen. Unbewusste Konflikte werden interaktiv mit dem Baby in »Szene« gesetzt und können gerade deshalb auf diese neue Weise aufgedeckt und bearbeitet werden. Lebovici legte schon früh den Zeigefinger auf die transgenerationelle Weitergabe von Konflikten und hat vielen Mut gemacht, in dieser Richtung zu forschen und zu arbeiten.

Heute wird der Einfluss der Eltern auf die Konstruktion der psychischen Strukturen des Kindes, aber auch auf deren Inhalte, allgemein anerkannt. In der Kinderpsychiatrie, sagte mir Cramer, bestehe die Hälfte der Arbeit in der Arbeit mit den Eltern des Kindes. Die Aufmerksamkeit auch auf die »Interaktionen« zu richten, habe eine neue Dimension für die Auszubildenden gebracht. Alle diese Bereiche könnten sehr gut in den Eltern-Kind-Therapien studiert werden; ein guter Grund, sagte er, die Technik der gemeinsamen Therapien von Mutter und Kind (les »thérapies conjointes«) zu erlernen.

Was die gemeinsamen »Mutter-Baby-Therapien« bewirken können, und womit sie tatsächlich Erfolg haben, wird hier brillant beschrieben. Das hat nicht nur damit zu tun, dass die innerpsychischen Strukturen der Mutter im Postpartum (ersten zwei Jahre) generell aufgelockert sind (Winnicott spricht von der primären mütterlichen Fürsorge als einer speziellen Form von Verrücktheit), sondern auch mit der speziellen Arbeitsweise der Therapeuten. Hinzu kommt die spezielle Beziehung der Mutter zu ihrem Baby, das die Rolle eines Katalysators spielt (Fraiberg), welcher die Mutter offener und empfänglicher für Deutungen macht. Die große Wirkung »einfacher« Deutungen (aber auch die Kontraindikationen und die Grenzen dieser Therapieform) werden in diesem Buch eindrücklich gezeigt.

Mit zahlreichen, ausführlichen klinischen Beispielen illustrieren die Autoren, wie die Mutter ihren Säugling »deutet«, resp. Teile ihres Selbst auf ihn überträgt und wie der Therapeut auf subtile Weise damit umgehen kann. Dabei ist eine eminent analytische Haltung von großer Bedeutung, eine Haltung, die nicht nur für die unbewussten Fantasien der jungen Mütter einen Empfangsraum bereitstellt, sondern auch für archaische Ängste und chaotische Anteile, welche es den Müttern erschweren, eine echte emotionale Beziehung zu ihrem Baby aufzubauen und die projizierten Anteile in ihren eigenen psychischen Raum zurückzunehmen. Da die Mütter diese Ängste oft auch vor sich selbst verbergen, ist es Aufgabe des Analytikers, diese aufzuspüren und ihnen einen

»Container« zur Verfügung zu stellen, der das Mutter-Baby-Paar (das immer auch den Vater einbezieht) wahrnimmt, es von den infantilen Anteilen entlastet, damit sich Neues ereignen und in der Beziehung Gestalt annehmen kann. Junge Eltern benötigen oft auch eine Elternfigur, die eine tragende Funktion ausübt. Mitunter wird eine solche Mutter-Baby-Therapie, in der eine schwere Persönlichkeitsstörung der Mutter mitspielt, längere Zeit beanspruchen und in eine Einzeltherapie übergehen müssen.

Die Autoren weisen darauf hin, dass es zwar wichtig ist, die »Stile« des Umgangs und die konkreten Interaktionen zu studieren, es aber vor allem um die Analyse der spezifischen Inhalte der unbewussten Fantasien oder der übertragenen Selbstanteile geht, die von den Eltern auf das Kind übertragen werden. Aus dem realen Kind wird so leicht ein phantasmatisches Kind. Selma Fraiberg, die Pionierin der Mutter-Baby-Therapien, spricht von den »Gespenstern im Kinderzimmer«, die aus der Vergangenheit der Eltern als ungeladene Gäste auftauchen. Das Baby kann von den Eltern wie etwas »Unheimliches« oder zumindest wie ein »Rätsel« erlebt werden. Die Autoren können ferner zeigen, dass eine intergenerationelle Weitergabe von Inhalten und Themen stattfindet und dass der Einfluss der (Groß-) Mutter der Mutter eine eminent wichtige Rolle spielt. Je stärker die Abwehr der unbewussten Inhalte, desto größer wird der Druck auf das Baby und desto wahrscheinlicher kommt es zu einer Beeinträchtigung seiner Entwicklung. Die negative Interaktionsspirale nimmt ihren Lauf und es kommt zu den ersten Symptomen. Werden diese Symptome nicht frühzeitig behandelt, eskalieren sie leicht. Einige dieser Kinder haben dann auch ein erhöhtes Risiko, vernachlässigt oder Opfer von Misshandlungen zu werden. Frühintervention ist also von eminenter Bedeutung. Die Autoren zeigen, dass die Bewusstmachung und Durcharbeitung der elterlichen Projektionen auf das Kind und die Zurücknahme dieser Anteile in den eigenen psychischen Raum zur Verbesserung der Beziehungsqualität führen und die Symptome des Säuglings dann auch verschwinden. Eindrücklich ist die Technik der Deutung, die hohe Kunst, mit einfachen Worten und einer empathischen Haltung hochkomplexe Vorgänge aufzuzeigen. Es ist dies ein Verfahren, das eindeutig mutter- bzw. elternzentriert ist. Im Mittelpunkt der Aufmerksamkeit stehen die Eltern und ihre Fantasien über sich selbst und ihr Kind. Dennoch ist die »Mutter-Baby-Therapie« nicht mit einer Einzeltherapie vergleichbar.

Das vorliegende Buch ist nicht nur für Psychoanalytiker, die mit Müttern und Babys arbeiten, unentbehrlich, sondern auch für alle psychoanalytisch arbeitenden Psychotherapeuten empfehlenswert. Es kann auch ein Stimulans für eine Weiterbildung in psychoanalytischer Mutter-Baby-Therapie sein, eine Arbeit, die zwar äußerst anstrengend (sie setzt eine fundierte psychoanalytische Grundausbildung sowie etliche Berufserfahrung voraus und ist meist nur in Teilzeit praktizierbar), aber auch sehr bereichernd für die übrige therapeutische Tätigkeit sein kann. Daher wünsche ich, das vorliegende Buch werde in viele Hände gelangen, und seine Überlegungen mögen in Lehre und Praxis der Psychotherapie, insbesondere der »Mutter-Kind-Therapien«, einfließen.

Mein Dank gilt: Herrn Dr. biol. hom. Eike Wolff, Psychoanalytiker IPA, der Stiftung Freie Assoziation in Basel (gegründet von Frau Verena Wenger, Psychoanalytikerin IPA) für den finanziellen Beitrag und Herrn Prof. Jürgen Wirth, Leiter des Psychosozial-Verlags, für die Veröffentlichung.

Marie-Jeanne Augustin-Forster

Dr. phil., Psychoanalytikerin IPA, Lehranalytikerin und Dozentin am Freud-Institut Zürich, Leitung des Babyzentrums Zürich

Einführung

Die Psychopathologien des Kleinkinds werden am besten verstehbar, wenn man zwei Bereiche gleichzeitig in den Blick nimmt: den des Intrapsychischen und den der wechselseitigen Beziehungen.

Das Setting der gemeinsamen Psychotherapien macht eine solche bifokale Sichtweise möglich: Die Mutter gibt über ihre Assoziationen den prägenden Einfluss ihrer Konflikthaftigkeit auf ihre Beziehung zum Kind zu erkennen; die parallel dazu ablaufenden Interaktionen zwischen Mutter und Baby zeigen die Umsetzung dieser Konflikte in Handlungen, wozu das Baby der eigenen Funktionsweise entsprechend seinen Anteil beisteuert.

Der Psychotherapeut orientiert sein Zuhören auf Punkte des Zusammentreffens der Konflikthaftigkeit der Mutter mit der im Werden begriffenen Funktionsweise des Babys sowie auf die Berührungspunkte von Intrapsychischem und Interagiertem.

Seine Technik hängt von den Besonderheiten dieser Phänomenologie ab, deren Dynamik aus der spezifischen psychischen Funktionsweise hervorgeht, die im Postpartum vorherrscht.

Wir versuchen in diesem Buch, die Praxis der gemeinsamen Psychotherapien von Mutter und Kleinkind darzulegen, deren Technik durch die frühen Psychopathologien bestimmt wird: Wir werden aufzeigen, dass die Dyade aus Mutter und Kleinkind ein instabiles System ist, das für innere und äußere Einflüsse außerordentlich empfänglich ist und sich infolgedessen bestens für eine Praxis und Theorie psychischer Veränderung eignet. Im Lauf von gemeinsamen Kurztherapien, deren Technik anhand von Fallgeschichten vorgestellt wird, lassen sich oft bedeutsame Veränderungen erreichen.

Auswirkungen und Grenzen dieser Therapien werden anhand von Evaluationsstudien zu den therapeutischen Veränderungen und anhand der Diskussion der Therapieindikation und des Scheiterns von Therapien dargestellt.

Die Grundfrage, die unseren Forschungsprojekten die Richtung liefert, ist die nach den Einflüssen der Funktionsweise der Eltern auf den Bahnungsprozess, der zur Strukturierung der Psyche des Kindes führt. Wir meinen, dass die gemeinsamen Psychotherapien diesen Bereich in ganz eigener Weise beleuchten können.

Hinweis für den Leser

Zur Information des Lesers darüber, was er in den verschiedenen Abschnitten dieses Buches antreffen wird, möchten wir hier eine Übersicht anbieten.
Man findet dort im Großen und Ganzen drei Hauptfelder von Daten:
1. klinische Illustrationen und Erörterungen früher Psychopathologien der Dyade,
2. Illustrationen zu Praxis und Theorie der Technik gemeinsamer Psychotherapie,
3. theoretische Ausarbeitungen zur gegenseitigen Durchdringung von Konflikthaftigkeit der Eltern und psychischen Abläufen im frühesten Lebensalter.

1 Klinische Illustrationen und Erörterungen von Beziehungspsychopathologien

Anhand von psychotherapeutischen Falldarstellungen wird die Legitimität des Konzepts der Beziehungspsychopathologie am greifbarsten.
Der zweite Teil widmet sich vollständig der Detailstudie eines Falles über den therapeutischen Prozess hinweg (Kapitel IV und Kapitel VIII). Eine Katamnese, gefolgt von einer Einzelpsychotherapie dieses Falles (Kapitel VII), führt uns zur Diskussion über die Dauerhaftigkeit der Prägungen, die die Projektionen der Mutter in einem Bahnungsprozess hinterlassen, der in die Kindheitsneurose mündet. Im Kapitel VIII wird anhand des gleichen Falles das Konzept der symptomatischen Interaktionssequenz dargestellt, das die Simultanität von konflikthafter Dynamik der Mutter

und deren interaktiver Formgebung zwischen Mutter und Kind auf den Begriff bringt.

Der dritte Teil liefert in geraffter Form einen Bericht über eine Therapie, in der die gegenseitige Durchdringung von elterlicher Konflikthaftigkeit und interaktioneller Psychopathologie sehr deutlich wird.

2 Illustrationen zu Praxis und Theorie der Technik gemeinsamer Psychotherapie

Das Konzept der gemeinsamen Therapie wird im Kapitel I diskutiert, und zwar im Rahmen seiner Entwicklung im Bereich der Psychiatrie der ersten Lebensjahre und der Theorien zur frühen Eltern-Kind-Beziehung.

Der detaillierte Bericht über eine erste Sitzung (Kapitel IV) liefert so transparent wie möglich einen Einblick in den Stil der Technik. Die Lektüre dieses Fallberichts, der als paradigmatisches Beispiel präsentiert wird, ist unerlässlich, will man sich ein Bild über den therapeutischen Prozess, die Interventionsformen des Therapeuten und die Langzeiteffekte der Psychotherapie machen (Kapitel IV und VIII).

Im vierten Teil findet der Leser eine Beschreibung der technischen Prinzipien sowie eine eingehende Studie zur Sprechverteilung zwischen Mutter und Therapeut in drei Therapien (Kapitel XI).

Die Indikationskriterien für eine zeitlich offene Einzeltherapie der Mutter – wenn sich die gemeinsame Kurztherapie als unzureichend erweist – werden anhand eines Falles dargestellt, in dem die »Heilung« des Kindes eine Übertragungserkrankung der Mutter auslöst (Kapitel X).

Die Begrenztheit der Wirkungen gemeinsamer Kurztherapien wird anhand eines Falles von schwerer Interaktionspathologie herausgearbeitet, in dem eine disharmonische Entwicklung beobachtet wurde, als das Kind vier Jahre alt war (Kapitel XII).

Eine umfangreiche Studie zur Evaluierung der Wirkungen gemeinsamer Therapien, die an unserem Institut durchgeführt wurde und auch die in diesem Buch dargestellten Fälle enthält, dient uns als Referenz zur Diskussion von Therapieergebnissen sowie der Probleme, die mit der Evaluierung von Psychotherapie zusammenhängen (Kapitel VI).

3 Theoretische Ausarbeitungen zur gegenseitigen Durchdringung von Konflikthaftigkeit der Eltern und psychischen Abläufen im frühesten Lebensalter

Die psychischen Veränderungen im Zusammenhang mit dem Eintritt in die Elternschaft zeigen eine nur wenig bekannte Phänomenologie eigener Art: Deren Ausarbeitung bieten wir in den Kapiteln II und III an.

Die projektiven Identifizierungen der Eltern spielen in der Interaktionspsychopathologie und den gemeinsamen Therapien eine grundlegende Rolle. Im Kapitel XIII werden sie unter dem Gesichtspunkt ihres Beitrags zur Normalität und zur Pathologie diskutiert.

Unsere Erfahrung mit den gemeinsamen Therapien veranlasst uns dazu, der Funktionsweise der Mutter bei der Beeinflussung der Interaktionspsychopathologie und der normalen und pathologischen Identifizierungen des Kindes eine entscheidende strukturierende Rolle zuzuschreiben (Kapitel VIV).

Erster Teil
Die gemeinsamen Psychotherapien: klinische Studien zur Eltern-Kleinkind-Psychopathologie

Einführung

Die gemeinsamen Psychotherapien haben sich immer mehr zu einer eigenen psychotherapeutischen Entität hin entwickelt. Wir unternehmen den Versuch, ihrer Spezifität einen Platz zuzuordnen, und zwar im Rahmen einer klinischen und theoretischen Reflexion der normalen und pathologischen Beziehungen zwischen Eltern und Säugling.

Die Dynamik dieser Therapien hängt von den jeweiligen Bedingungen dieser ganz besonderen Begegnung zwischen den Eltern mit ihrer komplexen Geschichte und ihren inneren Konflikten und jenem rätselhaften Wesen ab, das das Neugeborene nun einmal ist. Die Psychopathologie der Beziehung ist Ausdruck dieser Begegnung, in der sich die Sinngebungen, die die Eltern vornehmen, und die Art und Weise, wie sich das Kleinkind damit zurechtfindet, miteinander verschränken.

Um diese Dynamik zu verstehen, gehen wir der Frage nach, wie sich die Identifizierungen entwickeln, die für die Elternschaft und das besondere psychische Geschehen des Postpartums charakteristisch sind.

Kapitel I
Woher kommen die gemeinsamen Therapien von Mutter und Kleinkind?

I   Die Entwicklung eines Konzepts

Die prinzipielle Originalität dieser Therapien liegt darin, dass sie sich eher an eine Beziehung richten als an ein Individuum. Anhand der Literatur werden wir diese spezifische Therapieform in diesem Kapitel hauptsächlich unter der Perspektive ihrer historischen Vorläufer darstellen.

Die zweite Originalität – die therapeutische Intervention bei Müttern mit *kleinen* Kindern – ist die Kürze, in der diese Therapie in vielen Fällen abgeschlossen werden kann. Im zweiten Teil dieses Kapitels werden wir einen kurzen Überblick der Geschichte der Kurztherapie geben, eine Domäne, die inzwischen Gegenstand zahlreicher Publikationen und Forschungsansätze ist.

1   Die gemeinsamen Therapien von Mutter und Kleinkind

Unter Kleinkind verstehen wir vor allem das Kind unter 24 Monaten, das heißt das *Infans*, für das die Sprache noch nicht das hauptsächliche Instrument für Kommunikation und Vorstellungstätigkeit ist. Die Abhängigkeit von der Mutter herrscht vor, mit dem damit einhergehenden typischen imperativen und drängend-unmittelbaren Charakter, der es oft unmöglich macht, das Kind allein zu empfangen. Dieses Charakteristikum allein rechtfertigt bereits, dass man Mutter und Kind zusammen sieht. Darüber hinaus kann man feststellen, dass die meisten Formen, in denen Psychopathologie in diesem jungen Alter zum Ausdruck kommt, am besten im Rahmen der Mutter-Kind-Beziehung zu erfassen sind, und zwar mittels einer Konzeptualisierung der Pathogenese, nach der die psychopathologischen Ausdrucksformen als »Beziehungsstörungen« beschrieben werden können.

Ein von bekannten Autoren der Psychiatrie des ersten Lebensalters geschriebenes Buch widmet sich übrigens einer Untersuchung dieses Konzepts; es heißt *Relationship Disturbances in Early Childhood* (Sameroff et al. 1989) und bietet ein pathogenetisches und nosologisches Modell an, das an die unterschiedlichen Erscheinungsformen der Eltern-Kind-Beziehung anknüpft.

Unsere Konzeptualisierung der symptomatischen Interaktionssequenzen (Kapitel VIII) – das Agieren gemeinsamer Konflikte von Mutter und Kind *in* der therapeutischen Sitzung – macht die Notwendigkeit deutlich, Mutter und Kind zusammen zu empfangen, denn gerade im Verlauf dieser »Mini-Szenarien« innerhalb der Interaktion wird der Therapeut die Verbindung zwischen dem zentralen unbewussten Konflikt der Mutter, dessen interaktiver Formgebung und der Beteiligung des Kindes an dieser Szene erfassen können.

2   Der Beitrag von René Spitz

Ideengeschichtlich betrachtet besteht Spitz' großer Verdienst darin, mit seinem Konzept der anaklitischen Depression die vitale Rolle der Mutter-Kind-Beziehung dramatisch in den Blick gerückt zu haben, das er mit starken Bildern vom physischem und psychischen Niedergang von Kleinkindern ausstattete, die ihrer Mutter beraubt sind. Er hatte auch eine prophetische Vision dessen, was man dann später die Kompetenzen des Kleinkinds nannte, denn er hat die Rolle des Lächelns als sozialer Auslöser herausgearbeitet, die Fremdenangst als Zeichen dafür, dass das Kleinkind Differenzierungen vornimmt, und das Auftauchen des Neins als eines frühen Signifikanten der zunehmenden Autonomie des Kleinkinds.

Seine klinischen Arbeiten zu funktionellen und psychosomatischen Störungen des Kleinkinds sind weniger bekannt geworden: Er hatte eine ätiologische Klassifizierung der »psychogenen Krankheiten des Kleinkinds« versucht (1951).

Er schlägt eine ätiologische Klassifikation *in Anhängigkeit von* der mütterlichen Haltung vor und sieht Symptome wie Koliken, zwanghafte Schaukelbewegungen, Säuglingsekzeme und Fäkalspiele in Zusammenhang mit mütterlichen Haltungen wie primäre Ablehnung, ängstliche Permissivität, Oszillieren zwischen Feindseligkeit und Verwöhnung, usw.

Man sieht, dass sich für ihn hier bereits die Idee einer spezifischen Form der Mutter-Kind-Interaktion abzeichnet (er benutzt übrigens bereits den Begriff der Interaktion), der kausal mit der spezifischen Psychopathologie des Kindes verbunden wird. Er erforscht, was er »Entgleisung des Dialogs« (Spitz 1964) genannt hat, und man sieht sein Bemühen, die Pathologien der Interaktion zu identifizieren, wobei er bereits die Bedeutung der zyklischen Stimmungsumschwünge und der Wirkung der unbewussten mütterlichen Konflikte auf die Interaktion voraussieht. Er schlägt auch den Einsatz von Therapien in der frühen Kindheit vor, aber nach dem Muster von Psychotherapie oder Psychoanalyse der *Mutter* allein (Spitz 1950).

Wenn man im Rückblick die Wirkung von Spitz' Werk bedenkt – das heute längst in die museale Ahnenreihe abgeschoben ist –, muss man anerkennen, dass es von großer Reichweite ist und in zahlreichen zeitgenössischen Arbeiten zur Psychiatrie der frühesten Kindheit seine Spuren hinterlassen hat. Man erinnere sich daran, dass Spitz Mitglied einer Gruppe von Psychoanalytikern war, die das erforschten, was man damals die »prägenitalen Phasen« nannte und dies in dem Bemühen, die ersten Schritte des psychischen Lebens zu erhellen, um Freuds Werk zu ergänzen, das ja mehr um die ödipale Konstellation herum zentriert war und weniger auf die Rolle der Mutter bei der frühen Strukturbildung achtete. Seine Art und Weise, diese »prägenitale« Phase anzugehen, ist ein wichtigerer Vorläufer für die aktuellen Bereiche der Psychiatrie und der Mutter-Kleinkind-Therapien als das Werk Melanie Kleins, da er den Schwerpunkt nicht auf die Welt der Protofantasien des Kleinkinds legte (außer in seinem berühmten Aufsatz »Die Urhöhle«), sondern auf die *Beziehung* zwischen Mutter und Kind.

Dazu kommt, dass er mehr auf Beobachtungstechniken zurückgegriffen hat – und dabei übrigens ein Pionier für die Nutzung von Videoaufzeichnungen von Kleinkindern wurde –, als auf eine therapeutische und interpretierende Herangehensweise. Seine Arbeiten haben zahlreiche Forschungsansätze tief inspiriert, von denen die Arbeiten von R. Emde und seinem Team zur Affektkommunikation die berühmtesten sind.

3   Der Beitrag von Margaret Mahler[1]

Margaret Mahler stammt – wie Spitz – aus dem intellektuellen Milieu Österreich-Ungarns, das die Wiege so vieler psychoanalytischer Forschungen

---

1 Siehe dazu Cramer 1987.

war, und doch hat sie nicht den gleichen Weg genommen. Sie geht von zwei Gesichtspunkten aus: erstens, dass die Beobachtung früher Verhaltensweisen psychoanalytische Daten bestätigen oder falsifizieren werde, was sie zu einer unerbittlichen Beobachterin der unterschiedlichen Formen der frühen Mutter-Kind-Beziehung machte; zweitens, dass die Erfahrungen, die die Anfänge der Individualität bestimmen, in der »dualen Einheit der Symbiose« begründet sind (Mahler et al. 1975). Sie wird zur Klinikerin und Theoretikerin der Symbiosefantasie, wobei sie von deren Erscheinungsformen innerhalb der Beziehung ausging. Sie hat eine wesentliche Rolle bei der Förderung systematischer filmischer Beobachtung früher Interaktionen gespielt (insbesondere für die Altersperiode von sechs bis 20 Monate) sowie bei deren Interpretation mit Begriffen wie Konflikte, Fantasien und Widerstandsformen, die sich sämtlich um das Begriffspaar von Trennung und Individuation gruppieren. Sie hat eine entscheidende Rolle beim Ausbau der Vorstellung gespielt, dass das »Selbst« des Kindes durch die Gegebenheiten und Wechselfälle der Mutter-Kind-Beziehung zutiefst geprägt wird.

Darüber hinaus hat sie unter der Bezeichnung »Dreiermodell« eine neuartige Form der Behandlung von psychotischen Störungen bei kleinen Kindern entwickelt, bei der Mutter und Kind einbezogen werden.

Ihr Ziel dabei war, der Mutter zu helfen, dem Kind eine korrigierende symbiotische Erfahrung bieten zu können. Ihr war deutlich geworden, dass die Mutter aktiv zur Behandlung beitrug, indem sie *ihre* Interpretationen des kindlichen Verhaltens beisteuerte, und außerdem dadurch, dass sich ihr Kontakt zum Kind im Lauf der Sitzungen verbesserte.

Allerdings ist anzumerken, dass die deutende Aktivität des Therapeuten bei dieser Form der Behandlung bescheiden ist, denn sie zielt nicht auf eine Erhellung der Fantasien oder Konflikte der Mutter. Letztere wird eher als eine Assistentin denn als Objekt von Intervention des Therapeuten angesehen.

Dennoch hat Mahler auf verschiedenen Ebenen großen Einfluss gehabt: Sie hat eine Semiologie des frühen Beziehungsverhalten eingeführt und Letzteres in Bezug zu innerpsychischen Bewegungen sowohl der Mutter wie des Kindes gesehen. Auf diese Weise hat sie auch bei anderen (die dann die Dinge manchmal allerdings stark vereinfacht haben) eine mikroskopische Untersuchung von Interaktionen und deren Deutung auf der Ebene korrespondierender psychischer Inhalte ausgelöst.

Sie hat die Rolle der Symbiosefantasie (und symbiotischen Verhaltens) und der Individuationsbewegungen herausgearbeitet, indem sie die Bedeutung von Wiederannäherungs- und Distanzierungsbewegungen aufzeigte.

Und nicht zuletzt hat sie eine Form gemeinsamer Mutter-Kind-Therapie systematisiert.

4 Der Beitrag Winnicotts

Winnicott hat enormen Einfluss gehabt, und zwar durch die Kreation theoretischer Aussagen mit großer heuristischer Wirkung dank seines Talents, Bilder sprechen zu lassen. »Ein Kind allein, das gibt es nicht« ist ein solches starkes Bild, das die Notwendigkeit einer Untersuchung des Kleinkinds *in Beziehung* zu seiner Mutter treffend auf den Punkt bringt.

Die Betonung des *handling* und des *holding* ist von großem Wert, da es sich um Konzepte handelt, die zwischen dem mütterlichen Verhalten (als Instrument) und dem *psychischen* Geschehen (als Grundgegebenheit) liegen. Mit dieser gleichzeitigen Berücksichtigung des mütterlichen Wirkens und ihrer psychischen Abläufe führt Winnicott eine doppelte Sichtweise der mütterlichen Funktion ein: ihre Art der Pflege und ihre Vorstellungswelt. (Diese doppelte Sichtweise charakterisiert auch seine Konzeption der Übergangsphänomene: Die reale Brust präsentiert sich in dem Augenblick, in dem sie – auf der Fantasieebene – vom Kind erschaffen wird.)

Diese theoretische Untermauerung plädiert nicht nur für die gleichzeitige Berücksichtigung dessen, was sich materialisiert, und dessen, was fantasiert wird (ein für unsere Untersuchung der Interaktionen wichtiger Ansatz). Winnicott hat vielmehr darüber hinaus eine originelle therapeutische Technik der Arbeit mit sehr kleinen Kindern und ihren Eltern entwickelt (Winnicott 1971), in der er auf Seiten des Kindes Zugänge über das Spiel, das Malen und die Deutung miteinander verbindet, während er den Eltern Ratschläge gibt (und nicht wirklich Deutungen). Er suchte vor allen Dingen nach »Kommunikationsmöglichkeiten mit dem Unbewussten des Kindes«, eine Kunst, in er sich als Meister erwies und mitunter in wenigen Sitzungen an Wunder grenzende Heilungen erzielte (vor allem im Fall eines Babys, das an Krämpfen litt, und einem anderen mit Asthma).

Winnicotts Werk ist deshalb so anziehend, weil man bei ihm immer auf eine dialektische und mehrdeutige Annäherungsweise trifft. Statt sich ausschließlich auf die Fantasie (wie M. Klein) oder aber die Realität (wie die Ich-Psychologie) zu beschränken, führt er das schöne Bild einer gegenseitigen Durchdringung dieser Welten auf einer Übergangsebene ein, eine Metapher, die wir bei der Untersuchung der Beziehungen zwischen realen Interaktionen und innerpsychischen Faktoren immer wieder nützlich gefunden haben.

5 Der Beitrag der »Interaktionisten«

Wir möchten kurz die entscheidende Rolle vor allem von Bowlby erwähnen, sowie die Bedeutung weiterer Forscher wie Brazelton, Emde, Stern und Tronick (ohne die entwicklungspsychologisch orientierten Autoren zu vergessen). Ihr Einfluss auf die Konzeptualisierung der Mutter-Kleinkind-Therapien war bedeutend und dies auf zwei Ebenen: Sie haben die Aufmerksamkeit darauf gelenkt, dass Kommunikation unablässig von beiden Partnern produziert wird, womit sie zu dem neuen Bild des Kleinkinds beigetragen haben, das sich niemals »außerhalb von Beziehung« befindet. Dadurch erzwangen sie geradezu, das Kommunikationspotenzial zu untersuchen, das in jeglicher Verhaltensäußerung steckt.

In der Folge der von Bowlby (durch sein Konzept einer primären Bindung an die Mutter, 1958) eingeleiteten Revolution wurde die Dyade nicht mehr nur in Situationen von Frustration oder Anerkennung untersucht, sondern in der Vielzahl möglichen Austauschs auf der Ebene des Blicks, der Stimme, der Körperbewegungen, usw. mit ihren Charakteristika wie Rhythmus, Synchronie, Kontingenz und Anti-Kontingenz. Seine mikroanalytischen Untersuchungstechniken dieser Parameter haben uns dazu verholfen, in den Bereich der Mutter-Kleinkind-Kommunikation eintauchen zu können und – bis zu einem bestimmten Punkt – auch in den des Erlebens des Kleinkinds innerhalb des dyadischen Austauschs.

Man muss unterstreichen, wie sehr die Erforschung der Interaktion unseren Blick verändert hat: Von einer ausschließlichen Fokalisierung auf die Triebäußerungen sind wir zu allen anderen interpersonellen Austausch- und Kommunikationsmodalitäten fortgeschritten, und wir haben darüber hinaus alle Verhaltensparameter näher betrachtet, die zur Kommunikation beitragen; wir haben sie in allen Details untersucht, was uns eine ganz neue Dimension von frühem »Sozialverhalten« eröffnet hat. Die Aufmerksamkeit für die Details der Interaktionsformen hat eine wichtige Rolle für unsere Untersuchungen symptomatischer Interaktionssequenzen gespielt und unsere Aufmerksamkeit für die unbegrenzten Besonderheiten gesteigert, die sich als eine interpersonelle Strategie erweisen können; ganz allgemein lassen wir heute dem, was agiert wird, und dem, was die Mutter verbalisiert, gleichzeitig Aufmerksamkeit zukommen.

Man kann zusammenfassen: Die Untersuchungen zur Interaktion haben uns eine Methode zur Beobachtung und Entzifferung von Verhaltensweisen geliefert, deren Befunde man anschließend wieder mit korrespondierenden psychischen Bewegungen in Verbindung zu bringen sucht. Oft kam es vor, dass die in der Untersuchung der Details der Mutter-Kleinkind-Interaktionen gewonnenen Resultate unsere psychodynamischen Hypothesen zu einem Fall modifiziert haben.

6 Der Beitrag von Selma Fraiberg

Wir kommen zum Werk von Selma Fraiberg, die wirklich originelle Techniken von Mutter-Kleinkind-Therapien entwickelt und zahlreiche Aspekte der interaktionellen Pathogenese und des Aufbaus der Eltern-Kind-Beziehung in eine Theorie gefasst hat. Fraiberg war Psychoanalytikerin und berief sich stets auf eine klinisch-psychoanalytische Theoriebildung.

Man kann von Fraiberg sagen, dass sie Pionierarbeit vollbracht hat, als sie eines der ersten Universitätszentren für Kleinkind-Psychiatrie aufbaute, in dem verschiedene Formen psychotherapeutischer Intervention im frühen Lebensalter systematisch eingesetzt und unterrichtet wurden. Sie hat als erste die schnellen therapeutischen Veränderungen in den Mutter-Kleinkind-Therapien entdeckt und die entscheidende Rolle der Präsenz des Kleinkinds als Katalysator unterstrichen. Sie hat die Metapher des Phantoms (»ghosts in the nursery«) geschaffen (Fraiberg 1980), um damit die unheimliche Präsenz innerer elterlicher Objekte zu bezeichnen, die um das Kleinkind kreisen; gleichzeitig hat sie damit die entscheidende Rolle der projektiven Identifizierung und die generationenübergreifende Dimension bei frühen Beziehungspathologien illustriert.

In ihren Therapien wertete sie systematisch die Rolle von projektiven Identifizierungen aus und ging dabei bis zu der Formulierung, das Kind sei für seine Eltern ein Übertragungsobjekt.

Sie hat die Formen therapeutischer Interventionen mit Mutter und Kind in drei Kategorien unterteilt: die Kurzinterventionen bei Krisen, die entwicklungsbezogenen stützenden und anleitenden Therapien und die Intensivtherapien von Eltern und Kind.

1) Die *Kurzinterventionen bei Krisen* werden angewandt, wenn es sich um eine Reaktion auf eine besondere äußere Situation handelt und die Eltern als fähig eingeschätzt werden, von einer kurzen Intervention zu profitieren; dies geschieht häufig in einer Notsituation. Ein Beispiel hierfür ist eine Mutter, die vor dem Hintergrund einer Hysterektomie depressiv wurde und Panikreaktionen zeigte; sie hatte ihre beiden Eltern

im Vorjahr verloren. Das Kind (vier Monate alt) wird überfüttert und erbricht.

Die Technik ähnelt der, die wir selbst beschreiben werden: die Aufklärung eines Knotens, das Deutlichmachen der »Vertagung« der Problematik einer Trauer aus der Vergangenheit auf die gegenwärtige Beziehung zum Kind und die Möglichkeit, die Affekte zu verbalisieren.

2) Die *entwicklungsbezogenen stützenden und anleitenden Therapien* richten sich an ganz andere Situationen: Entweder leidet das Kind an einer chronischen Krankheit oder an Geburtskomplikationen, und es geht darum, den Eltern zu helfen, sich an das Kind zu binden und mit den Schwierigkeiten aufgrund des spezifischen Problems des Kindes umzugehen, oder aber die Eltern lassen erkennen, dass sie nicht über die psychische Struktur verfügen, die für eine Arbeit in Richtung tiefer gehender Bewusstmachung notwendig ist. Es geht darum, die elterlichen Kompetenzen zu stützen, den Eltern eine emotionale Unterstützung anzubieten und ihnen gleichzeitig Informationen zu den Bedürfnissen des Kleinkinds zu geben. Man muss hier die große Anzahl – vor allem in den USA – von sehr benachteiligten und in ihrer Fähigkeit zur Einsicht eingeschränkten Familien unterstreichen, für die eine Anleitung der einzig mögliche Zugang darstellt. (Diese Population ist auch in Frankreich Zielgruppe von Therapien, vor allem von Stoleru 1989.)

3) Die *Eltern-Kind-Intensivtherapien* werden angewendet, wenn es um einen schweren innerpsychischen Konflikt bei einem Elternteil und zwischen diesem und dem Kleinkind geht. Das Kleinkind repräsentiert wichtige Objekte aus der Vergangenheit der Mutter, oder aber verdrängte oder abgespaltene innere Objekte der Mutter. Hier geht es darum, einen klassischen psychotherapeutischen Prozess psychoanalytischer Orientierung einzuleiten – mit Deutung der Übertragung, der zentralen Konflikte und ihrer Wiederholung in der gegenwärtigen Beziehung zum Kleinkind. Aber da es sich in manchen Fällen um sehr gestörte Mütter handelt (vor allem Jugendliche mit einer Verlassenheitsproblematik), ist es vielfach notwendig, zunächst mit Hausbesuchen und einer eher stützenden Haltung zu beginnen, um dann allmählich zu einer analytischen Therapie überzugehen.

Fraiberg unterstreicht, dass diese Behandlung und der Einsatz von Deutungen auch bei sehr gestörten Patienten möglich sind, bei denen man in einer Einzeltherapie zögern würde, deutend an die Probleme heranzugehen. Ein weiteres Mal betont sie das außergewöhnliche therapeutische

Potenzial der besonderen Situation des Postpartums, insbesondere wenn in Gegenwart des Kindes gearbeitet wird.

Fraibergs Buch trägt den Titel *Children studies in infant mental health: the first year of life* und ist unter verschiedenen Gesichtspunkten mehr als bemerkenswert: Es liefert vor allem ausgezeichnete Fallbeschreibungen mit einer Analyse der pathogenen Faktoren sowie Beschreibungen des Verlaufs der therapeutischen Prozesse.

Klinische Illustrationen dieser Art haben viel dazu beigetragen, dass eine Nosologie der frühen Störungen unter Berücksichtigung der Beziehungsdimension konstruiert werden konnte. Darüber hinaus hat Fraiberg dank einer Finanzierung durch das NIMH (National Institute of Mental Health) eine »objektive« Forschung zu den Fortschritten durchführen können, die durch diese Therapien erreicht werden; diese Ansätze waren Vorläufer unserer eigenen Forschungen zu den Resultaten der gemeinsamen Kurztherapien von Mutter und Kleinkind. Fraiberg hat gut dokumentierte Verlaufsstudien zu schweren Fällen vorgelegt, insbesondere zu Entwicklungsrückständen bei Wachstum und Gewichtszunahme, und hat die Wirkung der Therapie anhand von Wachstumskurven belegt.

Sie hat auch die Bedeutung von videogestützter Interaktionsbeobachtung aufgezeigt, die zum Beispiel pathogene Techniken des Fütterns, die zum Erbrechen führen, sichtbar machen kann.

Wir haben uns ausführlich auf ihr Werk – das hier nur in groben Zügen wiedergegeben wird – bezogen, um dessen Bedeutung für die Entwicklung der Mutter-Kleinkind-Psychotherapie und die Psychiatrie des frühen Lebensalters zu unterstreichen: Sie war eine Vorreiterin in fast allen Aspekten dieses Arbeitsgebiets, außer in der Frage einer systematischen Nutzens der Forschungsdaten zur Interaktion zum Zweck der Analyse dessen, was sich im Laufe der Psychotherapie ereignet.

7 Die französischsprachigen Beiträge

Das Interesse an der Psychiatrie des Kleinkinds ist im französischsprachigen Raum aus verschiedenen Quellen hervorgegangen: als erstes aus den Arbeiten von Myriam David und Geneviève Appell, die auf die Erscheinungsformen der Mutter-Kind-Beziehung zentriert sind (David/Appell 1966), dann aus den Arbeiten des Pioniers L. Kreisler, der uns mit der erstaunlichen Vielfalt der Psychopathologie des ersten Lebensalters bekannt gemacht hat. Er hat in seinem inzwischen zum Klassiker gewordenen Buch L'*enfant et son corps* (1974, zusammen mit M. Fain und M. Soulé)[2] das psychoanalytische Verständnis funktioneller Syndrome der frühen Kindheit mit der klinischen Beobachtung verbunden. Darüber hinaus hat er ein Team geleitet, das verschiedene Formen von Kindertherapie praktizierte, von der vom Kinderarzt durchgeführten Kurzintervention (im Fall von Schlaflosigkeit bei einem drei Monate alten Kind, 1981, S. 285), über Kurztherapien bei Kindern im Latenzalter bis zu gemeinsamen Mutter-Kind-Therapien wie die bei einem vier Jahre alten Knaben mit Enkopresis (von Diane Leboeuf behandelt, S. 306–316). Kreisler unterstreicht, dass bei all diesen Therapien die Präsenz der Eltern von essenzieller Bedeutung sei; auch sei es notwendig, eine ausreichend flexible Herangehensweise zu haben, um je nach gegebenen Bedingungen eine therapeutische Beratung, eine Kurztherapie, eine längerfristige Therapie oder eine Psychoanalyse einsetzen zu können.

Rosine Debray (1987) arbeitet wie Kreisler im Rahmen des »Institut de Psychosomatique« (IPSO) und bezieht sich bei ihrer Theoriebildung auf die Thesen von P. Marty. Sie führt gemeinsame Therapien bei unterschiedlichen psychosomatischen Phänomenen durch, die von Formen der Schlaflosigkeit über gewöhnliche Anorexien bis hin zu schweren Dekompensationen reichen. Sie versucht, eine Technik anzuwenden, die so nahe wie möglich an der klassischen analytischen Kur bleibt, weshalb sie die schnellen Symptomremissionen mit dem Bedauern kommentiert, dass dadurch die Anwendung des in ihren Augen einzig wertvollen klassischen therapeutischen Settings zur Erzielung struktureller Veränderungen unmöglich gemacht werde.

S. Lebovici (1980) hat bei der Entwicklung der Psychiatrie des frühen Lebensalters sowie therapeutischer Herangehensweisen an Eltern und Kleinkinder eine entscheidende Rolle gespielt. Ihm kommt vor allem das große Verdienst zu, die Aufmerksamkeit der Psychoanalytiker – die ja zutiefst »anti-verhaltenstherapeutisch« eingestellt sind – auf die Rolle der Interaktion gelenkt zu haben, indem er darauf hinwies, dass bei der frühen psychischen Strukturierung die Erforschung des »wie-es-abläuft« komplementäre Aufklärungen zu dem liefern kann, was die retrospektive Sichtweise aufdecken kann, die über die Analyse der Übertragungsneurose zustande kommt (Lebovici 1980).

Lebovici (1983) stellte sich die grundlegende Frage, »wie man die Resultate von Verhaltensstudien mit Daten vergleichen kann, die der Psychoanalytiker

---

2 M. Soulé war einer der ersten, der die Fachöffentlichkeit auf die Bedeutung der Psychiatrie des Kleinkinds und auf transdisziplinäre Beiträge aufmerksam gemacht hat (z. B. in: *La dynamique du nourrisson*, 1982).

zum psychischen Vorstellungs- und Beziehungsgeschehen gesammelt und konstruiert hat«.

Damit hat Lebovici ein Tabu gebrochen: Zu beobachten, wie die Interaktion »abläuft«, verdunkelt nicht notwendigerweise die Aufdeckung der unbewussten Vorstellungswelt. Er hat vielen Psychoanalytikern Mut gemacht, Innerpsychisches und Interpersonelles in eine dialektische Beziehung zueinander zu setzen, indem er zur Erforschung von Interaktionen aus psychoanalytischer Perspektive anregte. In Bobigny hat er zahlreiche Ausbildungs- und Forschungsprogramme auf die Beine gestellt, die die Fruchtbarkeit dieser Herangehensweise illustriert haben. Die Berührung zwischen dem, was man bisher die reale Interaktion genannt hatte, und der phantasmatischen Interaktion ist auf diese Weise möglich geworden. In Anschluss an Freud (»Formulierungen über die zwei Prinzipien des psychischen Geschehens«, 1911) schlägt Lebovici vor, dass die Untersuchung des Kleinkinds und *der* mütterlichen Fürsorge auf folgende Weise neu betrachtet werden sollte: Wenn man das Kleinkind, die Fürsorge *und die mütterlichen Fantasien* gemeinsam berücksichtigt, hat man es mit einem psychischen System zu tun. Dieses binäre psychische System müsse nun weiter erforscht und behandelt werden.

Für seine therapeutischen Beratungen von Eltern und Säuglingen definiert Lebovici (1983) die dem Analytiker zugedachte Rolle wie folgt:

»Er trägt dazu bei, dem beobachteten Verhalten einen Sinn zu geben und diesen auszusprechen: Er deckt den Inhalt auf [...] Das Theaterstück, das im Denken des Analytikers abläuft, ›der sich hysterisiert‹, führt zu Einsicht [...] Unter diesen Bedingungen ist die Diskussion von keinem großen Interesse mehr, ob die Objektbeziehung und die Fantasien, zu deren Verarbeitung sie beiträgt, prioritär sind oder aber die abgeführte oder fantasierte Handlung. Dieses ›wie-es-abläuft‹ ist repräsentiert, wird ausgesprochen und zu deutender Durcharbeitung in der Hoffnung angeboten, dies werde einen verändernden Einfluss haben«.

Über solche Art von Konzeptualisierung gelangt man zu einer psychoanalytischen Semantisierung des Interaktionsverhalten, und dank des Spannungsfelds, das die therapeutische Situation zur Verfügung stellt, kann man auch das beachtliche Potenzial der Korrelationen auswerten, die zwischen dem Intrapsychischen und dem Interaktiven aufgestellt werden können.

Lebovici beschreibt eine Form der Therapie – die therapeutische Beratung –, in der sich – begünstigt durch die Elternübertragung – eine Dynamisierung der Situation ergibt, in der sowohl in spielerischem Austausch als auch mit Deutungen gearbeitet wird.

Beratungssitzungen dieser Art können erhebliche verändernde Wirkung haben (und deshalb kann man auch von tiefgehenden Veränderungen der Mutter-Kind-Beziehung ausgehen, mit möglichem Einfluss auf die psychischen Strukturen), und dies sogar schon nach ein oder zwei Sitzungen. Lebovici nimmt eine sehr flexible Haltung ein und begnügt sich nicht mit einer abwartenden Position wie in der psychoanalytischen Situation, behält aber ein psychoanalytisches »Funktionieren« bei, inspiriert – unter anderem – von Winnicott.

Die von Lebovici eingebrachten Beobachtungen zeigen, wie wichtig die kreative Fantasie in der therapeutischen Situation und die entscheidende Rolle, die der Beachtung des Ablaufs der Interaktionen zukommt, sind; beide Aspekte tragen dazu bei, den Interventionen des Therapeuten eine Richtung zu geben.

Lebovici (1983) kommt auch der Verdienst zu, die Aufmerksamkeit auf die Dimension des Transgenerationellen gelenkt zu haben. Das Symptom des Kindes (zum Beispiel die Anorexie von Jacqueline, zwölf Wochen alt) muss als ein »Verweis auf historische Ereignisse« verstanden werden, die sich zwei Generationen zuvor zugetragen hatten: Der Tod eines Zwillingsknaben hatte damals zum Mythos vom mordenden Mädchen geführt (da das Zwillingsmädchen überlebt hatte), sowie zur Verwünschung aller noch kommenden Mädchen, wovon dann eben auch Jacqueline betroffen war.

Es ist bemerkenswert, dass das Interesse für die phantasmatische Abstammung und die generationenübergreifende Weitergabe unbewusster Strukturen mehr oder weniger gleichzeitig im Werk der Amerikanerin Fraiberg (»die Phantome«) und in französischen psychoanalytischen Arbeiten aufgetaucht ist (»die Krypta« und »das Phantom« sind im Buch *L'écorce et le noyau* von Abraham und Torok 1978 beschrieben); A. de Mijolla hat in *Les visiteurs du moi* (1981) beschrieben, wie familiäre Geheimnisse und Ereignisse aus vorangegangenen Generationen zum Bestandteil von Identifizierungsfantasien werden können. Die psychiatrischen Studien zu pathologischen Generationenketten haben seit dem Buch von J. Guyotat *Mort, naissance et filiation* (1980) einen beträchtlichen Aufschwung genommen.

Seit dem Ende der 70er-Jahre ist die Rolle der »transgenerationellen Weitergabe« anerkannt worden, zunächst in der Psychiatrie, dann in der Psychoanalyse, wobei die Mutter-Kleinkind-Therapien ein besonders geeignetes Untersuchungsfeld darstellten. Wann immer eine Mutter von ihrem Kleinkind spricht, sieht man dahinter eine Reihe von Bildern aus vorangegangenen Generationen aufscheinen, die ebenso sehr Übersetzungen von entweder traumatischen oder narzisstisch bedeutsamen Schlüsselvorstellungen sind wie sie auch dazu beitragen, eine Familienmythologie zu schaffen, in die das Neugeborene unausweichlich eingebunden ist.

8 Die Beiträge der Genfer Schule

Wir möchten hier unsere eigenen Beiträge nur in die neuere historische Entwicklung der Mutter-Kleinkind-Psychotherapien integrieren, ohne dabei ins Detail zu gehen; diese werden im Verlauf der nächsten Kapitel in unseren Beobachtungen und Theoretisierungen ohnehin deutlich.

In einer Arbeit aus dem Jahre 1974 hat einer von uns beiden eine systematische Studie von therapeutischen Kurzinterventionen in der Eltern-Kind-Beziehung vorgestellt (Cramer 1974). Es geht darin um dem Gedanken einer wechselseitigen Durchdringung der Psyche des Kindes und der der Eltern, und die Pathogenese zahlreicher Störungen wird unter dem Blickwinkel einer pathologischen Entgleisung dieser Interpenetrationen betrachtet. Es kommt dann zu gemeinsamen Regressionen der Protagonisten, die das Auftreten von unangemessenen Identifizierungen (beim Kind) und von projektiven, konflikthaften Identifizierungen (bei den Eltern) begünstigen. Wir hatten bereits damals das Objekt unserer Intervention »auf der Ebene der reziproken Interaktion zwischen Eltern und Kind« angesiedelt. »Das Ziel der Therapie wird sein, die regressiven Projektionen, Introjektionen und Identifizierungen zu reduzieren, die den Individuationsprozess von Eltern und Kind behindern«. Im Rückblick sind wir erstaunt, dass wir die Interaktion so stark betont haben, denn damals waren die Forschungsergebnisse zur Interaktion noch nicht allgemein bekannt. Uns scheint, dass wir bereits zwei Gegebenheiten wahrnahmen, die für unsere späteren psychotherapeutischen Untersuchungen dann grundlegend werden sollten: *erstens* die Bedeutung der psychischen Abläufe aufseiten der Eltern für die des Kindes (vor allem auf dem Weg über die Projektionen), was zu einer interpersonellen Konzeptualisierung der infantilen Psychopathologie führte; *zweitens* die Rolle des interaktiven »In-Szene-Setzens« von Konflikten in den unbewussten (pathologischen oder nicht-pathologischen) Kommunikationen zwischen Eltern und Kind.

In unserer privaten und institutionellen Praxis ist uns deutlich geworden, dass auf eine ganze Reihe von Anfragen am wirksamsten eingegangen werden konnte, wenn vermieden wurde, von Beginn an das Kind als Patienten zu betrachten und stattdessen die zirkuläre Beziehung zwischen Eltern und Kind ins Zentrum unserer Aufmerksamkeit genommen wurde.

Vor allem bei Kriseninterventionen (Cramer/Manzano 1981) ist die Aufklärung der Projektionen und der sich kreuzenden Identifizierungen zwischen Eltern und Kind unverzichtbar und dies in allen Lebensaltern. In unserem Artikel aus dem Jahre 1974 haben wir mehrere Beobachtungen an Kindern im Latenzalter vorgestellt, die sich in Notsituationen befanden (zum Beispiel wegen Schulphobie). Und in einer Reihe von Beobachtungen bei Jugendlichen mit Konversionshysterien (Cramer 1977) konnten wir die Nützlichkeit dieses (meist kurzen) therapeutischen Vorgehens aufzeigen, das sich an die Eltern und die jungen Leute richtet (in Einzelsitzungen oder mit allen Beteiligten gemeinsam), und zwar im Rahmen von Krisensituationen, die sich durch eine stationäre Einweisung in Folge der Konversionssymptomatik zugespitzt hatten. Man muss sagen, dass unser Interesse für diese Kurzinterventionen stärker von den damaligen Umgebungsbedingungen diktiert war (Kinderklinik) und der (schweren) Pathologie als von einer gut abgestimmten theoretischen Option. Das »Kurzmodell« hat sich uns von den Charakteristika der Klinik her aufgedrängt.

Eine Studie an 36 Fällen von Enkopresis bei Kindern im Latenz- oder Prälatenzalter hat ebenfalls gezeigt, dass bei einer gewissen Anzahl der Fälle die Situation durch die Annäherung an Kindern und Eltern eine Dynamisierung erfahren kann, wodurch es nicht nur zu einer symptomatischen Besserung kommt, sondern auch zu einer Umverteilung der elterlichen Besetzung des Kindes und der libidinösen, aggressiven und narzisstischen Besetzungen aufseiten des Kindes (Cramer et al. 1983).

Diese Arbeiten haben uns davon überzeugt, dass die Praxis der Kinderpsychiatrie gleich gute Kenntnisse und Techniken im Hinblick auf den Erwachsenen wie auch das Kind erfordert.

Die Kinderpsychiatrie hat übrigens erst in den 70er-Jahren wirklich die Notwendigkeit zur Kenntnis genommen, die Störungen des Kindes im Rahmen der Familiengeschichte zu verstehen und die Therapien so auszurichten, dass nicht nur das Kind, sondern auch die Eltern-Kind-Beziehung berücksichtigt wird. Heute stellt sich dies als eine Evidenz dar; dies war aber nicht so, als die Kinderpsychiatrie nur korrigierende Maßnahmen (Sonderschulklassen, Institutionen, Fördertherapien) oder aber therapeutische Interventionen anzubieten hatte, die sich ausschließlich an das Kind richteten (wobei die Einzeltherapie als höchstes Gut angesehen wurde).

Kapitel I · Woher kommen die gemeinsamen Therapien von Mutter und Kleinkind? · 43

II Die Entwicklung der Psychiatrie des frühen Lebensalters

Seit dem Beginn der 60er-Jahre haben wir unsere Praxis vor allem auf das Kind im *Vorschulalter* konzentriert, und dies im Wesentlichen aus zwei Gründen:

1 Vorausgegangenes und Nachträglichkeit

Erstens: Unser psychoanalytisches Engagement hat uns dazu gebracht, das psychische Geschehen in frühen Lebensabschnitten zu untersuchen. Wir übersahen zwar keineswegs die entscheidende Rolle der Nachträglichkeit bei der Erfassung psychischer Bewegungen *in der klassischen analytischen Kur*, behielten aber doch auch eine weitere Grundlage des Freud'schen Denkens im Auge: den infantilen Ursprung der Übertragungsneurose. Wir dachten, die Untersuchung der kindlichen Psyche – in der psychotherapeutischen Situation – werde wichtige Daten zur Konstituierung der Vorstellungswelt, zur Organisation der bevorzugten Abwehrmodi und zur Formierung von Konflikten und Fantasien liefern können.

Mit dem Vorrang, dem man dem Konzept der Nachträglichkeit einräumt – das ganz besonders die französischsprachige Psychoanalyse charakterisiert –, favorisiert man vor allem das »Danach«, das heißt die Aktivität einer *retroaktiven* oder nachträglichen Bedeutungsgebung. Der damit auf die nachträgliche Konstruktion der Vergangenheit gesetzte Akzent privilegiert die Deutungsarbeit *in* der Sitzung, im *hic et nunc*, auf Kosten einer *Re*konstruktion und historischen Herleitung der Bedeutungen, die das Subjekt im Lauf seiner Entwicklung herausgearbeitet hat. Diese Arbeitsrichtung tendiert dahin, die Deutungsaktivität des Patienten in Resonanz mit der des Analytikers zu beleuchten, in einer Verschiebung, bei der die Sinngebung, die die Nachträglichkeit des Patienten auszeichnet, tendenziell mit der Sinngebung durch den deutenden Analytiker identifiziert (und manchmal sogar verwechselt) wird. Eine der in diesem Zusammenhang deutlichsten und radikalsten Formulierungen finden wir im Werk von Serge Viderman *La construction de l'espace analytique* (1970). Dieses Werk hat am meisten dazu beigetragen, die Bedeutung der Rekonstruktion zu reduzieren und das Gewicht hin zur Deutung seitens des Analytikers zu verlagern. Viderman formuliert (bei der Untersuchung von Freuds »Irrtum«, als er im »Leonardo« vom Geier statt vom Milan sprach): »Es kommt darauf an, dass der Analytiker das Material unabhängig von der Realität ordnet und zusammenfasst, um ein kohärentes Ganzes zu konstruieren, das nicht eine im Unbewussten bereits bestehende Fantasie reproduziert, sondern *dieser, indem er sie ausspricht, zur Existenz verhilft«.*[3] Das ganze Gewicht der Sinngebung liegt hier aufseiten des Analytikers, der somit – zum Besten wie zum Schlechtesten – Erschaffer aller Bedeutungen wird. Wir denken, dass ein so ausschließlich auf die nachträgliche Bedeutungsgebung gesetzter Akzent dafür verantwortlich ist, dass die Deutungsaktivität immer weniger dem Subjekt und schließlich ganz dem Analytiker zugerechnet wird; dies geht mit einer systematischen Abwertung der Bedeutung der *Rekonstruktion* einher (die die Deklassierung des »Infantilen« mit sich bringt, wie man in der *Nouvelle Revue de Psychanalyse* aus dem Jahre 1979 zum Thema »L'enfant« nachlesen kann).

Darüber hinaus wird die Nachträglichkeit gewöhnlich als intrinsische Aktivität angesehen, die »Neues« schafft, ohne zu berücksichtigen, dass die Nachträglichkeit – wie jede psychische Aktivität – ebenfalls eine Geschichte hat, die im Übrigen noch zu schreiben ist. Die Bedeutungen tauchen nicht *ex nihilo* wie die bewaffnete Minerva aus dem Kopf Jupiters auf; sie formen sich aus Rudimenten und Spuren, die von Wünschen, Verboten, Befriedigungsformen, Affekten usw. geprägt sind, die bereits vorher existierten.

Darüber hinaus sind diese Bedeutungen häufig Abkömmlinge von Objektbeziehungsformen: Die eine Bedeutung nimmt jene Struktur an, weil sie sich an ein von den Eltern weitergegebenes Ich-Ideal anlehnt, jene andere hat sich tief in die Verdrängung eingegraben – und arbeitet deshalb im Stillen –, da sie mit einem elterlichen Verbot belegt ist. Die Sinngebung trägt immer den Schatten des Anderen: einen mit dem Anderen *geteilter* Sinn. Die Eltern haben in alle Erfahrungsbereiche des Kindes einen Sinn eingeschrieben, und das Kind wird sich im Fundus der familiären Folklore bedienen, wenn es seine eigenen Bedeutungsmatrizen produziert.

Einer der interessantesten Beiträge der *gemeinsamen* Psychotherapien von Mutter und Kleinkind besteht darin, dass sie illustrieren, wie die Mutter ihren Säugling »deutet« und wie dieser sich dann in Bezug auf diese exogene Sinngebung organisiert und ihn sich zu eigen macht, um *seine* eigenen Erinnerungen und Interpretationsmodelle zu schaffen (siehe zu diesem Zusammenhang die berühmte »Erinnerung« Piagets (1978), der glaubte, als Kleinkind entführt worden zu sein, obwohl er sich in Wahrheit nur an die später in seiner Familie erzählte Version des besagten Ereignisses erinnern konnte).

---

3 Hervorhebung durch den Autor.

Unser Interesse an den frühen Beziehungen hängt stark mit dem Bemühen zusammen, die *gemeinsame Produktion von Sinn* zu dechiffrieren, die aus der Begegnung und der Interpenetration der Psychen von Eltern und Kind hervorgeht.

Wir denken, dass diese von Eltern und Kind gemeinsam vorgenommene Konstruktion (die Analogien mit der Bedeutungskonstruktion zwischen Analysand und Analytiker aufweist) in der Geschichte der Nachträglichkeit eine entscheidende Rolle spielt, da sich die Wahl der nachträglich vorgenommenen Sinngebungen auf Prädispositionen stützt, die die Richtung vorgeben.

Die Untersuchung der Interaktionen hat uns zum Beispiel oft dazu geführt, von einer Kontinuität zwischen dem auszugehen, was zu zweit agiert wird, und dem, was aufseiten des Kindes als Vorstellung vorhanden ist. Wir haben oft sehen können, dass sich die spätere Fantasie (sagen wir: im Alter von vier Jahren), sofern es sich um eine nachträgliche Verarbeitung eines Beziehungstraumas handelt, ebenfalls an die frühe Mutter-Kind-Kommunikation anlehnt. Auch wenn man mit der Theorie der Auto-Organisation (Atlan 1979) kontinuierliche Lösungen denken kann, »Fraktale«, wo die neue Anordnung sich von der Summe der früheren Komponenten unterscheidet, so findet man aber doch auch »kontinuierlich verlaufende Bahnen«, wo die Kreation einer nachträglichen Formulierung selbst in eine historische Kontinuität eingeschrieben ist. Der Ausgang der Debatte über Kontinuität oder Diskontinuität – die in der zeitgenössischen Wissenschaftstheorie so präsent ist – scheint uns für den Bereich der Psychoanalyse ganz besonders offen zu sein.

Obwohl wir natürlich verstehen können, dass viele eminente Erwachsenenpsychoanalytiker den hartnäckigen genetischen Reduktionismus der 60er-Jahre kritisieren und es ablehnen, »das Ursprüngliche auf die Herkunft« (Pontalis 1979) zu reduzieren, oder aber das *wahre* Kind der Psychoanalyse – das in der analytischen Situation rekonstruierte Kind – vom realen Kind der Psychologie (Green 1979) unterscheiden möchten, haben wir aber auch den Eindruck, dass eine Radikalisierung dieser Herangehensweise die Gefahr birgt, aus der Nachträglichkeit – als etwas im Lauf der psychoanalytischen Begegnung *de novo* Entstandenes – eine ebenso außerhistorische und nicht auf Erfahrung bezogene Kategorie zu machen wie diejenigen, die von den »harten« Strukturalisten vorgeschlagen werden.

Der Prozess der Herausbildung von Nachträglichkeit scheint uns der Untersuchung wert; eine solche Untersuchung ist für den Bereich des Bedeutungsaustauschs zwischen Mutter und Kleinkind bei der Schaffung des intersubjektiven Raumes der *shared meanings*[4], von dem die Interaktionisten sprechen, ganz besonders instruktiv.

2 Die Definition der frühen Pathologien anhand der Interaktion

Zweitens: Sehr rasch ist uns das beachtliche *präventive* Potenzial früher Interventionen bei Müttern und Kindern aufgefallen, und zwar sowohl bei sehr schweren Fällen (Psychosen) wie auch bei mehr »reaktiven« Fällen.

Uns wurde deutlich, dass der Prozess der diagnostischen Evaluation der Familie und des Kindes ein enormes therapeutisches Potenzial beinhaltet. Unsere Eltern-Kleinkind-Kurztherapien sind aus der Erfahrung hervorgegangen, wie groß die therapeutische Wirkung jeglichen Kontakts zwischen einem Helfer und um ihr kleines Kind bangenden Eltern war (insbesondere dann, wenn sich dieser Kontakt auf ein psychoanalytisches Vorgehen stützte). Was zunächst nur Empirie war, wurde auf diesem Weg zum Gegenstand von Reflexion und Theoriebildung und hat uns schließlich dazu gebracht, verschiedene Aspekte dessen zu bearbeiten, was später zu den gemeinsamen Mutter-Kleinkind-Therapien wurde.

Zusammen mit Kreisler hat einer von uns geschrieben, dass eine Nosologie des frühen Lebensalters auf der Evaluierung der Mutter-Kind-*Beziehung* beruhen muss, womit die Ungeteiltheit der Psychen von Mutter und Kind betont wurde (Kreisler et al. 1985). In diesem Kapitel wird auch die Wichtigkeit der gleichzeitigen Berücksichtigung der mütterlichen Psyche (über das Sprechen) und der Mutter-Kleinkind-Interaktion unterstrichen, damit phantasmatische und reale Interaktion dialektisch aufeinander bezogen werden können.

Der Versuch einer Integration zwischen den Forschungsdaten zur Interaktion und der Klinik der Mutter-Kleinkind-Beziehungen ergab, dass es von Interesse wäre, die interaktiven Korrelate der Objektbeziehungsformen zwischen Mutter und Säugling systematisch zu untersuchen (Cramer 1987). Eine ähnliche Studie haben wir mit Daniel Stern durchgeführt: Aus ihr ergab sich, dass man – über eine mikroanalytische Auswertung von Videos – die Interaktionsmuster in ihrer Beziehung zu den innerpsychischen Konflikten der Mutter und den Beziehungsschwierigkeiten zwischen Mutter und Kleinkind »objektiv« untersuchen konnte. Es ergab sich auch der Beweis, dass die

---

4 *Shared meanings* kann man mit »geteilte Bedeutungen« übersetzen.

Kurztherapie zu bedeutsamen Modifizierungen von Symptomen, Beziehungsweisen und Vorstellungen (der Mutter) führt. Diese Arbeit (Cramer et al. 1988) hat uns zu einem breit angelegten Forschungsprojekt zur systematischen standardisierten Auswertung der therapeutischen Ergebnisse ermutigt; dazu wurden Daten vor der Therapie, eine Woche, sechs und zwölf Monate nach deren Beendigung erhoben. Sie ermöglichten uns, unsere Basishypothesen zu testen: die Korrelation zwischen den Interaktionsmustern, die für eine gestörte Beziehung typisch sind, und den mit ihnen korrespondierenden psychischen Inhalten, die in der Therapie herausgearbeitet wurden. Die Therapie, die sich ja vor allem an die innerpsychischen Konflikte der Mutter richtet, soll Veränderung bewirken, und diese muss auf der Ebene der interaktiven wie auch auf der subjektiven Korrelate (vor allem der der Mutter, aber auch der des Kindes) wahrgenommen werden können. Unsere Auswertungsergebnisse konnten substanzielle Veränderungen auf der Ebene der Symptome des Kindes und der der Interaktionen evident machen. Der subjektive Zustand der Mütter konnte ebenfalls auf signifikante Weise verändert werden, insbesondere im Bereich ihres Selbstwertgefühls.

Darüber hinaus hat diese Studie aufzeigen können, dass die Veränderungen nicht nur symptomatischer und vorübergehender Natur sind. Die Qualität der Interaktionen bleibt auch sechs Monate nach Beendigung der Behandlung verbessert, was der üblichen Kritik einer lediglich »symptomatischen Behandlung« mit Ausbleiben struktureller Veränderungen widerspricht.

Diese Forschung (Cramer et al. 1990), die wir hier nur in groben Zügen wiedergeben, hat uns Mut gemacht, unser Bemühen um Objektivierung bei der Evaluierung von Psychotherapien fortzusetzen, und wir stehen zum Zeitpunkt, zu dem diese Zeilen niedergeschrieben werden, am Beginn eines Forschungsprojekts zu den therapeutischen Prozessen im Verlauf von Kurztherapien.

Palacio-Espasa (1985) hat die Indikationen zu solchen Kurztherapien und die Rolle einer positiven Vorübertragung untersucht, ferner die Theorie der therapeutischen Beratung (Palacio-Espasa et al. 1982) und die Dialektik von depressiven und ödipalen Problematiken, wie sie sich in den Kurztherapien gezeigt hat (Manzano et al. 1989).

Unsere Erfahrung liefert uns jetzt ausreichend Abstand, um in diesem Buch den speziellen Bereich der Mutter-Kleinkind-Therapien systematisch vorzustellen. Wir denken, dass diese Therapien die Erörterung einer besonderen Technik und zugleich die eines umfassenderen Fachgebiets ermöglichen: das der Psychopathologie der frühen Beziehungen und des Teilens unbewusster Bedeutungen zwischen Eltern und Kindern.

III Die Kürze der Mutter-Kleinkind-Psychotherapien

Einer der originellsten und umstrittensten Aspekte der Mutter-Kleinkind-Therapien, die wir in diesem Buch vorstellen, ist der Umstand, dass sie oft sehr kurz sind. In einer systematischen Untersuchung der Wirkungen dieser Therapien in 75 Fällen haben wir festgestellt, dass sie im Durchschnitt sechs Wochen dauern (Minimum: drei; Maximum: zwölf, Cramer et al. 1990). Diese Zeiträume sind sehr kurz, wenn man sie mit konventionellen Therapien vergleicht, aber auch mit denen der Kurztherapie von Erwachsenen. Zum Beispiel: Nach der Technik von Sifneos wird die Behandlung in 90% der Fälle nach zwölf bis 16 Sitzungen beendet; in keinem einzigen Fall wird über 20 Sitzungen hinausgegangen. Malan kündigt zu Beginn der Behandlung eine Begrenzung auf 20 bis 30 Sitzungen an. Davanloo sieht seine Patienten im Durchschnitt 20 Mal, mit Extremwerten von fünf oder 40 Sitzungen. Mann hat die Anzahl der Sitzungen – willkürlich – auf zwölf Sitzungen festgesetzt. Wolberg praktiziert Therapien von zwölf bis 20 Sitzungen[5]. Im französischsprachigen Raum hat Gillieron die Kurztherapien (in der Erwachsenenpsychiatrie) am systematischsten untersucht: Deren Dauer variiert von drei Monaten bis zu einem Jahr (bei einer Sitzung pro Woche, Gillieron 1990).

Betrachtet man die Statistiken der ambulanten psychiatrischen Dienste, so stellt man fest (in einer Studie des NIMH), dass die Anzahl der Arzt-Patient-Kontakte durchschnittlich viel geringer ist als angenommen. Eine Umfrage zu der Anzahl der durchschnittlichen Kontakte – unabhängig von der Art der psychiatrischen Störung (beim Erwachsenen) – in den ambulanten Diensten in den USA im Jahre 1975 hat die Zahl 3,7 ergeben. Die Mehrzahl der Patienten beendeten ihre Behandlung in 20 Sitzungen oder weniger. In Connecticut beendeten 1978 85% der Patienten ihre Behandlung in den ambulanten Diensten in weniger als 24 Sitzungen (Pardes et al. 1981). Diese Art von Daten zwingt uns dazu, eine Theorie der Kurztherapie zu entwickeln: Diese Kontakte müssen von psychotherapeutischer Tragweite sein, da für eine Behandlung meist nur wenige Sitzungen zur Verfügung stehen. Eine Studie in unserer Klinik für Kinderpsychiatrie hat ergeben, dass die durchschnittliche Anzahl der Kontakte bei 16 liegt (Bachmann 1992).

Wenn man die Studien zur Evaluierung von Psychotherapie generell überblickt – etwa anhand der Studien, die man »Meta-Analysen« nennt und die

---

5 Für einen Überblick über die Kurztherapien dieser Autoren siehe Flegenheimer (1982).

Hunderte veröffentlichter Forschungsberichte berücksichtigen –, stellt man (mit einer gewissen Verblüffung) fest, dass eine dieser Analysen auf der Basis von 415 Untersuchungen zu Therapieresultaten von 16 psychotherapeutischen Sitzungen spricht (Smith et al. 1980), während eine andere einen Durchschnitt von sieben Sitzungen pro Behandlung angibt (Shapiro et al. 1982).

Wir halten es nicht für ausreichend, diese Zahlen mit einer besonderen psychotherapeutischen Kultur in den USA zu erklären (beides sind amerikanische Studien), wo die ökonomischen Bedingungen zum Einsatz von Kurztherapien zwingen würden, oder aber auf den Einsatz nicht-psychodynamischer Techniken, bei denen es sich um »korrigierende« oder »pädagogische« Therapien handele. Es ist möglich, dass diese Zahlen durch den Umstand beeinflusst sind, dass die meisten dieser Psychotherapien in einem institutionellen Rahmen durchgeführt wurden. Aber wir haben keine verlässlichen Daten, die es uns auszuschließen erlauben, dass zahlreiche Fälle auch in der Privatpraxis nur über eine kurze Zeitdauer hinweg gesehen werden. Außerdem zeigt sich, dass eine Verlängerung der Dauer von Psychotherapien nicht unbedingt deren Erfolg vergrößert: Oft ist dies sogar im Gegenteil Zeichen von Stagnation im Sinne einer Übertragungs-Gegenübertragungskollusion, die den bequemen *Status quo* sichert und entweder die für eine Trennung notwendige Trauerarbeit oder neue Einsichten verhindert.

Man hat in der Tat den Eindruck, dass die größten Veränderungen zu Beginn der Therapie stattfinden (sowohl bei Erwachsenen wie bei Kindern). Eine Studie, die sich mit dieser Frage beschäftigt hat, berichtet, dass in 50% der Fälle die signifikanteste Verbesserung innerhalb der ersten acht Sitzungen der Psychotherapie erreicht wird (Mackenzie 1988).

Diese überraschenden Daten zeigen an, dass die Mehrzahl der therapeutischen Behandlungen in einem zeitlichen Rahmen stattfinden, der dem Setting der sogenannten Kurztherapien entspricht. Die zeitlich unbegrenzten Therapien sind in der – tatsächlichen – Praxis (vor allem der institutionellen) demnach eher selten, was dazu veranlassen sollte, die Modalitäten der Kurztechniken, die der praktischen Realität entsprechen, zu entwickeln und zu lehren.

Ohne in eine theoretische Diskussion der Charakteristika einsteigen zu wollen, die die zeitlich unbegrenzten Therapien von den Kurztherapien abheben, möchten wir die folgenden Feststellungen machen:
1. In der psychiatrischen, vor allem der institutionellen Praxis (insbesondere im Liaison-Service der Dienste in nicht-psychiatrischen Krankenhäusern) werden Kurztherapien sehr häufig praktiziert, viel öfter als man es sich vorstellt, und dies als empirische Antwort auf gegebene Bedingungen, die

von dem Bemühen diktiert sind, Zeit und Geld einzusparen. Es spielt aber auch die Weigerung (oder Unfähigkeit) der Patienten mit, sich auf einen klassischen Psychotherapievertrag einzulassen, sowie die Notwendigkeit einer Intervention, die schnell zu Angstreduktion führt. Es erscheint uns deshalb wichtig, diese empirischen Kurzzeitansätze zu formalisieren und durch klinische und theoretische Reflexion zu untermauern.
2. Die Praxis der Kinderpsychiatrie verlangt Bezugnahme auf ein eklektisches Handlungsmodell: Der »Aktionsradius« des Psychiaters ist breiter, wenn er sich nicht von Vornherein auf *einen* bevorzugten Therapiemodus festlegt.

Psychiater der psychodynamischen Richtung, für die jede Beobachtung oder Maßnahme an der psychoanalytischen Theorie ausgerichtet ist, müssen vermeiden, die Elemente der klassischen Kur Wort für Wort in das Feld der therapeutischen Praxis übertragen zu wollen, als handele es sich um ein absolutes Modell, dem gegenüber jede Veränderung nur Devianz wäre, die die Validität des daraus resultierenden therapeutischen Vorgehens gezwungenermaßen beeinträchtigte. Es liegt auf der Hand, dass bei einer rein negativen Bewertung der Varianten der klassischen Kur für viele psychoanalytische Psychotherapeuten bereits der bloße Gedanke einer Verkürzung von Therapie einem Verrat am ursprünglichen Modell gleichkommt und demgemäß nur Argwohn und Ablehnung erzeugen kann.

Wir werden zu zeigen versuchen, dass in *bestimmten* Fällen (in Abhängigkeit von Alter, Pathologie und der Bereitschaft der Patienten zu einer psychotherapeutischen Unternehmung) Kurztherapien e Veränderungen mit sich bringen und praktiziert werden können, ohne dabei zu einer Anwendung der Psychoanalyse zu werden, die deren Wesen nicht entspräche. Darüber hinaus meinen wir, dass ein rigides Festhalten an den Rahmenbedingungen der analytischen Situation die meisten Fälle von Pathologie des frühen Lebensalters ausschließt, denn die große Mehrzahl von Müttern, die nach Beratung suchen, sind nicht dazu bereit, für sich selbst eine tiefer gehende Arbeit in Angriff zu nehmen. Sie kommen wegen ihrer Kinder. Wenn man ihnen ein an die analytische Situation angelehntes Modell aufdrängen will (entweder »langfristig« oder gar nichts), so wird dies oft als gewaltsam empfunden, und es ist unserer Auffassung nach ja auch meist einem *a priori* des Therapeuten geschuldet und beruht auf dessen Bevorzugung gewohnter und bequemer Formen der Praxis. Wir denken also, dass sich der Therapeut in der Kinderpsychiatrie generell und in der Psychiatrie des frühen Lebensalters ganz besonders an die Zwänge und jeweiligen Gegebenheiten des Falls anpassen muss und nicht umgekehrt. Dazu kommt, dass die analytischen Therapeuten und Psychiater in ihrer therapeutischen Wahl oft eingeschränkt sind, weil sie sich nicht in positiver und kreativer Weise Alternativen zum Modell der klassischen Kur vorstellen können, die zum absoluten Ideal erhoben wurde.

Es ist völlig eindeutig, dass die gemeinsamen Kurztherapien nur eine technische Modalität unter anderen sind und dass eine solide Basis in psychodynamischer klassischer psychotherapeutischer Praxis eine notwendige Vorbedingung ist, um in aller Freiheit auf eine Kurzform zurückgreifen zu können – unter Anerkennung der Unterschiede zur Psychoanalyse *strictu senso* und deren Grenzen.

1 Die Mutter-Kind-Kurztherapien

Wenn man sich auf die Mutter-Kind-Kurztherapien konzentrieren will, muss man sagen, dass insgesamt doch noch zu wenig zeitlicher Abstand vorliegt, um deren Effektivität beurteilen zu können; die Bezüge in der Literatur sind spärlich, Theoretisierungen liegen nur vereinzelt vor. Es ist deshalb nicht möglich, einen Überblick zu dieser Frage zu geben[6].

Wir haben von den Krisentherapien gesprochen, die Fraiberg praktizierte, von den therapeutischen Beratungen, über die Kreisler veröffentlicht hat, und von den Beispielen therapeutischer Beratungen bei Lebovici.

Für die Praxis psychiatrischer Zentren, die viel kleine Kindern sehen (es gibt nur wenige davon), kann man zwei Beispiele zitieren, die zeigen, dass eine ganze Anzahl von Situationen durch therapeutische Beratung (im Verlauf der diagnostischen Evaluierung) behandelt wird, sowie durch Formen von Kurzbehandlung. Fraiberg berichtet, dass 30% der Fälle in ihrem Zentrum auf diese Weise behandelt wurden; in unserem Zentrum werden 40% der Fälle von kleinen Kindern entweder mit psychotherapeutischen Gesprächen behandelt (d.h. mit einer Reihe von weniger als 20 Gesprächen, die über die Zeit verstreut sind) oder mit Kurztherapie (weniger als zwölf Sitzungen, ein Mal pro Woche).

Es handelt sich bei den Kindern im Vorschulalter also um eine recht bedeutende Fallgruppe, bei der bevorzugt Kurztherapie eingesetzt wird. (Eigentlich müsste man aufhören, sie »kurz« zu nennen, denn mit dieser Formulierung

---

6 Die französische Erstausgabe dieses Buches erschien im Mai 1993 (Anm. d. Üb.).

bezieht man sich implizit auf andere Therapieansätze: auf Langzeittherapien mit Erwachsenen oder älteren Kindern, die anderen Dynamiken unterliegen).

Unsere Erfahrung mit den Therapien des frühen Lebensalters stammt aus zwei Formen der Intervention, die wir seit 20 Jahren praktizieren: Wir arbeiten im psychiatrischen Konsiliardienst einer psychiatrischen Kinderklinik (Gottardi 1991) und in den Sprechstunden für Mütter und Kleinkinder von Stadtteil-Krankenschwestern (Cramer et al. 1978, 1979). Dank dieser Erfahrungen konnten wir sehr kleine Kinder sehen (jünger als zwei Jahre), die sonst nicht in einen psychiatrischen Zusammenhang überwiesen werden. Sie haben uns für funktionelle Pathologien des frühen Lebensalters sensibilisiert, wie auch – und dies ganz besonders – für die Pathologie der Beziehung zwischen Mutter und Säugling.

In der praktischen Tätigkeit in diesem besonderen Rahmen mit typischen Pathologien des frühen Lebensalters hat sich uns das Format der Kurztherapie geradezu *aufgedrängt*. Wir waren immer wieder von der Reichweite der erreichten Veränderungen beeindruckt, die nicht nur die Symptome des Kindes betrafen (von denen alle übereinstimmend sagen, dass sie flüchtig sind), sondern auch die Natur der Interaktion und ganz besonders der Besetzungen des Kindes durch die Mutter und der Mutter durch das Kind. Dieses Phänomen ist am erstaunlichsten, und es verleiht der Therapie in diesem Alter eine Dynamik, die im Bereich der Psychotherapie allgemein einzigartig ist. Diese erstaunliche Veränderbarkeit der von Mutter und Kind geteilten Psychopathologie

➢ ist wohl Ausdruck eines ganz besonderen psychischen Geschehens, dessen Verständnis uns auch Aufklärung zum Prozess von Veränderung in der Psychotherapie allgemein geben könnte (wir werden im nächsten Kapitel auf das besondere psychische Geschehen im Postpartum zurückkommen),
➢ sollte auf therapeutischer und präventiver Ebene genutzt werden und
➢ rechtfertigt eine systematische Erforschung der auf diese Phänomenologie zugeschnittenen Kurztherapien.

2 Kurztherapien und Techniken

Wie man feststellen wird, kann man die gemeinsamen Kurztherapien nicht mit einer Einzeltherapie eines Erwachsenen vergleichen.

Die entscheidenden Unterschiede beruhen auf den folgenden Merkmalen der gemeinsamen Therapien:

➤ der Präsenz des Kindes;
➤ den psychischen Abläufen in einer Mutter, die ein Kleinkind hat;
➤ der Art und Weise, in der die Mutter zur Beratung kommt: Sie »deklariert« ein Symptom des Kindes und kein eigenes.

Man wird sehen, dass diese Faktoren in den gemeinsamen Therapien eine ganz besondere Dynamik auslösen, die auch für die grundlegenden Unterschiede zu den Kurztherapien bei Erwachsenen verantwortlich sind: Die Definition des Fokus, die Problematik der Übertragung und das Ziel der Deutungen sind in der gemeinsamen Therapie ganz andere. Wir werden die technischen Probleme im Teil »Theorie und Praxis der Technik« diskutieren.

Im nächsten Kapitel stellen wir die Merkmale der besonderen Dynamik dar, die die psychischen Abläufe einer Mutter bestimmt, die ein Kleinkind hat.

Kapitel II
Die psychischen Abläufe im Postpartum: eine neue Topik

Wir müssen eine *Ad-hoc*-Theoretisierung der therapeutischen Veränderungen im Modell der gemeinsamen Mutter-Kleinkind-Therapien aufstellen, die dem Spezifischen dieser Situation Rechnung tragen kann, welche in der psychotherapeutischen Praxis vielleicht einzigartig ist.
Wir werden uns mit folgenden spezifischen Elementen beschäftigen:
➤ der Schnelligkeit der subjektiven, interaktionellen und symptombezogenen Veränderungen;
➤ der erheblichen psychischen Mobilisierung der Mutter (Fähigkeit, Verbindungen herzustellen, Wiederbelebung der infantilen Neurose, Mobilisierung von Affekten, usw.).

Diese Faktoren machen in vielen Fällen eine kurze Behandlung möglich. Klassisch gesehen würde man diesen raschen therapeutischen Veränderungen misstrauen: »Behandlung durch Übertragung« (d.h. nicht aufgelöste Übertragung), »Suggestion« oder »Verführung«, »Flucht in die Gesundheit«! Außerdem würde man davon ausgehen, dass Ersatzsymptome auftreten werden. Nur eine zeitlich unbegrenzte Behandlungsdauer könne das Erreichen von tiefgehenden Veränderungen sichern.
Im *Gegensatz* zum zeitlich »unbegrenzten« Modell wird jegliche Abkürzung des Prozesses als eine Abweichung mit nicht zu unterschätzenden Folgen angesehen, jede Abkürzung wird – im Vergleich mit einem idealen Prozess – normalerweise als eine Deformation und letztlich als Ergebnis von Widerstand angesehen.
Wir möchten diese Sichtweise nuancieren, indem wir zeigen, dass eine ganz besondere psychodynamische Konstellation im Postpartum (hier sehr weit

gefasst, d. h. die beiden ersten Jahre nach der Geburt) die Praxis der Kurztherapie in zahlreichen Fällen legitimiert.

Eine solche Praktik erfordert eine Definition ihrer Ziele, ihrer Begrenzungen, ihrer besonderen Phänomenologie, ihrer intrinsischen Charakteristika und verdient die Schaffung von *Ad-hoc*-Theorien, die diese Besonderheit berücksichtigen, und zwar gleichgültig, ob sie technisch (die rasche therapeutische Wirkung) oder psychopathologisch (die spezifische Dynamik des Postpartums) orientiert sind. Im Folgenden versuchen wir, die spezifischen Charakteristika des postnatalen psychischen Geschehens zu umreißen, wobei wir eine neue Definition geben werden. Deren ganz eigene Beschaffenheit ist hauptsächlich für die bemerkenswerte Mobilisierung in den gemeinsamen Psychotherapien verantwortlich.

I Spezifische Charakteristika der postnatalen Psychopathologie und deren Therapie

Die Rapidität der therapeutischen Wirkungen während des Postpartums wird von allen Klinikern (Blos 1985), die in dieser Entwicklungsperiode intervenieren, gesehen, und zwar im Rahmen von theoretisch und technisch sehr verschieden ausgerichteten Therapien (von den psychodynamischen bis hin zu den Verhaltenstherapien). Es gibt in dieser Periode also eine besondere klinische Phänomenologie. Sie wurde vor einiger Zeit von G. Bribing (Bibring et al. 1961) bereits beschrieben, dann kürzlich von Kreisler, der das geglückte Konzept einer Wiederbelebung der infantilen Neurose der Mutter entwickelt hat, und zuvor schon von Fraiberg (vor allem durch die Hervorhebung der Katalysatorrolle des Kleinkinds) und uns selbst.

Versucht man, die dynamischen, topischen und strukturellen Aspekte der postnatalen Psychopathologie, wie man sie in den von uns beschriebenen gemeinsamen Therapien antrifft, theoretisch zu fassen, *drängt sich die Definition einer eigenen Entität auf.*

Es ist schwierig, dieser Entität eine einfache Benennung zu geben, eine signifikante Vokabel, die diese Konstellation zusammenfassen könnte, da ein *komplexes System* beteiligt ist. Die Komplexität geht auf die Konvergenz mehrerer Variablenbündel zurück:

➢ auf das besondere psychische Geschehen bei Mutter und Vater im Postpartum;

➢ auf die Beiträge des Kleinkinds;

➤ auf die Spannung, unter die diese »Systeme« in einer Psychotherapie gesetzt werden;
➤ auf die Beiträge des Therapeuten.

Diese Variablennetze sind hier einzeln aufgezählt, aber es ist das Resultat ihres Zusammenspiels, das das zu erklärende »Phänomen« erzeugt. Die erwähnten Variablenkomplexe bilden durch ihre Interaktion eine »Selbstorganisation«, die mehr ist als die Summe der Einzelteile. Einen Begriff finden zu wollen, der dieses Gesamt auf signifikative Weise synthetisiert, ist illusorisch; wir sprechen deshalb einfach von »den gemeinsamen Eltern-Kleinkind-Psychotherapien«, »der Phänomenologie des Postpartums« oder auch »den Konflikten mit der Elternschaft«[7] (Cramer et al. 1983).

Jede dieser Bezeichnungen ist ganz offensichtlich zu eng gefasst, da jeweils ein ebenfalls beteiligter anderer Bereich ausgeschlossen bleibt. Es ist beispielsweise ganz eindeutig, dass das, was wir das »besondere psychische Funktionieren der Eltern« im Postpartum nennen, nur dann Sinn macht, wenn es im Rahmen des theoretischen Modells und der Technik des Psychotherapeuten berücksichtigt wird. Wir sind überzeugt, dass die Form, die wir diesen Therapien geben, mit den Charakteristika des besonderen psychischen Funktionierens der Eltern während des Postpartums *und* zugleich auch einer theoretischen und technischen Prädisposition zusammenhängt, die Teil unserer Gegenübertragung ist, wobei wir letzteren Begriff im weiteren Sinn auffassen (wir folgen hier M. Neyraut 1979, für den die Gegenübertragung der Übertragung vorausgeht).

Die gegenseitige Abhängigkeit zwischen den »Phänomenen« und den Modellen, die sie erfassen sollen, steht für uns außer Zweifel.

Betrachten wir nun dieses Gesamt aus der Sicht der »Psychopathologie der Postnatalität« oder der »Konflikte mit der Elternschaft«. Uns scheint, dass während des Postpartums eine *Neoformation* entsteht, die durch eine besondere Form des psychischen Funktionierens und eine mit ihr korrespondierende Psychopathologie charakterisiert ist.

Der Begriff der Neoformation impliziert, dass das entstandene System nicht auf die Summe der zuvor bereits existenten Einzelelemente reduziert werden kann. Was man zum Beispiel die »Psychopathologie der Bindung« nennt, hatte zuvor nicht existieren können, da sie erst durch die Ankunft des Kleinkinds

---

7 Der Begriff »Elternschaft« wird hier verwendet, um die psychischen Schwierigkeiten am Beginn eigener Elternschaft zu bezeichnen. Man sieht hier eine Annäherung an das von Racamier entwickelte Konzept der Mutterschaft (*Maternalité*, Racamier 1979).

in Fleisch und Blut ausgelöst worden war. Die Elternschaft (vor allem, wenn es sich um ein erstes Kind handelt) ist wirklich eine neue Entwicklungsphase, ein für die psycho-biologische Anpassung oft kostspieliges *life event*, in dessen Folge (bei Vätern und Müttern) Psychopathologien aufbrechen können, die zuvor durchaus noch nicht bestanden haben müssen. Die pathologischen Erscheinungen reichen von der postnatalen Depression (sie ist viel häufiger als allgemein anerkannt, Murray 1988) über masochistische Varianten der Elternschaft (ebenfalls sehr häufig) bis hin zur postnatalen Psychose (selten, tritt bei Frauen wie auch bei Männern auf, ist häufig *erstes* Anzeichen einer psychotischen Dekompensation, Paffenberger et al. 1982) und einer ganzen Reihe von psychosomatischen Manifestationen (darunter zahlreiche »funktionelle« Äquivalente der Couvade beim Mann, Haynal 1968).

Dieses postnatale Aufblühen ganz spezieller Psychopathologie hat Bibring (Bibring et al. 1961) sagen lassen, die Schwangerschaft bringe eine »normale« Psychopathologie nahe einem psychotischen Geschehen mit sich; diese Aussage geht sicher in die Richtung der schönen Formulierung Winnicotts (1969), der die »primäre mütterliche Fürsorge« als eine Form von Verrücktheit beschrieben hat.

Man kann von dieser Periode sagen, dass sie die den Eltern (der Mutter mehr als dem Vater) die beträchtliche Aufgabe einer Neuverteilung der (narzisstischen und libidinösen) Besetzungen abverlangt. Lebovici veranlasste dies zu der Bemerkung: »Uns scheint, dass das Postpartum eine Periode ist, in der der Kristall des Ichs teilweise desorganisiert ist; die Beziehungen zwischen den einzelnen Elementen sind flüssiger, und in dem Moment, in dem sich das Ich restrukturiert, tut es dies in Bezug auf das Kleinkind, *und bezieht* die Auswirkungen von dessen Ankunft *in seine Organisation*[8] mit ein« (Lebovici, 1983). Wir würden sogar noch weiter gehen: Diese Einbeziehung des Kleinkinds in die psychische Organisation der Mutter (und des Vaters) ist das Hauptelement im Prozess der strukturellen und psychopathologischen Neuformierung, die das Postpartum darstellt. Eine ganze Reihe von narzisstischen und triebbezogenen Besetzungen der Mutter, die bisher innerpsychisch gebunden waren, gelangt jetzt in den interpersonellen Raum der Beziehung zum realen und fantasierten Kind. Auf diese Weise wird das Kind zum Empfänger von Besetzungen, die bis dahin an innere Objekte oder Selbstanteile (der Mutter) gebunden gewesen waren.

Aus der Sicht der Mutter befindet sich das Kind zwischen ihrem innerpsy-

---

8 Hervorhebung von B. Cramer/F. Palacio-Espasa.

chischen und dem außerpsychischen Raum, was sowohl Verwirrung (zwischen Selbst und Nichtselbst) wie Externalisierung (Projektionen von psychischen Inhalten der Mutter auf und in das Kind) begünstigt.

Aufgrund einer solchen Ausbreitung von Projektionen wird das Kleinkind oft zu etwas »Unheimlichen« (wie zu einem Phantom), oder es wird wie ein Rätsel erlebt, wobei die Mutter allzu ängstigende Anteile projektiv abspaltet. Dabei verliert sie das Gefühl von Vertrautheit mit den eigenen psychischen Anteilen, die nun ganz dem Kind zugeschrieben werden. Ein Beispiel für dieses »Unheimliche« illustriert eine Mutter, die von ihrer zweijährigen Tochter sagt: »Sie stellt mir nach, provoziert und tyrannisiert mich. Sie ist ständig in Opposition. Das ist überhaupt nicht das Kind, das ich erwartet hatte. Mein Traum war, ein folgsames und sanftmütiges Kind zu bekommen, so wie ich eines war. Sie ist genau das Gegenteil davon. Sie hat nichts von mir! *Ich kenne meine Tochter überhaupt nicht!*« Dieses Gefühl von Fremdheit wurde sehr schmerzlich empfunden und führte zu einer regelrechten Verurteilung des Kindes. Die vollkommen abgespaltene Natur der projektiven Identifizierung wurde rasch deutlich: Die Mutter hatte ein Modellkind werden müssen – aus Angst davor, ihre schwer alkoholabhängige Mutter eventuell zu belasten. Unter Aufbietung starker zwanghafter Kontrolle war sie dieses Modellkind geworden; und jetzt war sie ihrer Tochter wegen ihrer natürlichen Spontaneität und ihres kindlichen Egoismus böse, denn diese Eigenschaften konnte sie nur noch in ihrem Kind sehen, das längst zu ihrem verleugneten, als solchem nicht erkennbaren Doppelgänger geworden war.

Man muss sich klar machen, dass die Ankunft eines Neugeborenen die psychische Organisation der Eltern vollkommen durcheinander bringt. Es handelt sich absolut um eine Revolution, für die es in anderen Lebensabschnitten kein Äquivalent gibt; dies rechtfertigt den Begriff der Neoformation oder Neuorganisation.

Ohne ins Detail gehen zu müssen, reicht es bereits aus, die Veränderungen aufzuzählen, denen Eltern ausgesetzt sind (leider können wir die äquivalente Veränderung nicht beschreiben, die der noch im Mutterleib befindliche Fötus durchmacht, wenn er zum *Infans* außerhalb des Mutterleibs wird):

➤ Das Paar, das bisher aus zwei Personen bestand, wird zur Dreiergruppe und schafft damit eine Neuauflage der ödipalen Situation mit der Gefahr, dass sich einer der beiden Eltern als der ausgeschlossene Dritte fühlen kann (oft ist dies der Vater).

➤ Der Erwachsene ist gezwungen, den bisherigen Status des Kindes zu verlassen und sich mit der Rolle der Eltern vertraut zu machen, was ihn

die Problematik der Identifizierungen mit den guten und schlechten Imagines der eigenen Eltern wieder erleben lässt – in Abhängigkeit davon, wie seine eigene ödipale Strukturierung beschaffen ist.
➤ Die Eltern müssen ihre Besetzungen eines imaginären Kindes auf das reale Kind übertragen und sich der damit verbundenen Trauer stellen.
➤ Gleichzeitig mit der Übernahme der Elternrolle werden infantile Anteile auf das Kind projiziert. Betreffen diese Projektionen verhasste, abgespaltene Teile, wird das Kind als Feind oder Verfolger empfunden.
➤ Um den »Fremden«, der das Neugeborene ist, zu identifizieren, schreiben die Eltern ihm Intentionen und Merkmale zu, und zwar mit einer solchen Inflation von Projektionen, dass das Ganze wie eine Wahnvorstellung erscheinen kann (»Das ist das schönste Baby von allen!« – oder aber: »Es hat die bösen Augen meines Vaters!«).
➤ Das Kind verführt die Eltern und erweckt deren polymorph-perverse Dispositionen. Zunächst stimuliert das Kleinkind direkt die erogenen Zonen der Mutter (es spielt mit den Brustwarzen, dann – in der zweiten Hälfte des ersten Lebensjahres – mit dem Mund der Eltern). Während des Postpartums drängt das Kleinkind permanent körperliche Nähe auf, die auf traumatische Weise die Abwehr infrage stellen kann, die bis dahin durch Kontaktvermeidung hatte gesichert werden können.
➤ Eine Mutter, die vergeblich versuchte, ihre zwanghafte Bulimie zu kontrollieren, war entsetzt und ekelte sich, als ihre neun Monate alte Tochter versuchte, ihr Lebensmittel in den Mund zu stecken. Sie empfand dieses altersentsprechend normale Spiel als eine intrusive Provokation, vergleichbar einer Vergewaltigung und Verführung.
➤ Einer der radikalsten Umbrüche für das, was man das psychische Gleichgewicht nennen kann, folgt auf die Auslösung jener außergewöhnlichen Besorgnis um einen anderen, die man die »primäre mütterliche Fürsorge« nennt. Diese erzwungene Hinwendung zum anderen ist nicht *nur* der Effekt einer fantasierten Gefahr (einer Angst vor Lebensgefahr etwa, die die Sorge um das Kind auslösen würde); sie wird vielmehr fortlaufend von der Realität der Anforderungen des Kleinkinds abgerufen.

Diese Unterwerfung unter die zwingenden Bedürfnisse des Kleinkinds ist einzigartig. Sie zwingt zu einem Verzicht (sehr sichtbar zum Beispiel in der Störung des Schlafes), der entweder eine authentische masochistische Unterwerfung mit sich bringt oder aber intensiven Hass, die mit einer panischen Angst vor dessen Ausagieren verbunden sind (man denke an die im Postpartum so häufigen Zwangsimpuls-Phobien). Die Erschütterungen, denen der Narzissmus und die Aggressionsabwehr ausgesetzt sind, können außerordentlich erschöpfend und in vielen Fällen Grund für depressive Zusammenbrüche sein.

Zwei typische Beispiele für die beträchtliche Durchsetzungsfähigkeit, die das Kind auf Kosten der psychischen Struktur der Eltern an den Tag legt, betreffen vor allem Angriffe auf den Narzissmus: Das Kind kann erlebt werden, als fordere es eine Hingabe, die jegliche Möglichkeit zur Verfolgung persönlicher Bedürfnisse zunichte macht, insbesondere die Realisierung beruflicher Ambitionen. Dies kann ganz besonders von Frauen als negativ erlebt werden, die diese Indienstnahme unter Umständen als eine Bestätigung der Minderwertigkeit der Frau interpretieren (»die Frau am Herd«), weil der Mann seine Suche nach Allmacht auf dem Weg über seine Berufstätigkeit weiter betreiben kann. Dies entspricht der Formulierung: »Das Kind ist ein Klotz am Bein«.

Das andere Beispiel findet sich bei schizoiden Frauen, deren Gleichgewicht von der Möglichkeit abhängt, ihre Besetzungen mittels Rückzug und Hang zu Einsamkeit sparsam zu gestalten. Eine unserer Patientinnen erklärte, dass die Ankunft ihres Kindes ihr die Neigung unmöglich mache, »wie eine Muschel« zu leben; sie empfand die Anforderungen des Kindes als unablässigen Einbruch in ihre Fantasie von Autarkie und von Rückkehr zu einem »Null«-Niveau der Erregung.

Eine ähnlich starke Bedrohung besteht, wenn eine Realisierung von Inzest möglich erscheint, weil das Kind als sexueller Partner und Äquivalent des Vaters (oder der Mutter) besetzt wird. Die Hemmungen beim physischen Kontakt und beim Stillen des Kleinkinds stehen dann oft für die damit einhergehende Angst vor einer Realisierung des Inzests.

1 Die Materialisierung

Wenn man die Hauptquelle für die psychische Erschütterung und die Angst im Postpartum in einen Begriff zusammenfassen sollte, würden wir den der *Materialisierung* vorschlagen. Was bisher latent und innerpsychisch war, kann jetzt manifest und interpersonell werden. Das Kleinkind wird *lebendiges* Ebenbild innerer Objekte, die zuvor verdrängt oder abgespalten waren. Es löst eine Interaktion aus, in der die Triebe *agiert* werden können. Die zuvor nur fantasierte Verführung kann zu einer praktizierten werden; psychischer Hass kann zu Verletzung in Fleisch und Blut werden. Der narzisstische Rückzug wird ständig durch die unmittelbaren Bedürfnisse des Kleinkinds, denen sich die Mutter nicht entziehen kann, infrage gestellt.

Kurz gesagt: Was zuvor nur Fantasie oder Vorstellung war, wechselt nun in den Bereich des Agierten und Realen hinüber. Und die Realität kann bekanntlich noch über die Fiktion hinausgehen.

2 Die Inkarnation oder das Objekt Kleinkind

In ihrer Wirkung besonders augenfällig wird diese Materialisierung durch die *Inkarnation* innerer Objekte der Eltern: Das Kind wird zu Vater, Bruder, Mutter der Eltern und dies oft auf solch konkrete, wahrheitsgetreue und realistische Weise, dass sich eine Doppelgänger-Phänomenologie geradezu aufdrängt – samt der damit einhergehenden allseits bekannten Angst.

3 Das Baby als Strukturteil

In gleicher Weise kann das Kleinkind als *Realisierung einer psychischen Instanz* der Eltern besetzt werden. Das Kleinkind schüchtert die Eltern wie ein forderndes Über-Ich ein; es wird dann zum lebendigen Vorwurf und zur ständigen Quelle von Schuldgefühlen. Es kann aber ebenso gut das Ich-Ideal verkörpern, das aus ihm und dem Projekt, für das es steht, die Basis für bedeutende narzisstische Zufuhr macht.

Ebenso häufig ist es eine Ausdrucksform des Es: Es wird dann zu einem Trieb und ist nur noch ein gieriger Mund, unkontrollierte Aggressivität oder leidenschaftliche Liebe.

4 Das Kind als psychische Erweiterung

Wir könnten die Liste der Funktionen und Vorstellungen, die das Kind verkörpern kann, verlängern. Aber die in diesem Buch zitierten klinischen Situationen liefern ausreichend Beispiele, sodass wir uns hier darauf beschränken können, das Konzept der Vorstellung vom Kind als *Erweiterung der elterlichen Psyche* vorzulegen.

Die psychische Vorstellung, die Eltern von ihrem Kind haben, macht aus diesem einen äußeren Teil der elterlichen Psyche, das wie eine entlegene Provinz an die Metropole an sie angebunden ist. Das Kind wird so zum Träger innerer Objekte der Eltern, wird mit deren Triebgeschehen beladen, setzt deren verstecktes Selbst in Szene, übernimmt die Funktionen einer externalisierten psychischen Instanz. Wenn man sagt, das Kind werde wie eine erogene Zone der Mutter besetzt (Gutton 1983), ist auch dies eine Weise, das Kind innerhalb der psychischen Organisation der Eltern anzusiedeln – oder an dessen Rand: halb drinnen, halb draußen.

Auf dieser psychischen Ungetrenntheit von Eltern und Kindern beruht die Eigentümlichkeit des interaktiven Geschehens und der möglichen Pathologie des Postpartums. Man kann diese Gemeinsamkeit als die Ursprungseinheit beschreiben, die sich von der Geburt des Kindes an neu formiert hat. Konflikte, Fantasien und Vorstellungen zirkulieren zwischen Eltern und Kind und erzeugen eine gemeinsame Struktur, eine mehrköpfige Neurose, ein neues System, dessen Nosografie sowohl innerpsychisch wie interpersonell ist. Dieses Überlappen zwischen dem Innerpsychischen (vor allem der Eltern) und dem Interpersonellen ist das Besondere des Postpartums, in dem sich die Geschichten der Eltern und die mit der Geburt des Kleinkinds aufgekommenen neuen Elemente in der Produktion einer Neoformation vermischen.

Die Triade Vater-Mutter-Kleinkind ist mehr als die Summe von zwei plus eins. Die Geschichte der Eltern wird nicht nur wiederholt und aufgedeckt, sie nimmt vielmehr durch den Beitrag des Kleinkinds eine neue Dimension an, und in dieser Kreation spielt der Effekt der Materialisierung eine eindeutig verändernde Rolle.

Die beträchtliche Triebmobilisierung, die die Präsenz des Kleinkinds in Fleisch und Blut ausübt, ist – so muss man sagen – eine psychische Situation, die Ersteltern noch nicht erlebt haben. Niemals waren sie so nah am Ziel: eine ideale Beziehung zu schaffen, ein geliebtes Wesen zu unterwerfen, sich für jemand anderen unentbehrlich zu machen und sogar Garant für dessen Überleben zu sein. Mit einem Wort: ihre wirkmächtigsten und als »unerreichbar« betrachteten Fantasien zu realisieren. Diese Nähe der Realisierung allen Verlangens bringt eine erhebliche Erschütterung der psychischen Organisation der Eltern mit sich und zwingt sie zu einer Neuverteilung der Triebbesetzungen, der Abwehrorganisation und des Narzissmus, wobei die Vorstellungen vom Kind eine dynamische, ökonomische und strukturierende Rolle spielen, die das psychische Funktionieren der Eltern, wie es bis dahin Bestand gehabt hatte, modifizieren. Mit seinen Beiträgen zu den Interaktionen materialisiert das Kind außerdem phantasmatische Szenarien der Eltern, die deren Vorstellungen bestätigen und im interpersonellen Austausch das zum Leben erwecken, was zuvor nur eine Fantasie jener gewesen war.

Durch diese Materialisierung deckt das Kleinkind zunächst unbewusste Szenarien auf, die in den Eltern vorher schon existiert hatten. Es bringt aber auch eine *neue Dimension* ein: Es kreiert die »primäre mütterliche Fürsorge« (oder primäre elterliche Fürsorge), indem es in den Eltern ein nie zuvor erlebtes triebhaftes Beziehungsengagement mobilisiert. Darüber hinaus werden seine Eigenschaften und psychischen Abläufe die Eltern-Kind-Beziehung beeinflussen und ihnen einen entscheidenden Stempel aufdrücken. Nehmen wir das häufige Beispiel des »schwer zufriedenzustellenden« Babys: Ein hypertonisches Baby, das viel schreit, nicht richtig saugt und sich bei Köperkontakt versteift, kann bei den Eltern aus Überbesorgnis Kompensationsbemühungen sowie Gefühle von Versagen oder Hass auslösen, die niemals zuvor erlebt wurden oder vorstellbar gewesen wären.

Fasst man die verschiedenen Elemente zusammen, die wir für die Konstituierung einer Neoformation im Postpartum beschrieben haben, kann man sagen, dass sie einen noch unbekannten Konflikt mit sich bringen, den man »Konflikt mit der Elternschaft« nennen kann. Auch wenn er sich an alte Konflikte der Eltern anlehnt, so sorgt die durch das Kleinkind eingebrachte Materialisierung doch für neue Dimensionen, die den Begriff »Neoformation« rechtfertigen.

5 Kontinuität und Diskontinuität

Eine der faszinierenden Dialektiken des psychoanalytischen Denkens ist die Konzeption von Kontinuität und Diskontinuität im psychischen Geschehen. Je nach theoretischer Orientierung wird man eher das eine oder das andere betonen, aber die Vorstellung von Kontinuität – auf dem Wiederholungszwang basierend – hat in der Psychoanalyse sicher das Übergewicht. Allerdings muss man betonen, dass diese Bindung an eine Vorstellung von Permanenz zum großen Teil ein Erbe des genetischen Reduktionismus im Werk des frühen Freuds ist, sowie der Art und Weise, wie in der Psychoanalyse Geschichte aufgefasst wird: Rückschluss auf Vergangenheit auf der Grundlage ihrer Neuauflage in der Gegenwart der Übertragung. Diesem im Wesentlichen retrospektiven Modell steht generell die Wahrnehmung des Kontinuums (und des Diskontinuums) in einer vorausschauenden Perspektive gegenüber. Die Vorhersagen in der psychoanalytischen Kinderpsychiatrie haben äußerst unterschiedliche Ergebnisse: Die »großen« Pathologien ermöglichen nur selten freudige Überraschungen, wobei die Variabilität des Geschehens zur Pathologie selbst gehört, aber wir stellen ganz allgemein fest, dass unsere Prognosen in vielen Fällen kein langes Leben haben, entweder weil es zu einer erstaunlich günstigen oder aber zu einer ebenso erstaunlich ungünstigen Entwicklung kommt.

Die außergewöhnlich entstrukturierende Wirkung, die ein Ereignis haben kann, lässt sich nur selten vorhersehen: Wenn der Schlag an einer bestimmten Stelle trifft, kann das Ich-Kristall plötzlich zerspringen und damit die gesamte Struktur aufsprengen. Ebenso gut kann aber eine scheinbar stark risikobeladene Beziehung aufgrund eines Reifungsschritts oder eines unvorhergesehenen Beitrags eine günstige Wendung nehmen (zum letzteren Fall: Der Spracherwerb des Kindes kann in einer bis dahin beunruhigenden Mutter-Kind-Beziehung eine äußerst günstige Veränderung bewirken).

6 Der Umbruch der Elternschaft

Wir betrachten das Geschehen des Postpartums unter dem Blickwinkel einer Neoformation, und zwar wegen der strukturierenden und entstrukturierenden Potenziale der perinatalen Abläufe. Dieser Umbruch ist eine der erstaunlichsten Illustrationen der Dialektik von Kontinuität und Diskontinuität. Zwar sieht man in der Weiterentwicklung der grundlegenden Fantasien, der bevorzugten Objektbeziehungsmuster und der Abwehrstrategien zum einen Beständigkeit und Wiederholung, aber man wird zum anderen auch Zeuge von plötzlichen (und ängstigenden) Umbrüchen in den Identifizierungsmustern und Besetzungsverteilungen, die auf die Präsenz des Neugeborenen zurückgehen. Die Besetzungen des Babys führen eine *neue Topik* ein. Dies haben wir weiter oben unter dem Begriff der Materialisierung beschrieben. Das Kind verkörpert innere Objekte, es wird Über-Ich oder Trieb, es beherbergt abgespaltene Teile des elterlichen Selbst. Und wenn diese psychische Ungetrenntheit andauert, kann sie eine Aktualisierung dieser Funktionen im psychischen Funktionieren der Eltern mit sich bringen. Das Kleinkind wird dann ganz *real* zum tyrannischen Über-Ich oder triebhaft und delinquent. Es übernimmt die Rolle einer psychischen Repräsentanz und/oder einer psychischen Funktion der Eltern. Man wird dann Zeuge eines Rollenspiels, in dem phantasmatische Szenarien der Eltern realisiert werden, die die elterlichen Projektionen bestätigen und es unmöglich machen, die »Gründe« dem einen oder anderen Akteur des Dramas zuzuschreiben. Wenn diese Bedingungen erfüllt sind, ist das Kind eine *Ektopie*, ein ausgelagertes Element der psychischen Abläufe der Eltern geworden.

Nur die gemeinsame Psychotherapie kann dann den Ursachenstrang freilegen und jedem Beteiligten die Eigentümerschaft an seinen intrapsychischen Inhalten zurückgeben.

7 Die Instabilität des Postpartums

Die Praxis der gemeinsamen Therapien macht diese gemeinsame Topik erkennbar und beweist die Instabilität eines solchen Systems.

Im Bereich der »Normalität« gehen die inflationären Projektionen im Zusammenhang mit der primären elterlichen Fürsorge mit der Zeit zurück und machen einer optimalen Objektalisierung der Beziehung zum Kind Platz; in den symptomatischen Fällen muss deren Dynamik durch Einsatz einer therapeutischen Intervention verstehbar gemacht werden.

Die therapeutische Veränderung kann schnell vonstatten gehen, wenn das System instabil und der von den Konflikten der Eltern betroffene Bereich eingegrenzt ist.

Behandeln wir zunächst das Problem der Instabilität: Wir haben weiter oben eine topische Erklärung dieser Instabilität vorgeschlagen. Im Postpartum zeigen die psychischen Abläufe der Eltern eine Form von Auswuchs, aufgrund dessen ein Teil ihrer psychischen Inhalte seinen natürlichen Bereich verlässt und sich über das Kind ergießt, das damit zu einer exterritorialen psychischen Erweiterung wird, einer psychischen Ektopie.

In der normalen Entwicklung wird diese Auslagerung langsam resorbiert, mehr oder weniger vollständig. Eine Prägung durch die elterlichen Projektionen wird das Kind für immer behalten, im Lauf seiner Individuation wird es sich aber von der Aufgabe, das Selbst der Eltern zu repräsentieren, zunehmend entfernen und die topische und ökonomische Rolle für seine Eltern dadurch allmählich verlieren. Ein solcher Prozess dauert bekanntlich lange und kommt niemals ganz zum Abschluss, wie man bei der Betrachtung der Beziehungen, die alte Eltern zu ihren erwachsenen Kindern und Enkeln haben, sehen kann.

Einer der Schlüssel für das Verständnis der Schnelligkeit der therapeutischen Veränderungen im Postpartum liegt in der Instabilität des Systems der psychischen Erweiterung oder Ektopie. Die Dekompensationen der Mütter werden – infolge der durch das Kleinkind bewirkten Materialisierung – durch das plötzliche Aufkommen des Komplexes ausgelöst, den wir den »Konflikt mit der Elternschaft« im Postpartum genannt haben. Es handelt sich um einen regelrechten Einbruch in das Besetzungsgefüge und die Abwehrorganisation, die die Eltern bis dahin etabliert hatten.

Diese Umbrüche können ebenfalls wieder ganz abrupt umgearbeitet werden, wie man in den gemeinsamen Therapien feststellen kann. Man ist immer wieder frappiert angesichts der großen Wirkung auch einfacher Deutungen, die der erstaunten Mutter zeigen, dass sie auf ihr tyrannisches Kleinkind reagiert, als sei es die Reinkarnation ihres eigenen verhassten kleinen Bruders oder ein abgespaltener tyrannischer Teil ihres eigenen infantilen Selbst.

Man sieht dann eine doppelte Wirkung: als erstes eine Einsicht, die wie ein Blitz einschlägt und zu einer »Entdeckung« des Kindes mit ganz neuen Augen führt (oft begleitet von Kommentaren wie: »Ich habe das Gefühl, dass ich gerade beginne, es kennenzulernen«, oder: »Jetzt fängt unsere Geschichte überhaupt erst an«), gefolgt von einer Reintegration der projizierten Anteile in den innerpsychischen Raum der Mutter (wie bei der Zurückverlagerung einer Hernie, um unsere medizinische Metapher noch einmal aufzugreifen).

Die psychische Instabilität des Postpartums beruht vor allem auf der mit ihr einhergehenden Mobilisierung der psychischen Vorstellungen der Mutter, sei es nun in der Bewegung der projektiven Besetzung des Kindes oder – in der Gegenrichtung – in der Bewegung introjektiver Reintegration in den Bereich der mütterlichen Psyche.

Die Schnelligkeit der durch die Therapie induzierten Umwandlungen und die Tiefe der damit einhergehenden subjektiven Veränderungen sind nur Folgen jener Beweglichkeit, die in dem Maße, in dem das Kind heranwächst, tendenziell zurückgeht.

II Der Sektorcharakter der elterlichen Konfliktfelder

Unsere klinische Erfahrung wie auch die Ergebnisse unserer Forschung zu den Ergebnissen von Mutter-Kleinkind-Therapien legen nahe, dass die elterlichen Konfliktfelder, die wir bei den von uns beschriebenen Behandlungen sehen, Teilgebiete betreffen, also eingegrenzt sind.

Die Pathologie des Postpartums, die wir in den Mutter-Kleinkind-Therapien antreffen, berühren nicht alle Bereiche der psychischen Abläufe der Mutter. Außerdem kann man diese Pathologie auch nicht auf eventuelle Vorläufer in der psychischen Geschichte der Mutter reduzieren.

Das Postulat, dass es sich bei dieser Pathologie um eine Neoformation handelt, gründet sich auch darauf, dass nur ein »Sektor« betroffen ist, dessen Symptomatik nicht auf andere Bereiche übergreift und sich auch nicht mit einer Pathologie vermischt, die bereits zuvor bestanden hätte und bis zu diesem Zeitpunkt lediglich latent geblieben wäre.

1 Die Entkoppelung von Psychopathologie des Postpartums und vorheriger psychischer Struktur

Wir werden aufzuzeigen versuchen, dass es nützlich ist, die Phänomene des Postpartums getrennt von der Persönlichkeitsstruktur zu betrachten, wie sie zuvor bereits bestanden hatte. Wir meinen, dass man von einer Diskontinuität des psychopathologischen Determinismus ausgehen muss, um dem Aspekt der Neoformation und dem Sektorcharakter des Postpartum-Komplexes gerecht zu werden, auch wenn man in der Therapie die psychische Kontinuität dadurch wiederherstellt, dass die Gegenwart unter Rückbezug auf die Vergangenheit gedeutet wird.

Folgende Faktoren sprechen für eine solche Entkoppelung:
➤ das häufige Auftreten erster psychiatrischer Episoden im Postpartum;
➤ der erstaunlich günstige Verlauf der gemeinsamen Therapien im Postpartum selbst dann, wenn die Mutter eine ziemlich schwere Pathologie aufwies und eine Psychotherapie nicht indiziert schien.

2 Zur Häufigkeit von Dekompensationen im Postpartum

Paffenberger (1982) hat in seinen epidemiologischen Forschungsprojekten, die Klassiker geworden sind, das Risiko evaluiert, während der Schwangerschaft, kurz nach der Geburt und in den folgenden Monaten eine psychiatrische Episode durchzumachen. Er hat das Auftreten erstmaliger schwerer psychiatrischer Störungen (psychotisch oder nicht-psychotisch) in der perinatalen Zeit untersucht und dabei eine ganz spezifische Verteilung gefunden: Bei schwangeren Frauen ist das erstmalige Auftreten psychotischer Episoden seltener als bei nicht schwangeren Frauen, in den ersten sechs Monaten des Postpartums dagegen treten sie häufiger auf; aber im *ersten Monat* nach der Geburt ist deren Auftreten im Vergleich mit den folgenden fünf Monaten oder mit nicht-schwangeren Frauen ganz signifikant erhöht. In absoluten Zahlen sieht dies so aus: Auf 247 Patientinnen, die im perinatalen Zeitraum eine erste psychiatrische Erkrankung zeigten, kamen 57 Schwangere, 67 in den Monaten zwei bis sechs *post partum* und 123 im Laufe des ersten Monats nach der Geburt.

Auch wenn man die psychotischen Episoden des Postpartums nicht mit den weiterverbreiteten Störungen von Elternschaft und Bindung verwechseln kann, die wir in unseren gemeinsamen Therapien sehen, kann man aber doch schlussfolgern, dass es eine Beziehung zwischen dem direkt auf die Geburt folgenden Zeitraum und der Auslösung einer ersten psychiatrischen Episode gibt, was ebenfalls für eine spezifische Erschütterung des Gleichgewicht im Postpartum spricht. Auch wenn diese Untersuchung nicht eingehend nach psychiatrischen Vorerkrankungen der betroffenen Mütter fragt, so belegt sie doch die auslösende Funktion der Geburt, die eine destabilisierende Wirkung auf ein bis dahin scheinbar ausgeglichenes System ausübt.

Murrays (1988) Untersuchungen von Depressionen im Postpartum zeigen, dass zehn bis 15% aller Frauen eine solche Depression entwickeln; ein Viertel dieser Depressionen tritt im ersten Monat nach der Geburt auf. Auch hier sieht man die zeitliche Nähe zwischen Geburt und Störung der psychischen Homöostase. Es gibt übrigens auch eine Studie, die anzweifelt, dass für eine Frau ein höheres Risiko bestünde, im Postpartum an einer nicht-psychotischen Depression zu erkranken. O'Hara und Zekoski (1988) haben einen Überblick der epidemiologischen Studien zur Depression im Postpartum gegeben und kommen zu folgendem Schluss: »Es ist zwar erwiesen, dass Frauen im Postpartum stärker gefährdet sind, eine schwere psychiatrische Erkrankung (postnatale Psychose) oder leichtere dysphorische Episoden zu entwickeln, aber es gibt nur wenige evidente Hinweise darauf, dass dies auch für die Depression des Postpartums zutrifft«. Trotz dieser Relativierung einer höheren Depressionsrate im Postpartum bleibt doch wahr, dass Depressionen *durch* das Postpartum ausgelöst werden, was weiterer Erklärung bedarf. Wir werden dies mit unserer Theoretisierung des »Elternschaftskonflikts« versuchen.

III   Die Vorhersage-Irrtümer

Bei der Untersuchung der Wirkungen der Mutter-Kind-Therapien haben wir eine systematische Evaluierung der Therapieindikation vor Beginn der Behandlung und während der ersten drei Sitzungen vorgenommen. Wir waren von der Ungenauigkeit der Vorhersagen überrascht, die vor dem Kontakt zwischen Therapeut und Patient gemacht wurden (diese Vorhersagen waren etwas zutreffender, wenn die Indikation im Verlauf der ersten drei Sitzungen bestätigt wurde). Die größte Überraschung betrifft jene Fälle, die wir aufgrund der psychischen Struktur der Mutter als ungünstige Indikationen klassifiziert hatten. Bei der Auswertung der Korrelationen zwischen den Indikations-Scores (vor der Behandlung) mit den effektiven Resultaten (nach der Behandlung) haben wir festgestellt, dass diese Fälle spektakulärere Verbesserungen erreicht hatten als die »günstigen Indikationen«.

Es ist zwar bekannt, dass die »schwereren« Fälle größere Verbesserungen aufzeigen können, weil ihr Ausgangswert (*initial value*) niedriger ist und die Amplitude der Veränderung deshalb stärker ausschlagen kann als die eines weniger schweren Falles, aber dies ändert doch nichts daran, dass die anfangs vorhandene mütterliche Pathologie in diesen Fällen keinen Schluss darauf zulässt, welche Bewegung durch Therapie erreicht werden kann, was ja der traditionellen klinischen Sichtweise zuwiderläuft.

Unserer Auffassung nach sind die Mütter, die unsere Prognosen als unzutreffend erscheinen ließen, ein Beleg für die Theorie einer »Sektor«-Pathologie im Postpartum. Wenn das Mutter-Kind-System so schnell und auf so positive Weise modifiziert werden kann (wie es unsere Untersuchung der Wirkungen der Mutter-Kind-Therapie gezeigt hat), obwohl die Persönlichkeit der Mutter eine eher schwere, vor allem depressive Pathologie aufweist, dann ist dies ein Beweis dafür, dass man diese Pathologien der Elternschaft nicht auf das Konto der prämorbiden Persönlichkeit buchen kann.

Wir hatten in diesen Fällen keine schnellen therapeutischen Ergebnisse erwartet; unsere Studie hat nun aber bewiesen, dass sich diese Mütter *gleichzeitig* mit den Modifizierungen des Mutter-Kind-Systems veränderten. Diese Mütter wurden nach Beendigung der Behandlung erneut beurteilt: Sie wurden nun als für die Signale des Kindes sensibler und als weniger kontrollierend eingeschätzt; ihr Selbstbild als Mutter hatte sich ebenso verbessert wie ihr Selbstwertgefühl insgesamt. Ihr Bild vom Kind hatte sich ebenfalls verbessert, und die Symptome des Kindes hatten sich erheblich gebessert.

Insgesamt haben wir herausgefunden, dass die gemeinsamen Kurztherapien simultan die Symptome des Kindes, die Natur der Mutter-Kind-Interaktionen, bestimmte vorbewusste Vorstellungen der Mutter sowie deren subjektiven Zustand verändert haben, und dies sogar in solchen Fällen, bei denen wir dies in Anbetracht der vorherrschenden mütterlichen Pathologie nicht erwartet hatten.

Aus diesem Phänomen ziehen wir folgende Schlussfolgerung: Im Postpartum kann die Begegnung zwischen Mutter und Kleinkind eine spezifische

Pathologie *sui generis* auslösen, deren Dynamik mehr durch die Umstände der Bindung und der Interaktion bestimmt ist als durch die bereits vorhandene Persönlichkeitsstruktur der Mutter. Eine Therapie, die auf die pathologische Mutter-Kind-Beziehung ausgerichtet ist, kann pathologische Erscheinungen des Postpartums »heilen«, und zwar mehr oder weniger unabhängig vom psychischen Zustand der Mutter vor dieser Zeit.

Verstrickungen im Zusammenhang mit der Elternschaft zu heilen ist nicht dasselbe wie eine Behandlung der Gesamtpersönlichkeit der Eltern. Man kann in einem »Sektor« auf die Störungen aufgrund der Elternschaft einwirken, ohne eine Transformierung des gesamten psychischen Gleichgewichts unternehmen zu müssen.

Die therapeutischen Resultate, die trotz relativ kurzer Behandlung dauerhaft sind (unsere Katamnesen belegen dies für ein Jahr nach Beendigung der Therapie) und das Mutter-Kind-System auf der Ebene der Interaktionen und der vorbewussten Vorstellungen betreffen (zusätzlich zu den erheblichen Modifikationen der Symptome des Kindes), erlauben folgende Schlussfolgerungen:
➢ Die Pathologie des Mutter-Kind-Systems im Postpartum ist eine Neoformation eigener Art;
➢ sie hat einen spezifischen Charakter, der sie von der mütterlichen Pathologie abhebt, die zuvor bereits bestanden hatte;
➢ sie entspricht einer Struktur, die einen »Sektor« betrifft, also nicht das gesamte psychische Funktionieren der Mutter überflutet;
➢ sie ist instabil und spricht auf mehr oder minder kurze therapeutische Interventionen günstig an.

Wir unterstreichen in unseren Formulierungen hier absichtlich den Aspekt der Diskontinuität der psychischen Determiniertheit. Der Aspekt der Kontinuität ist zu rasch als Regel akzeptiert worden, was das Erkennen von originären Selbstregulationsprozessen verhindert hat, die – auch wenn sie sich auf einem zuvor bestehenden psychischen Geschehen aufbauen – nicht mit dieser Regel gleichgesetzt werden dürfen.

Die systematische, unterschiedslose Indikationsstellung zu den üblichen, zeitlich unbegrenzten Therapien beruht auf dem folgenden Postulat: Jedes Symptom stützt sich auf das Gesamt des psychischen Geschehens; nach dem traditionellen psychoanalytischen Modell muss die Psychotherapie deshalb auf die Transformierung der Gesamtstruktur zielen.

Zu einem solchen Vorgehen, das keine Unterschiede macht, schlagen wir eine Alternative vor: Die meisten Symptome der frühen Kindheit basieren auf Beziehungsstörungen innerhalb der besonderen Begegnung zwischen Eltern und Kind im Postpartum. Die Dynamik dieser Störungen entspricht einer Neoformation, deren Elemente von Diskontinuität im Verhältnis zur früheren Persönlichkeit durch Konflikte mit der Elternschaft und wechselnden Schicksale um die Bindungsproblematik herum determiniert sind.

Man kann in diesem Zeitabschnitt Kurztherapien anbieten, die auf die Eltern-Kind-Beziehung und die überraschenden Vorgänge um den Beginn der Elternschaft herum zielen. Eine solche »sektorbezogene« Herangehensweise arbeitet an der Rücknahme der für das Postpartum typischen Projektionen sowie an der Art und Weise, in der die Vorstellung vom Kind als integraler Anteil der elterlichen Topik benutzt wird.

Die Kunst dieser Therapien besteht darin, den Fokus der Intervention auf die Ebene dieser Neoformation zu legen und dabei gleichzeitig die Verbindungen zur infantilen Neurose der Eltern anzugehen.

Von dieser Dialektik von Diskontinuität des Postpartums und psychischer Kontinuität der Eltern, vom *hic et nunc* der gegenwärtigen Interaktion und einem Ansprechen der Vergangenheit der Eltern hängt der Erfolg einer Eltern-Kleinkind-Kurztherapie immer wieder ab; es kann aber auch die Entscheidung getroffen werden, zu einer konventionellen, zeitlich nicht limitierten Therapie der Mutter (oder des Kindes) überzugehen, um deren Grundstruktur unabhängig von den Wechselfällen der Elternschaft anzugehen.

Diese Theorie zum Ursprung der Psychopathologie der Elternschaft im Postpartum und zu der Notwendigkeit, sie von der Grundstruktur der Mutter zu entkoppeln, war von einigen Autoren bereits vorweggenommen worden: Brockington und Cox-Roper (1988) sehen die Störungen der Beziehung zwischen Mutter und Kleinkind als eine »gesonderte Einheit«. Sie meinen, es handle sich hierbei »um ein von geistiger Gesundheit oder Krankheit der Mutter unabhängiges Phänomen«. Sie fanden heraus, dass die »Störungen der Mutter-Kleinkind-Bindung mit einer psychiatrischen Störung wie etwa einer Depression der Mutter gemeinsam auftreten können oder eben auch nicht«. Nach der Auffassung dieser Autoren können Bindungsstörungen primär sein (sind also nicht notwendigerweise Sekundärphänomene einer Depression).

Eine praktische Schlussfolgerung drängt sich auf: Es ist nützlich, das Spezifische der Störungen um den Eintritt in die Elternschaft im Postpartum zu erkennen und eine darauf bezogene systematische Semiologie zu schaffen. Die Entwicklung therapeutischer und präventiver *Ad-hoc*-Interventionen ist eine Priorität für die Psychiatrie des frühesten Lebensalters wie auch für die psychiatrischen Konsiliardienste in Pädiatrie und Geburtshilfe.

Kapitel III
Die Entwicklung der Identifizierungen mit den Eltern

In der Pubertät und vor allem der Adoleszenz ist das Subjekt dem Risiko eines Zusammenbruchs ausgesetzt, der bis zur Psychose gehen kann. Verantwortlich hierfür scheinen hauptsächlich das Aufkommen der gelebten Sexualität und die Tendenzen hin zur Exogamie zu sein. Die Triebbewegungen, die diese Veränderungen mit sich bringen, zwingen das Subjekt zu Identifizierungen, die sehr ambivalent und konfliktgeladen sein können. Es handelt sich um Identifizierungen mit sexuellen Imagines der eigenen Eltern, die in der ödipalen Phase und der Latenzzeit Gegenstand der Ambivalenz des Kindes gewesen waren. Diese Ambivalenz wird durch die Tendenzen in Richtung Exogamie verstärkt, die mit Schuldvorstellungen aufgeladene Fantasien eines Verlassens der Elternobjekte aufkommen lassen.

Das Gesamt dieser Fantasien führt dazu, dass die Identifizierungen mit den erwachsenen, sexuellen und autonomen Elternobjekten sehr konflikthaft werden. Derartige Elternimagines, die als beschädigt oder zerstört empfunden werden, tragen beim Jugendlichen, der mit diesen Bildern identifiziert ist, zum Erleben von Schwäche oder zum Zusammenbruch des Ichs bei (*break down* nach Laufer et al. 1984).

I Von der Adoleszenz zum Erwachsenen

Im Übergang von der Adoleszenz zum Erwachsenenalter beurteilt der Heranwachsende, der von seinen Eltern zunehmend unabhängiger wird, deren Elterntätigkeit. Die jungen Menschen fangen an, Bilder zu ihren eigenen Projekten und Wünschen zur Elternschaft zu konstruieren, die zunächst vorbewusst bleiben. Diese Entwürfe des jungen Erwachsenen stehen immer in einem Zusammenhang von Identität oder aber Opposition zu den – ebenfalls vorbewussten – Bildern, die sie sich von ihren Eltern entworfen haben.

In diesen Bildern, die sich der junge Erwachsene von seinen Eltern und von sich selbst als künftiger Elternfigur entwirft, spielen die Beziehungen, die er zu seinen Eltern hatte, eine große Rolle. Erfüllung und Befriedigung, die er dort erfahren hat, hinterlassen bewusste Bezugspunkte für den Aufbau befriedigender Beziehungen zu den eigenen Kindern. Frustrationen und Enttäuschungen, die in der Kindheit an den Eltern erlebt wurden, führen zu einem Bedauern, das sich in den Wunsch verwandelt, den eigenen Kindern Gefühle dieser Art ersparen zu wollen. Solche Erlebnisse hinterlassen, obwohl sie vorbewusst sind, im Unbewussten einen Teil der Trauergefühle, die mit ihnen verbunden sind. Diese Trauer kann sich entweder auf Eltern beziehen, die man gehabt hat (Trauer in Bezug auf ein reales Objekt), oder auf Eltern, die man gern gehabt hätte (Trauer in Bezug auf ein Fantasieobjekt).

Zur weiteren Präzision ist hinzuzufügen, dass jede Projektion der Eltern auf das Kind (das *role giving* nach Sandler 1987) mit einer Identifizierung seitens der Eltern (*role taking*) mit einem Elternbild einhergeht, das zu der Projektion in komplementärer Beziehung steht. Die komplementäre Identifizierung bestimmt den Interaktionsmodus, der sich aus der Projektion auf das Kind ergibt. Interaktionen dieser Art können für das psychische Leben des Kindes strukturierend oder – ganz im Gegenteil – pathogen sein.

II Identifizierungen zum Aufbau der Elternidentität

Wie die projektiven Identifizierungen auf das Kind unterscheiden sich auch die komplementären Identifizierungen der Eltern je nach dem Grad ihrer Bewusstheit. Die Projektionen und Identifizierungen, wie sie dem normalen Funktionieren als Eltern oder gut strukturierten »Konflikten mit der Elternschaft« eigen sind, sind zum großen Teil bewusst oder können durch psychotherapeutische Arbeit bewusst gemacht werden. Diese psychischen Mechanismen zeigen sich in den Sitzungen anhand von Assoziationen oder Erinnerungen, die es dem Therapeuten ermöglichen, Vorstellungen zu bedeutsamen Objekten aus der Vergangenheit eines der Eltern oder Vorstellungen von sich selbst als Kind klar herauszuarbeiten. Der Psychotherapeut hat es nicht sonderlich schwer, den Eltern Fantasien solcher Art bewusst zu machen. Das Vorherrschen der Libido bei der Besetzung der inneren Objekte, das sowohl bei den projektiven Identifizierungen wie bei den tieferen und also mehr unbewussten Identifizierungen dieser Eltern gegeben ist, führt dazu, dass die Fantasien, die von diesen psychischen Mechanismen befördert werden, leicht repräsentierbar sind. Die Arbeit in Form von Kurzpsychotherapie wird durch die Konflikt-Fokalisierung erleichtert, die von den Eltern selbst vorgenommen wird, indem sie ziemlich deutliche Fantasien zu ihren Objekten oder den Selbstanteilen liefern, die am Konflikt beteiligt sind.

Ist der Funktionsmodus der Eltern dagegen narzisstischer Natur oder sind in den Projektionen und Identifizierungen aggressive Triebe vorherrschend, verflüchtigen sich die Vorstellungskorrelate der auf diese Weise vermittelten Fantasien immer mehr. Die Projektionen und Identifizierungen (mit Elternobjekten, bei denen zurückweisende, verlassende, feindliche und distanzierende Aggressivität vorherrschend sind) sind dem Bewusstsein der Eltern dann schwer zugänglich zu machen. Für den Therapeuten wird es schwierig, die Repräsentanzen von Objekten aufzuzeigen, mit denen sich der Elternteil identifiziert. Solche Eltern wirken auf uns oft als ganz einfach aggressiv oder zurückweisend ihrem Kind gegenüber. In diesem Fall muss der Psychotherapeut die Fantasien des Elternteils herausarbeiten und die Natur des Konflikts präzisieren: ausgehend von der »Übertragungsinteraktion« der Mutter mit dem Kind und der »Übertragungshaltung« ihm selbst gegenüber. Eine solche Informationsquelle unterscheidet sich nicht von der Übertragungsanalyse, wie sie für jede analytische Psychotherapie oder Psychoanalyse charakteristisch ist.

Die erwähnten Identifizierungen narzisstischen Typs, die stärker aggressiv aufgeladen sind, sind viel unbewusster als die von Eltern mit klarerer neurotischer Funktionsweise. Dies wird durch den Umstand belegt, dass es zwischen diesen beiden Typen bestimmte mittlere Fälle gibt, bei denen die Eltern eine Dissoziation ihres Interaktionsverhaltens mit dem Kind an den Tag legen. Der Dissoziation auf der Verhaltensebene entspricht eine andere Dissoziation auf der Ebene der Identifizierungen. Es handelt sich hierbei um Eltern, die vor dem Hintergrund der negativen Erfahrungen ihrer eigenen Kindheit den Wunsch haben, mit ihren Kindern das Gegenteil dessen zu realisieren, was sie selbst erlebt haben. Sie glauben deshalb, dass sie ihren Kindern gegenüber sehr fürsorglich sind, sehr tolerant, ansprechbar usw., funktionieren aber in Wirklichkeit in unbewusster narzisstischer Identifizierung mit den Repräsentanzen von zurückweisenden, fordernden oder feindseligen Eltern.

III Die »entwicklungsbedingte Trauersituation« im Zusammenhang mit dem Eintritt in die Elternschaft

1 Die Etablierung der »Elternfunktion«

Die Möglichkeit, vorbewusste Konstruktionen zu dem zu entwickeln, was man das »Funktionieren als Eltern« der eigenen Eltern nennen könnte, stellt für den Jugendlichen oder jungen Erwachsenen eine Art mentaler und psychischer Bereicherung dar. Ausgehend von diesen Elementen, die sich auf noch viel unbewusstere Identifizierungen stützen, erarbeiten sie sich Projekte und Wünsche im Hinblick auf ihre eigene mögliche Elterntätigkeit. Dies ist von noch größerem Wert, wenn es ihnen zum Zeitpunkt der Übernahme eigener Elternschaft gelingt, den Bildern gerecht zu werden, die sie von sich selbst als Eltern entworfen haben.

Der Erwerb dieser Fähigkeit setzt voraus, dass der junge Erwachsene eine weitere krisenhafte Zuspitzung auf der Ebene der Identifizierungen überstanden hat. Der Untergang des Ödipuskomplexes, der die erste Klippe widerspiegelt, ermöglicht die Schaffung der identifikatorischen Grundlagen, die die Identität mit ihren sexuellen Charakteristika aufbaut. Gegen Ende der Adoleszenz gestalten sich diese Identifizierungen um, wodurch es dem Subjekt möglich wird, ein selbstständiger Erwachsener mit einer gefestigten sexuellen Identität zu werden. Die zunehmende Etablierung von auch auf triebhafter Ebene gut integrierten Elternidentifizierungen öffnet dem Erwachsenen den Weg zur Reife, d. h. zum Erwerb dessen, was als Identität eines reifen Erwachsenen betrachtet worden ist.

Aus psychopathologischer Sicht können wir sagen, dass Pubertät und Adoleszenz für den Heranwachsenden gewisse Risiken psychotischer Entgleisung mit sich bringen, die Elternschaft dagegen eine »entwicklungsbedingte Trauersituation« (*deuil développemental* nach Manzano/Palacio-Espasa 1990) beinhaltet, die für den jungen Erwachsenen die Gefahr eines depressiven Zusammenbruchs bedeutet. Die postnatalen Depressionen sind häufiger als man denkt, besonders wenn wir auch die subklinischen Formen mit einbeziehen, die sich vor allem in einem Interaktionsdefizit mit dem Neugeborenen manifestieren. Diese Form der Depression spart aber auch die Väter nicht aus, obwohl sie sie häufiger mit manischen oder manisch-psychopathischen Mechanismen abwehren.

Woher kommen diese Depressionsrisiken zu Beginn der Elternschaft? In gleicher Weise, wie der Beginn der Pubertät die unausweichliche Realität der gelebten Sexualität mit sich bringt, die der Jugendliche durch Identifizierung mit der sexuellen Imago der Eltern integrieren muss, erzwingt die Ankunft eines Kindes die Identifizierung mit dem elterlichen Funktionieren der eigenen Eltern. Der Verlust des Kind-Status aufgrund des Umstands, nun selbst Vater oder Mutter zu werden, stellt eine »entwicklungsbedingte Trauersituation« dar, die normalerweise über Identifizierung mit den eigenen Eltern tendenziell resorbiert wird. Diese introjektiven Identifizierungen vollziehen sich komplementär zu den projektiven Identifizierungen der Eltern auf das Kind.

Normalerweise identifiziert sich ein Vater oder eine Mutter mit dem Bild der Eltern, von denen er/sie sich geliebt gefühlt hat; gleichzeitig projiziert er oder sie auf das Kind das Bild des geliebten Kindes, das er/sie dem eigenen Erleben nach für die Eltern gewesen ist. Die forcierte Introjektion dieser Bilder, mit denen sich nun identifiziert wird, erweckt aber die ganze Ambivalenz wieder zum Leben, die in der Kindheit und vor allem der Adoleszenz gegenüber den Eltern als Eltern entwickelt worden war. Anders formuliert: Durch die eigene Elternschaft werden die in Kindheit und Jugend unzureichend verarbeiteten Trauer- und Verlustsituationen reaktiviert. Diese Traueranlässe tragen dazu bei, dass die mit der eigenen Elternschaft verbundene »entwicklungsbedingte Trauersituation« oft pathologischen Charakter annimmt. Den Platz des Kindes zu verlassen und selbst Vater oder Mutter zu werden, wird vom jungen Elter als ein Verlassenwerden durch die eigenen Eltern erlebt. Wird dies zu stark empfunden, kommt eine Abwehrtendenz auf, sowohl die eigene Traurigkeit zu verleugnen, die auf das Gefühl des Verlassenwerdens zurückgeht, wie auch die Wut, die diese Gefühle auslösen.

Die innere Wiederkehr dieser verleugneten aggressiven Triebe stört die bewussten und unbewussten Bilder, die der Elter von seinen eigenen Eltern konstruiert hat und mit denen er sich identifiziert. Je nach Intensität dieser Aggressivität neigen diese Bilder dazu, zu mehr oder weniger überhöhten oder sogar fordernden Elternidealen zu werden. Zu gleicher Zeit hat das Ich des jungen Erwachsenen die Tendenz, sich mit den als unbefriedigend und kritikwürdig erlebten Aspekten der eigenen Eltern zu identifizieren. Zwischen diesen überhöhten Elternidealen und dem Ich der jungen Mutter oder des jungen Vaters kommt es zu einem melancholiformen Konflikt, der die Depressivität auslöst, die mit dem Eintritt in die Elternschaft so oft verbunden ist.

In Abhängigkeit von den Konflikten, die mit den eigenen Eltern in der Vergangenheit erlebt wurden, variieren Intensität und Natur einer solchen Problematik natürlich stark. Im günstigen Fall kann sich die Elternschaft zunehmend etablieren, ohne interaktionelle oder intrapsychische Symptome für den Elter entstehen zu lassen. Die Klinik der Mutter-Kind-Kurzpsychotherapien hat uns aber gezeigt, dass der Umstand, als Vater oder Mutter zu fungieren und funktionieren zu sollen, in einer großen Zahl von Fällen viel konfliktträchtiger ist, und zwar aufgrund pathologischer Bewältigungsversuche der erwähnten »entwicklungsbedingten Trauersituation«. Die konflikthaften Auswirkungen auf der Ebene der Interaktion mit dem Kind und der des Gefühlslebens der Eltern werden anhand der klinischen Fälle Martine (Kapitel IV) und Marie (Kapitel IX) dargestellt werden. Diese beiden Mütter legen in der Beziehung zu ihren Töchtern pathologische Konflikte an den Tag. Beide Beispiele zeigen uns Mütter, die zwischen einem zu anspruchsvollen »Mutterideal« und einem Ich, das mit Bildern einer gewalttätigen, verlassenden und zurückweisenden Mutter identifiziert ist, konflikthaft hin- und hergerissen sind.

Trotz dieses Konflikts ermöglicht es der mentale Reichtum ihres neurotischen Funktionierens diesen Müttern, auf eine Vielzahl von Mutterbildern zurückzugreifen, mit denen sie sich zu identifizieren versuchen, um den skizzierten depressionserzeugenden Konflikt außer Kraft zu setzen. Es handelt sich dabei insbesondere um das Bild der freigiebigen, zärtlichen, geduldigen, verfügbaren, rezeptiven usw. Mutter (der idealen Mutter).

Die Mütter identifizieren ihr Kind im Übrigen projektiv mit dem Bild des aggressiven und fordernden Kindes, das sie ihrem Erleben nach in der Vergangenheit selbst gewesen waren. Diese gefürchteten kindlichen Anteile sind ihrerseits wieder durch andere Bilder wie das des »verhätschelten« oder »verwöhnten« Kindes, das sie gerne gewesen wären, im Dienste der Abwehr maskiert.

Diese Polymorphie der Elternbilder oder der Bilder der Mütter von sich selbst als Kind samt dem depressiven Konflikt, der dadurch gelöst werden soll, beruht letztlich auf der Schwierigkeit dieser Mütter, die Trauerarbeit der Loslösung von den eigenen Eltern auf sich zu nehmen: Diese Trauerarbeit an real verlorenen bedeutsamen Objekten oder an »Fantasieobjekten« zeigen uns die Schwierigkeit dieser Mütter, die Mängel und Schwächen ihrer eigenen Eltern zu akzeptieren, die Frustrationen, die ihnen durch die Eltern auferlegt wurden, oder ganz einfach die Gefühle, vom Elternpaar ödipal ausgeschlossen gewesen zu sein.

Zuweilen ist dieser elterliche Konflikt weitaus intensiver und entspricht dem Typus, den wir oben unter dem Begriff des *narzisstischen* Elternkonflikts beschrieben haben. In diesen Fällen fehlt die identifikatorische Polymorphie.

Solche Eltern neigen dazu, sich rigide mit zurückweisenden und verfolgenden Elternbildern zu identifizieren. Manchmal versuchen sie, diese tiefsitzenden, quasi-automatischen Identifizierungen unter Rückgriff auf andere Identifizierungen mit – ebenfalls sehr rigiden – idealisierten Elternobjekten zu verleugnen.

Oscar Wilde sagte: »Kinder bewundern ihre Eltern, dann richten sie sie und selten vergeben sie ihnen«. Beim Antritt eigener Elternschaft richtet sich diese Ambivalenz der Jugend den Eltern gegenüber gegen das Ich des jungen Elters, da er mit der verachteten Elternfunktion seiner eigenen Eltern identifiziert ist. Es handelt sich dabei um Identifizierungen mit Elternbildern, die mit Vorwürfen und Ansprüchen beladen sind, die sich in der Kindheit angesammelt haben und in der Jugend formuliert werden, wenn der junge Erwachsene die Kinderrolle verlässt.

IV Unerreichbare Elternschaft: Extrem fordernde Elternideale

Eine Ambivalenz der oben skizzierten Art gibt der jungen Mutter oder dem jungen Vater das Gefühl, die Elternschaft sei eine nicht zu bewältigende Aufgabe. Das Neugeborene wird als Träger einer Über-Ich-Last mit so großen Forderungen und Ansprüchen gesehen, dass das Gefühl aufkommt, diesen niemals entsprechen zu können. Jenes enorme Über-Ich-Gewicht hängt eng mit einer fordernden Idealisierung der Elternrolle zusammen. Die Selbstverleugnung, die Opferung und Hingabe seiner selbst, die von diesen Idealen eingefordert werden, sind so groß, dass viele junge Erwachsene die Elternschaft fürchten. Wenn diese jungen Leute Eltern werden, gelingt es ihnen häufig nicht, ihre persönlichen Interessen und vor allem ihre Paarbeziehung zu schützen. Dies zeigt sich vielfach in einem Gefühl von Ungenügen, von Scheitern und sogar Erschöpfung, was einem regelrecht depressiven Bild sehr nahekommt.

Die Klinik der Beziehung zwischen Mutter und Kleinkind zeigt uns die extreme Häufigkeit, mit der solche stark überich-haften Elternideale das affektive und erotische Leben der Eltern beeinträchtigen und oft auf Dauer aus der Bahn werfen. Dahinter sehen wir die Imagines – unter anderem die sexuellen Imagines – der Eltern der Eltern, die Objekt von Vorwürfen, Forderungen und Ansprüchen von Seiten des jungen Vaters oder der jungen Mutter sind, als diese noch Kinder oder Jugendliche waren.

Diese Identifizierungen sind überwiegend unbewusst; ihr Werdegang entscheidet über mentale Solidität oder eventuelle Psychopathologie des Elters in seiner Beziehung zum Kind. Die Identifizierungen zu Beginn des Erwachsenenalters hängen stark davon ab, ob die Störungen der Identifizierungen in der frühen Kindheit mehr oder weniger schwerwiegend waren. Diese Elternidentifizierungen stehen auch in Beziehung mit den Identifizierungen des Latenzalters – nach dem Untergang des Ödipuskomplexes – und den oben beschriebenen der Adoleszenz. Die Überwindung der ödipalen Problematik determiniert zwar die künftige Qualität der Identifizierungen des Kindes und ermöglicht dessen Eintritt in die Latenz, aber erst der Ausgang des Konfliktgeschehens um die Elternschaft herum ermöglicht den realen Eintritt in die Reife des Erwachsenenalters.

V Depressive Entwicklung im Zusammenhang mit der Elternschaft

Ist die Psychopathologie der Eltern nicht als solche augenfällig, sondern präsentiert sich in Form eines *strukturierten Fokalkonflikts im Zusammenhang mit der Elternschaft wie die Konflikte neurotischen Typs*, bleiben die Identifizierungen dieser Eltern von einer gewissen depressiven Verwundbarkeit überschattet. Diese depressiven Tendenzen können zu Dekompensationen führen, in denen dann klinische oder subklinische depressive Episoden zutage treten – aufgrund des Gewichts der Anforderungen ihrer Elternideale und der Über-Ich-Angriffe auf die Imagines der Eltern, mit denen der junge Elter identifiziert ist.

Dieser Typus von Eltern kann zu einem guten Gleichgewicht finden, wenn die Konstruktion vorbewusster Ideale von sich selbst als Eltern nicht zu radikal ist. Die Projektion des Bildes des »liebevoll umsorgten« Kindes, das sie gerne gewesen wären, auf ihr Kind bringt Nachteile mit sich. In der Beziehung zu ihrem Kind können diese Eltern nicht von dem Quantum an Aggressivität Gebrauch machen, das für eine entschiedene Haltung unerlässlich ist und das ihnen gestatten würde, die eigene persönliche Freiheit zu behaupten. Sie bleiben Gefangene ihrer Elternideale und werden oft Beute der Tyrannei ihres Kindes – einer Tyrannei, die sie durch die Projektion ihrer eigenen anspruchsvollen infantilen Anteile auf das Kind selbst herausfordern.

Die Interaktionskonflikte zwischen Eltern und Kindern, die sich aus diesem *gut strukturierten und fokalisierten Konflikt mit der Elternschaft* ergeben, können für das Kind aber doch beträchtliche psychopathologische

Auswirkungen haben, wie wir anhand verschiedener klinischer Beispiele sehen werden. Die Eltern haben oft den Eindruck, ein Monstrum an Unbeugsamkeit geschaffen zu haben, und das Kind läuft Gefahr, tatsächlich eine authentische narzisstische Pathologie mit Vorherrschaft megalomaner Anspruchlichkeit zu entwickeln.

VI Die »verfolgten« Eltern

Im Gegensatz zum vorgenannten Typus von Eltern, bei denen trotz ihrer Konflikte die libidinösen Besetzungen ihrer Objekte aus der Vergangenheit und ihrer Kinder überwiegen, haben die Eltern, die zu aggressiven Projektionen auf ihr Kind neigen, sehr viel größere Schwierigkeiten, die früheren Beziehungen zu den eigenen Eltern zu mentalisieren. Sie geben nicht von sich aus die Konstruktionen ihrer eigenen Imagination zur Vergangenheit preis. Fragt sie der Therapeut danach, sieht man, wie sie in einem inneren Kampf gefangen sind. Seit langer Zeit hat sich bei ihnen eine Tendenz durchgesetzt, die nach wie vor dominiert: die Weigerung, ihre Kindheitsvergangenheit mental zu verarbeiten. Insistiert der Therapeut, liefern sie zögernd einige beruhigende Klischees: »Es war normal ...!«, »Ganz normale Eltern ...« etc. Dies lässt darauf schließen, dass sie beginnen, sich als vom Psychotherapeuten verfolgte Eltern zu erleben (negative Vorübertragung), wie sie sich aufgrund ihrer auf das Kind gerichteten negativen und aggressiven Projektionen von ihm verfolgt fühlen.

Diese Verfolgungsgefühle beruhen darauf, dass sie sich mit den negativen Aspekten ihrer eigenen Eltern »zu schnell identifiziert« haben. Sie erleben die Hinterfragung ihrer Vergangenheit und ihrer Interaktionen mit dem Kind als eine Anklage ihrer selbst als Eltern, als eine Kopie der Anklage gegen ihre eigenen Eltern. Mit ihnen führt die psychotherapeutische Exploration mit ihrer Suche nach einem Sinn in der Gegenwart vor dem Hintergrund der Vergangenheit zu einem Konflikt. Entweder konnten diese Eltern den Bewertungsprozess ihrer Eltern nicht durchmachen (den wir als Charakteristikum der Jugend und des beginnenden Erwachsenenalters beschrieben haben), oder ihr Urteil über ihre Eltern war zu negativ und paranoid gewesen. Die Schwierigkeit, sich den verschiedenen Anlässen für Trauerarbeit im Hinblick auf ihre Vergangenheit zu stellen, hat sie zu schnellen narzisstischen Abwehrlösungen des Typs »Identifizierung mit dem angreifenden Elternteil« greifen lassen. Zuweilen beziehen sich die Identifizierungen auf sehr partielle idealisierte Elternimagines, um die Identifizierung mit dem »angreifenden Elternteil« zu verleugnen, was solche Eltern dann dazu bringt, der Realität der Bedürfnisse ihres Säuglings sehr wenig Rechnung zu tragen. Solche Identifizierungen mit den verfolgenden oder idealisierten Anteilen ihrer eigenen Eltern sind zum großen Teil unbewusst und haben letztlich die Funktion, einer Bewusstwerdung all dessen auszuweichen, was diese Eltern bei ihren eigenen Eltern erlitten oder vermisst haben.

Zur Identifizierung mit den zurückweisenden, feindlichen, verlassenden, verfolgenden etc. Aspekten kommt dann noch die Projektion der eigenen negativen kindlichen Selbstanteile als (gieriges, destruktives, gewalttätiges, anspruchliches, tyrannisches etc.) Kind auf das eigene Kind hinzu, manchmal auch noch negative Imagines bedeutsamer Personen aus ihrer Vergangenheit. Der Ausstoßungscharakter dieser Projektionen ist Folge der sehr starken Verleugnung dessen, was projiziert wird. Die Gesamtheit dieser Mechanismen von pathologischer projektiver Identifizierung (und von Identifizierungen mit negativen Elternbildern) trägt narzisstische Merkmale, denn sie dient dazu, das Erleben von Begrenzung und Frustration zu verleugnen, das mit Leiden und Grundbedürfnissen zu tun hat. Dieser Narzissmus zeigt sich auch deutlich in der Rigidität und relativen Stereotypie der negativen Interaktionen, die Folge von Ausstoßungs-Projektionen und aggressiven oder überidealisierten Identifizierungen sind.

Diesen Typus elterlicher Konflikthaftigkeit als narzisstisch zu bezeichnen ist umso mehr auch deshalb gerechtfertigt, weil diese Eltern von sich selbst oft ein Bild von sehr geschätzten oder gar idealisierten Eltern haben. Diese Form elterlicher Problematik hat sehr viel schwerere Auswirkungen auf das psychische Funktionieren des Kindes und erfordert lange Behandlungszeiten.

VII Entwicklungstrauer und therapeutische Rezeptivität

Die besonderen krisenhaften Umstände, in denen sich die Eltern in ihrer »entwicklungsbedingten Trauersituation« aufgrund des Verlusts ihrer Kinderrolle befinden, bringen es mit sich, dass sie verständnisvolle Elternimagines brauchen. Die Häufigkeit der oben beschriebenen »gut strukturierten und fokalisierten elterlichen Konflikthaftigkeit« mit sehr hohen oder auch zu fordernden Elternidealen führt dazu, dass die jungen Eltern ein starkes Bedürfnis nach rezeptiven und toleranten äußeren Elternbildern haben. Verständnis und Toleranz sind Grundqualitäten der Personen, die in der Umgebung dieser Eltern eine Autoritätsfunktion innehaben. Eine solche rezeptive Haltung aufseiten des Psychotherapeuten hat als solche bereits eine lindernde Wirkung auf die intrapsychische Problematik des betroffenen Elternteils. In vielen Fällen trägt dies zur schnellen Ausbildung dessen bei, was wir in den klinischen Beispielen »positive Übertragung« nennen. Der Druck ihrer intrapsychischen Konflikthaftigkeit verwandelt diese Patienten in Verbündete des Therapeuten bei der Suche nach Verständnismöglichkeiten für die Probleme mit ihren Kindern. Sie zeigen sich für die Deutungen des Psychotherapeuten auch sehr empfänglich. In einem psychotherapeutischen Kontext dieser Art trägt der durch die Deutung beförderte Sinn weniger zu Widerständen als zur Milderung der depressiven Affekte und insbesondere der Schuldgefühle bei (dank der Deutungen ihrer Ansprüche an die eigenen Eltern), wobei die Verringerung der von ihren Elternidealen herrührenden Anforderungen ein wichtiger Zwischenschritt ist.

Die Möglichkeit, durch deutendes Eingreifen des Therapeuten stark fordernde Ideale schnell abschwächen zu können, verhilft den betroffenen Eltern dazu, ich-orientierte Identifizierungen zu integrieren und zu konsolidieren. Dies führt zu einem weniger konflikthaften und befriedigenderen Funktionieren als Eltern, das oft auch den Kurztherapien von Mutter und Kind zugute kommt.

Zweiter Teil
Der psychotherapeutische Prozess:
Eingehende Untersuchung eines Falles

Einführung

Wir beginnen mit der Schilderung einer Sitzung aus einer gemeinsamen Kurztherapie, um den therapeutischen Prozess und die Komplementarität zwischen Technik und klinischem Material so explizit wie möglich wiederzugeben.

Die Interventionen des Therapeuten und die Erzählung der Mutter werden detailliert vorgestellt und kommentiert, um sowohl den Modus transparent zu machen, nach dem der Therapeut das Material aufgreift, wie auch die jeweiligen Assoziationen der Mutter.

Dieses Exposé folgt dem chronologischen Verlauf der Sitzung; die Zeitdauer der wichtigsten Abläufe wird in Minuten und Sekunden der Sitzungszeit angegeben.

Den Fall Martine und Sandra haben wir aus folgenden Gründen gewählt:
➤ Er illustriert die postnatale Interaktionspsychopathologie in typischer Weise;
➤ er liefert eine Illustration der Koinzidenz von Intrapsychischem und Interagiertem, die zur Herausbildung symptomatischer Interaktionssequenzen beiträgt;
➤ er war Gegenstand zweier Untersuchungen zur Objektivierung der therapeutischen Veränderungen.

Wir verfügen zu diesem Fall über eine besonders eingehende Katamnese, weil das Mädchen zweieinhalb Jahre nach der gemeinsamen Mutter-Kind-Therapie erneut gesehen worden war. Es wurde dann in Einzeltherapie genommen, was uns ermöglicht hat, die Prägung nachzuvollziehen, die die frühen mütterlichen Projektionen bei der Ausbildung der Kindheitsneurose hinterlassen hatten.

Wir danken Sandras Eltern für die Erlaubnis, dieses Material im Detail publizieren zu können.

Kapitel IV
Darstellung der ersten Sitzung
einer Kurztherapie

I »Eine Tochter tut ihrer Mutter Gewalt an«

Sandra ist 13,5 Monate alt; sie ist Einzelkind. Martine, ihre Mutter, hat die Empfehlung des Kinderarztes angenommen, einen Therapeuten zu konsultieren: Er machte sich Sorgen um diese Mutter, die durch den Konflikt erschöpft war, in dem sie sich mit ihrer Tochter befand und nicht mehr weiter wusste. Zu Beginn des Erstgesprächs beschreibt Martine ihr Problem mit ihrer Tochter wie folgt: »Sie entwickelt regelrecht Aggressivität, ohne dass ich einen Grund dafür finden kann«[9] (1'19")[10]. Es folgt die Beschreibung einer Szene im Restaurant, in der Sandra während des Essens »plötzlich, ohne zu wissen warum, anfing zu schreien; sie hat einen regelrechten Aufstand gemacht und mit den Füßen gestrampelt, kurzum: Es ging ihr nicht gut. Und dann, zehn Minuten später, hörte es auf – warum? Ich weiß es nicht!« (2'06")

Diese Art Krise tritt oft auf; Martine, die Mutter, nimmt diese Manifestationen von Gewalt sehr schlecht auf; es stört sie und – vor allem – sie versteht sie nicht. Es war uns bereits aufgefallen, dass sie in ihrer ersten Beschreibung drei Mal zum Ausdruck bringt, sie könne das Verhalten ihrer Tochter nicht verstehen (»ohne dass ich einen Grund dafür finden kann«, »ohne zu wissen warum«, »warum? Ich weiß es nicht«).

Während dieser ersten Beschwerde, die dem Kind überbordende Aggressivität vorwirft, konstatiert der Therapeut, dass Sandra sehr passiv ist und

---

9 Die in Anführungszeichen gesetzten Passagen sind wörtliche Wiedergaben aus der Tonbandaufzeichnung der Sitzungen.
10 Die Ziffern in Klammern beziehen sich auf den Zeitpunkt des Auftauchens der Äußerung im Verlauf der Sitzung.

ganz ruhig auf den Knien ihrer Mutter sitzt: Er ist frappiert angesichts des Kontrasts zwischen dem sehr ruhigen Erscheinungsbild des Kindes und der von der Mutter vorgetragenen Angst vor einer Aggression, die sie ratlos macht. Zwischen beiden ist sehr wenig Interaktion erkennbar. (Eine detailliertere Beschreibung der Interaktion auf der Verhaltensebene findet sich im Kapitel »Die symptomatische Interaktionssequenz«). Sandras Gesicht ist geradezu starr. Die niedrige Amplitude der Austauschvorgänge steht in starkem Kontrast zu dem Bild, das Martine gezeichnet hatte: Schreie, Gewaltausbrüche – ein öffentliches Ärgernis. Sandras Anschein von Passivität hebt sich deutlich gegen das Bild ab, das ihre Mutter geliefert hatte: »Es gibt außerdem eine Form von Aggressivität, bei der ich nicht weiß, wie ich mich ihr gegenüber verhalten soll. Wenn ich ihr etwas verbiete, reagiert sie – finde ich jedenfalls – ziemlich gewalttätig: Entweder beißt sie mich, wenn ich in Reichweite bin, oder sie kratzt oder schlägt mich!« (4'09")

Kommentar

Dieses Gewaltporträt wird in den ersten vier Minuten unserer Begegnung zu dritt abgegeben. Der Abstand zwischen der realen Interaktion, der der Therapeut beiwohnt, und den heraufbeschworenen Gewaltbildern gibt ihm zu verstehen, dass hier die Projektion von Aggression wohl eine wichtige Rolle spielt.

Martines Zustand beunruhigten Fragens, das sie in den ersten Minuten so oft wiederholt, schien Zeichen einer Angst zu sein: Martine sieht bei ihrem Baby eine Gewalttätigkeit, die bei einem so jungen Menschen für sie unerklärlich ist und die Sandra zu einem beunruhigenden Fremden macht, der ihr Verstehensvermögen überfordert. Diese Gewalt muss aus einer anderen Quelle stammen; der Therapeut versucht deshalb in einer ersten Intervention mit deutender Zielrichtung, die Mutter dazu anzuregen, die Zuschreibung von Gewalttätigkeit in Zweifel zu ziehen, die sie auf ihre Tochter hin vorgenommen hatte.

Therapie

Martine sagte gerade: »Ich weiß nicht, wie ich auf so etwas reagieren soll, ich weiß nicht, ob ich ..., Schlagen ist meiner Meinung nach keine Lösung, Ignorieren aber auch nicht« (4'28"), womit sie uns ihren Verwirrtheitszustand ein weiteres Mal mitteilt. Sie fügt dann ein Beispiel für die Gewalttätigkeit hinzu, die für Sandra typisch sein soll: »Wenn es ihr zum Beispiel gelungen ist, eine Flasche in die Hand zu bekommen, die neben den Kühlschrank gestellt wurde, da kommt sie gerade so dran, ... Das ist Glas, kann kaputtgehen ..., also nehme ich ihr die Flasche weg; dann macht sie einen Aufstand, schreit, im Allgemeinen kratzt oder schlägt sie mich« (5'37"). Der Therapeut kommentiert: »Das ist ja eindrucksvoll, eine so kleine Sache, die dann solche Ausmaße annimmt. Wundert Sie das denn?«

»Ja«, antwortet Martine.

»Mit so etwas hatten Sie nicht gerechnet?«

Daraufhin gibt Martine nun die Theorie preis, die das, was sich mit ihrer Tochter abspielt, erklären soll, womit eine erste – sehr wertvolle – Version des Konflikts aufgedeckt wird, der sie miteinander verbindet: »Nein, nicht in dieser Art. Also da, denke ich, gibt es so etwas wie einen Machtkampf; es ist tatsächlich so, als wolle sie meine Willensstärke messen« (6').

Kommentar

Erst seit sechs Minuten kennt diese Frau den Therapeuten und offenbart bereits eines ihrer Lebensgeheimnisse: Begegnung ist Machtkampf; es geht darum, wer sich als der Stärkere erweisen wird. Ein ganzes Lebensschicksal zeichnet sich darin ab, und dem Therapeuten verschlägt es – jedes Mal wieder – die Sprache: Wie kann ein Erwachsener einem 13 Monate alten Kind eine so komplexe und subtile Absicht unterstellen wie die, es wolle einen »Machtkampf« anzetteln, um »Charakterstärke zu messen«? Wie kann sich ihre Beziehung schon so schnell im diabolischen Schema vom Gesetz des Stärkeren verfangen?

Diese Verwunderung ist es übrigens, der der Therapeut Ausdruck verliehen hat, als er sagte: »Das ist ja eindrucksvoll, eine so kleine Sache, die dann solche Ausmaße annimmt. Wundert Sie das denn?« In der Tat sollte sie sich wundern und von ihrer unverhohlenen Überzeugung abrücken, Sandra sei *tatsächlich* von dem Wunsch getrieben, sich mit ihr messen und sie mit Macht unterwerfen zu wollen. Dazu müsste sie ihre eigene anklagende Sprache infrage stellen und sich auf die Seite des Zweifels stellen, einen Prozess in Richtung »Einsicht« in Gang bringen und die projektive Natur ihrer Anklage entdecken.

Bereits nach sechs Minuten wirft der Therapeut also etwas Sand in die gut geölte Maschine systematischer Projektion und fordert Martine auf (mit einigen Vorsichtsmaßnahmen, wie hervorzuheben ist, und unter Respektierung ihrer Angst), sich nach dem wirklichen Ursprung der Gewalt zu fragen, die in dieser Weise die Mutter-Tochter-Beziehung bestimmt.

Dies ist – kann man sagen – die erste Intervention mit deutender Zielrichtung, denn man deutet ihre Gewaltbeschreibung tatsächlich so, als ob sie verwundern und eine neue Form von Verstehen nach sich ziehen *müsse*.

Dieser Zweifel, dieses Korn, das der Therapeut in die Theorie der Mutter einbringt, dieses »kleine Nichts«, ließ sofort eine unbewusste Fantasie aufkommen, die eine neue Perspektive eröffnete, bei der die Mutter ihre Projektion »schluckt« und sich ihrer eigenen Gewaltsamkeit stellt. Im Anschluss an die Aussage, ein Machtkampf sei im Gange, und es sei so, »als ob sie meine Willensstärke messen« wolle, formuliert Martine ihre Befürchtung.

Therapie
»Na schön, ich hätte aber gern, dass trotzdem alles gut läuft. Ich möchte nicht zu einem Punkt kommen, an dem es kein Zurück mehr gibt« (6'10").
Therapeut: »Was könnte das Ihrer Meinung nach sein – der Punkt, an dem es kein Zurück mehr gibt?«
Martine: »Na ja, nehmen wir mal an, wenn ich sie bei jeder Gelegenheit verhauen würde, dann hätte sie nach einiger Zeit überhaupt kein Vertrauen mehr in mich ..., denke ich zumindest. Sie würde sich sagen: ›Meine Mutter ist ja der reinste Schinder! Das ist ja keine Mutter mehr ...‹« (6'43")

Kommentar
Wir streichen den Satz heraus »Meine Mutter ist ja der reinste Schinder!«, und zwar wegen der Wichtigkeit, die er für das Verständnis des Therapeuten hat. Wir haben es hier mit einem der Momente zu tun, in denen das Sprechen – auf der Ebene gut sekundarisierter Prozesse – die unverstellte Natur einer unbewussten Fantasie preisgibt. Dies ist ein fruchtbarer Moment, denn er erlaubt uns, einen Abkömmling des Unbewussten zu fassen zu bekommen, wie man ihn in der Analyse sucht. Der Therapeut hat die Patientin »auf frischer Tat ertappt«. Sie klagte ihre Tochter in aller möglichen Hinsicht an, zeichnete von ihr das Bild eines Barbaren voller Gewalttätigkeit, und nun bezeichnet sie sich selbst als Schinder! Welche Wendung! Von der Rolle des Opfers wird sie plötzlich in die entgegengesetzte Rolle katapultiert! Man glaubte, es mit einem aus der Art geschlagenen Kind zu tun zu haben, das seiner Mutter Gewalt antut, und schon zehn Minuten nach dem Beginn dieser Anklage sieht man das Schreckgespenst einer Mutter auftauchen, die Kinder schindet!

Man kann sagen, dass die erwähnte bescheidene Intervention Wirkung gezeigt hat: Der Therapeut hat nur von seiner Verwunderung gesprochen, wie ein so kleines Mädchen so gewalttätig sein könne, und schon hat die Mutter ihre Projektion in sich zurückgenommen und erklärt, es gäbe in ihr Neigungen zur Menschenschinderei.

Um innerhalb von sechs Minuten von einer masochistischen zu einer sadistischen Vorstellung hinüberwechseln zu können, sind gute Mobilität der Besetzungen, Geschmeidigkeit der Abwehrstrukturen und eine gewisse Toleranz von Seiten des Über-Ichs erforderlich.

Diese Schnelligkeit grundlegender Wandlung, dieses Zusammenfallen von projektivem Auswuchs dadurch, dass diese Mutter den Sandra zugeschriebenen Sadismus in sich zurücknimmt, ist ein recht verwunderliches Phänomen, das aus der Erfahrung herkömmlicher Psychotherapie mit einem Erwachsenen sicher wenig bekannt ist.

Hier aber bewegen wir uns im Bereich des Postnatalen, in dem die Identifizierungen leicht ins Schwanken kommen (man kann Mutter sein und in der folgenden Phase dann Kleinkind) und in dem das Neugeborene schnell zum Projektionsschirm werden kann.

In den vorangegangenen Kapiteln haben wir die erstaunliche Mobilität der Besetzungen innerhalb der frühen Mutter-Kind-Beziehung hervorgehoben; sie wird hier illustriert, um auf die in diesem besonderem Zeitraum vorhandene einmalige Gelegenheit hinzuweisen, die pathogenen Elemente der Mutter-Kind-Beziehung zu mobilisieren.

Martine hat also »Farbe bekannt«: Es geht um Peiniger und Opfer, um einen Kampf zwischen Mutter und Tochter. Aber wir wissen schon längst nicht mehr, wer der Peiniger und wer das Opfer ist. Die Dinge verkehren sich, und man ahnt bereits, dass wir nicht die ganze Szene vor Augen haben, dass andere Akteure aus anderen Zeiten auf die Bühne treten werden.

Und in der Tat: Nachdem Martine »gestanden« hat, sie könne zur Peinigerin werden, lässt sie den Rest der Szene verschwinden und führt ein anderes Bild ins Feld.

Therapie

»Ich weiß nicht, aber ich hatte eine Mutter, die war – nein, ich hab' sie ja noch! Meine Mutter war ziemlich ruppig mit mir; sie griff schnell mal zum Teppichklopfer, um mich zu verhauen. Und ich, tut mir leid, aber das ist keine gute Erinnerung ... Ich möchte nicht, dass es mit Sandra so weit kommt. Ich kann nicht sagen, dass ich ein geprügeltes Kind war, nein, aber in einem bestimmten Alter, das muss ich sagen, pfefferte es nur so von Ohrfeigen« (7'40").

Kommentar

Die »andere« Szene ist auf die Bühne getreten: Es geht um eine andere Peinigerin-Mutter, und der Mutter-Tochter-Konflikt hat sich plötzlich um eine Generation nach oben verlagert.

Diese Verlagerung kennzeichnet den Eintritt ins Zentrum der Therapie: Die Gegenwartsszene (meine Tochter ist aggressiv) weicht der Szene aus der Vorgeschichte (meine Mutter war ziemlich ruppig mit mir). Eine Mutter beklagte sich über ihre Tochter, nun beklagt sich eine Tochter über ihre Mutter! Diese Wendung, dieses Überwechseln in die Vergangenheit ist ein Schlüsselmoment aller analytischen Therapien: Sie ermöglicht ein Verstehen der Gegenwart im Lichte der Vergangenheit, sie ersetzt reale Personen durch innere Objekte (Objektre*präsentanzen*). In diesem Kippeffekt kehren sich die Identifizierungen um, so wie man von einem Handschuh sagt, dass er sich umdreht. Die Mutter stellte sich als Opfer der Gewalt ihrer Tochter dar. Sieben Minuten später ist aus der Mutter eine Tochter geworden, die sich über Misshandlung durch ihre Mutter beklagt (und mit etwas Geduld werden wir bald sehen, dass Martine sich ebenso gut auch mit ihrer Mutter identifizieren kann). Dieses Spiel des Hin und Her der Identifizierungen vollzieht sich parallel zum Rückgang der Projektionen; es ist Zeichen einer Biegsamkeit des Ichs und *sine qua non* zum Aufbau eines neuen Modells von Mutter-Kind-Beziehung.

Wir haben gesehen, wie sich in diesen ersten Bewegungen schnell eine frappierende Homologie abzeichnete: Martine klagt über die Aggression ihrer Tochter ebenso sehr wie über die ihrer Mutter. Sie steht in der Mitte und bietet sich dem Missbrauch durch die vorangegangene wie durch die nachfolgende Generation masochistisch an.

Wird man sie aus dieser passiven Position herausholen und wieder in die Position jemandes einsetzen können, der aktiv im eigenen Leben handelt? Zunächst ist es taktisch nützlich, einfach das Wirken von Wiederholung (der Vergangenheit in der Gegenwart) und von Verdoppelung (masochistischer Modus mit der Mutter, masochistischer Modus mit der Tochter) aufzuzeigen. Was den Müttern zu Beginn der Konsultation in der Tat am meisten Angst macht, ist die Feststellung, dass sich – ohne dass sie es wollten – eine konflikthafte und schmerzliche Beziehung aus ihrer Vergangenheit in der Gegenwart der Interaktion mit ihrem Kind wiederholt.

Therapie

Martine: »Nein, ich möchte das nicht, wirklich nicht, nein, ich möchte das nicht mit Sandra, eine solche Beziehung möchte ich mit ihr nicht« (7'56").

Kommentar

Man beachte die Eindringlichkeit und Wiederholung der Verneinung: drei *Nein*! Ein *Nein* hätte ausgereicht! Martine befürchtet stark, sie könne den bewaffneten

Konflikt reproduzieren, in dem sie ihrer Mutter gegenüberstand, aber sie ahnt auch, dass diese Reproduktion einer alten Beziehung unverzichtbar für sie ist: Darauf zu verzichten, liefe darauf hinaus, das (masochistische) Band zur Mutter aufzugeben, und wir werden sehen, inwiefern dieser Verlust unerträglich wäre.

In der ersten Zeit beschränkte sich der Therapeut darauf, die Wiederholung einer alten Beziehung (zur Mutter) in der gegenwärtigen Beziehung zu unterstreichen, und zwar in den Begriffen, die hierfür konstitutiv waren (nämlich die sadomasochistische Beziehung zwischen Peiniger und Opfer).

Dabei wird die Gegenwart (meine Tochter geht mich aggressiv an) einfach in den Begriffen der Vergangenheit gedeutet (meine Mutter hat mich geschlagen), so wie man in der üblichen Therapie im Aufbau der Übertragung das Persistieren alter Beziehungsmuster auffindet.

Therapie

Martine vermeldet, sie wage es nicht, ihrer Tochter Disziplin aufzuerlegen – aus Angst, dadurch zu ihrem Peiniger zu werden. Der Therapeut fügt daraufhin das fehlende Puzzle-Stück hinzu.

Martine fragt sich: (»Wenn ich sie schlage«) …– »wie wird sie es auffassen?« Und der Therapeut antwortet: »Sie wird es so verstehen, wie ich es bei Mutter aufgefasst hatte« (8'18") (in dieser Phase spricht der Therapeut in der ersten Person, wobei er sich mit der Mutter identifiziert).

Kommentar

Der Therapeut führt eine neue Dimension ein: Er deckt auf, dass Martine befürchtet, *in den Augen* Sandras die Peinigerin zu werden, die sie – Martine – in ihrer eigenen Mutter gesehen hatte. Sie hat Angst vor der Vorstellung, ihre Tochter Sandra könne von ihr dasselbe Bild bekommen, das sie – Martine – von ihrer Mutter in sich trägt.

Aufgrund dieser Intervention kam Martines Identifizierung ins Rutschen: Sie hatte sich als zweifaches Opfer (der Tochter und der Mutter) präsentiert und muss nun die Möglichkeit in Betracht ziehen, ihr könnten die Attribute einer Peiniger-Mutter anhaften, die von ihrem Kind gefürchtet wird!

Sie präsentierte sich als Opfer, die Deutung stattet sie mit Gewalt aus. Sie setzte sich gegen ihre Mutter ab, der Therapeut bekräftigt, dass sie Mutter ist. Sie fürchtete ihre Mutter. Jetzt muss ihre Tochter zittern! Diese Reihe von Umkehrungen bedeutet eine Erschütterung der Abwehrstrukturen, was für die Therapie ebenso unverzichtbar wie für die Patientin unübersehbar und bedrohlich ist.

Es ist anzumerken, dass die Intervention des Therapeuten nicht aus dem Nichts kam: Martine hatte ja protestiert, sie wolle in den Augen ihrer Tochter *keine* Peinigerin werden; sie hatte darauf insistiert, dass sie mit Sandra nicht die Art von Beziehung wolle, wie sie sie mit der eigenen Mutter gehabt hatte.

Die Deutung »Sie wird es so verstehen, wie ich es bei Mutter aufgefasst habe« hat Martines Identifizierung mit einer sadistischen Mutter erkennbar gemacht. Der Therapeut fügt dann aber noch hinzu, dass Martine die Identifizierung mit der Rolle des Opfers zu entgleiten und diese auf Sandra überzugehen drohe, denn – so seine Formulierung – »sie wird es so verstehen, wie ich es bei Mutter aufgefasst hatte«, d. h. im Sinne eines masochistischen Vorwurfs.

Damit wird Martine faktisch in eine Identifizierung katapultiert, die bis dahin abgewehrt und unbewusst gewesen war: die Identifizierung mit der Mutter, die ihre Macht missbraucht, wodurch sie Sandra gleichzeitig zu ihrem Opfer macht.

Dies bedeutet eine weitere Wende, die noch schwerwiegendere intrapsychische Folgen hat als die historische Verkehrung (meine Tochter schlägt mich – meine Mutter schlug mich): Diese Frau war mit dem Wunsch nach Hilfe gekommen, weil ihre Tochter ihr Gewalt antat und sie durch ihre Ausbrüche einschüchterte, und hier sagt man ihr acht Minuten nach Beginn dieser eigenartigen Unterhaltung, dass *sie* Gefahr liefe, von ihrer Tochter als gewalttätige Mutter betrachtet zu werden, vor der das Kind sich fürchten müsste. Könnte der Schock einer solchen Reintrojektion einer Gewaltprojektion nicht ebenso hart sein wie der beim Wiedereintritt eines Raumschiffs in die Erdatmosphäre?

Therapie

Martines Antwort auf die geschilderte (bescheidene) Intervention ließ nicht lange auf sich warten: Sie bestand in einem Widerstand in Form von Banalisierung und Intellektualisierung, der acht Minuten dauern sollte, also genauso lang wie alles, was bis dahin abgelaufen war.

Wir erinnern an das, was der Therapeut gesagt hatte: »Sie (Sandra) wird es so verstehen, wie ich es bei Mutter aufgefasst hatte«. (Der Therapeut hatte dafür optiert, in der ersten Person zu sprechen, als setze er sich an die Stelle der Mutter, um den Schock etwas abzumildern – mittels einer Empathiebezeugung, die in der Identifizierung mit seiner Patientin zum Ausdruck kam.) Martine antwortet sofort: »Ich denke ... Ich denke, das ist schließlich eine normale Reaktion, die jeder andere in einer solchen Situation auch gehabt hätte«.

Unter vollkommener Änderung des Gesprächsverlaufs und der bis dahin vorherrschenden Atmosphäre fügt sie dann an: »Was haben Sie denn aus den Tests mit Sandra ableiten können?« (8'34")

Kommentar

Mit dieser Frage will Martine zum »ernsten« Teil übergehen, sie befragt den Spezialisten. Mit dem Kind wurden Entwicklungstests durchgeführt, und man hat die Interaktionsmodi zwischen Mutter und Tochter untersucht, wie wir es routinemäßig bei allen Mutter-Kind-Therapien tun, die wir in unser Forschungsprogramm aufnehmen. Es geht bei dieser Forschung um eine Evaluierung der Therapieresultate, bei der die Methodik verlangt, dass vor der ersten Sitzung eine Evaluierung der Ausgangssituation erfolgt. Der Therapeut wird über die Ergebnisse dieser ersten Tests informiert: Er muss dann zusehen, in welcher Weise er sie an die Mutter weitergeben kann! Da die meisten Mütter aber keine Fragen zu diesen Tests stellen (da sie weit mehr durch den Therapieprozess »gepackt« sind, der – wie gerade gesehen – sehr schnell einsetzt), hatte der Therapeut geglaubt, nichts über die Tests sagen zu müssen.

Therapie

Der Therapeut entschuldigt sich also, dass er von sich aus bisher noch nichts zu den Tests gesagt hat, beruhigt die Mutter und sagt ihr dann, dass sie wohl irgendeine Besorgnis haben müsse, wenn sie sich Fragen zu Sandras Normalität stelle; sie verneint dies.

Es folgt dann eine eher banale Diskussion über Sandras Erziehung, über Besorgnisse ihres Ehemannes bezüglich seiner Tochter, und Martine beginnt mit Sandra zu spielen, die an ihrem Pullover zieht. Die Konversation wird immer spärlicher, und der Therapeut realisiert, dass der »Fisch am Ertrinken« ist; er erinnert sich, dass alles zur »Normalität« hin abgelenkt wurde, nachdem er nahegelegt hatte, Sandra erlebe ihre Mutter vielleicht nach dem gleichen – gewalttätigen – Modus, nach dem Martine ihre eigene Mutter erlebt hatte.

Als der Therapeut sieht, dass die Verkehrungs-Dynamik, die den Gesprächsbeginn in so vielversprechender Weise belebt hatte, ins Stocken geraten ist, kommt er auf das Thema der Konfrontation zurück.

Therapeut: »Also – was nach dem, was Sie vorhin beschrieben haben, haben Sie doch befürchtet, dass Sie mit ihr in eine Konfrontation kommen müssten und dann mit derselben Situation konfrontiert wären, die Sie mit Ihrer Mutter erlebt haben. Ihrer Mutter saß die Hand ja wohl ziemlich locker!«

Martine: »Ja.«

Therapeut: »Und das tragen Sie ihr ja noch sehr nach.«
Martine: »Oh ja, das hat mir nicht sonderlich gefallen, nicht wahr?«

Kommentar

Man kann diese Intervention des Therapeuten ein »Nachfassen« nennen. Er versucht, den Faden an der Stelle wieder aufzunehmen, an der er durch den Widerstand durchtrennt worden war. Kaum hatte man der Mutter gesagt, sie befürchte, ihre Tochter erlebe sie (als so gewalttätig), wie sie ihre eigene Mutter erlebt habe, hatte sich Martine in eine Diskussion über Normalität geflüchtet und versucht, das Auftauchen ihrer Identifizierung mit der bösen Mutter zu beerdigen, indem sie alles mit Banalitäten überdeckte. Der Therapeut ließ acht Minuten »für Nichts und wieder Nichts« vergehen, dann griff er den Assoziationsfaden nochmals auf: »Sie haben Angst davor, sich (in umgekehrten Rollen) in demselben Konfrontationskonflikt wiederzufinden wie dem mit Ihrer Mutter«. Die Wiederholung macht Angst; ihre Unvermeidbarkeit lässt uns an Verwünschungen denken, an ein vorbestimmtes, elendes Schicksal – und das ist es, was aufgekündigt werden muss. Um aber darüber hinauszugehen, muss Martine bereit sein, von ihrem Streitfall zu sprechen, ihren Zorn auf sich zu nehmen und ihre Enttäuschung durchkommen zu lassen. Um sie dazu zu ermutigen, trägt der Therapeut etwas dicker auf: »Ihrer Mutter saß die Hand ja wohl ziemlich locker!« Dadurch sollen Martines Verurteilung und Anklage *legitimiert* werden. Dann fügt der Therapeut der Zwiebel, die er zeichnet, eine weitere Haut hinzu: »Und das tragen Sie ihr ja noch sehr nach.« Er versucht damit, das Bild der machtmissbrauchenden Mutter mit einer latenten Wut bei Martine in Verbindung zu bringen. Stellvertretend für sie die Wut zu formulieren, soll ihr den Zugang dazu erleichtern, und man erwartet zu Recht lange Anklagen Martines an die Adresse ihrer Mutter. Auf überraschende Weise »greift« die Anklage aber nicht. Im Gegenteil: Es kommt ein Selbstvorwurf dabei heraus. Gewalttätigkeit – ja! Aber nicht bei ihrer Mutter: bei ihr selbst! Ja, Martine war gewalttätig gewesen.

Therapie

»Ich habe ihr sogar einmal eine Ohrfeige gegeben« (16'37"), und dann wieder die Umkehrung der Identifizierungen, wenn Martine hinzufügt: »Ich möchte keine Ohrfeige bekommen« (16'4").

Kommentar

Es ist demnach so, dass sie nach Aussprechen *ihrer* Gewalt gegen ihre Mutter fürchtet, (entsprechend dem Talionsgesetz) ihrerseits eine Mutter zu werden, der von ihrer Tochter Gewalt angetan wird.

Man beginnt zu sehen, dass sie die Aggression ihrer Tochter zwar heftig gegeißelt hat, sie aber damit rechnet, sie erdulden zu *müssen* – zur Vergeltung und als Strafe dafür, dass sie die Hand gegen ihre Mutter erhoben hat:

Therapie

»Ich nehme es mir noch heute übel. Ich sehe sie noch vor mir. Sie ist zur Arbeit gegangen und hatte meine fünf Finger auf der Wange! Nein, ich will nicht ... Nein, ich will so etwas nicht!« (17'03")

Kommentar

Das Schuldgefühl hat seinen Kopf erhoben; es prägt Martine ebenso tief wie der Abdruck ihrer Hand im Gesicht der Mutter. Und der Therapeut stellt fest, dass diese tief eingeprägte Schuld bis heute fortdauert.

Therapie

»Der Abdruck ist nicht nur auf der Wange Ihrer Mutter. Er ist auch irgendwo in Ihnen« (17'12").

Kommentar

Wir wechseln die Ebene. Eine entscheidende Wende hat sich vollzogen. Es geht nicht mehr nur um Zank und um Angst, in der Gegenwart eine Vergangenheit voller Konflikte zu reproduzieren.

Martine hat die Wunde ihrer Schuld geöffnet, jener Schuldgefühle, die sie dazu gedrängt hatten, mit dem Finger so sehr auf Sandras Aggression zu zeigen: Es ist besser, wenn ein anderes Mädchen als sie selbst seine Mutter angegriffen hat. Es ist auch für ihren Masochismus ökonomischer, die Gewalt herausstellen zu können, deren Objekt sie ist, als den (unauslöschlichen) Abdruck ihrer Finger im Gesicht der Mutter.

Diese Einführung der Schuld bringt Bewegung in die Sitzung, die im weiteren Verlauf dann eine andere Tönung annimmt: Martine geht den realen Konflikt, der zwischen ihr und ihren Eltern herrscht, jetzt voll an.

Therapie

Sie arbeitet die Missverständnisse, die sie in Opposition zu ihrer Mutter bringen, im Detail heraus. Sie resümiert die Haltung ihrer Mutter mit den Worten: »Sie ist die Spielverderberin«. Jeder Vorwand für Vorwürfe und Kritik ist recht, was bei jedem Kontakt Zank und Enttäuschung mit sich bringt. Es ist offensichtlich, dass ihr Begegnungsstil der Zank ist und dass ihre Verbundenheit – die real ist – nur über Konfrontation zum Ausdruck kommen kann.

Im Lauf ihrer Anklage offenbart Martine, dass ihre Eltern 800km entfernt leben (17'44") und Kontakte nur über Telefon möglich sind; bei den seltenen Gelegenheiten, bei denen sie sich sehen, vergällen Vorwürfe und Missverständnisse jegliche Freude (18'59"). Besonders ihr Ehemann ist Gegenstand von Streit und Unstimmigkeit mit ihrer Mutter (19'48").

Je mehr Martine von ihren Eltern spricht, umso mehr scheint in Umrissen durch, dass sie große Sehnsucht nach ihnen hat und dass ein Streitpunkt sie daran hindert, sich bei ihren Begegnungen aneinander zu freuen. Es erscheint nämlich als immer wahrscheinlicher, dass sich Martine (wie auch ihre Mutter) im Austausch mit der Mutter keine Freude erlaubt (aus Schuldgefühl).

Martine erkennt also zunehmend an, wie sehr sie noch an ihren Eltern hängt: »Mir gelingt es nicht genug, ohne sie auszukommen. Ich könnte mir nicht einen Tag lang sagen: Du siehst deine Eltern nicht mehr.‹ Ich glaube, das werde ich nie können« (21'17").

Kommentar

Dieses Eingeständnis ist überraschend, kommt es doch nach langen Deklamationen, in denen ihre Mutter angeprangert wurde: die Vorwürfe, die sie macht, die Streitereien, die sie aufrechterhält.

Eine weitere Umkehrung! Diese Mutter ist angeblich eine Peinigerin, die Schläge mit dem Teppichklopfer und Vorwürfe austeilt. Und nun gesteht Martine hier eine unauflösliche Bindung an diejenige ein, die sie hat leiden lassen!

Steckte hinter der Anklage dieses Eingeständnis? Verbarg der Streit die Liebe? Waren die Schläge, die sie austauschten, maskierte Küsse?

Das Verständnis dieses Falles geht von nun an in eine andere Richtung: Man hätte glauben können, Martine litt unter der Angst, die Unannehmlichkeiten und Frustrationen einer Aggressionsbeziehung könnten sich – in homologer Wiederholung – auf die Beziehung zwischen ihr und Sandra übertragen. Nun stellt sich aber heraus, dass die Rückseite dieser Medaille namens Streit die Suche nach Liebe ist.

Es gibt also Hoffnung, denn die Aggression zwischen Mutter und Kind ist nicht das Schlusswort der Geschichte, sondern das einzig mögliche Vokabular einer unglücklichen Liebesgeschichte.

Im Übrigen sollte man hervorheben, welch wichtige Rolle in diesem Fall eine Trauerproblematik spielt, denn sehr oft macht es erst deren Durcharbeitung möglich, dass die Mutter dem Kind verzeihen kann und nicht länger von ihm etwas fordert, was es nicht bieten kann; erst dann kann sich eine neue Beziehung herausbilden.

Wenn Martine sagt »Ich könnte mir nicht sagen: Du siehst deine Eltern nicht mehr!« gesteht sie ein, dass sie deren Besetzung nie würde aufgeben können; nie würde sie auf diese Beziehung verzichten können. Nun wissen wir aber aus Erfahrung, dass das, worauf die Eltern nicht verzichten können, zum Kern dessen wird, was sie von ihren Kindern zu erhalten versuchen werden.

So konnten wir nun für den weiteren Verlauf mit einigem Recht vermuten, dass die Kluft der Sehnsucht, die zwischen Martine und ihren Eltern lag, von Sandra überbrückt werden sollte.

1 Das Aufkommen der symptomatischen Interaktionssequenz

Therapie

Nach dem Eingeständnis, dass ihr ein Trauerprozess in Bezug auf ihre Eltern nicht möglich war, erwähnte Martine ihr Gefühl, von ihnen beiseite geschoben worden zu sein, ganz wie auch von dem Paar, das ihr Ehemann und ihre Schwiegermutter bildeten. Während sie von diesem Gefühl des Ausgeschlossenseins spricht (im Sinne eines ödipalen Modus des ausgeschlossenen Dritten), streckt Sandra – die seit 20 Minuten auf dem Schoß ihrer Mutter sitzt – eine Hand zum Gesicht ihrer Mutter hin aus. Martine weicht ihr sofort aus und sagt: »Fast hättest Du mich da gekratzt ... Das war kurz davor ..., ich hab' schon die Fingernägel gespürt« (26'31").

Der Therapeut weist nun darauf hin, dass Martine laufend mit Strafmaßnahmen von Seiten Sandras zu rechnen scheint, vor der sie sich dementsprechend hüten muss.

Martine: »Ja genau, so ist es, das läuft ganz instinktiv. Sie müssen wissen: Streicheln, das gibt es bei Sandra praktisch nie« (27'24").

Dann wendet sie sich wieder Sandra zu, die – wieder – ihr Gesicht berührt: »Du kratzt! Kratz' nicht! Streichel, streichel doch mal die Mama!« (27'59")

Kommentar

Man sieht hier gut den Vorwurf der Aggression und das Einklagen von Liebe, das sich dahinter verbirgt: »Sandra streichelt nie«. Und man kommt nicht umhin zu unterstreichen, dass Martines Klage ebenso pathetisch wie unangemessen ist. Sie hat natürlich ein enormes Liebesbedürfnis; was sie im Grunde aber noch von ihrer Mutter erwartet, fordert sie nun bei einem Säugling ein – welch ein Irrtum!

Hinter dem Aggressionsvorwurf steckt eine Suche nach Zuneigung. Die Kratzspur ist eine Liebesverletzung. Der manifeste Inhalt lautet »Meine Tochter kratzt mich«, der latente Inhalt ist »Meine Mutter streichelt mich nicht«.

Das Konsultationsmotiv – die Aggression der Tochter – ergibt sich aus zwei Irrtümern (d. h. aus zwei Verschiebungen):
➤ Martine zeigt sich über ihre *Tochter* beunruhigt, ist aber in Wirklichkeit mit ihrer *Mutter* beschäftigt;
➤ sie prangert Sandras *Aggression* an, ihre Verletzung besteht aber in einem Mangel an *Liebe*.

Die Herausbildung des Interaktionssymptoms (d. h. der symptomatischen Interaktionssequenz) wird im Kapitel VIII eingehend dargestellt. Dies wird hier im Kontext der Darstellung des Ablaufs der ersten Sitzung skizziert, um das Erklärungs-»Raster« herauszustellen, auf das sich der Therapeut bezieht. Kehren wir zum Fall zurück und erinnern wir uns, dass wir bei der zweiten Auflage der symptomatischen Interaktionssequenz waren: Sandra nähert sich mit ihrer Hand dem Gesicht der Mutter, Martine zieht es zurück und sagt: »Kratz' mich nicht!« Dann klagt sie über fehlende Liebesbeweise von Seiten Sandras, was wir nun als die Kehrseite der Medaille »Kratz' mich nicht!« verstehen.

Charakteristisch für die symptomatische Interaktionssequenz ist eine interaktive Seite (Martine zieht ihr Gesicht zurück, wenn sich Sandra mit ihrer Hand nähert) und ein intrapsychischer Inhalt: »Kratz' nicht« (sadomasochistische Fantasie) und »Streicheln, das gibt es bei Sandra praktisch nie« (depressive Fantasie). Diese Sequenz ist verstehbar geworden, denn sie folgt aus der bei der Mutter aufkommenden Einsicht: »Nie könnte ich mich von meinen Eltern trennen«. Diese Interaktionssequenz ist also sowohl eine Assoziation zum erwähnten Eingeständnis von Gebundenheit und Ohnmacht wie auch eine Abwehr gegen die depressive Verarbeitung, die eigentlich folgen müsste – samt dem ganzen Geleitzug von unerfreulichen Affekten und narzisstischen Verletzungen.

Sandra wird »zu Hilfe gerufen«, um einen *realen* (und nicht nur phantasmatischen) sadomasochistischen Konflikt in Szene setzen zu können, der vor den Augen des Therapeuten in einem Interaktionsereignis Gestalt annimmt. Martine kann nun den Therapeuten als Zeugen anrufen, als sagte sie: »Sehen

Sie, Herr Doktor, ich bin doch das Opfer, denn sie ist es, die mich kratzt, und dann überhaupt – Sandra liebt mich nicht: Sie streichelt mich nicht«.

Es handelt sich um eine Interaktions*montage*, die das Ziel verfolgt, Martines masochistisches Schicksal dramatisch in Szene zu setzen sowie ihren Ruf nach Liebe und ihre Ansprüche öffentlich zu legitimieren. Man kann diese Montage als einen *Kunstgriff* betrachten – im gleichen Sinne wie die Klage des Analysanden an die Adresse seines Analytikers ein durch die Übertragung möglich gemachtes Kunstprodukt ist, um den ursprünglichen Konflikt *zu verdunkeln* und sich so die basale narzisstische Kränkung der kindlichen Ohnmacht und der ödipalen Enttäuschung zu ersparen, über die man nicht hinweggekommen ist.

Martine kritisiert ihre Tochter, sie kratze sie und liebe sie nicht genug, und stützt sich dabei auf eine Interaktion, die ihre Ansprüche rechtfertigen soll. Diese Montage dient dazu, die darunterliegende Klage zu verdrängen: »Ich könnte nie auf meine Eltern verzichten« (und ihnen fällt es nur allzu leicht, auf mich zu verzichten!).

Martine und Sandra »spielen Streit«, damit Martine ihren Liebesanspruch vergessen kann, auf den die Eltern nicht genügend eingegangen waren. In diesem Sinne kann man sagen, dass eine der Funktionen der Mutter-Kind-Interaktion darin liegt, die Verdrängung der Mutter (und ganz allgemein ihre Abwehrstrategien) zu unterstützen.

Betrachten wir nun, wie sich die Situation nach dem Auftauchen des Abwehrkomplexes weiterentwickelt, die in Form der geschilderten symptomatischen Interaktionssequenz Platz gegriffen hatte.

Therapie

Während Martine sich über den Mangel an Zuneigungsbeweisen von Seiten ihrer Tochter beklagt, gibt Sandra zu erkennen, dass sie von den Knien ihrer Mutter herunter will, und letztere hilft ihr auf den Boden.

Der Therapeut reagiert auf dieses erste Einlegen von Distanz mit der Frage an die Mutter, ob sie dies wegen des Gekratztwerdens getan habe. Martine verneint dies, gesteht aber ein, dass diese Art von Handlungsabfolge früher oft stattgefunden habe; sie rechtfertigt dies so: »Ich sehe nicht ein, warum ich mich einfach so kratzen lassen sollte, nur so zu ihrem Spaß, nicht wahr? Sie muss auch begreifen, dass sie mir damit weh tut« (30'00").

Kommentar

Für den Therapeuten steckt in dieser Handlungsabfolge eine Logik. Er hatte den Eindruck, dass dieses »Wegschieben« direkt auf die Klage über die Aggression folgte, womit Martine auf ein ihr vertrautes Abwehrmuster zurückgriff: die Distanzierung.

Er versteht die Verhaltenskette in der Mutter-Kind-Interaktion wie folgt: Die Tochter sucht Kontakt zu ihrer Mutter und greift mit ihrer Hand zum Gesicht der Mutter. Martine zieht sich zurück und deutet die Geste als Aggression: »Kratz' mich nicht!« Dann wird über mangelnde Liebe geklagt: »Nie streichelt sie«. Schließlich einigen sich Tochter und Mutter darauf, dass mehr Abstand angebracht sei (das Kind gibt zu erkennen, dass es auf den Boden will, und die Mutter kommt dem sofort nach).

Hinter dieser Sequenz, wie sie sich in Martines Assoziationen darstellte, steht eine äquivalente Problematik in Martines Beziehung zu ihren Eltern: Zuerst kam der Schlagabtausch zwischen Martine und ihrer Mutter, dann tauchte die Bindung an die Eltern auf, das Leiden an der Distanz zwischen ihnen und ihr und schließlich die Feststellung, dass man sich voneinander entfernt hat.

In dem Moment, in dem Martine ihr depressives Erleben hätte durcharbeiten »müssen« – die Unfähigkeit, auf ihre Eltern zu verzichten und die damit verbundene Trauerarbeit anzunehmen, den Schmerz, auf Abstand gehalten zu werden –, reinszeniert Martine in der symptomatischen Interaktionssequenz (SIS) den Austausch von Schmerz und Vorwürfen mit Sandra.

Als Zugabe gab es aber die Distanzierung, als hätten Martine (und vielleicht auch Sandra) ein Scheitern konstatiert: Da es nicht zum Austausch von Zärtlichkeiten kommen kann und Streit auf der Tagesordnung steht, ist es besser, sich zu trennen.

Auf dieser Weise führt die symptomatische Interaktionssequenz zur Distanzierung Sandras, die von den Knien genommen wird und auf dem Boden weitermacht.

Es ist wichtig, eine solche Form von Interaktionsabbruch in der Therapie aufzugreifen: Sie muss als augenfälliger physischer (verhaltensmäßiger) Beleg für das Bedürfnis nach Distanzierung eingesetzt werden – als Vergeltung, aus Verdruss und als Urteil über das Scheitern der Beziehung. Und dies muss innerhalb der gegenwärtigen Situation – mit Sandra – als Neuauflage einer früheren Distanzierung gewertet werden, d. h. derjenigen, die das Scheitern von Martines Beziehung zu ihren Eltern besiegelte (mit 13 Jahren war sie im Anschluss an die berühmte Ohrfeige ins Internat gegeben worden!).

Es ist also angebracht, Martine aufzuzeigen, dass sie ihre Tochter mit Verbannung bestraft – so wie sie selbst hat akzeptieren müssen, ins Internat gegeben zu werden. Dieses Phänomen verdient Interesse, denn es ist gut möglich (wie sich später herausstellen wird), dass diese Straf-Distanzierungen (»Weil Du mich nicht streichelst!«) häufig vorkommen und von Sandra als Strafe für den Versuch wahrgenommen werden, dem Gesicht der Mutter näherzukommen. Sandras Liebeswünsche würden auf diese Weise in einer Bestrafung in Form von Distanzierung enden, was – sekundär – den »Mangel an Zuwendung« erklären würde, unter dem Martine so sehr leidet.

Wir brauchen uns jetzt nur vorzustellen, welche Wirkung diese tausendfach wiederholten Sequenzen auf Sandras Psychogenese haben werden. In den theoretischen Teilen wird dies im Einzelnen erörtert werden, aber es gibt diesseits der spannenden, hiermit aufgeworfenen theoretischen Fragestellung eine therapeutische Frage, die sich aufdrängt: In welchem Maße sind die von Martine vorgenommenen Distanzierungen die Ursache der Passivität und der Freudlosigkeit in Sandras Gesichtsausdruck? Wäre es nicht wichtig, Martine zu zeigen, dass die ziemlich systematische Distanzierung, die sie mit Sandra praktiziert, das »verursachen« kann, was sie als einen Mangel von Zuneigungsbekundungen ihrer Tochter empfindet?

Für den Therapeuten stellt sich diese Frage wie folgt: Martine klagt über die Aggression und den Mangel an Zuneigung von Seiten ihrer Tochter. Ist sie nicht das Instrument ihres Unglücks? Ist sie nicht durch ihre Neurose gezwungen, sich von ihrem Kind bestrafen zu lassen? Und fügt sie nicht, ohne dies zu wollen, Sandra Enttäuschungen zu, die deren affektiven Rückzug und das Ausbleiben von Liebesbekundungen bedingen?

Mit einem Wort: Richtet Martine unwillentlich nicht selbst das an, was ihr in der Beziehung zu Sandra den größten Kummer bereitet? Und liegt darin nicht der Hinweis darauf, in welche Richtung sich eine therapeutische Intervention ganz vordringlich orientieren sollte?

Zwar richtet sich die Deutung ausschließlich an die Mutter, aber der Therapeut muss immer im Kopf behalten, dass es die Symptomatik des *Kindes* war, die das Motiv geliefert hatte, sich in Beratung zu begeben: Er muss unablässig in Erinnerung behalten, dass jede Einsicht auf die *Beziehung* von Mutter und Kind bezogen werden muss, um sie von projektiven Entstellungen befreien zu können.

Therapie

Zurück zur Großmutter! Nach diesem Intermezzo konflikthafter Interaktion mit Sandra rückt Martine die Dinge wieder an ihren Platz, indem sie mit einer Reihe ausführlicher Forderungen auf den Ärger mit ihrer Mutter zurückkommt: Letztere kritisiert sie ohne Unterlass für alles, für nichts. Mit 22 Jahren entschied sich Martine, ihre Eltern definitiv zu verlassen (34'11"). Sie beschwört diese angespannte Zeit voll endloser Streitigkeiten wieder herauf und kommt auf die berüchtigte Ohrfeige zurück, die sie ihrer Mutter gegeben hatte: Sie war 13 Jahre alt (39'17") und hatte gerade ihre erste Menstruation gehabt; ihre Mutter hat diese Ohrfeige zutiefst verletzt. »Da hab' ich gesehen, dass ich sie wirklich verletzt hatte, getroffen in ihrem Selbstwertgefühl ... Das war wohl eine Ohrfeige auf allen möglichen Ebenen!« (40'13")

Martine ist durch die Erinnerung an diese Periode sichtlich berührt. Sie arbeitet sie durch, als wolle sie damit das Schuldgefühl verscheuchen, das an ihr nagt (der Therapeut nimmt diese Entwicklung natürlich mit großem Beifall auf; es handelt sich ja um die Durcharbeitung des Schuldgefühls aus der Gewalttätigkeit einer pubertären Tochter gegenüber ihre Mutter. Er hofft, auf diese Weise den aktuellen Konflikt besser »freilegen« zu können, der durch die Gewalttätigkeit der Tochter – Sandra – gegen ihre Mutter charakterisiert ist).

Sie kommt auf diese Erinnerung zurück und vervollständigt damit die Beschreibung, die sie von dieser Szene bis dahin gegeben hatte: »Sie hat sich verändert ... Sie hat wirklich ..., ich habe gesehen, wie sich ihre Gestalt verändert hat ... Sie hat nichts gesagt; sie ist arbeiten gegangen, aber ...; na schön, sie weinte, das ist normal, denke ich, dann habe ich gesehen, dass ...– nein, ich hatte ihr einen tiefen Schmerz zugefügt ..., ihr zutiefst weh getan!« (40'49"). Und weiter: »Das dauert noch an, da bin ich sicher!«

Kommentar

Die Schuld ist demnach noch lebhaft präsent, denn auch die gesamte Szene wird in der Erinnerung wieder sehr lebendig.

Die Szene mit der Ohrfeige ist *die* Deckerinnerung von Martine; sie ist das Bild oder besser die Szene, die das innere Theater ihrer Objektbeziehung pausenlos in Bewegung hält. Jeden Tag bemerkt sie aufs Neue den Abdruck ihrer Finger im Gesicht der – weinenden – Mutter, und jeden Tag erwartet (hofft?) sie, Sandra werde ihr dieselbe Schmach zufügen, damit sie diese Szene vergessen und ihr verziehen werden kann.

Therapie

Der Therapeut greift hier lediglich die Verarbeitung der Schuld auf, fasst sie aber in andere Worte: »Eine Tochter, die ihre Mutter schlägt! Können Sie sich das vorstellen?« (41'15")

Kommentar

Mit dieser Formulierung versucht er, die Verbindung zwischen der Ohrfeige von damals und der aktuellen Klage über Aggression zu reaktualisieren. »Eine

Tochter, die ihre Mutter schlägt!« – das ist sowohl Sandra wie Martine. Die beiden Töchter werden eins: Sie verschmelzen in der Ohrfeige, die der Mutter gegeben wird.

Wenn Martine Sandra vorwirft, sie im Gesicht zu kratzen, identifiziert sie sich mit ihrem eigenen Über-Ich, das ihr damit zusetzt, wie sie es wagen konnte, die Hand gegen ihre Mutter zu erheben.

Wie die Mutter, so die Tochter! Viele »Symptome« von Kindern sind in dieser Weise die Aktualisierung einer verdrängten Neigung des Erwachsenen, und in der Initialklage über ihr eigenes Kind ist die Mutter oft nur das Sprachrohr ihres eigenen Über-Ichs.

Therapie

Im Anschluss an diesen Ablauf wurde Martine vollkommen bewusst, wie sehr ihre Angst vor Sandra eine Wiederholung des Konflikts war, der sie noch an ihre Mutter band: »Ja, ja, wenn Sandra mir eine Ohrfeige zurückgibt …, na ja, sie gibt mir ja keine, aber schließlich … wie soll ich sagen – wenn sie mich haut, dann denke ich daran, ja, ich muss dann daran denken« (43'06") (sie denkt an die ursprüngliche Szene: die Ohrfeige, die sie ihrer Mutter gegeben hatte).

Der Therapeut fordert sie auf, weiter auszuarbeiten, an was sie dann denkt: »Ich sehe die Szene wieder. Ich sehe uns beide wieder, wie wir mitten in der Küche stehen. Wissen Sie, ich weiß gar nicht mehr, warum ich ihr diese Ohrfeige gegeben habe. Ich weiß das nicht mehr. Ich könnte Ihnen nicht sagen warum«.

Therapeut: »Es ist also vielleicht das Resultat einer ganzen Menge von Spannungen, von Dingen, die sich lange angesammelt haben. Aber sehen Sie, faszinierend an dem, was Sie sagen, ist, dass Sie zu mir in Beratung kommen, weil Sie fürchten, dieses Kind sei gewalttätig. Denn Sie sagen mir, dass es für Sie sofort die Dimension eines absichtlichen Kratzens, einer Aggression annimmt, wenn sie so eine kleine Geste in ihre Richtung macht wie vorhin« (42'59") (als Sandra ihre Hand in Richtung von Martines Gesicht ausstreckte).

Martine: »Nein, nein, was sie da vorhin gemacht hat, das war gar nichts«.
Therapeut: »Ja, aber sehen Sie, das nimmt aber gleich eine andere Dimension an, weil es sie sofort an die schlimme Szene erinnert, die Ihnen immer noch zusetzt. Also befürchten Sie dauernd, dass diese kleine Sandra, die 13 Monate …, 13 Monate …, 13 Jahre alt ist … hm« (dem Therapeuten fiel plötzlich eine Identität zwischen dem Alter des Babys und dem von Martine auf, als sie ihrer Mutter die berühmte Ohrfeige gab. Ein weiterer Beweggrund für Identifizierung!)

Martine: » ... 13 Jahre, ja, ich war 13«.

Therapeut: (Angst -) »dass es auf die gleiche Szene hinausläuft; dass sie eines Tages die Kraft dazu haben wird, zu der Ohrfeige, die sie Ihnen geben wird und dass Sie das für Ihr ganzes Leben prägen wird – und Sandra auch«.

Martine: »Nein, ich für meinen Teil möchte verhindern, dass es soweit kommt«.

Therapeut: »Ja, aber sehen Sie, diese Kleine ist schon in ein Szenario verstrickt, das vor langer Zeit geschrieben worden ist. Sehen Sie, was ich sagen will?«

Martine: »Hm, hm«.

Therapeut: » ... dass Sie sie schon so sehen, als könne sie Ihnen diese berüchtigte Ohrfeige versetzen«.

Martine: »Ja. Ich denke, dass sie, wenn sie in dieser Richtung weitermacht, es eines Tages tun würde« (43'58").

Kommentar

Damit ist die Vorhersage ausgesprochen! Martine hat ihre Mutter geohrfeigt: Sie muss gezwungenermaßen nun ihrerseits geohrfeigt werden. Und es sind die Auswirkungen dieser Vorhersage, die das Initialsymptom »erzeugt« haben. Wie man jetzt erkennt, hatte Martine Sandras Aggression *nötig*, um ihr eigenes Schuldgefühl abmildern und die Szene mit der ursprünglichen Ohrfeige verbergen zu können.

Angesichts dieses zwingenden Wirkungszusammenhangs, das im Interesse des psychischen »Gleichgewichts« der Mutter liegt, kann man sich mit Fug und Recht nach der »Kausalität« für Sandras Aggression fragen! Verfolgt Martine nicht mit selektiver Aufmerksamkeit jedes Verhalten von Sandra, das sie als eine Reproduktion der Ohrfeige einer Tochter interpretieren könnte? Proviziert Martine ihre Tochter nicht geradezu verführerisch, Gesten an den Tag zu legen, die sie dann als Zeichen von Aggression denunzieren könnte? Kann man die symptomatische Interaktionssequenz nicht als ein *acting* betrachten, in der Martine mit ihrer Tochter – mit vertauschten Rollen – die gewalttätige Interaktion mit ihrer eigenen Mutter ausagiert, aufgrund derer sie nach wie vor unerträgliche Schuldgefühle hat? Nach dieser Auffassung würde das interaktive Treiben dazu dienen, angstmachende Vorstellungen zu verstecken, in diesem Fall die Gewalttätigkeit gegen die eigene Mutter.

Sandra lässt das kleine Mädchen, das Martine in sich trug, wieder an die Oberfläche kommen. Es ist also vollkommen zutreffend, dass die Ankunft eines Babys das Abwehrgleichgewicht der Mutter infrage stellt, die Verdrängung schwächt und den alten Besetzungen die Möglichkeit eröffnet, wieder bewusst zu werden: auf dem Weg über deren Reaktualisierung in der aktuellen Beziehung zum Säugling. Über ihre Not mit Sandra hat Martine den Ambivalenzkonflikt mit ihrer Mutter tatsächlich zurückgeholt. Die Konfusion zwischen Sandra und sich selbst, in die Martine dabei gerät, bezeugt es: Sandra, die sie »angreift«, ist *sie selbst*, die ihre Mutter ohrfeigt. Ein Versprecher bringt diese Identifizierung übrigens ans Licht, als Martine sagt: »Ja, ja, wenn Sandra mir eine Ohrfeige zurückgibt ..., na ja, sie gibt mir ja keine ...«.

Wenn Sandra ihr eine Ohrfeige *zurückgeben* soll, dann muss sie – Martine – sie ja als Erste gegeben haben! In diesem Versprecher verwechselt sich Martine mit ihrer Tochter, mit *der* Tochter, die die Mutter geohrfeigt hat.

Man kann die Erwägung anstellen, dass die Ohrfeigenszene ein »Trauma« im klassischen Sinn der frühen Studien Freuds ist: eine Szene, in der ein überbesetztes, schlecht abgewehrtes Ensemble von Trieben zusammenkommt, dem gegenüber – wie in einem traumatischen Traum – die permanente Abreaktion der einzige Ausweg ist. Aber Martine wiederholt diese Szene nicht im Traum: Sie wiederholt sie im *interaktiven Treiben* mit Sandra, und es gibt keinen anderen Ausweg aus diesem Kreislauf der Wiederholung als den, Martines Vorstellungstätigkeit den latenten Inhalt dieser Szene wieder verfügbar zu machen.

Therapie

Sehen wir uns nun an, wie es weiterging: Der Therapeut nahm den Ball auf und machte Martine das Deutungsangebot, Sandras Geburt habe sie vermutlich wieder mit Vorstellungen (oder Erinnerungen) aus ihrer Beziehung als Kind zu ihrer eigenen Mutter in Kontakt gebracht (44'21"). Zufriedenstellend wäre gewesen, wenn sie dieses Angebot angenommen hätte, denn dies wäre ganz im Sinne der Theorie des Wiederauftauchens der Kindheitsneurose und der Wiederkehr unbewusster Spuren der frühen Beziehungen gewesen. Aber Martine hat den Therapeuten nicht in diese Richtung gedrängt, sodass er eine Annäherung aus einer anderen Richtung einschlagen musste.

Therapeut: »Wie hat sie auf Ihre Schwangerschaft reagiert?« (45'18") Mit dieser Frage suchte der Therapeut nach Abkömmlingen der unbewussten Haltung der Großmutter gegenüber der Schwangerschaft ihrer Tochter: Gab es geteilte Freude, Unterstützung und Betreuung seitens der Mutter oder ganz im Gegenteil eine negative, feindselige Haltung, erkennbar an Abwesenheit, Kritik oder Verleugnung (was sichtbares Zeichen einer aggressiven ödipalen Reaktion unter Umkehrung der Generationenfolge wäre).

Martine: »Ach ja, das Erste war ja das, was sie mir am Telefon sagte. Sie hat mir gesagt: ›Oh la la, Martine!‹ Sie dachte schon an die Geburt; ich glaube, ich war da im dritten Monat! Dieses ›Oh la la, Martine!‹ war in dem Sinne gesagt: ›Bei der Geburt wirst du ganz schön leiden‹ …« (45'47").

Kommentar

Von Ermunterung oder Freude ist dies weit entfernt, sodass man annehmen kann, dass Martine ihre Schwangerschaft im Schatten der Ambivalenz ihrer Mutter durchlebt hat. Äußerungen der eben genannten Art haben die gleiche Wirkung wie die Beschwörungen von Hexen an der Wiege. Es sind Verwünschungen, die ein Schicksal festlegen sollen, und wir stehen vor dem sichtbaren Beweis, dass diese böse Vorhersage Wirklichkeit geworden ist: Das Baby – Sandra – ist tatsächlich zur Verfolgerin ihrer Mutter geworden.

Therapie

Aber Martine kennt den geheimen Grund dafür, dass diese Verwünschung ausgestoßen wurde: Sie erklärt uns nun, dass ihre Mutter Martines Geburt in schlechter Erinnerung behalten hat. Und warum? Ihretwegen natürlich. Eine neue Schuld also:

Martine: »Ich wusste, dass sie mich nicht sofort wollten und dass ich also zur Unzeit gekommen bin« (46'52"). »Mutter wurde schwanger, als die beiden noch nicht verheiratet waren – nicht lange, einen Monat. Sie hatten jedenfalls noch nicht vor, ein Kind zu bekommen; sie waren Einwanderer …, hatten kein Geld: Ich denke, es war wirklich nicht der ideale Zeitpunkt dafür, ein Kind zu bekommen. Sie lebten in einer Ein-Zimmer-Wohnung. Die Küche teilten sie mit dem Vermieter. Die Toiletten waren, glaube ich, noch draußen auf dem Etagenflur. In der Tat, unter solchen Bedingungen ein Kind zu bekommen, war alles andere als lustig und dazu noch der Umstand, nicht im eigenen Land zu leben, entwurzelt zu sein … Sie hat sehr darunter gelitten. Sie musste Französisch lernen, und dann sind sie ja in einer Zeit gekommen, in der die Spanier in Frankreich nicht gerade gut akzeptiert wurden – so wie heute die Araber« (48'40").

Martine war »ein Kind zu viel«, ein Kind, das das Elternpaar gestört hat. Sie ist überzeugt, dass sie aufgrund ihrer bloßen Existenz ihre Mutter hat leiden lassen. Kann man sich einen noch unverrückbareren Grund für Schuldgefühle vorstellen? Wenn die Tatsache, *da zu sein*, Grund dafür ist, dass ein anderer leidet, welchen anderen Ausweg kann man da finden als den, eine existenzielle Schuld hinter sich herzuziehen und darauf aus zu sein, an den Stellen zu leiden, an denen man gesündigt hat? Also unter den Händen des eigenen Kindes zu leiden, so wie man als Kind seine Mutter hat leiden lassen? (Diese Form ödipaler Schuld, verbunden mit der Überzeugung, das Elternpaar beschädigt zu haben, findet sich in vielen Erzählungen um Konflikte mit der eigenen Elternschaft.)

Das Gefühl, nicht gewollt zu sein, hat Martine in verschiedener Form immer wieder wahrgenommen: Sie beschreibt, wie ihre Mutter sie unablässig kritisierte, sie als unfähig bezeichnete und nie geglaubt habe, dass sie in irgendetwas Erfolg haben könne (51'50"). Mit einem Wort: Martine musste annehmen, was immer sie tun würde, niemals die Zustimmung ihrer Mutter bekommen zu können – eine Vorstellung, hinter der die noch viel bedrohlichere steht, nicht erwünscht zu sein.

Als ihr dies klar wurde, entschied sie sich, ihre Eltern zu verlassen, was sie mit 23 Jahren dann auch tat:

Martine: »Na ja, ich arbeitete seit mehreren Jahren; ich hatte mir ein Auto gekauft. Und ich hatte sie (die Mutter) an ihrer Arbeit abgeholt oder sie war zu meiner Arbeit gekommen, und wir fuhren zusammen nach Hause …, also eins von beiden. Und vor dem Haus habe ich ihr gesagt: ›So, Mutter, ich muss dir etwas sagen, also morgen ziehe ich aus!‹ Also wirklich, also wie sie da stand – als hätte ich sie angenagelt …, die Arme« (53'36").

Therapeut: »Die Arme! Sie haben den Eindruck, Sie hätten ihr wehgetan«.

Martine: »Ja, auch da hatte ich wieder den Eindruck, ich hätte …«

Therapeut: »Sie tragen also ziemlich viele Schuldgefühle Ihrer Mutter gegenüber mit sich herum!«

Martine: »Ja, aber schließlich hat sie das alles doch herausgefordert, nicht?« (53'48")

Kommentar

In dieser Passage begegnen wir wieder dem Einsatz von Distanzierung: Als Martine jegliche Hoffnung verloren hat, sich mit ihrer Mutter verständigen zu können (d. h. deren Anerkennung zu bekommen, das Recht, von ihr geliebt zu werden), setzt sie Distanzierung ein, eine Taktik, deren Entsprechung man in der Distanz sehen kann, die sie zwischen Sandra und ihr selbst aufrichtet, da es auch ihnen nicht gelingt, sich zu »verständigen«.

Es ist, als ob Martine das Exil gewählt hätte, nachdem sie verstanden hatte, dass sie für ihre Mutter (und für beide Eltern) zu viel war und noch ist. »Man will mich nicht; ich gehe weg«.

Diesen Weggang erlebte sie als eine Bestrafung, einen neuen Frevel, der ihre Mutter sprachlos machte, und sie hat – wie wir gesehen haben – im weiteren Verlauf weder die Schuldgefühle, noch die Sehnsucht überwinden können, die auf diese Weise erzeugt wurden.

Die Schuld, zum falschen Zeitpunkt geboren worden zu sein, ganz ungelegen in das Elternpaar eingedrungen zu sein und dann die Schuld, ihre Mutter geohrfeigt zu haben, bis hin zu der Schuld, sie bei ihrem Weggang sprachlos zurückgelassen zu haben: Diese erste Sitzung ist also ganz auf die Schuldproblematik hin ausgerichtet, und wir werden sehen müssen, ob wir über diese Frage hinwegkommen werden.

Therapie

Nachdem Martine von dieser Distanznahme gesprochen hat, erinnert sie sich daran, dass sie bereits im Alter von 13 Jahren (56'59") vier Jahre lang ins Internat gegeben worden war,, und wir entdeckten, dass dieses »Exil« auf zwei Ereignisse gefolgt war: den Beginn ihrer Monatsblutungen und ... die berühmte Szene mit der Ohrfeige. Ödipale Rivalität, die durch die Menarche intensiviert wird, und die gegen die Mutter ausagierte Aggression sind hier miteinander assoziiert, und das Ganze endet dann mit der Exilierung. Die Verbindung zwischen der Aggression der Tochter gegen die Mutter und dem Exil wird dann gedeutet.

Therapeut: »Na sehen Sie, diese Ohrfeige da war doch ziemlich entscheidend: An dem Tag, an dem Sie Ihre Aggression ganz manifest gezeigt haben, kam es zum Bruch, weil man sie vor die Tür gesetzt hat; sie haben Sie ins Internat gegeben. Und ich denke, das ist es auch, was Sie mit der Kleinen befürchten, um auf sie zurückzukommen, auf Sandra« (58'01").

Martine: »Vielleicht unbewusst, aber dann ...«

Therapeut: »Sobald Sie bei ihr sehen ...«

Martine: »Ich schwöre Ihnen, dahin wollte ich mit Sandra nicht wieder kommen«.

Therapeut: »Natürlich nicht! Und das ist ..., Sie befürchten es geradezu panisch, weil Sie glauben, es sei unvermeidlich. Sehen Sie doch: Wenn sie sich mit ihrer Hand Ihrem Gesicht nähert, wird das für Sie ganz unwillkürlich zu einer Ohrfeige ..., weil das in Ihren Augen eines Tages zu einer Ohrfeige *werden wird*! Obwohl das von Ihrer Tochter her sehr gut ein Wunsch sein könnte, Sie zu berühren, oder eine Art und Weise, Sie zu erforschen, sehen Sie? Und für Sie nimmt das gleich eine dramatische Färbung an, weil Sie sich sagen: Da ist es ...«

Martine: »Da haben wir's!«
Therapeut: »Die Tochter schlägt ihre Mutter, und im Ergebnis ist man dann getrennt, und man verliert sich gegenseitig ... Davor haben Sie große Angst ... Sie haben große Angst, dass, wenn es Ihnen nicht gelingt, das zu korrigieren, ...«
Martine: »Das möchte ich nicht!«
Therapeut: » ... Es wird zu einem Drama zwischen Ihnen beiden kommen: Sie werden Ihre Tochter verlieren. Das ist Ihre Besorgnis. Dass sich ein Graben auftun wird« (58'58").

Kommentar

Der Therapeut hat erfasst, dass die Verbindung zwischen der Ohrfeige für die Mutter und dem Bruch (ins Internat gegeben zu werden) von zentraler Bedeutung ist. Er wertet diese Assoziation zwischen Aggression und Verlust eingehend aus und wendet sie auf die gegenwärtige Beziehung zwischen Martine und Sandra an. Weil Martine ihre Mutter verlassen musste (da die Schuld zu existieren unüberwindbar war), sieht sie vorher, dass sie die gleiche Bestrafung erfahren werde: Ihre Tochter werde sie ohrfeigen, und darauf werde der Bruch folgen.

Die Verlustangst ist in diesem Augenblick ganz akut: Sie wird als die gerechte Strafe für das Vergehen der Aggression gegen die Mutter erlebt. Indem der Therapeut seine Deutung so ausrichtet, gibt er Martine zu verstehen, dass sie ihre Tochter liebt und die größtmögliche Bestrafung deshalb wäre, dass Sandra sie so heftig angriffe, dass man sich trennen müsste.

Der Deutungsschwerpunkt hat also das Gewicht von Martines Schuldgefühlen ausführlich ins Licht gerückt sowie die Angst, bestraft zu werden, indem sie mit Sandra denselben Konflikt, die gleiche Enttäuschung und den Bruch wiedererleben würde, die den Konflikt mit ihrer Mutter geprägt haben. Mit anderen Worten: Die Verlustangst wurde als Emanation von Schuldgefühlen gedeutet. Martine steht in Gefahr, ihre Mutter und nun ihre Tochter zu verlieren, und zwar aufgrund einer fundamentalen Schuld, die ihr am Tag ihrer Geburt (oder ihrer Zeugung?) auferlegt wurde. Diese Schuld ist vorrangig ödipaler Natur, enthält aber auch Elemente heftiger archaischer Aggression gegen die Mutter.

Im Anschluss an die Durcharbeitung ihrer mit dem Schuldgefühl verbundenen Verlustangst gelangt Martine zu der unausweichlichen Feststellung, dass sie ihre Mutter immer noch liebt. Der Therapeut legt ihr nahe, sie müsse eine gute Portion Sehnsucht nach ihrer Mutter haben, wenn sie die frühere Beziehung zu ihr in diesem Ausmaß auf die gegenwärtige Beziehung zu Sandra übertrage. Darauf folgt eine sofortige und ziemlich heftige Erwiderung.

Martine: »Aber ja! Völlig richtig. Meine Mutter ruft mich heute Abend an und sagt: ›Ich komme morgen‹. Und ich springe voller Freude an die Decke!«

Therapeut: »Voller Freude, sich wieder mit Ihrer Peinigerin zusammenzufinden!« (59'35")

Kommentar

Martines Reaktion ist ein Aufschrei des Herzens: Hinter all ihren Anklagen steht immer noch die Hoffnung auf ein Zeichen von Liebe (so wie hinter der Anklage gegen Sandra der Wunsch nach mehr Zärtlichkeit stand). Dass trotz allem die Fähigkeit, auf Liebe zu hoffen, noch fortbesteht, ist das beste prognostische Zeichen für die Beziehung zu Sandra. Martine wird ihre Hoffnung, von ihrer Tochter geliebt zu werden, so schnell nicht aufgeben.

Die Reaktion des Therapeuten ist etwas listiger: Martine versichert, sie sei ganz glücklich, ihre Mutter wiederzusehen, aber er erinnert sie – kalt – daran, dass das erste Bild, das sie vor 50 Minuten von ihrer Mutter gezeichnet hatte, das Bild einer Frau war, die schlägt, – das einer Peinigerin! Es geht dabei natürlich darum, Martines Aufmerksamkeit auf die Tatsache zu lenken, dass ihre Auffassung von Liebe masochistischer Natur ist und sie infolgedessen – ohne dass ihr dies bewusst ist – nach einer gewissen Dosis von seelischem Schmerz verlangt, um ihr Liebesband lebendig erhalten zu können.

Therapie

Wir beenden diese erste Sitzung, indem wir die Intensität ihrer Bindung an die Eltern unterstreichen, insbesondere die an die Mutter, sowie ihr Unvermögen, diese Bindung aufzugeben.

Martine: »Alle Brücken zu ihnen abzubrechen, nein. Nein, das kann ich nicht. Das ist unmöglich« (61'21").

Der Therapeut hebt hervor, dass diese innere, so konfliktreiche und nicht belohnte Bindung an die Mutter jetzt auf Sandra verschoben ist, die als Ersatz dafür herhält.

Dann erinnert sich Martine, wie viel Freude es ihr nach dem Weggang von den Eltern bereitet hatte, ihrer Mutter bei einem ihrer seltenen Besuche etwas zum Essen zuzubereiten.

Therapeut: »Ja, es gab da eine Bindung, die sehr stark geblieben war«.

Martine: »Ja, aber für sie übrigens auch, auf ihrer Seite auch. Dessen bin ich sicher«.
Therapeut: »Sicher«.
Martine: »Ich sehe es ja gut, wenn ich bei ihnen bin. Schon drei Tage vor meiner Abreise fängt sie an zu weinen«.
Therapeut: »Ach ja!«
Martine (zu Sandra): »Was machst Du, Mäuschen?« (62'15")
Ende der Sitzung.

Kommentar

Welch eine Überraschung, dieser friedliche Ausklang! Man hat den Eindruck, einer Versöhnung *in absentia* beizuwohnen. Man stellt sich geradezu eine Mutter und eine Tochter vor, die sich nach 20 Jahren Missverständnis gegenseitig in die Arme fallen. Aber welch ein Umschwung auch: Diese Mutter griff zum Teppichklopfer, kritisierte ihre Tochter, fand sie in jeder Hinsicht unfähig; sie erklärte ihr, sie sei zum ungünstigsten Zeitpunkt gekommen und für diese armen Einwanderer zu einer Last geworden; zum Zeitpunkt ihrer Menarche verbannte sie Martine ins Internat. Ihr Aufschrei bei der Ankündigung der Schwangerschaft ihrer Tochter lautete »Ach Du Arme!«; jedes Telefonat mit ihr war eine Enttäuschung, eine Schlacht an der Beresina.

Man hatte also an das Bild einer harten, egoistischen Frau geglaubt, einer bedingungslosen Rivalin ihrer Tochter, die bei jeder Gelegenheit alle Fehler beging, die eine Mutter nur begehen kann. Man hielt sie für unsensibel und vor allem für liebesunfähig.

Und nun verwandelt Martine sie mit einem Zauberschlag in eine sehr bezogene Mutter, die schluchzt, wenn sie sich von ihrer Tochter trennen muss.

Ein Geheimnis – dieses unberechenbare Ballett der mentalen Bilder, das sich im weiteren Verlauf vor unseren Augen im Übrigen noch weiter komplizieren wird.

II Analyse der Hauptkonfliktthemen und Interventionen der ersten Sitzung

1 Die Themen

Das Thema, das von der Mutter als Symptom des Kindes vorgetragen wird, ist die gegen die Mutter gerichtete Aggression.

Das Thema der Gewalt zwischen Tochter und Mutter taucht in mehreren Momenten der Sitzung auf, aber – dem sprunghaften Wechsel der Identifizierungen folgend – in verschiedener Form: Martine lieferte als Erstes das Bild eines Babys, das *ihr* Gewalt antue, dann das der Mutter, die *sie* schlägt, und schließlich ein Bild *ihrer selbst*, in dem sie ihre Mutter ohrfeigt. Der Urheber der Gewalt wechselt drei Mal, und Martine wird vom Opfer zur Peinigerin, die ihre Tochter zunächst muttermörderischer Anwandlungen bezichtigt, um dann bei einer langen Durcharbeitung ihrer eigenen tiefen Schuldgefühle gegenüber ihrer Mutter – die immer noch den Abdruck ihrer Ohrfeige trägt – und gegenüber den Eltern, für die sie »zu viel« war, zu enden.

Schuld ist das manifeste Thema, das in dieser Sitzung am deutlichsten vertreten ist. Es liefert der Sitzung auch die meiste Dynamik und lässt sie von einer sehr projektiven (das Kind schlägt mich) zu einer stärker introjektiven Situation fortschreiten, in der Martine sich infrage stellt, zu ihrer ödipalen Rivalität und ihrer Gewalttätigkeit gegen ihre Mutter steht und mit einer Modifikation des mentalen Bildes dieser Mutter endet: Sie liebt Martine und weint bei den Abschieden.

In dieser Fortentwicklung stellt Martine die Verbindung zwischen ihrer Aggression und der Distanz her, die sie ihren Eltern gegenüber herstellen musste: Ein neuer Trauerprozess ist damit in Gang gekommen, deren Bedeutung man bei der Durcharbeitung der unbewussten Wünsche sieht, die sie an Sandra richtete. Die Distanzierung ist eine zentrale Abwehrstrategie.

Die Achse dieser Sitzung ist also die Aggression zwischen Tochter und Mutter, die Bewusstwerdung der dadurch ausgelösten Schuldgefühle und dann die Befürchtung, dass Martine unter ihrer Tochter zur Strafe nach dem gleichen Modus zu leiden haben werde, nach dem sie – sadomasochistisch – an ihre Mutter gebunden war: Die zentrale Angstvorstellung ist, die Ohrfeige Tochter-Mutter werde sich wiederholen und aufs Neue zur Bestrafung durch Verbannung führen: zum Verlust der Verbindung. Im Lauf der Sitzung wird ein bedeutender Fortschritt sichtbar: Von der blinden Projektion wird zu einer Introjektion übergegangen, die sich durch Einsicht auszeichnet, von der Anklage einer Peinigerin-Mutter zum Eingeständnis der Liebe zu einer Mutter, die auch ihrerseits die Trennung nicht erträgt. Eine solche psychische Flexibilität und Wandlungsfähigkeit im Lauf einer ersten Sitzung ist verwunderlich. Wir werden diese Mobilität an späterer Stelle erörtern.

2 Die Interventionen

Die wichtigsten Interventionen des Therapeuten – in chronologischer Reihenfolge – sind:
1. Eine Hinterfragung der aggressiven Projektion: »Das ist ja eindrucksvoll, eine so kleine Sache, die dann solche Ausmaße annimmt. Wundert Sie das denn?« (5'41")
2. Das Herstellen einer Verbindung zwischen der Gewalterfahrung zwischen Großmutter und Mutter (in der Vergangenheit) und zwischen Sandra und Martine (in der Gegenwart): » ... Ich bin in Gefahr, auf sie einzuschlagen, und sie wird es so abbekommen, wie ich es bei meiner Mutter abbekommen habe« (8'08"). (Wir verwenden hier den Begriff *Erfahrung* im weiteren Sinne, d.h. einschließlich der Legierung von Ereignissen und Fantasien.)
3. Die Aufdeckung der Schuldgefühle, die Martine ihrer Mutter gegenüber immer noch hat. »Der Abdruck ist nicht nur auf der Wange Ihrer Mutter. Er ist auch irgendwo in Ihnen. Das ist es geblieben!« (17'04").
4. Die Herausarbeitung von Martines Sehnsucht nach ihren Eltern, ihrer Bindung an sie. »Offensichtlich brauchen Sie sie trotz allem, denn Sie leiden unter dieser Distanz« (22'32").
5. Die Konfrontation mit der Angst, mit Sandra den aggressiven Tochter-Mutter-Konflikt zu wiederholen: Die Kratzer von heute erinnern an die Ohrfeige von einst – eine Tochter schlägt ihre Mutter. »Das [der Kratzer] nimmt gleich eine ganz andere Dimension an, weil Sie das sofort auf jene schlimme Szene [der Ohrfeige] zurückverweist« (43'37").
6. Die Konfrontation mit einer tiefen Schuld, und zwar der, »zu viel« gewesen zu sein, weil ihre Geburt für ihre Eltern eine untragbare Last gewesen war – ein Schuldgefühl, an das angeknüpft wird, als Martine

ihre Mutter »wie angenagelt« stehen ließ. »Sie leben mit ziemlich viel Schuldgefühl gegenüber ihrer Mutter ... Eine Tochter, die ihre Mutter schlägt, sie wie angenagelt stehen lässt, fühlt sich nicht sehr wohl in ihrer Haut!« (53'44")
7. Die Deutung der Äquivalenz zwischen (agierter) Aggression und Verlust. Diese Verbindung wird von der Geschichte der Mutter her aufgebaut (Verbannung ins Internat im Anschluss an die Ohrfeige und die Menarche) und dann auf die Gegenwart bezogen: Martine fürchtet Sandras Gewalttätigkeit, da sie zu einem Bruch, einem endgültigen Verlust führen würde. »Sie haben große Angst, dass, wenn Sie es nicht schaffen würden, das [Sandras Aggression] unter Kontrolle zu bekommen, dies etwas Dramatisches zwischen Ihnen beiden werden könnte und Sie Ihre Tochter verlieren würden« (59'00").
8. Aufdeckung der Liebe, die Mutter und Tochter verbindet. »Sie haben eine gewisse Sehnsucht nach der Beziehung zu Ihrer Mutter« (59'05"), worauf die Mutter mit der Eröffnung »antwortet«, dass ihre Mutter bei jeder Trennung heiße Tränen vergießt.

3 Analyse der Interventionen

Es ist schwierig, diese Interventionen zu klassifizieren: Sie bestehen in Konfrontation (beispielsweise mit dem Fortbestehen von Schuldgefühlen), in der Herstellung von Zusammenhängen (zwischen der Ohrfeige in der Vergangenheit und dem Kratzer heute), in der Aufdeckung eines latenten Affekts (Sehnsucht nach der Mutter) und in der Deutung einer Äquivalenz (die Aggression der Tochter gegen die Mutter ist gleichbedeutend dem Verlust durch Distanzierung).

Es sieht so aus, als rühre man hauptsächlich an vorbewusste Abkömmlinge unbewusster Fantasien (wie die Fantasie, ein Peiniger zu sein, oder auch die Fantasie, durch die eigene Geburt das Elternpaar beschädigt zu haben) und dies entweder auf der Ebene der Affekte (Sehnsucht, Schuldgefühl) oder der mentalen Vorstellungen (»eine Tochter, die ihre Mutter wie angenagelt stehen lässt«).

Es ist von Interesse festzuhalten, dass sich keinerlei Übertragungsdeutung angeboten hat; insofern bleiben wir hier diesseits einer klassischen Therapie. Diesen wichtigen Punkt werden wir in den Kapiteln zur Theorie der Technik diskutieren.

Die acht Hauptinterventionen sind nur die Spitze eines Eisbergs: Sie ragen aus einer Vielzahl anderer – bescheidenerer – Deutungen heraus, die deren Vorbereitung dienten. Die anderen Interventionen zielen auf ein Nachfassen in Form von Fragen, von emotionaler oder empathischer Bestätigung (etwa der Art: »Das ist wohl nicht leicht ...« etc.) oder von Kommentaren zur Förderung einer Synthese.

Diese bescheideneren Deutungen sind ebenfalls schwer zu klassifizieren: Sagen wir, dass ihr Ziel vor allem darin besteht, den Assoziationsfluss in Gang zu halten, das Auftauchen eines Affekts oder einer Fantasie offenzulegen, die Aufmerksamkeit der Mutter auf gewisse Zusammenhänge zu lenken und die Hypothesen zu testen oder zu bestätigen, die der Therapeut fortlaufend aufstellt.

Diese Interventionen bilden eine Art Gerüst, das die immer weitergehende Bearbeitung psychischer Konstellationen möglich macht – wie etwa die der zentralen Ängste und Konflikte, der bevorzugten Beziehungsmodi, der Affekte, der Abwehren und der sogenannten Deckerinnerungen.

Die Form dieser Interventionen sagt sicher viel über den Fortgang des Prozesses aus, aber ihr *Timing* und ihr Stil sind ebenso wichtig. Sie haben eine Form und einen Rhythmus und müssen den Boden für das Auftauchen einer Deutung vorbereiten, die umfassendere Bereiche mentaler Vorstellungen integrieren kann.

Der Umfang dieser Interventionen spielt bei der Unterstützung des Sprechens und der Intensität, in der dieses abläuft, mit Sicherheit ebenfalls eine Rolle. (Eine quantitative Analyse der Aufteilung der Redezeit zwischen Mutter und Therapeut findet sich im Kapitel XI.)

Kapitel V
Zusammenfassender Bericht zu den Sitzungen zwei bis sechs

I   Zweite Sitzung, 24. März 1988

1   »Die Distanz«

Diese Sitzung fand eine Woche nach der ersten statt. Die Mutter wirkt deprimiert; gleich zu Beginn der Sitzung setzt sie Sandra auf den Boden, wo sie dann auch die ganze Stunde über bleibt. Die Interaktion zwischen beiden läuft auf sehr niedrigem Spannungsniveau ab, es kommt kaum zu Wortwechseln.

Das Kind versucht mehrmals, die Aufmerksamkeit seiner Mutter auf sich zu ziehen, aber ohne Erfolg. In stereotyper Weise spielt sie mit ihrem Stiefelchen. Die hier eingenommene Distanzierung beeindruckt den Therapeuten, und er richtet seine Interventionen auf die Problematik der Dialektik von Nähe und Distanz.

Zu Beginn der Sitzung war Sandra genau in der Mitte zwischen ihrer Mutter und dem Therapeuten abgesetzt worden. Drei Minuten lang inspizierte sie abwechselnd das Gesicht des Therapeuten und das ihrer Mutter (im Sinne des *emotional referencing* nach Emde et al. 1978). Sie stellt sich offensichtlich Fragen zur Situation und sucht im Gesicht ihrer Mutter nach erklärenden Hinweisen. Der Therapeut lenkt Martines Aufmerksamkeit auf dieses Phänomen; sie fährt fort, indem sie Sandras Fremdenangst thematisiert: Einmal habe Sandra sogar geweint, als sie ihren Vater nach längerer Abwesenheit bei dessen Rückkehr wiedersah. Der Therapeut nutzt die Gelegenheit, um zu unterstreichen, dass Martine *die* Bezugsperson für Sandra ist: »Sie sind die Person, in die sie Vertrauen hat« (6'36") – worauf die Mutter entgegnet: »Manchmal habe ich den Eindruck, dass ich ihr kein Vertrauen einflöße«.

Durch diese Aussage ist der Therapeut verwirrt, denn sie zeugt ja vor allem von der Fantasie, dass Sandra durchaus Recht haben könnte, sich vor Martine in Acht zu nehmen, wenn sie deren Ambivalenz wahrnähme.

Er befragt Martine nach dieser Theorie und bietet die Erklärung an, dass Sandra deshalb Angst vor Fremden habe, weil ihre Mutter das zentrale Objekt sei, an das Sandra intensiv gebunden ist (9'38").

Martine antwortet auf diese Konfrontation mit einem Versprecher, der den Verstehensbemühungen des Therapeuten für den Rest der Sitzung die Richtung vorgibt.

Martine: »Ich sage manchmal, sie muss sich mehr von mir lösen, denn eines Tages soll sie ja in die Kinderkrippe ..., damit sie *abhängiger* wird ..., ich wollte sagen: unabhängiger«. Der Therapeut streicht den Versprecher heraus und verbindet ihn – da ihm die Schärfe des Abhängigkeits-Unabhängigkeits-Konflikts deutlich wird – mit der Position, in die Martine ihr Kind zu Beginn der Sitzung platziert hat: fern von ihr, das Gesicht zum Therapeuten gedreht, als hätte Martine gewünscht, Sandra solle sich für diesen »Fremden« interessieren und schon einmal daran gewöhnen, sich von ihrer Mutter zu entfernen. Er kommentiert daraufhin: »Geben Sie sie deshalb manchmal zu anderen Leuten? Um ihre Fähigkeit zu testen, sich von Ihnen zu distanzieren und unabhängig zu werden?« (10'43")

Kommentar

Der Therapeut hat eine wichtige Linie aufgegriffen: Die Mutter hat das Bedürfnis, ihr Kind auf Distanz zu halten, und zwar sowohl physisch (wie es die Position zeigt, in die sie es zu Beginn der Sitzung platziert hat, und das Übersehen von Sandras Signalen) wie psychisch (die Mutter ist zu der Überzeugung gelangt, Sandra vertraue ihr nicht). Zu dieser Schlussfolgerung kam der Therapeut aufgrund von Anzeichen im Verhalten (der Proxemik-Parameter in der Interaktion) und in dem, was ausgesprochen wurde. Noch entscheidender aber ist das Sichtbarmachen eines Konflikts, der zu dieser Abwehr durch Distanzierung führt: Die Mutter glaubt, die Distanzierung deshalb so voranzutreiben, damit Sandra unabhängig werden könne – und dann ist sie selbst es, die durch ihren Versprecher aufdeckt, dass offensichtlich das Gegenteil zutrifft: »Sie muss abhängiger werden!«

Der Therapeut ist überzeugt, hier die Emanationen eines unbewussten Grundkonflikts zwischen dem Wunsch nach körperlicher Nähe und deren Verbot erfasst zu haben. Die Determinanten dieses Konflikts müssen allerdings noch gesucht werden.

Therapie

Die Mutter erklärt also, dass sie immer versucht hat, Sandras Unabhängigkeit zu stimulieren (und währenddessen sieht man, dass letztere sich vom Therapeuten abgewandt und immer mehr an ihre Mutter angenähert hat, bis sie schließlich zu deren Füßen spielte), denn es würde ihr große Angst machen, wenn sie für ihre Tochter unentbehrlich würde. »Ich werde nicht immer hinter ihr stehen können. Wenn ich sie in die Krippe gebe, was wird das geben? Sie wird unglücklich sein. Man muss sie ein für alle Mal vor vollendete Tatsachen stellen«.

Therapeut: »Sie könnte dort sehr unglücklich sein ... Dass sie ihre Mutter so sehr brauchen könnte ..., das erscheint Ihnen als eine Last, eine Art Handicap für sie. Weil das wohin führen könnte, nehmen wir mal an, wenn Sie unersetzlich würden, wie Sie vorhin gesagt hatten?« (13'50")

Martine: »Es könnte sehr gut sein, dass sie dann alleine nicht zurecht kommt«.

Während Martine dies sagt, also während sie von dem Handicap spricht, das mit einer Verschmelzungsbeziehung verbunden ist, rutscht sie mit ihrem Stuhl abrupt ein Stück zurück und erzeugt dadurch wieder eine Distanz von 20cm zu Sandra, die an ihren Schuhen gespielt hatte.

Dieses Zusammentreffen zwischen einem Aussprechen der Verschmelzungsangst und der Abwehr durch distanzierendes Verhalten ist ein zu deutliches Beispiel für eine symptomatische Interaktionssequenz, als dass der Therapeut es einfach vorübergehen lassen könnte. Er deutet der Mutter, dass sie ihren Stuhl deshalb zurückgerückt hat, weil das Bedürfnis nach Distanzierung in dem Augenblick zwingend geworden ist, in dem Martine Angst bei dem Gedanken an die von Sandra gezeigte Abhängigkeit bekam – so wie sie sie bei dem Gedanken hat, eine Tochter könne von ihrer Mutter sehr abhängig sein (15'45"). »Ihr Gefühl ist, dass es ein Grauen wäre, vollständig an seiner Mutter zu kleben«.

Martine: »Ich bin nicht so. Ich habe von meiner Mutter Abstand genommen«.

Therapeut: »Ja, so wie Sie es eben mit Sandra getan haben; nur sind es bei Ihnen eben 800km« (bis zu ihrer Mutter).

Der Therapeut fragt Martine nun, ob sie auf diese Weise Körperkontakt mit Sandra vermeidet. Martine: »Nein, aber sie – ja; sie weicht zurück«. Sie fügt hinzu, dass sie Sandra manchmal ununterbrochen abküssen könnte und gibt folgenden Kommentar zu Sandras Zurückweichen: »Mir gefiele es ja auch nicht, wenn man mich einen ganzen Vormittag über so abküssen würde« (19'10").

Martine gibt zu verstehen, dass es ihr nicht leicht gefallen sei, die Distanz gegenüber ihren Eltern so beizubehalten, und der Therapeut ergänzt: »Als ob Sie sich diesen Kontakt verbieten würden; Sie hatten das Verlangen, sie [ihre Mutter] zu besuchen, und dann haben Sie sich sofort gesagt: ›Nein!‹«

Kommentar

Wie man sieht, ist die Distanzierung eine Abwehr, die sich gegen regressive Verschmelzung, zugleich aber auch gegen sexualisierte körperliche Intimität richtet.

Therapie

Martine wird sich bewusst, wie viel sie von ihrer Tochter erwartet und dass sie vor dem Hintergrund dieser Erwartung durch die mangelnde Zugewandtheit Sandras enttäuscht ist – eine Erwartung, die eine Verschiebung anderer Erwartungen ist: in der Vergangenheit die an ihre Mutter, in der Gegenwart die an ihren Ehemann. Außerdem stellt sie eine physische und emotionale Distanz zwischen sich und ihrer Tochter her, weil sie das Verlangen spürt, ihre Tochter »den ganzen Vormittag lang abzuküssen«. Die Distanz gegenüber Sandra dient dazu, sich selbst die Mobilisierung von Wünschen nach Verschmelzung und Sexualität zu verbieten.

Der Therapeut formuliert die zentrale Rolle der Handhabung der Distanzen, indem er sie zu den Konflikten in Beziehung setzt, die Martine mit ihren wichtigsten Partnern verbindet: »Aber für Sie ist es nicht leicht, den richtigen Abstand zu finden. Denn im Hinblick auf Ihren Mann sagen Sie: Wir haben nicht den richtigen Abstand; oder weil es zwischen Ihnen und Ihrer Mutter viel zu viel Abstand gibt: Sie wären ihr gern nahe, aber wenn Sie am Wohnort Ihrer Mutter angekommen sind, gehen Sie ihr aus dem Weg. Mit Sandra sind Sie entweder zu nah und küssen sie ab oder Sie sagen: ›Nein! Sie soll in den Kindergarten gehen, weil ein Mädchen, das sich zu sehr an seine Mutter hängt, furchtbar ist.‹ Überall haben Sie dieses Problem: Welches ist der richtige Abstand?« (28'47") Martine beginnt jetzt, leise zu weinen, spricht von ihrer Verzweiflung, ihrem Erleben von Einsamkeit und ihrem Gefühl, von niemandem verstanden zu werden. Der Therapeut deutet diese Not als Ergebnis des folgenden Konfliktablaufs: Verlangen nach Nähe – Verbot – frustrierende Distanz.

Er fügt hinzu, dass Martine aus Angst vor der Bindung, die damit bei dem Kind gefördert würde, auf vielerlei Freuden mit Sandra verzichtet: Sie befürchte nämlich, ihre Tochter dadurch letztlich so leiden zu lassen, wie sie selbst unter der aussichtslosen Anhänglichkeit an ihre Mutter gelitten habe. Diese schützende Distanz hindere sie an befriedigenderen Kontakten mit ihrer Tochter (34'54"). Einige Minuten später befindet sich Sandra nach einigem Rutschen auf ihrem Hinterteil zu Füßen ihrer Mutter und versucht, ihr einen Schuh auszuziehen. Martine zieht einen Schuh aus und sagt: »Sie sind schmutzig, meine Schuhe«.

Trotz der Beharrlichkeit, mit der sie den Kontakt zwischen Mutter und Tochter zensiert, verkündet Martine am Ende der Sitzung, ihr sei schon in der letzten Sitzung bewusst geworden, dass die Gewalt »in meinem Kopf steckt«.

Kommentar

Man erinnere sich, dass die erste Sitzung mit der unerwarteten Entdeckung der Bindung von Martine an ihre Mutter zu Ende gegangen war – eine Bindung, die von der Mutter erwidert wurde, weinte sie doch beim Abschied immer lange.

Die zweite Sitzung beginnt mit einem *agierten* Abwehrmodus: Sandra wird auf Abstand verwiesen und ignoriert.

Die ganze Sitzung drehte sich um eine Achse: um das Verlangen nach körperlicher Nähe zwischen Mutter und Tochter (mit seinem homosexuellen Anteil), den daraus resultierenden Verboten (insbesondere vertreten in der Beschreibung der von ihrem Mann erlassenen Verbote, Sandra zu berühren) und der defensiven Distanzierung, die in der Vergangenheit (mit den Eltern) und in der Gegenwart agiert wurde bzw. wird (etwa als sie mit ihrem Stuhl zurückrückt und sich dabei von Sandra entfernt).

Die wichtigsten Interventionen des Therapeuten sind die, mit denen er die Mutter mit der systematischen Distanzierung konfrontiert sowie wie mit dem ganz gegenteiligen Verlangen: Sandra den ganzen Tag lang abzuküssen. Das Ganze endet in einer Zensur, die sie sich gegen alle Befriedigungen aus einer nahen Beziehung zu ihrer Tochter auferlegt. Gedeutet werden die Abwehr (Distanzierung), die Verbote (man kann Sandra nicht den ganzen Tag über abküssen) und die Konflikte zwischen dem Verlangen nach Nähe und der Auferlegung von Frustrationen infolge der Distanzierung.

II   Dritte Sitzung, 29. März 1988

1   »Die Grenze«

Der Untertitel dieser Sitzung ist eine geografische Metapher, ähnlich jener, die für die zweite Sitzung stand: Distanz. Es geht in der Tat um die Frage, was zwischen Mutter und Tochter eingeführt werden muss, um die mit Annäherung und Kontakt verbundenen Gefahren ausschalten zu können. Dieses Mal wird aber der Akzent stärker auf die Angst vor unkontrolliertem Zerfließen gelegt: vor dem Verlust von Grenzen.

Die Sitzung beginnt mit einer Herausstellung von Sandras Aggression. Martine erklärt (allerdings in einem weniger anklagenden Ton als zu Beginn), dass Sandra ihr an den Ohrringen zieht, sie kratzt und beißt. Sie kommentiert: »Ich weiß nicht, aber *in meinem Kopf* kratzt ein Baby nicht«(4'23"). Sie dachte, ein Baby sei weicher, schmusender, »ja – zärtlicher, was!« (5'03"), und meint: »Für mich ist das ein Manko, ja. Ich erwarte vielleicht zu viel von ihr«.

Kommentar

Martine hat also einen guten Schritt vorwärts getan: Wenn sie die Arie der »Tochter, die ihre Mutter angreift« intoniert, ersetzt sie sie schnell durch das, was sie als deren latenten Inhalt verstanden hat: das enttäuschte Liebesbedürfnis. Auf diese Weise kann sie bereits nach zwei Sitzungen die folgende ungewöhnlich einsichtsvolle Aussage machen: »Für mich ist das ein Manko, ja. Ich erwarte vielleicht zu viel von ihr!« Martine ist sich also bewusst geworden, dass ihre Anklagen gegen Sandra in Wirklichkeit Forderungen sind, mit denen sie einen Mangel ausfüllen will und dass sie von Sandra etwas erwartet, was sie gar nicht geben kann. Auf der Ebene der Therapie der Beziehung kann man sagen, dass eine wesentliche Schwelle überschritten wurde: Die Anklage gegen Sandra hat der Einsicht in Martines Mangelgefühl Platz gemacht. Dies ist der Übergang von aggressivem Fordern zur Bewusstwerdung eines inneren Mangels, der Übergang von der Projektion zur Depressivität. Infolgedessen wird Sandra vom Projektionssystem der Mutter »abgekoppelt«: Sie kann beginnen, als Subjekt zu existieren und – vielleicht – zu einer Quelle von Befriedigung für ihre Mutter zu werden.

Betrachten wir auch die Bezugnahme auf das imaginäre Kind (das Kind im Kopf): Martine liefert dazu eine klassische Illustration. Die Materialien zur Konstruktion des imaginären Kindes stammen aus unerfüllten Wünschen und – vor allem – aus idealisierten Versionen von Beziehungen, die man gern gehabt hätte. All das, was in der Beziehung zur Mutter als fehlend bezeichnet wird, kehrt mit voller Kraft in den Erwartungen wieder, die sie an ihr imaginäres Kind richtet: Zärtlichkeit, Schmusen und anderes mehr. Natürlich drängt sich die Frage auf: Was hindert Martine daran, die Zuneigung zu sehen, die Sandra ihr entgegenbringt? Im weiteren Verlauf der Sitzung werden wir sehen, wie Martine das Aufkommen von Gefühlsaustausch zwischen ihnen beiden aktiv verhindert, weil ihr Phantasma einer Mutter-Tochter-Beziehung viel zu stark mit verbotenen Inhalten beladen ist.

Nach dem zitierten Eingeständnis ihrer übermäßigen Liebeserwartungen steuert Martine langsam wieder in Richtung Distanzierung. Sie schlägt Sandra vor, zum Therapeuten zu kommen (9'45"), was letztere auch tut, aber nicht ohne vorher fragend in das Gesicht ihrer Mutter geblickt zu haben. Sandra interessiert sich sogar für die Uhr des Therapeuten, der die Mutter dann mit ihrem Wunsch konfrontiert, Sandra möge sich von ihr unabhängig machen: »Es beruhigt sie zu sehen, dass sie so leicht auf mich zugeht, nicht wahr?« (12'00")

Martine: »Es gefällt mir gut, wenn sie so sozial ist«.

Therapeut: »Sie möchten, dass sie sozial ist und sich für andere Menschen als Sie interessieren kann«.

Martine: »Ja, ja. Unbedingt!«.

Kommentar

Diese Passage zeigt erneut, wie die Mutter den Therapeuten als Alternative zur ausschließlichen Mutter-Tochter-Bindung verwendet. Sie gebraucht den Dritten als Pol der Anziehung, um Sandra aus der symbiotischen Umklammerung und der homosexuellen Verführung auszuschließen. Der Ruf nach dem Dritten erfolgt im Dienste der Abwehr: Martine braucht ihn, um sich gegen das (schuldhafte) Verlangen zu schützen, sie »den ganzen Vormittag über abzuküssen«. Gerade der zwanghafte und defensive Charakter dieser dem Kind auferlegten Entfernung (die Distanz!) ist die Hauptursache der Disharmonie zwischen den beiden: In der Tat beklagt sich die Mutter am meisten über diese Distanz (Sandra streichelt mich nicht; sie weicht zurück ... usw.): Sie provoziert, ohne sich dessen bewusst zu sein, eine Enttäuschung und Entbehrung, mit der sie dann ihre Ansprüche an die Tochter legitimiert. Sandras Passivität und ihr sehr nüchterner Gesichtsausdruck haben mit dem physischen und psychischen Exil zu tun, in dem ihre Mutter sie hält: Sie ist subdepressiv und scheint sprachlos angesichts der Anklagen, denen sie ausgesetzt ist, und der Distanzierungen, die ihren Annäherungsversuchen folgen.

Auf technischer Ebene sieht man an dieser Sequenz den ganzen Nutzen, den man aus der Beobachtung der Austauschprozesse zwischen Mutter, Kleinkind und Therapeut ziehen kann. Martines Ersuchen an ihre Tochter, auf den Therapeuten zuzugehen, ermöglicht es diesem, Martines Abwehrbedürfnis aufzugreifen, aufgrund dessen sie ihre Tochter zu dem Fremden hindrängt.

Therapie

Es folgt eine ausführliche Durcharbeitung von Martines Bedürfnis, Sandra zu untersagen, zu sehr an ihr zu kleben, Sandras Unabhängigkeit zu proklamieren und sie zu veranlassen, dem Fremden »den Vorzug zu geben«.

Martine: »Ich möchte, dass sie Abstand gewinnt ..., dass sie sich ein bisschen für etwas anderes interessiert als mich« (14'03").

Der Therapeut unterstreicht, dass Martine Angst vor der Vorstellung hat, Sandra klebe an ihr und konfrontiert sie mit ihrem Kampf gegen den Wunsch nach Nähe: »Es gibt etwas in ihnen, das sich gegen das Vergnügen einmischt, das sie haben könnten, mit der Kleinen allein zu sein« (19'53"), womit er auf den Rückgriff auf den Dritten als Hilfe zum Ausstieg aus einer schuldhaft erlebten Zweisamkeit hinweist. (Während dieser ganzen Zeit bleibt Sandra beim Therapeuten, und letzterer kommentiert die beachtliche Leichtigkeit, mit der sie diese Nähe zu einem Fremden akzeptiert.)

Martine pflichtet bei und kommentiert: »Manchmal frage ich mich, ob sie sich mit mir nicht langweilt«.

Der Therapeut bietet an, sie bekomme dieses Gefühl vielleicht, weil sie die Hemmung wahrnimmt, die ihre Kommunikation belastet. Als Beispiel führt er den Rückzug an, mit dem sie sich von der Tochter entfernen will. An dieser Stelle erwähnt Martine die Grenze: »Ich habe Angst ..., ich weiß nicht – bestimmte Grenzen zu überschreiten« (21'05"). Unter großen Schwierigkeiten bearbeitet sie dann die Frage der Grenzen: Sie weist darauf hin, dass es auch hier die Angst sei, für ihre Tochter unverzichtbar zu werden, fügt dann aber hinzu, sie sei manchmal von einer *verrückten* Lust gepackt, zu ihrer Tochter zu gehen (wenn sie nachts weint), aber alle in der Familie untersagten es ihr. Sie fragt sich nun: »Ich frage mich, warum ich hierin auf die anderen höre« (24'19").

Kommentar

Im weiteren Verlauf der Sitzung sind Martine drei wichtige Elemente bewusst geworden:
1. Dass die Lusthemmung im Austausch zwischen beiden bei Sandra zu einer »Langeweile« führt. Das bedeutet, dass Martine wahrzunehmen beginnt, dass ihre Hemmung angesichts der Verführung durch ihr Kind den Austausch steril macht und bei Sandra Passivität auslöst.
2. Dass ihre Grundangst darin besteht, eine Grenze zu überschreiten. Sie wird sich der Angst bewusst, sich gehen zu lassen, die »verrückten« Gelüste nach Nähe zu Sandra zu befriedigen, die die Überschreitung

mehrerer Grenzen nach sich ziehen könnten: des Inzesttabus, der Triebkontrolle, der Grenze zwischen ihrem Ich und dem Ich Sandras (in der Verschmelzungsfantasie). Sie hält diese Grenzen mit der Wachsamkeit eines Grenzsoldaten aufrecht, indem sie (wie *in* der Sitzung beobachtbar war) künstlich eine geografische Distanz zu Sandra und zu ihren Eltern herstellt.
3. Als sie schließlich realisiert, dass sie sich den Ermahnungen ihrer Angehörigen beugt, die ihr zu viel Nähe mit Sandra untersagen, fragt sie sich: »Warum höre ich auf diese Stimmen?« Sie beginnt also, ihre Unterwerfung unter ein lustfeindliches Über-Ich infrage zu stellen.

Therapie
Der Therapeut deutet diese Infragestellung als Zeichen dafür, dass die Rigidität von Martines Abwehrsystem genügend aufgeweicht wurde, um den latenten unbewussten Inhalt angehen zu können, der für das vom Über-Ich determinierte Kontaktverbot verantwortlich ist. Er kommt deshalb auf den Begriff der Grenze zurück und deutet den Inhalt in einer besonders ausführlichen Intervention.
Therapeut: »Vorhin haben Sie gesagt, bestimmte Grenzen sollten nicht überschritten werden. Sie befürchten also, bestimmte Grenzen könnten überschritten werden, wenn Sie sich ganz Ihrem Kind widmen würden. Ich glaube, das kommt von etwas, was zwischen Ihnen und Ihrer Mutter war. Sie haben sich wahrscheinlich gesagt, dass Sie viel zu stark an sie gebunden waren, dass sie eine maßlose Wichtigkeit für Sie bekommen hatte, dass Sie sie vollständig besitzen wollten und dass es eben keine Grenzen mehr gäbe, wenn Sie sich gehen ließen (Martine prustet vor Lachen). Und Sie mussten Grenzen schaffen, insbesondere geografische Grenzen: Mit 18 haben Sie das Elternhaus verlassen und damit einen großen Abstand zwischen sich und ihre Eltern gelegt. Erinnern Sie sich, wie Sie mir gesagt haben, dass Sie nach C. gefahren sind – in die Stadt, in der die Eltern lebten – und dann an ihrem Haus vorbeigingen, um sie nicht treffen zu müssen ...; es gibt immer noch eine Distanz« (29'33").
Martine: »Das ist ..., – ich kann nicht anders«.
Therapeut: »Und Sie sind dabei, mit Sandra das Gleiche zu tun. Sie sagen sich dauernd: ›Ich muss einen Abstand zwischen ihr und mir einlegen, sonst klammert sie sich an mich, und es gibt für das, was sich zwischen uns abspielen wird, keine Grenze mehr‹. Als hätten Sie Angst vor einem zu engen und zu intensiven Kontakt zwischen ihnen beiden«. Der Therapeut hält inne und

fragt Martine, ob sie ihm folgt. Sie bejaht dies kommentarlos, und er fährt fort: »Aus diesem Grund bringen Sie sich um vieles, um viel Freude, die Sie mit ihr haben könnten – und zugleich enthalten Sie ihr das auch ein bisschen vor. Sie haben mir übrigens ja auch gesagt: ›Ich befürchte, dass sie sich langweilt‹. Ich denke, Sie haben bemerkt, dass sie etwas mehr von Ihnen erwartet; es gibt etwas, was Sie aus einer Art Scham heraus aufhalten, eine Zurückhaltung … Sie sagen sich, dass ein Abstand her muss, weil Sie wissen, was es heißt, sich ununterbrochen nach seiner Mutter zu sehnen; das kann zu etwas werden, was einen das ganze Leben beschäftigt« (31'50").

Martine: »Wie – Sie sagen mir, es könne für Sandra sogar gut sein, wenn ich einen ganzen Tag lang mit ihr spiele, ja?«

Kommentar

Diese Intervention dauert ungefähr zwei Minuten, was in vollkommenem Bruch zu dem Stil des Therapeuten im Rest der Sitzung steht. Die durchschnittliche Dauer seiner Interventionen in dieser dritten Sitzung liegt effektiv bei 5,8 Sekunden. Die zitierte Intervention fällt aus dem Sitzungsverlauf heraus: Als habe der Therapeut entschieden, nun sei der Moment gekommen, zu dem der Patientin eine deutende *Aufsummierung* geliefert werden könnte, weil ihre Abwehren hinreichend erschüttert, ihre Einsicht genügend fortgeschritten und ihre Identifizierung mit dem therapeutischen Prozess sichergestellt sei.

Der latente Inhalt wurde benannt: Martines Verlangen, ihre Mutter zu besitzen (in allen Bedeutungen dieses Wortes), sowie dessen Abwehr durch »Spielverderberei« und Distanzierung.

Man beachte, dass die Deutung entlang der Zeitlinie erfolgt: Der Therapeut erwähnt zunächst die Angst vor dem Verlust der Grenzen zwischen Martine und ihrer Mutter in der Vergangenheit, um dann mit dem Äquivalent dieses Konflikts in der Gegenwart mit Sandra, die jetzt das Objekt defensiver Distanzierung geworden ist, fortzufahren.

Die zitierte Deutung besteht aus einer Aneinanderreihung von Deutungsaussagen. Es handelt sich um einen *Prozess* des Herstellens von Verbindungen: zwischen Angst und Abwehr, Trieb und Über-Ich, Objektbeziehung und Interaktion, Vergangenheit und Gegenwart.

Therapie

Es folgt eine ausführliche Beschreibung der Enttäuschung, die Martine bei jedem Telefonat mit ihrer Mutter erlebt, auch kürzlich wieder. Sie erinnert sich dann, wie deprimiert sie sich gefühlt hatte, als ihre Eltern sie ins Internat gaben: »Ich war von der Welt abgeschnitten, weit weg von allem – da oben ..., es war furchtbar« (41'02"). Der Therapeut konfrontiert sie mit ihrem Gefühl geografischer Isolation und ihrem Bedürfnis, sie auf dem Weg über das Telefon zu durchbrechen, da sie nach wie vor den starken Wunsch habe, das Band zu ihrer Mutter wiederherzustellen.

Und weil Martine diese starke Sehnsucht in sich trägt, schiebt sie Sandra von sich weg: als wolle sie sie vor der Gefahr schützen, die eine stärkere Bindung mit sich brächte.

Daraufhin wechselt Martine die Richtung und schlägt den Weg der Identifizierung ein: »Mein Mann sagt mir manchmal: Du ähnelst deiner Mutter. Mein Gott, wenn ich so werde wie sie, kann ich sie (Sandra) nur bedauern! Ich bedauere sie! Das ist mein Ernst! Das soll nicht heißen, dass ich meine Mutter nicht liebe; aber mit ihr ist einfach nicht auszukommen, das ist alles!«

Therapeut: »Schon jetzt haben Sie Angst, diese kleine Sandra könne mit Ihnen das Gleiche erleben ... Sie immunisieren sie gegen ihre Mutter ... Das ist aber ziemlich traurig, dass Sie Ihre Tochter gegen Sie selbst immunisieren müssen! Es gibt etwas, das Ihnen alle Freude und das Privileg verwehrt, die Mutter dieses Babys zu sein, weil Sie sich für eine schlechte Mutter halten und dieses Kind vor der Bindung an eine Mutter schützen wollen, die es enttäuschen wird; und gleichzeitig wagen Sie nicht, sich alle möglichen Dinge zu erlauben, die Ihnen und Sandra Freude machen könnten«. Der Therapeut schließt mit einer Bestätigung der Identifizierungsfantasie: »Im Grunde sind Sie überzeugt, so zu sein wie Ihre Mutter, nicht wahr?« (43'07")

Martine: »Ich weiß es nicht, aber man sagt es mir jedenfalls«.

Hiermit endet diese Sitzung.

Kommentar

Diese Sitzung hat das Thema der schuldhaften Liebe der Tochter zur Mutter wieder aufgegriffen, das in der vorangegangenen Sitzung bereits begonnen worden war. Im Wesentlichen sind nun die beiden folgenden Elemente hinzugekommen:

1. Der Mutter wird bewusst, dass ihre Grundangst die vor dem Verlust von Grenzen ist: vor dem Verlust der Ich-Grenzen, vor dem Inzest, vor dem entfesselten Trieb. Auslöser dieser Angst ist die physische Präsenz des Kleinkinds, das die Mutter-Tochter-Verführung in einer außer Kontrolle geratenen negativ-ödipalen Situation als etwas erscheinen lässt, das durchaus im Bereich des Möglichen läge. Die entsprechende Besorgnis ist bei jungen Eltern, die sich mit über-ichhaften Empfehlungen folgender Art

dagegen wappnen, übrigens omnipräsent: »Man soll sie nicht verwöhnen!«, »Lass ihn weinen, das ist gut für die Lungen!«, und so weiter. Martine fürchtet also, sie könne in eine *amour fou* hineinrutschen, und beharrt deshalb so auf Gehemmtheit, Distanzierung und Schmollen.

2. Des Weiteren erzeugt die zweite Sitzung im Therapeuten ein Gefühl von Überzeugung, aufgrund dessen er sich berechtigt fühlt, eine sehr allgemeine Deutung zu konstruieren, die ein weites Feld abdeckt und zu einem wesentlichen Moment dieser Therapie wird. Diese dritte Sitzung ist, wie sich zeigen wird, der Dreh- und Wendepunkt der gesamten Therapie.

Seine Überzeugung hat der Therapeut durch das Zusammenwirken mehrerer Faktoren gewonnen:

a) Auf der Interaktionsebene: die Unbeweglichkeit der Interaktionen, die mangelnde Aufmerksamkeit Martines für Sandras Ansinnen, der Rücken, den Martine ihrer Mutter zudreht, weit weg von ihr; ein weiteres Mal also die defensive Distanzierung, die von Martine immer wieder eingesetzt wird.

b) Damit korrespondiert ein intrapsychischer Konflikt: Martine nimmt eine starke Gegenbesetzung des Bildes einer Mutter vor, die für eine von ihr begeisterte Tochter unverzichtbar wäre, sowie eine Gegenbesetzung der Vorstellung eines eigenen Verlangens nach dem Körper ihrer Tochter. Das Verlangen nach dem Körper der Mutter (und der Tochter) wird durch ein »spielverderberisches« Über-Ich heftig verurteilt, das darauf achtet, den Sinn für die Grenzen nicht zu verlieren. Der latente Konfliktinhalt ist eine verrückte negativ-ödipale Konstellation.

c) Die Einsicht, die Martine an den Tag legt, ist wesentlich breiter und tiefer geworden: Sie ist sich der Liebe zu ihrer Mutter bewusst geworden, ihren übertriebenen Anforderungen an Sandra, des Gewichts ihrer Über-Ich-Verbote und der Langeweile, die sie im Austausch mit Sandra erzeugt. Vor allem aber kann sie das gegenwärtige Drama als Abkömmling alter Dramen erkennen. Die Projektion ist reintrojiziert worden, und Martine macht eine Phase »depressiver« Verarbeitung durch, bei der es um den Verzicht auf die Liebe der Mutter geht.

Auf der Grundlage dieser Errungenschaften erlaubt sich der Therapeut, all diese Daten in eine differenzierte, weitgehend vollständige Konstruktion zu integrieren. Damit werden die Begriffe der Kindheitsneurose der Mutter für das Verständnis des aktuellen Konflikts mit dem Kind weiterentwickelt.

Das Ergebnis dieser Deutung ist einigermaßen überraschend. Martine erlaubt es sich, eine Identifizierung mit einer Mutter aufkommen zu lassen, mit der »man nicht auskommen kann« (die also eine große Gefahr ist).

Der Schatten des Objekts ist auf das Ich gefallen: Martine ist bewusst geworden, dass sie ihre (verzweifelte) Liebeserwartung an ihre Mutter beerdigen muss und ihr nur die Lösung bleibt, ihre Mutter *zu sein* anstatt sie zu haben.

Diese Bewusstwerdung ist von grundlegender Bedeutung: Denn gerade weil sie sich von Anfang an als hassenswerte schlechte Mutter gefühlt hatte, hatte sie zur Projektion dieses Hasses auf Sandra greifen müssen und sich verpflichtet geglaubt, ihre Tochter vor dem Aufkommen von Liebe zu ihr, ihrer Mutter, »mit der nicht auszukommen ist«, zu schützen.

Die tiefste Wirkung, die die Therapie gehabt hat, ist die Demaskierung des Gesichts der bösen Mutter in Martine (das heißt ihrer Identifizierung mit einem gehassten mütterlichen Introjekt). Der Rest kann nur ein Unterprodukt dieser Offenlegung sein. Die dritte Sitzung wird so zum Wendepunkt dieser Behandlung.

III Vierte Sitzung, 19. April 1988

1 »Die Veränderung«

Von Anfang an bemerkt der Therapeut eine Veränderung: Während Martine Sandra in der vorigen Sitzung noch zum Therapeuten hingedrängt hatte, sitzt ihre Tochter nun auf ihren Knien, wo sie auch 30 Minuten lang bleibt. Der Austausch zwischen beiden ist reichhaltiger: Es gibt mehr gemeinsames Lächeln, Zuneigung und Austausch von Blicken. Das Vermeidungsverhalten bei Annäherung Sandras an Martine ist verschwunden.

Diese Veränderung spielt bei der Bewertung des Prozesses durch den Therapeuten eine große Rolle. Sie »markiert« intrapsychische Veränderungen bei Mutter und Kind.

Martine spricht von sich aus über die eingetretenen Veränderungen; als Erstes stellt sie glücklich fest, dass Sandra nun läuft: »Jetzt ist es soweit ..., sie legt los«. Sandra lächelt, plappert vor sich hin und nimmt ihre Mutter in Anspruch, die den Kommentar gibt: »Sie ist ganz umgänglich geworden!«

Kommentar

Welche Präzision in der Auswahl der Signifikanten! Welche Verbindung mit der vorangegangenen Sitzung (drei Wochen vorher)! Man erinnere sich, dass Martine ihre Mutter mit der Vokabel »unerträglich« stigmatisiert und sich dann als mit ihr identisch dargestellt hatte. Und nun beschreibt sie ihre Tochter als umgänglich: als das Gegenbild ihrer bösen Mutter. Das Leben ist zurückgekehrt: eine zweite Geburt!

Man kann sagen, dass der Schatten, der (unerträglichen) negativen Mutter auf Sandra gefallen war, verscheucht wurde: Leben tritt an die Stelle des Todes, der Hass wird von der Liebe vertrieben! Und es handelt sich hierbei nicht *nur* um Vorstellungen: Wie zu sehen war, hat der Therapeut von Beginn der Sitzung an erfasst, dass sich etwas geändert hatte – dass die Interaktion ... lebendig geworden war!

Die Korrelationen zwischen sichtbaren Veränderungen, die die Interaktion betreffen, und Veränderungen mentaler Repräsentanzen aufseiten der Mutter (»sie ist ganz umgänglich geworden«) kennzeichnen in unseren Augen das interessanteste Potenzial der Mutter-Kind-Therapien für eine Konzeptualisierung der Psychogenese und der Ätiopathogenese, die auf der frühen Mutter-Kind-Beziehung aufbaut.

Die Nähe der Bilder »unerträgliche Mutter« und »ganz umgängliche Sandra« bestätigt die Kontinuität zwischen den unbewussten Repräsentanzen »Großmutter« und »Enkelin« im Unbewussten der Mutter.

Diese Kontinuität verursacht die Verwechslungen zwischen Großmutter und Enkelin (intergenerationelle Verwechslungen kommen in mehr oder weniger starken Dosen bei *allen* Eltern vor) und die ebenso schnellen wie spektakulären Umkehrungen, die sich in der Besetzung des Kindes und der der Großmutter (oder einem anderen Objekt) vollziehen, wenn diese Therapien gut laufen.

Therapie

Martine ergreift wieder das Wort und erklärt, es gebe keine Krise mehr, und überhaupt sei Sandra liebevoll geworden. »Wenn sie mich sieht, läuft sie auf mich zu und umfasst meine Beine, ... und wirft sogar ihre Arme um meinen Hals«. Martine macht eine Pause, nachdem sie erklärt hat, wie sehr diese Veränderung eine Erfüllung für sie ist, und fragt sich dann: »Ich weiß nicht, ob Sandra sich verändert hat oder ob ich es bin, der sie jetzt anders sieht!« Von der ersten Sitzung an, so sagt sie, hätten sich die Dinge verändert; etwas habe ihr »Vertrauen gegeben«.

Kommentar

Martine sieht die Änderung, die sie empfindet, zum einen als Folge einer Weiterentwicklung ihrer eigenen Vorstellungen und zum anderen der von Sandra, und es ist schwer zu entscheiden, welcher dieser beiden Aspekte im aktuellen Wandlungsprozess überwiegt.

Bemerkungen dieser Art hört man in Mutter-Kind-Kurztherapien häufig, weil Umkehrungen von Identifizierungen und mentalen Repräsentanzen hier sehr plötzlich auftreten können.

Das Eingeständnis, dass sich die *Sichtweise* der Mutter auf ihr Kind verändert hat, ist zweifellos ein prognostisch sehr günstiges Zeichen. Nach unserer Auffassung ist diese Einsicht ein Zeichen für die Authentizität einer tiefgreifenden Veränderung der mentalen Repräsentanzen, was all den Kritiken widerspricht, die die Kurztherapien als rein symptomorientierte Behandlungen betrachten.

Der Rest der Sitzung dient der Durcharbeitung eines tiefen Gefühls von Unvermögen, das Martine in der Beziehung zu ihren Eltern empfunden hatte und das sich jetzt gegenüber ihrem Ehemann wiederholt: Sie denkt, sie sei immer wieder mit ihrem Wunsch gescheitert, ihnen zu gefallen und »ein Lächeln auf ihrem Gesicht zu erhaschen«. Martine nähert sich dem Gedanken, dass sie ein Kreuz unter die Hoffnung setzen muss, diese Bestätigung vielleicht doch noch bekommen zu können; sie erklärt, vor dem Hintergrund dieses Gefühls von Scheitern habe sie so hohe Anforderungen an die von Sandra erwarteten Liebesbeweise gestellt.

Sie wollte im Gesicht ihrer Tochter das Lächeln finden, das sie auf dem ihrer Eltern immer wieder vergeblich gesucht hatte.

Kommentar

Diese Sitzung macht die Wirkung der Arbeit sichtbar, die in den vorangegangenen Sitzungen geleistet wurde – besonders in der dritten, in der sich die Situation gedreht, in der eine Veränderung stattgefunden hat.

In dieser Sitzung war Leben in die aktuelle Beziehung zurückgekehrt – wie gleichzeitig auch in die Beziehung zum inneren mütterlichen Objekt, das von einem unerträglichen zu einem akzeptablen Objekt geworden ist.

IV Fünfte Sitzung, 28. April 1988

1   »Der Ausschluss«

Der Therapeut unterstreicht, dass Sandra viel leichter ihrer Mutter zulächelt als ihm, aber Martine protestiert: »Man sieht, dass sie Sie gut kennt« (2'44"). Nachdem das Thema des fremden Dritten aufgenommen ist, unterstreicht Martine, dass Sandra die anderen Kinder meidet, und man bekommt im Laufe dieser Sitzung Gelegenheit, einer neuen Demonstration beizuwohnen: Sandra hat viel stärkeres Misstrauen gegenüber dem Therapeuten und beginnt sogar zu weinen, als könne sie den Dialog zwischen ihrer Mutter und dem Therapeuten nicht mehr ertragen.

Diese interaktive Demonstration von Angst vor dem ausgeschlossenen Dritten geht aufseiten Martines mit der Ausarbeitung ihres Erlebens von Ausgeschlossenheit aus dem Elternpaar einher, aber auch der einer neuen Vorstellung: Martine spricht über ihre besondere Beziehung zu ihrem Vater. Eine deutlich ödipalere Tonalität strukturiert also diese Sitzung.

Während Martine die Distanz zwischen Sandra und ihrem Vater beschreibt, teilt sie eine Reihe von Verbesserungen zwischen ihnen beiden mit: Sie spielen länger zusammen, Martine drückt Sandra häufiger an sich und erlebt sich selbst jetzt als weicher und geduldiger. Martine fasst diese Veränderung in folgenden Worten zusammen: »Ich muss natürlicher mit ihr sein« (13'34"). Und sie erläutert: »Wenn ich sie aus- oder anziehe, das alles ist lustig, ich spiele, ich kitzele sie und alles« (14'27").

Im Kontrast dazu beschreibt sie die Kontaktschwierigkeiten zwischen Vater und Tochter, die beträchtlich zu sein scheinen, »obwohl er seine Tochter vergöttert!« Es ist das erste Mal seit Beginn der Therapie, dass die Tochter-Vater-Beziehung so besetzt und verbalisiert wird: Dabei kommt ein Konflikt ans Tageslicht, den Martine auf eine Hemmung des Vaters gegenüber Körperkontakt mit seiner Tochter zurückführt.

Der Therapeut bemerkt, wie hinter der Beziehung, die hier nach außen gezeigt wird, eine andere Vater-Tochter-Beziehung auftaucht.

Was dann sichtbar wird, lässt sich als eine Telefonversion des ödipalen Konflikts bezeichnen: Martine beklagt sich, dass ihre Mutter seit einigen Tagen nicht mehr angerufen hat: Sie wird unruhig und ruft ihrerseits an. Die gleiche Besorgnis hatte sie auch einige Zeit früher schon an den Tag gelegt: Nachdem sie mehrere Tage ohne Nachricht von ihren Eltern gewesen war, hatte sie vergeblich versucht, sie zu erreichen, und dann, als sie es nicht mehr aushielt, verschiedene Mitglieder ihrer Familie alarmiert, bis sie schließlich erfuhr, dass eine Cousine einen sehr schweren Unfall gehabt hatte und ihr Leben an einem seidenen Faden hing. Ihre Eltern hatten sich an deren Krankenbett begeben, was ihre Abwesenheit erklärte. Martine war empört, dass sie nicht über das Kommen und Gehen ihrer Eltern unterrichtet worden war: »Ich habe meiner Mutter gesagt: ›Du hättest mich doch unterrichten können, nicht? Das ist doch das Mindeste! Ich habe dich jetzt schon ich-weiß-nicht-wie-oft angerufen und war dabei, mir ernsthaft Sorgen zu machen! Du fährst einfach so weg! Du verschwindest irgendwo in der Natur, ohne mir zu sagen, wo du hingehst.‹ Gut! Ich verlange ja nicht, dass sie mir Rechenschaft ablegt, aber wenn so ein Fall eintritt ..., sich noch einmal wiederholt ...« und so weiter. Dann folgt die Darstellung einer anderen Situation, in der sie von ihren Eltern ebenfalls nicht informiert worden war, es handelte sich dabei um den Tod einer Nachbarin.

Während Martine in einer langen, detaillierten Erzählung, reichlich mit Zeichen von Entrüstung versehen, ihr Gefühl darlegt, vom Auf und Ab im Leben ihrer Eltern ausgeschlossen zu sein, hatte sich Sandra unmerklich dem Therapeuten genähert und plötzlich, nach rückwärts in Richtung ihrer Mutter blickend, an einer Stelle so zu schluchzen begonnen, dass Martine sie auf den Schoß nahm, um sie zu trösten.

Der Therapeut erfasst erneut die Koinzidenz zwischen der Rede der Mutter und dem interaktiven Ereignis und verbindet das Ganze.

Therapeut: »Dieses Gefühl, vom Leben Ihrer Eltern ausgeschlossen zu sein, haben Sie das als Kind oft gehabt?«

Martine: »Ja!«

Therapeut: »Die beiden sind ein Paar, von dem Sie sich ausgeschlossen fühlten ... wie vielleicht vorhin?« (Martine nickt zustimmend). »Sandra weinte nach einer gewissen Zeit (in der wir miteinander diskutiert haben), und dann haben Sie sich sofort gesagt: Sie muss sich von unserem Dialog ausgeschlossen gefühlt haben, beiseite geschoben! Das ist ein Gefühl, das Sie gut kennen!« (29'13").

Martine: »Sie sprachen nie über wichtige Sachen vor mir ..., als sie mich ins Internat gegeben haben, das war das offensichtlichste Beispiel«.

Therapeut: »Das heißt?«

Martine: »Ausgeschlossen zu werden. Ich war 13 Jahre alt«.

Therapeut: »Und was denken Sie jetzt, warum sie Sie ins Internat gegeben haben?«

Martine erklärt, dass der dauernde Streit mit ihrer Mutter der Grund war.

Aber es wurde auch offenbar, dass all dies zeitlich mit ihrer Pubertät zusammenfiel und Martine sich viel besser mit ihrem Vater verstand. Sie verbrachte viel Zeit mit ihrem Vater, in der man sich gegenseitig kitzelte, während ihre Mutter ihr verbot, sie zu berühren. »Sie war vollkommen steif«. Martine macht sich dann Gedanken über ihre Verbannung mit 13 Jahren: »Hatte meine Mutter gespürt, dass ich mich besser mit meinem Vater als mit ihr verstand? Eine Art Eifersucht?« (45'54")

Der Therapeut deutet dann die sachliche Notwendigkeit, ein Mitglied des Trios auszuschließen: In der Vergangenheit war sie es, als Erstes bei der Geburt, dann, als sie Frau wurde und die Mutter ihre Rivalin nicht ertrug. Sie war es auch, die von den Geheimnissen des Elternpaares ausgeschlossen wurde, was ihre ungesunde Neugier auslöst (man unterrichtet sie nicht, dass jemand im Sterben liegt oder gestorben ist), dann war es ihr Ehemann, der aus der Beziehung zwischen Martine und Sandra verbannt wurde, und schließlich ist es Sandra, die in der Therapie heute von der Unterhaltung zwischen Martine und dem Therapeuten ausgeschlossen wurde. Es ist übrigens gut möglich, dass Sandra auch hier wieder Sprachrohr ihrer Mutter ist: Sie äußert durch ihr Weinen die Frustration, die Martine innerhalb der Übertragung empfindet.

Kommentar

Der Ödipuskonflikt tritt jetzt in seiner positiven, vollständigen Version in Erscheinung: So sehr Martine die Kitzeleien mit ihrem Vater genoss, so schlecht fühlte sie sich mit ihrer Mutter: »Kaum berührte man sie, da sagte sie: ›Lass' mich in Ruhe!‹ Ich erinnere mich an die Abende, die ich auf dem Schoß meines Vaters, aber nicht auf dem meiner Mutter verbracht habe. Man gibt sich Küsschen, ja! Sie umarmt mich … ich fühle mich da unwohl« (44'33"). Das Paar steht in starkem Kontrast zueinander: Der Vater ist die Verführung, die Mutter ein Marmorblock. Der Vater ist erotischer Körperkontakt, die Mutter schmerzhafte Distanzierung.

Es folgt dann eine lange Klage über ihre Mutter, die Kontakt nur auf dem Weg über Streit annehmen kann, und an dieser Stelle versteht sie sehr gut, dass die sadomasochistische Natur ihrer Verbindung zur Mutter das Ergebnis einer Regression vor den beiden Sackgassen des positiven und des negativen Ödipuskonflikts ist.

In dieser Sitzung sieht man ein weiteres Mal eine Korrelation oder gar Identität zwischen der zentralen Konfliktthematik der Mutter (hier: der Ausschluss aus dem Elternpaar als Vergeltungsmaßnahme für ihre – vom Vater erwiderte – ödipale Bindung an ihn) und einem Ereignis oder einer interaktiven Aktualisierung:

Während Sandra in den vorangegangenen Sitzungen ihre Nähe zum Therapeuten ziemlich leicht akzeptierte, produziert sie im Laufe dieser Sitzung ein Angstsymptom, das das Ergebnis einer Mischung von Angst vor dem Fremden (sie ist zu nahe am Therapeuten) und einem Wutanfall darüber zu sein scheint, dass sie sich aus dem Paar Therapeut-Martine ausgeschlossen fühlt.

Es ist, als ob sie im Laufe dieser Sitzung realisiert hätte, dass der Dritte gefährlich ist, wenn es sich um einen Mann handelt, der – wie Sandras Großvater – angenehme Kitzel-Partien anbieten könnte.

Die ganze Struktur dieser Zusammenkünfte zu dritt hat also die Ebene gewechselt: Mit Martines Eingeständnis der Lust, die sie auf dem Schoß ihres Vaters hatte, und Sandras Angstanfall, die sich zu sehr in die Nähe eines Mannes begeben hatte, der das Interesse ihrer Mutter auf sich zieht, tritt man voll in den Ödipuskonflikt ein. Von der »Distanzierung« (der ersten Sitzung) ist man zum »Ausschluss« (aus dem ödipalen Dreieck) vorgerückt.

2 Die Ankündigung des Endes

Am Ende der Sitzung erwähnt Martine Sandras schwierigen Charakter: Sie ist ein »kleiner Teufel«, der eine ziemlich starke Persönlichkeit hat, und Martine fügt hinzu: »Bei harten Schicksalsschlägen in der Zukunft wird ihr das von Nutzen sein«.

Der Therapeut bekam das Gefühl, dass der Konflikt nun nicht mehr zwischen Martine und ihrer Tochter stand. Es gab jetzt für Martines Besetzungen von Sandra eine größere Freiheit (und auch umgekehrt, wie Sandras neue Spontaneität bestätigt). Martine ist außerdem aus der Anklage gegen ihre Tochter und ihre Mutter herausgekommen: Sie hat gewagt, die gegenseitige Liebe zwischen ihr und ihrem Vater einzugestehen. Man ist also von einem regressiven sadomasochistischen Zweierkonflikt zu einer entwickelteren, stärker ödipalen Form vorgerückt, und es besteht berechtigte Hoffnung, dass dies ein höheres Freiheitsniveau mit sich bringen wird.

Außerdem ist das »Symptom« verschwunden: Sandras Annäherungen werden nicht mehr als Aggressionen empfunden. Wichtiger noch: Die Qualität der Interaktionen hat sich vollkommen verändert, und die mentalen Vorstellungen, die Martine von ihrer Tochter, ihrer Mutter und ihrer eigenen Mutterrolle hat, haben sich in eine Richtung verändert, angesichts derer sich der Therapeut sagt, dass diese Mutter-Kind-Beziehung nicht mehr in einer Krise ist, Sandra nicht mehr die Auswirkungen der Anklage zu tragen hat, deren Objekt sie war, und auch nicht mehr die Folgen der Hemmung, die ihre Mutter sich auferlegt hatte. Martine hat sich vom Konflikt mit Sandra abgekoppelt: Ihre Assoziationen haben die Richtung gewechselt, infolgedessen ist von Sandra jetzt nur noch wenig die Rede. Martines Äußerungen sind weniger drängend, »freier«, und der angstvolle Ton der ersten Sitzungen ist verschwunden. Das Bild des Abladens von Vorwürfen und Klagen durch Martine, das die drei ersten Sitzungen charakterisiert hatte, hat einer freieren Rede Platz gemacht.

Wenn der Therapeut in dieser Weise wahrnimmt, dass die Mutter-Kind-Beziehung von reaktualisierten Zwängen der Mutter befreit wird, wie sie in der Mobilisierung von Projektionen und im Interaktionsagieren zum Ausdruck gekommen waren, kann er eine Beendigung der therapeutischen Intervention in Betracht ziehen.

Diese fünfte Sitzung hat den Therapeuten überzeugt, dass die Psychopathologie, die diese Beziehung beherrscht hatte, zum Ende gekommen ist und die Austauschprozesse nun auf einer neuen Funktionsebene ablaufen (ganz wie Martines Assoziationen jetzt durch ein neues intrapsychisches Funktionsniveau geprägt waren). Er schlug deshalb vor, die nächste Sitzung könne die letzte sein, wobei er Martine aber genügend Zeit ließ, ihre Gedanken hierzu auszusprechen. Mit Verweis auf Sandras Veränderungen stimmte sie dann zu.

V   Sechste Sitzung, 4. Mai 1988

1   »Die Wiedergutmachung«

Der Therapeut eröffnet die Sitzung mit der Erinnerung daran, dass es sich um die letzte handelt. Die Mutter stimmt zu und nimmt Sandra auf ihren Schoß. Letztere ist jetzt eng an ihre Mutter gedrückt und sitzt nicht mehr wie ein Vogel auf einem Zweig. Sandra lehnt sich an den Körper ihrer Mutter, die lächelt und entspannt ist, das Kind hält dabei noch ein Plüsch-Schaf in den Armen, das sie streichelt. Martine ist darüber erstaunt und kommentiert: »Es ist wirklich das erste Mal, dass sie ein Plüschtier streichelt. Jedenfalls habe ich das bisher noch nie gesehen«.

Therapeut: »Sehen Sie, das ist interessant: Es ist wie bei den russischen Puppen. Sie herzen sie in Ihren Armen, und sie streichelt ...«

Martine: »Und sie streichelt« (sie lacht dazu).

Therapeut: »Sie lernt die Zärtlichkeit von Ihnen« (2'12").

Kommentar

Für den Therapeuten ist diese Interaktion sehr aussagekräftig. Zunächst ist festzustellen, dass sie drei Ebenen hat: Eine Mutter streichelt ihre Tochter, die ihrerseits wiederum ihr Plüschtier streichelt. Es läuft also eine transgenerationelle Übertragung ab, und die vierte Ebene erscheint kurz darauf: Einige Minuten später spricht Martine in neuen Worten über ihre Mutter und sagt über sie: »Sie hat ein goldenes Herz«. Auf phantasmatischer Ebene müssen wir uns also hinter Martine die Großmutter vorstellen, die sie in ihren Armen hält (metaphorisch gemeint) und die Weitergabe dieser bemutternden Haltung an die drei nachfolgenden Generationen in Gang setzt (wobei das Plüschtier für Sandras künftiges Kind steht) – entsprechend der Logik der ineinander verschachtelten russischen Puppen.

Man kann die Hypothese aufstellen, dass – so wie Martine ein positives Bild ihrer Mutter wiederherstellen und sich mit ihr identifizieren konnte – die kleine Sandra die Erlaubnis erhalten hat, sich ebenso zu verhalten: Sie kann nun ihrerseits das Risiko eingehen, sich mit einer liebenden Mutter zu identifizieren.

Man stünde dann vor dem interaktiven Korrelat der von Sandra vorgenommenen Introjektion eines Identifizierungsvorbilds für die Mutterrolle, das über (mindestens) drei Generationen hinweg weitergegeben wurde.

Welcher Kontrast zur ersten Sitzung, in der in der Generationenfolge Gewalt weitergegeben wurde: Sandra kratzte ihre Mutter, die durch die ihrige geschlagen worden war und die sie – wie wir einige Sequenzen später erfahren – auch selbst geohrfeigt hat.

Wir können damit einen neuen Parameter hervorheben, der über die Entwicklung des Falles Aufschluss gibt: Eine transgenerationelle Thematik, die durch Transmission von Gewalt geprägt war, macht einer Weitergabe von Libido Platz. Während es zu Anfang um Gewalt und um Kontaktvermeidung durch Distanzierung gegangen war, erlebt man jetzt libidinösen Austausch in intimen Körperkontakt zwischen drei oder (potenziell) sogar vier Generationen (Sandras künftigem Kind).

Wenn Martine sagt, es sei das erste Mal, dass sie Sandra ein Plüschtier streicheln sieht, bedeutet dies erfahrungsgemäß, dass ihr »die Schuppen von den Augen gefallen« sind, das heißt, dass eine zuvor gegenbesetzte mentale Vorstellung nun auftauchen konnte: Sandra ist nicht nur ein von Gewalt oder Egoismus bestimmtes Wesen, sondern auch zu Liebe fähig.

Therapie

Der Therapeut fragt Martine, wie sie das Ende der Therapie empfinde, denn

Martine hatte mitten in einem Satz gesagt: »Einsamkeit ist nichts für mich«. Sie erklärt dann: »Ich habe mir gesagt, dass ich Sie vielleicht fragen wollte, ob es möglich wäre, Sie wieder aufzusuchen, wenn ich später noch einmal das Bedürfnis danach hätte«.

Martine erklärt, wie sehr sie es geschätzt habe, mit jemandem sprechen zu können, der nicht Partei ergreift. »Wenn ich mit meinem Ehemann spreche, zum Beispiel über meine Mutter, na ja, für ihn ist es selbstverständlich, dass sie alle möglichen Fehler hat ... Ich kann es nicht gut ertragen, dass man schlecht über meine Mutter redet, denn selbst wenn wir eine nicht gerade lustige Beziehung miteinander gehabt haben, so ...«

Therapeut: » ...haben Sie aber trotz allem eine starke Bindung zu ihr!« (13'22")

Martine: » ... Sie will es verstecken; sie kann es nicht zeigen; sie ist nicht durch und durch böse, wie die Leute sie sehen«.

Martine arbeitet eingehend die Neubewertung durch, die sie ihrer Mutter damit zukommen lässt, deren gute Seiten sie nun enthüllt. Sie erklärt, dass sie diese neue Version ihres Mutterbildes seit Sandras Geburt entwickelt hat. »Die Tatsache, ein Kind zu haben ... Ich habe verstanden, dass das gar nicht so einfach ist, wie man es gern hätte«.

Therapeut: »Es ist interessant, dass Sie mir heute sagen können, dass Sie die Qualitäten Ihrer Mutter sehen, ihre positiven Seiten, denn das ist ja genau das, was sich im Laufe unserer Sitzungen auch in Ihrer Beziehung zu Sandra ereignet hat. Sie sehen sie jetzt liebevoller und gebender als vorher, wo Sie sie ja doch aggressiver gesehen hatten« (14'33").

Martine: »Genau. Ja, das mit meiner Mutter ist richtig. Seit langem sage ich mir, dass sie so schlecht nun auch wieder nicht ist und dass vielleicht ... Ich weiß nicht, welche Beziehung sie zu ihrer Mutter gehabt hat. Vielleicht war das für sie genauso. In der Tat spricht Mutter darüber in einer verrückten Liebe (zu ihrer Mutter). Ich weiß ..., ich kann nicht sagen, welche Beziehungen sie zu ihren Eltern gehabt hat. Sie hat darüber mit mir effektiv nie gesprochen. Aber ich denke, man ist mit seinen Kindern so, wie die Eltern mit uns gewesen waren«.

Kommentar

Hier haben wir also eine Bestätigung der Theorie der transgenerationellen Weitergabe. Martine erzählt, wie sie die Logik der russischen Puppen versteht, nachdem sie sie einige Minuten zuvor vor den Augen des Therapeuten ausgelebt hatte.

Ihre Mutter soll (wir verwenden die Konditionalform, denn Martine kann nur von Annahmen ausgehen, da ihre Mutter mit ihr nie über ihre Beziehung zu ihren Eltern gesprochen hat) verrückt nach ihrer eigenen Mutter gewesen sein, so wie wir schrittweise die verrückte Liebe Martines zu ihrer Mutter und ihrer Tochter entdeckt hatten. Martine gesteht ein, dass sie Sandra wenig von diesen Gefühlen gezeigt hat, so wie die eigene Mutter ihr gegenüber. Es handelt sich demnach um eine transgenerationelle Weitergabe per Homologie (oder Spiegelung), die Martine für sich in Anspruch nimmt, wenn sie folgenden (handbuchwürdigen) Aphorismus ausspricht: »Man ist mit seinen Kindern so, wie die Eltern mit uns waren«. Es handelt sich um eine verrückte Mutter-Tochter-Liebe, die hinter der Maske des Streits versteckt und durch den Einsatz von Distanzierung okkultiert wurde.

Man bemerkt außerdem, dass Martine wieder eine – zuvor heftig abgewehrte – positive libidinöse Besetzung ihrer Mutter aufbauen konnte. Sie hat auf diesem Weg – im kleinianischen Sinne des Begriffs – das beschädigte Bild ihres inneren mütterlichen Objekts repariert.

Diese Reparationsbewegung ist für den Erfolg der Mutter-Kind-Therapien wesentlich, denn wir stellen fest, dass die Rückkehr einer positiven libidinösen und narzisstischen Besetzung der Beziehung zum Kind notwendigerweise über diesen Prozess der Reparation der Elternobjekte der Mutter läuft. Diese Symmetrie von zwei Besetzungen, die sich zu 180° gegenüberstehen – die libidinöse Besetzung ihrer Elternrepräsentanzen durch die Mutter und die ihres Kindes – ist ein für die Heilwirkung unverzichtbarer Zwischenschritt in den Mutter-Kind-Therapien.

Martine »entdeckt«, dass Sandra fähig ist, Liebe zu ihrem Plüschtier zu zeigen und dies zum gleichen psychischen Zeitpunkt, zu dem sie entdeckt, dass ihre Mutter »ein goldenes Herz hat«.

Gespiegelte Liebe: Die Logik der russischen Puppen

Therapie

In dieser Reparationsbewegung entwirft Martine ein Porträt der Leiden ihrer Mutter und vollzieht eine authentische Revision der Beurteilung, die sie von ihr gehabt hatte.

Der Therapeut greift die transgenerationellen Wiederholungen auf, von denen Martine gesprochen hatte, und fragt sie nach Beispielen dazu:

Martine: »Die Tatsache, dass meine Mutter wenig gefühlvoll mir gegenüber war ..., ich denke, dass zu Zeiten ihrer Mutter, in der Lage, in der sie lebten, sie nicht so sehr die Zeit hatten, sich gegenseitig viele Gefühle zu zeigen. Mutter hat das oft wiederholt. Es ist wahr: Zu Hause sollte man sich nicht beklagen. Ich bin mit Sandra auch ein bisschen so: Wenn sie sich beklagt ... (sie lacht), hätte ich Lust, ihr zu sagen, dass sie schon großes Glück hat, all das zu haben, was sie bereits hat«.

Martine erklärt, dass ihr diese Wiederholung von Beginn der Sitzungen an aufgefallen sei, und der Therapeut bestätigt: »Sie haben die Wiederholung gesehen ... Das geschah, ohne dass Sie es gewollt hätten ... Es war etwas, was sich eine Generation zuvor abgespielt hatte«.

Martine: »Ja ... Mutter sagte mir, dass sie schon mit 13 Jahren gearbeitet hat!« (13 Jahre, ein verhängnisvolles Alter! Mit 13 Jahren wurde Martine – ebenfalls – von ihren Eltern entfernt).

Therapeut: »Sie hat eine schwierige Kindheit gehabt?«

Martine: »Ja! Weil ihre Eltern arm waren. Mit 13 Jahren arbeitete meine Mutter schon als Dienstmädchen. Ja, als Dienstmädchen – es gibt kein anderes Wort – ... bei anderen. Sie hat sehr darunter gelitten, von ihrer Familie getrennt zu sein, weil sie zwischendurch nie nach Hause kam. Sie war weit weg. Sie kam nur von Zeit zu Zeit einmal zurück (zu ihren Eltern)«.

Therapeut: »Also hat sie ihre Eltern sehr viel missen müssen?«

Martine: »Ja! Danach ist sie nach Frankreich gegangen ..., also man kann nicht sagen, dass sie viel von ihnen gehabt hätte« (von ihren Eltern).

Martine und der Therapeut kommentieren eingehend die widrigen Umstände, denen diese Frau ausgesetzt war, ihren Stoizismus, ihre Einsamkeit.

Therapeut: »Sie erkennen also an, dass sie gewisse Tugenden hat. Das Unglück hat sie hart gemacht« (21'01").

Martine: »Ja, sie ist hart geworden, ja ... – um dorthin zu gelangen, wo sie jetzt ist! Oh, ich ziehe schon meinen Hut vor ihr ..., das muss man erst einmal schaffen!«

Therapeut: »Schaffen – was?«

Martine: »Ihr Ziel war, zusammen mit Vater nach Spanien zurückzugehen, in ein eigenes kleines Haus. Sie haben es geschafft. Sie hat große Opfer gebracht, um das zu bekommen. Manchmal sage ich sogar zu meinem Mann: Wir essen jeden Tag, haben also eigentlich nicht zu klagen«.

Therapeut: »In diesem Punkt sind Sie der Opferideologie Ihrer Mutter also vollkommen treu geblieben?«

Martine: »Ja, vollkommen«.

Der Therapeut verbindet diese Wahrnehmung von Leid und Opfer mit der Hemmung, die Martine sich auferlegt hat, um ihre Eltern nicht allzu sehr mit ihren Forderungen zu belasten. Sie hat auch dafür »optiert«, ihre Ansprüche zu verschweigen, sich nicht zu »beklagen«, obwohl ihr die Zuneigung der Mutter sehr gefehlt hatte.

Martine: »Das ist sicher, Mutter war hart geworden; sie hatte eine Mauer um sich herum errichtet ... Aber warum sogar mir gegenüber?«

Sie schloss die Durcharbeitung dieser schmerzlichen Hinterfragung mit einer Rückkehr zur Bewunderung: »Nein, man muss sagen ..., sie hat eine gehörige Portion Mut«. Mit dieser Feststellung beenden Martine und der Therapeut dann die Therapie.

Kommentar

Diese Therapie endet in einer Stimmung des Verzeihens, wobei Martine die Empathie wiederfindet, die sie wahrscheinlich bereits als Kind für das Leid ihrer Mutter gehabt hatte: » ... Zu Zeiten *ihrer* Mutter hatte man nicht so sehr die Zeit, sich gegenseitig viele Gefühle zu zeigen!« Man trifft hier auf eine x-te Umkehrung: In der ersten Sitzung hatte Martine ihre Mutter als jemanden beschrieben, der den Teppichklopfer schwang, jetzt stellt sie sie als jemanden dar, der stoisch leidet.

Von der Peinigerin-Mutter ... zur *mater dolorosa*. Martine hat sich einer tiefgreifenden Veränderung ihrer inneren Objekte geöffnet und dies in sechs Sitzungen!

Diese Neubeurteilung des Lebenslaufs ihrer Mutter konnte Martine nur vollziehen, weil der therapeutische Prozess sie dazu gebracht hatte, ihr eigenes Schicksal neu zu definieren. Martine hat eine Untersuchungsmethode introjiziert, eine Form des Denkens, die ihr erlaubt, ihre Mutter neu zu entdecken, so wie sie sich selbst neu entdeckt hat.

Wie in der psychischen Arbeit, die für die depressive Position charakteristisch ist, hat Martine gegensätzliche Vorstellungen von ihrer Mutter integriert: die Peinigerin – das Opfer; die gehasste Mutter – die angebetete Mutter; die allmächtige Mutter – die beschädigte Mutter. Gleichzeitig toleriert sie ihre Ambivalenz stärker und wird zum Verzeihen fähig, selbst wenn die schmerzliche Frage bestehen bleibt: »Mutter war hart geworden; sie hatte eine Mauer um sich herum errichtet ... Aber warum sogar mir gegenüber?«

Diese Aussage enthält Verständnis, Empathie und zugleich auch Revolte, von der man sagen kann, dass sie sich gegen das Schicksal richtet. Es ist, als ob sie sagte: »Ich habe das Leiden begriffen, das Mutter verleugnet hat: Ich weiß jetzt, warum sie hart und distanziert war – aber warum muss ich die Tochter einer solchen Mutter sein?«

Martine beschreibt ausführlich die Entbehrungen, die ihre Mutter erfahren hat.

Auch dabei ist die Identifizierungslinie gut sichtbar. Mit 13 Jahren wurde ihre Mutter exiliert, um zum Dienstmädchen zu werden. Mit 13 Jahren wurde dann auch Martine ins Internat geschickt. Sind also Trennung, Mangel und Leid nicht vielleicht der Weg, über den sie die Identifizierung mit ihrer Mutter festigen kann?

Es sieht tatsächlich so aus, als beende Martine ihre Therapie mit einer Apologie: Opfern macht ebenso Sinn wie der Stoizismus ihrer Mutter. Ihre Mutter beklagte sich nicht: Sie selbst wagte es auch nicht, sich zu beklagen, und jetzt will sie Sandra beibringen, sich mit dem zu begnügen, was sie hat.

Liegt in der anfänglichen Klage, von Sandra rabiat behandelt zu werden, nicht der Höhepunkt dieser masochistischen Bestimmung und der Garant des Fortbestands einer sehr hoch bewerteten Tradition über die Generationen hinweg?

Kann man sogar eine Verallgemeinerung riskieren – die viele kaum schätzen werden: Das Postpartum legt den Eltern eine gewaltige Beschränkung auf, aber – muss man es unterstreichen? – besonders der Mutter, die gefordert ist, ihren Körper (Entbindung, Stillen, Schlaf usw.) und ihre Psyche den zwingenden Anforderungen des Babys zu unterwerfen, ohne dass das Baby in der Lage wäre, ihr dies in äquivalenter Form zurückzugeben.

Steckt in dieser Situation, die Selbsthingabe bis zur Erschöpfung ohne entsprechende Gegenleistung und Verzicht stimuliert, nicht eine zwingend notwendige Libidinisierung des Leidens und ein »normaler« Masochismus?

Entspricht die Verherrlichung des Opfers, das das – jetzt als veraltet beurteilte – Bild der idealen Mutter charakterisiert, nicht der Notwendigkeit, in diesem Leiden der »primären mütterlichen Sorge« Lust zu finden?

Man hat in den volkstümlichen Bildern wie in gewissen psychologischen Texten wahrscheinlich zu sehr auf einem idealisierten Aspekt der Mutterschaft insistiert (höchste Verwirklichung von Weiblichkeit, Lust und Glück ohnegleichen, usw.), sodass man die Frustrationen, die Ängste und den Hass vergisst, den ein Kleinkind in seiner Mutter auslösen kann. Wir werden diese Dimension – die zum Verständnis der Dynamik der frühen Beziehungspathologien von entscheidender Bedeutung ist – in den theoretischen Kapiteln wieder aufgreifen.

Kapitel VI
Beurteilung der Psychotherapie-Effekte

Die Beurteilung der Ergebnisse von Psychotherapien ist ein stark expandierendes Gebiet[11]. Obwohl die Beurteilung der Fortschritte von Therapeut und Patient traditionellerweise anhand von Daten vorgenommen wird, die durch die Übertragungssymptome und die Veränderungen in der Einsichts- und Vorstellungsfähigkeit geliefert werden, bleiben die so gewonnenen Ergebnisse von der Subjektivität der beiden Partner getönt, was deren Validität besonders dann einschränkt, wenn man versucht, die mit verschiedenen Techniken oder bei verschiedenen Therapeuten erreichten Wirkungen miteinander zu vergleichen.

Die Notwendigkeit einer systematischen objektivierenden Beurteilung, die von einem Dritten mithilfe von Methoden durchgeführt werden, die quantifizierende Messungen erlauben, hat sich aus unterschiedlichen Gründen und in verschiedenen Gruppen ergeben.

Am Anfang stand der »Impact« von Eysencks (1952) Widerlegungen der Wirksamkeit der psychodynamischen Psychotherapien, die zu zahlreichen Arbeiten anregte, in denen bewiesen wurde, dass die Kritikpunkte Eysencks größtenteils unbegründet waren.

Eine Reihe von Arbeiten haben zu belegen versucht, dass wissenschaftliche Aussagen über Psychotherapieergebnisse möglich sind. Unter diesen Evaluationsstudien der ersten Generation muss man die Studie der Menninger-Klinik zitieren, an der unter anderen O. Kernberg mitwirkte (Kernberg et al. 1972).

Im Jahre 1968 wurde durch Howard und Orlinsky in den Vereinigten Staa-

---

11 Die französische Erstausgabe dieses Buches erschien 1993 (Anm. d. Üb.).

ten eine Gesellschaft für Psychotherapieforschung gegründet. Zur gleichen Zeit entstand in Deutschland eine Forschungsrichtung, später Ulmer Schule genannt, deren Initiator H. Thomä war, dem sich dann H. Kächele anschloss. Diese Autoren schufen eine Datenbank psychotherapeutischer Narrationen, die in zahlreichen Arbeiten genutzt wurde, in denen es um detaillierte Einzelfall-Studien ging: unter semantischen Gesichtspunkten, unter dem Aspekt von Rede und Gegenrede (Wortwechsel) und dem der Modelle, die der verwendeten Technik implizit sind.

Während dieser Zeit entwickelten sich amerikanische Studien, die die Ergebnisse in großen Patientengruppen analysierten: Die bekanntesten dieser Studien sind die von H. Strupp in Vanderbilt, von M. Horowitz in San Francisco und von L. Luborsky in Penn State.

Analysen, die die Ergebnisse zahlreicher Evaluierungsstudien zusammenfassten, trugen dazu bei, Eysencks Kritikpunkte zu widerlegen. Es waren dies insbesondere die »Metaanalysen« von Smith et al. (1980) und von Shapiro und Shapiro (1982), die die Aussage belegten, dass Psychotherapien wirksam sind.

Aber dann tauchte ein anderes Problem auf: Kann man beweisen, dass eine bestimmte Technik bessere Ergebnisse erzielt, die mit der Besonderheit dieser Technik zusammenhängen? Um die Hypothese der Spezifität der verschiedenen psychotherapeutischen Techniken zu testen, wurde unter der Schirmherrschaft des *National Institute of Mental Health* eine Studie durchgeführt, in der vier Behandlungsformen depressiver Patienten miteinander verglichen wurden: Verglichen werden dabei die jeweiligen Wirkungen eines Placebos (zu dem aber auch die wöchentliche Visite eines Psychiater gehörte, der stützend intervenierte), einer sogenannten interpersonellen Psychotherapie, einer kognitiven Psychotherapie und der Verabreichung von Imipramin in Verbindung mit stützender Intervention. Die besten Ergebnisse fanden sich in der »Imipramin-Gruppe«; die beiden Psychotherapieformen führten zu Ergebnissen, die über denen lagen, die sich aufgrund des Placebos ergaben (Elkin et al. 1989).

Bestimmte Entwicklungen haben den Bereich der evaluierenden Psychotherapieforschung geprägt: Nachdem bewiesen war, dass es in 60–65 % der Fälle zu signifikanten Veränderungen kommt, wendeten sich die Forscher spezielleren Fragen als der des bloßen Nachweises von Effektivität zu. Man benutzte immer häufiger interpersonelle Beurteilungskriterien (Patient-Therapeut-Beziehung) anstatt intrapsychischer (MacKenzie 1988): Das Arbeitsbündnis wurde zu einem bevorzugten Kriterium für die Vorhersage von

Veränderung. Diese Herangehensweise wird besonders durch Luborsky et al. (1988) verfolgt. Die Frage »Welches sind die durch Therapie X erzielten Ergebnisse?« wird ersetzt durch: Welche Art von Patient passt zu welchem Therapeuten im Verlauf welcher Art von Therapie? In gleicher Optik interessiert man sich ebenso sehr für die Eigenschaften des Therapeuten und seiner Modelle wie für die des Patienten. Eine gute Darstellung dieser verschiedenen Forschungsrichtungen findet sich im Buch von Dahl et al. (1988) sowie in der neuen Zeitschrift *Psychotherapy Research*[12].

Der derzeitige Stand der Forschung im Bereich der Beurteilung von Psychotherapieergebnissen lässt sich wie folgt zusammenfassen:
1. Trotz der Fortschritte, die durch neue Methoden der Beurteilung von Psychotherapien erreicht wurden, muss man hervorheben, dass bestimmte grundlegende Dimensionen psychischer Veränderung in diesen Studien nicht angemessen vertreten sind: Die Veränderungen in Gebieten wie Vorstellungsvermögen, »Selbst-Kohäsion«, Gleichgewicht von Libido und Aggression, Qualität der Besetzungen und vieler anderer eignen sich kaum für eine Evaluation und werden deshalb in diesen Forschungsarbeiten umgangen. Die verwendeten Kriterien beziehen sich nicht auf die Dimensionen, die in der Sprache der freudianischen Metapsychologie verwendet werden. Die Kriterien werden nach dem Grad ihrer Objektivierbarkeit ausgewählt, was das Feld der Befunde, die eine Veränderung belegen könnten, natürlich einschränkt. Die Mehrzahl der Studien, die in den »Metaanalysen« erfasst wurden, spiegelt intrapsychische Veränderungen nur wenig wider, da meist »verhaltensbezogene« Kriterien gewählt wurden.

Andere Faktoren machen diese Studien schwer vergleichbar: Patienten-Populationen, Eingangsdiagnostik und Indikationskriterien variieren von einer Studie zur anderen. Die Studien werden meist in Institutionen durchgeführt und ermöglichen demzufolge nicht, jene Veränderungen zu erfassen, die in der freien Praxis zustande kommen. Der Erfahrungsgrad der untersuchten Therapeuten ist alles andere als homogen.

Das Problem der Kontrollgruppen (oder Vergleichsgruppen) ist sehr schwierig zu handhaben: Man kann keine wirklichen Placebos einsetzen; außerdem bestehen zwischen Therapien, die man als durch und durch heterogen beurteilt (zum Beispiel der analytischen Psychotherapie und den Verhaltenstherapien), mehr Analogien als man glaubt, was die Unter-

---

12 Das erste Heft dieser Zeitschrift erschien im Jahre 1991.

suchung des Einwirkens »spezifischer« technischer Faktoren erschwert (wie etwa »Deutung« versus »Stützung«).

Die Gesamtheit dieser Vorbehalte lassen Parloff (1988), einen der erfahrensten Forscher im Bereich der Psychotherapie-Evaluation, sagen: »Die in den Evaluationsstudien erfassten Patientenpopulationen repräsentieren das Feld der psychotherapeutischen Praxis nicht in adäquater Weise«. Und weiter: »In Anbetracht der Begrenztheit der untersuchten Daten ist die grundlegende Schlussfolgerung, alle Psychotherapieformen produzierten vergleichbare Wirkungen, zumindest verfrüht«.

Es ist also offensichtlich, dass die Evaluationsstudien gegenwärtig nur recht allgemeine Auskünfte über die Ergebnisse von Psychotherapien liefern können, da sie nur wenig Informationen zu den intrapsychischen Dimensionen und insbesondere den Veränderungsprozessen liefern.

2. Die Wirksamkeit der Psychotherapien ist jetzt anerkannt und akzeptiert. Man muss sich der Fragestellung nach den »Bedingungen« von Veränderung zuwenden, das heißt nach den Faktoren, die Veränderung erzeugen: Wir betreten damit das Gebiet der Prozessforschung.

3. Folgenden Faktoren wird die größte Aufmerksamkeit zuteil:
   a) dem Matching (der Suche nach der Entsprechung) von persönlichen Charakteristika des Patienten und des Therapeuten,
   b) dem Arbeitsbündnis und
   c) der intimen Natur des Veränderungsprozesses. Von *Outcome*-Studien (zu den Ergebnissen) wird zur Erforschung des therapeutischen Prozesses übergegangen.

4. Die Kurzpsychotherapien eignen sich aus mehreren Gründen besonders gut für Evaluationsstudien:
   a) Sie versuchen nicht, die gesamte Struktur des Patienten zu verändern; das therapeutische Ziel ist also einfacher zu definieren;
   b) die Kürze der Behandlung erlaubt, die Einwirkung interkurrenter Lebensereignisse zu relativieren, die eventuell Einfluss auf den Prozess haben;
   c) die Definition eines Fokus ermöglicht, die Veränderungen abzuschätzen, die auf die Therapie zurückgehen, sowie die Angemessenheit der Deutungen in Bezug auf den definierten Fokus. Es handelt sich um eine Technik, die besonders von Luborsky in seiner Studie über das CCRT (*Core Conflictual Relationship Theme*, übersetzbar als »basales Beziehungskonfliktthema«) entwickelt wurde.

I   Die Evaluation von Kurztherapien mit Kindern

Wir können für diesen Bereich nur auf wenige Studien verweisen und auch dies nur andeutungsweise, denn sie sind – wie Dulcan (1984) aufzeigt – voller methodologischer Mängel.

Die Studie von Proskauer (1971) betrifft 22 Fälle, die im Durchschnitt zwölfmal gesehen wurden. In neun Fällen zeigte sich eine bedeutsame, in elf Fällen eine gewisse Verbesserung, in zwei Fällen ergab sich kein Fortschritt. Mac Lean et al. (1982) berichten, dass folgende Faktoren mit dem Therapieerfolg zusammenhingen: die Präsenz positiver Gefühle innerhalb der Familie sowie beim Therapeuten der Familie gegenüber. Bentovim/Kinston (1978) beziehen sich in Kurztherapien von Familien mit einem Kind (im Alter von zwei bis 14 Jahren) auf das Konzept von Malan. Die durchschnittliche Dauer liegt bei sechs Sitzungen. Das einzige Ausschlusskriterium ist das Vorliegen einer Psychose. Die Ergebnisse wurden von unabhängigen Prüfern beurteilt, die dabei ausschließlich die Berichte der Therapeuten verwendeten. Die Hauptkriterien waren: Verschwinden der Symptome, bessere individuelle und familiäre Anpassung, höhere Widerstandsfähigkeit unter Belastung. Von 22 Fällen zeigten vier eine bedeutende, 15 eine durchschnittliche und drei keine Verbesserung. Es gab keinen Fall von bedeutender Verbesserung ohne gleichzeitige Verbesserung der Familie. Die besten Ergebnisse wurden in den Fällen erzielt, in denen es den Eltern gelang, die Symptome des Kindes als eine Folge der Probleme in der Familie wahrzunehmen, sowie in den Fällen, in denen eine Belastungssituation die Problematik ausgelöst hatte.

Wir werden jetzt eine kurze Übersicht über ein Forschungsprojekt zur Evaluation der Ergebnisse der gemeinsamen Psychotherapien vorstellen, das sich auf 75 Mutter-Kind-Dyaden bezieht und auf das wir uns in diesem Buch oft beziehen werden.

1 Zusammenfassende Beschreibung des Forschungsprojekts: Evaluation der Kurztherapien von Mutter und Säugling[13]

Wir geben im Folgenden in sehr zusammengefasster Form die großen Linien dieser Forschung wieder. Die Endergebnisse werden in Veröffentlichungen der ganzen Gruppe vorgestellt werden, die an diesem Projekt beteiligt war. Wir werden hier nur die Elemente aufgreifen, die für unsere Reflexion über Ergebnisse und Indikationen der Kurztherapien dienlich sein können.

Diese Forschung hat die Herausarbeitung von Veränderungen zum Ziel, die durch Kurzpsychotherapien von Mutter und Kleinkind zustande kommen; ausgegangen wird dabei von mehrfachen Messungen folgender Parameter: Interaktionen von Mutter und Kind, bewusste und vorbewusste Vorstellungen der Mutter, Symptome des Kindes. 75 Dyaden wurden vor und unmittelbar nach der Therapie eingeschätzt. 64 Dyaden wurden sechs Monate später erneut evaluiert, und 34 wurden ein Jahr später noch einmal untersucht. Die Kinder waren zwischen zwei und 30 Monaten alt; sie zeigten eine Vielzahl von Symptomen: funktionelle Störungen, Störungen der Eltern-Kind-Beziehung, Verhaltensstörungen. Wegen schwerster Pathologien (Psychose, Entwicklungsrückstand) wurden einige Mütter und Kinder von dieser Forschung ausgeschlossen.

DIE BEURTEILUNGSINSTRUMENTE

Die bei jeder Evaluation benutzten Instrumente wurden an anderer Stelle beschrieben (Robert-Tissot et al. 1989, Stern et al. 1989). Sie bestehen aus
1. einem Fragebogen mit 84 Fragen zu den verschiedenen Symptomen des Kindes und ihrem jeweiligen Schweregrad,
2. einem Gespräch, in dem die Mutter mithilfe einer Skala von Adjektiven beschreibt, wie sie sich das Kind, sich selbst, ihre eigene Mutter, ihren Ehemann, die wichtigen Ereignisse ihrer Vergangenheit, die Ähnlichkeiten des Kindes mit seiner Familie, usw. vorstellt (Stern et al. 1989).
3. Die Mutter-Kind-Interaktionen werden in einer standardisierten Situation

---

[13] Diese Studie ist von den folgenden Personen durchgeführt worden: B. Cramer, D.N. Stern, C. Robert-Tissot, F.Palacio-Espasa, S. Serpa-Rusconi, J.- P. Bachmann, D. Knauer, M. de Muralt, C. Berney, G. Besson, G. Mendiguren. Praktikanten der Fakultät für Psychologie haben ebenfalls Beiträge geliefert. Die Forschung ist durch den Nationalfonds für die Schweizer Forschung (finanzielle Unterstützung Nr. 3.830.0.86) und durch die Institutionen der Universitätspsychiatrie Genf finanziert worden.

evaluiert. Zur Einschätzung dieser Interaktionen werden drei Skalen benutzt:
- Die Ainsworth-Skala beurteilt die Charakteristika der mütterlichen Sensibilität (Ainsworth 1974);
- die Crittenden-Skala beurteilt die Qualität der Interaktionen zwischen Mutter und Kind: Die Merkmale Kontrolle, Rückzug und Sensibilität der Mutter werden in Verbindung mit den Merkmalen Kooperation, Opposition, Unterwerfung und Passivität aufseiten des Kindes eingeschätzt (Crittenden 1981);
- das *KIA Affect Profil* beurteilt den Ausdruck von Affekten im Gesicht des Kindes (Sledge et al. 1990).
4. Der Entwicklungsstand des Kindes wird mit den Skalen von Bayley erfasst, die Beurteilung der mütterlichen Depressivität erfolgt nach der Skala von Beck.
5. Die Therapeuten beurteilen vor Beginn der Therapie auf einem Fragebogen (nach Bachmann/Robert-Tissot 1992) die Therapieindikation und dann erneut nach den ersten drei Sitzungen.
6. Nach der letzten Sitzung schätzt der Therapeut auf einem Fragebogen diejenigen Ergebnisse ein, die er den Wirkungen der Behandlung zuschreibt.
7. Nach der Behandlung füllt die Mutter einen Fragebogen aus, in dem sie ihre Beurteilung der therapeutischen Veränderungen niederlegt.

Die therapeutischen Veränderungen werden also anhand von drei Quellen beurteilt: Therapeut, Mutter und »neutrale« Beurteiler, die die Interaktionen kodieren und auf der Grundlage der Unterschiede zwischen der Beurteilung vor und nach der Therapie über die Veränderungen berichten, die von den oben erwähnten Instrumenten angezeigt werden.

Die Hauptergebnisse

Die vorläufigen Ergebnisse sind veröffentlicht, und die Endergebnisse sind auf dem Weltkongress in Chicago (September 1992) vorgestellt worden. Wer an den methodologischen Einzelheiten interessiert ist, sei auf die Veröffentlichungen in den entsprechenden Fachzeitschriften verwiesen (und später bei Cramer/Robert-Tissot 2000 sowie bei Cramer et al. 2002).

Insgesamt haben die Psychotherapien zu bedeutenden Symptomrückgängen geführt, besonders bei den funktionellen Symptomen. Eine Kontrollgruppe unausgelesener Kinder, nach Alter parallelisiert, zeigte mit Abstand längst nicht so viele Symptome, was beweist, dass die Forschungspopulation stark pathologisch war (und somit nicht lediglich eine benigne Variante von Normalität war). Diese Kontrollgruppe zeigte über einen Zeitraum von sechs Monaten, der der Dauer der Arbeit mit der »klinischen« Population entsprach, keinen Symptomrückgang. Der Symptomrückgang in der »klinischen« Gruppe steht demnach mit der Wirkung der Therapie in Zusammenhang.

Die Interaktionen haben sich bei mehreren Parametern deutlich verbessert: bei der Sensibilität der Mütter für die Signale des Kindes, im Grad der bei den Kindern beobachtbaren Auflehnung und beim Stimmungsniveau der Kinder (Zunahme positiver Emotionen). Außerdem ändern die Mütter ihre Vorstellung von sich selbst und die von ihrem Kind: Sie haben mehr Selbstvertrauen, verbunden mit einer Zunahme an Selbstwertgefühl und einer verbesserten Einschätzung der eigenen mütterlichen Kompetenz. Das Kind wird als weniger schwierig wahrgenommen, als fröhlicher, rezeptiver und weniger aggressiv.

Eine der erstaunlichsten Entdeckungen war die Dauer dieser Verbesserungen: Sie bleiben in der Population der 64 Dyaden sechs Monate unverändert und zwölf Monate bei den 34 Dyaden, die ein Jahr nach dem Ende der Behandlung katamnestisch untersucht wurden.

Keine signifikanten Unterschiede in den untersuchten Parametern findet man in den Ergebnissen, die mit einer Vergleichsgruppe erzielt wurden, die an einer Therapie mit der Bezeichnung »Interaktionsberatung« teilnahm (die Definition dieser *guidance interactive* findet sich in unseren Beiträgen in den Fachzeitschriften).

Die vor der Therapie aufgestellten Indikationen haben keinen großen prognostischen Wert bezüglich der später festgestellten Verbesserungen. Im Gegenteil: Einige der größten therapeutischen Wirkungen wurden bei denjenigen Dyaden registriert, die nach den »klassischen« Kriterien die ungünstigsten Indikationen darstellten.

Eine weitere Überraschung in der Indikationsfrage: Die Dyaden, in denen die Mutter auf der Beck-Skala einen hohen Depressionswert erzielte, zogen einen deutlichen Vorteil aus den Therapien. Die Depression hat also im Hinblick auf die zu erwartenden Resultate keinen negativen prognostischen Wert.

Wir haben bereits die Einschränkungen genannt, die diesen Forschungsarbeiten eigen sind, besonders hinsichtlich der Beurteilung intrapsychischer Veränderungen. Bei der Evaluation werden vorzugsweise sichtbare Veränderungen erfasst. Aber subjektive Veränderungen, beispielsweise auf der Ebene des Selbstwertgefühls (wie in unserem Forschungsprojekt gefunden), können als »Marker« des psychischen Funktionierens nicht vernachlässigt werden, und die Verhaltensänderungen auf der Interaktionsebene korrespondieren mit dem klinischen Eindruck, dass bedeutsame Veränderungen der Besetzungen zwischen Mutter und Kind stattgefunden haben.

Zum anderen hat uns diese Studie dazu verholfen, bestimmte Vorurteile zu revidieren: Die Veränderungen des Kindes und der Mutter beziehen sich nicht nur auf die Symptome und sind auch nicht lediglich vorübergehender Natur; ferner haben Pathologien, die klassischerweise als Kontraindikationen für Kurztherapie dargestellt wurden, eine bemerkenswerte Veränderungsfähigkeit bewiesen.

Diese Erkenntnisse bestätigen das Konzept der beziehungsorientierten Psychopathologie im frühen Lebensalter und die außergewöhnliche psychische Mobilisierungsfähigkeit in dieser Lebensphase.

Die zitierten Forschungsprojekte stehen noch am Anfang, besonders jene im Bereich der Kinderpsychotherapie. Die Forschungsansätze müssten verfeinert werden, um auch über Veränderungen subjektiver Befindlichkeiten und über Dimensionen Aufschluss geben zu können, die unter der Perspektive der psychodynamischen Therapien als entscheidend beurteilt werden.

Besonders zwei Gebiete erfordern die Entwicklung eigener Methoden: das der Erforschung spezifischer Faktoren, die für eine so wenig verhaltensbezogene Therapie wie die analytische orientierte Psychotherapie charakteristisch sind, und das der Erforschung der Ursachen von Veränderung, das heißt der Veränderungsprozesse selbst.

Beurteilung der therapeutischen Effekte im Fall Martine-Sandra. – Im Folgenden werden wir zunächst eine vom Therapeuten erstellte klinische Beurteilung der Ergebnisse dieser Therapie vorlegen. Danach werden wir die Ergebnisse vorstellen, die mit den Methoden der oben dargestellten Evaluationsforschung gewonnen wurden, an der Martine und Sandra teilnahmen.

II Die klinische Beurteilung der Therapieeffekte

Der klinische Eindruck war der einer deutlichen Verbesserung; die offensichtlichsten Indizien hierfür waren: Sandra war viel lebhafter geworden, aktiver, drückte mehr Gefühle aus und zeigte mehr Interesse für ihre Umgebung. Martine projizierte keine systematische Aggressionsabsicht mehr auf Sandra, klagte sie nicht mehr an und hatte keine Angst mehr vor ihr. Vor allem war sie aber fähig geworden, die von ihrer Tochter zum Ausdruck gebrachten Zeichen der Zuneigung zu erkennen; anders ausgedrückt heißt dies, dass ihre mentalen Repräsentanzen von Sandra eine Änderung erfahren hatten. Darüber hinaus beobachtete man einen harmonischeren interaktiven Austausch mit einem Verschwinden von Martines Vermeidungsverhalten, mehr Zeichen für Liebeswünsche von Seiten Sandras und insgesamt mehr liebevollen Austausch.

Zusammenfassend war auf der Basis der üblichen klinischen (das heißt der makroskopischen und der impressionistischen) Beobachtung eine Verbesserung auf der Ebene des Hauptsymptoms festzustellen: Die symptomatische Interaktionssequenz, bestehend aus physischem Drängen von Seiten Sandras, Aggressionsanklagen von Seiten Martines, Kontaktvermeidung (Martine) und Distanzierung (Martine und Sandra), besteht einfach nicht mehr. Im Laufe der fünften Sitzung erlebt man ein Kontaktersuchen von Sandras Seite (die Martines Gesicht berührt), das in der ersten Sitzung zu Anklage und Ausweichen geführt hätte: Dieses Mal zuckt Martine aber nicht zurück und reagiert mit einem Lächeln. Der Prozess der Projektion von Aggression ist also ebenso erloschen wie die mit ihm zusammenhängende (der Abwehr dienende) symptomatische Interaktionssequenz.

Über die symptomatische Verbesserung hinaus stellt man bei der Mutter intrapsychische Veränderungen fest: Rücknahme der Projektion, Fähigkeit zum Annehmen von Zuneigung, »Verbesserung« ihres Mutterbildes, das Ganze auf der Grundlage einer Bewusstwerdung der transgenerationellen Weitergabe, der Schuldgefühle und der defensiven Distanzierung. Es wurde damit Einsicht in einem Umfang erworben, den man in einer konventionellen Therapie als vollkommen achtbar beurteilen würde.

Am liebsten würde man natürlich die intrapsychischen Veränderungen beim Kind aufzeigen können, aber in diesem Punkt sind unsere Anhaltspunkte unsicher: Kann man sagen, dass Sandras nun lebendigeres Verhalten eine Aufhebung der Hemmung bedeutet, die sie in einem Zustand von Submission und Passivität gehalten hatte? Bedeuten ihr lebhafteres Gesicht und ihre ausdrucksvollere Mimik, dass sie aus dem subdepressiven Zustand herausgekommen ist? Ist der harmonischere interaktive Austausch Zeichen einer größeren Fähigkeit zur libidinösen Besetzung des Mutterbildes und des Rückgangs einer paranoiden Fantasie in Bezug auf die Mutter?

Auf genau diesen Punkt – nämlich den der gegenseitigen Durchdringung von Interaktivem und Intrapsychischem aufseiten des Kindes – zielt das ganze Forschungsinteresse an den frühen Interaktionsmodi: Wie werden sich die Interaktionsstile in die sich herausbildende psychische Struktur einschreiben?

Das ist die Fragestellung, die unsere Forschungsarbeiten und das Verfassen dieses Buches antreibt.

Die Verbesserung zeigt sich nicht zuletzt auch auf der Ebene der Interaktionen (mehr Gegenseitigkeit, weniger Vermeidungsverhalten, mehr liebevoller Austausch).

Zusammenfassend ist festzuhalten, dass man klinische Verbesserungen bei den Symptomen, bei bestimmten intrapsychischen Dimensionen (einfacher bei der Mutter als beim Kind zu verdeutlichen) und bei den Interaktionen beobachtet.

Dieser klinische Eindruck einer bedeutenden Veränderung war hinreichend überzeugend, um den Therapeuten schon in der fünften Sitzung denken zu lassen, dass die Therapie bald beendet werden könnte. Diese Überzeugung stützt sich wahrscheinlich noch auf weitere, schwieriger formulierbare Indizes: Die Mutter hat eine assoziative Gewandtheit und einen schnellen Zugang zu Einsichten entwickelt, sie ist von einer projektiven Position zu einer rezeptiven Haltung übergegangen. Kurz gesagt: Ihre allgemeine psychische Aktivität hat sich verändert, womit eine deutliche Sedierung ihrer Angst einhergeht.

An der Schilderung der Besserung fallen mehrere Charakteristika auf: Es handelt sich um eine Darstellung, mit der versucht wird, eine Veränderung sowohl in qualitative (zum Beispiel: »Verbesserung« der Mutterimago) wie in quantitative Begriffe zu fassen (zum Beispiel: mehr Zuneigung, größere Besetzungsfähigkeit, harmonischer, weniger Aggressionsprojektionen usw.). Faktisch überwiegen in dieser Schilderung die quantitativen Beurteilungen. Dieser Punkt muss unterstrichen werden, denn die traditionelle Ideologie in der Psychotherapie gibt einer qualitativen Konzeptualisierung den Vorzug und steht einer quantitativen Beurteilung mit Argwohn gegenüber, da dies als ein reduktionistisches Vorgehen wahrgenommen wird, das die für die Beurteilung des psychischen Funktionierens wesentliche subjektive Qualität verfälschen könne.

Man kann nicht jede Veränderung auf quantitative Begriffe reduzieren, insbesondere nicht in der immateriellen Welt der Psyche, aber das darf nicht zum Verbot jeder Messung auch dort führen, wo dies möglich wäre. Nicht alle durch die Psychotherapie bewirkten Veränderungen verbleiben in der immateriellen Welt mentaler Repräsentanzen und so subtiler Konzepte wie Ambivalenz, Sublimation oder Spaltung. Zum einen können subjektive Daten (vom Patienten oder vom Therapeuten) in Begriffen beschrieben werden, die eine Quantifizierung ermöglichen: mehr oder weniger geängstigt, mehr oder weniger aggressiv usw., und eine solche Vorgehensweise über Fragebögen findet in den Studien zur Psychotherapieevaluation breite Anwendung.

Zum anderen erzeugen die Veränderungen Spuren besonders auf der Ebene von Faktoren, die eine wahrnehmbare Verhaltensoberfläche haben, die sich für die Objektivierung eignet: Der Gesichtsausdruck bei Emotionen (Krause/Lütolf 1988), das nonverbale Verhalten, die Sprechstile (Kächele 1983) und andere Variablen sind im Bereich der Erwachsenpsychotherapie untersucht worden.

Zur Beurteilung der Interaktionsparameter gibt es mehrere Möglichkeiten, deren erste die Schaffung von Standardsituationen ist, in der bestimmte Eigenschaften getestet werden. Dies geschieht durch Einsatz standardisierter Skalen, deren mit Abstand bekannteste die *strange situation* von Ainsworth ist (Ainsworth et al. 1978): Man schafft ein standardisiertes Interaktionsszenario (mit Trennung von Mutter und Kind, Wiederbegegnung usw.), anschließend werden die Reaktionen des Kindes und der Mutter beurteilt und nach verschiedenen Kategorien klassifiziert, die den Grad der Sicherheit des Kindes anzeigen.

Dieser Test – und andere – sind nicht sonderlich schwer zu lehren und durchzuführen. Die Analysen der Ergebnisse sind ziemlich einfach zu gewinnen. Man kann diese Tests also für Untersuchungen verwenden, die auf eine große Zahl von Dyaden und den Einsatz statistischer Analysen ausgerichtet sind.

Darüber hinaus konzentrieren sich Studien, die die Mikroanalyse von Interaktionssequenzen auf der Ebene versteckterer Kategorien erlauben als die, die im Test von Ainsworth beschrieben werden: auf Parameter wie Blickwechsel, Proxemik, Gefühlsausdruck usw. Diese Erhebungen sind so aufwendig und zeitraubend, dass sie nur bei Einzelfallstudien angewendet werden können. Wir verweisen den Leser auf eine mikroanalytische Studie der Blickwechsel und des emotionalen Gesichtsausdrucks zum Fall Martine-Sandra (Bader/Cramer 1991). Diese Studie hat gezeigt, dass eine positive Veränderung des emotionalen Gesichtsausdrucksverhaltens bei Mutter und Kind im Verlauf der Therapie objektiviert werden konnte.

Wir berichten nun über die Ergebnisse, die in der Therapie von Martine und Sandra zur Entwicklung der Symptome und der Interaktionen erzielt wurden – so wie sie mit dem oben beschriebenen Forschungsansatz objektiviert wurden.

1 Symptome

Die Symptome des Kindes werden auf der Grundlage des Berichts der Mutter erfasst, durch Ausfüllen eines Fragebogens, der 84 Fragen zu folgenden Bereichen enthält: Schlaf, Ernährung, Verdauung, Atmung, Haut, Allergien,

Verhalten, Ängste, Trennung, Inanspruchnahme ärztlicher Behandlungen, Veränderungen im Leben des Kindes (Robert-Tissot et al. 1989). Die Fragen zum Thema Schlaf geben einen Überblick über die angewandte Methode: 18 Fragen umfassen die Umgebungsbedingungen des Schlafs, nächtliches Aufwachen, Zeiten und Rhythmus des Schlafs, Mittagsschlaf und Laune beim Aufwachen, das Ritual beim Zubettgehen, Ängste, Albträume sowie die elterlichen Praktiken bei diesen verschiedenen Gelegenheiten.

Der Fragebogen betrifft die quantitative und qualitative Beurteilung der psycho-funktionellen Störungen im Alter von null bis 30 Monaten. Seine Bearbeitung dauert etwa 45 Minuten. In jeder Rubrik werden auf einer Skala von 1 bis 5 Intensität und Häufigkeit des Symptoms angekreuzt. Im Anschluss daran liefert eine statistische Auswertung dieser Angaben die Grundlage zu einer zusammenfassenden Beurteilung, bei der jedes Kind nach einem Index für den Schweregrad seiner Symptomatik klassifiziert wird: 1 bedeutet das Nichtvorhandensein eines Symptoms und 9 den maximalen Schweregrad (der Intensität, Anzahl und Häufigkeit der Symptome zugleich umfasst).

SYMPTOME	E1	E2	E3
Schweregrade 1 = keine Symptome bis 9 = Maximum	8	2	3

E 1 = Beurteilung vor Therapiebeginn
E 2 = Beurteilung eine Woche nach Therapieende
E 3 = Beurteilung sechs Monate nach Therapieende
Tabelle 1

BEURTEILUNG DER SYMPTOME SANDRAS

Bei der Beurteilung in der Voruntersuchung erhält Sandra einen Score von 8, der nahe am Maximalwert 9 liegt.

Bei der zweiten Beurteilung (eine Woche nach dem Ende der Therapie, die sechs Sitzungen gedauert hat) hat sich ihr Score sehr deutlich verbessert: Sie erhält nun den Score 2.

Bei der dritten Beurteilung (sechs Monate später) liegt ihr Score bei 3, was eine gute Stabilität des Symptomrückgangs im Anschluss an die Therapie belegt. Es gibt keinen Hinweis darauf, dass andere sogenannte »Ersatzsymptome« an die Stelle der verschwundenen Symptome getreten wären.

Die Entwicklung dieses besonderen Falles entspricht der Entwicklung der gesamten Forschungspopulation zur Beurteilung der Ergebnisse der gemeinsamen Kurztherapien. Die Behandlung führt zu einer signifikanten Verringerung der Gesamtheit der Symptome. Bei den funktionellen Symptomen zeigen sich die sichtbarsten und dauerhaftesten Veränderungen[14].

2 Die Interaktionen

Die Mutter-Kind-Interaktionen werden zunächst über Videoaufzeichnungen von Standardsituationen erfasst. Dann wendet man die Auswertungsraster von Crittenden und von Ainsworth auf sie an, um zu zusammenfassenden Scores zu gelangen, die Mutter und Kind charakterisieren.

Das Raster von Crittenden (1981) beurteilt die mütterlichen Parameter auf drei Dimensionen: Sensibilität, Kontrolle und Reaktivität. Es beurteilt auch die Parameter des Kindes: unterworfen, schwierig, passiv. Die Beurteilungsskala reicht von 0 bis zu 7. Das Raster von Ainsworth (1974) beurteilt die Sensibilität der Mutter für die Mitteilungen des Kindes auf einer Skala von 1 (sehr unsensibel) bis 9 (sehr sensibel).

Diese beiden Raster erfassen Kategorien, die auf den ersten Blick ziemlich grob erscheinen, als erlaubten sie nur in geringem Maße die Erfassung subtiler Veränderungen in einem Einzelfall. Die erzielten Ergebnisse sind aber doch interessant, wenn sie Tendenzen innerhalb einer großen Anzahl von Dyaden offenlegen, anhand derer der Vergleich von Einzelfällen oder von Untergruppen möglich wird. Wir werden im Folgenden sehen, wie mit dieser Herangehensweise die Entwicklung der Dyade Martine-Sandra in ihrem Vergleich mit der Gesamtheit der Fälle erfasst werden kann.

3 Tabelle der Ergebnisse nach Crittenden

DIE MUTTER

Die Mutter macht Fortschritte in zwei Bereichen: Sie gibt das Übermaß an Kontrolle auf, das ihre Bemühungen um ein Containment oder eine Hemmung der aggressiven Umtriebe ihrer Tochter charakterisiert hatte. Ihre unangebrachten Kontrollaktivitäten gehen insgesamt zurück (wahrscheinlich

---

14 Eine detaillierte Tabelle mit den Durchschnittswerten der Symptomveränderungen in der allgemeinen Population samt Angabe der mittleren Abweichungen und deren Signifikanz findet sich in dem Artikel, der die vorläufigen Ergebnisse darstellt (Cramer et al. 1990).

aufgrund der Rücknahme der Aggressionsprojektion). Dies ist die augenfälligste Veränderung in dieser Interaktion (der entsprechende Score der Mutter fällt bei den beiden Folgebeurteilungen von 5 auf 0).

Außerdem war sie in der ersten Beurteilung Sandras positivem Ersuchen gegenüber als sehr wenig reaktiv beurteilt worden; sie erhielt hier den Score 0, was eine völlige Gleichgültigkeit oder das Fehlen jeglicher Reaktion auf das Ersuchen von Seiten des Kindes bezeichnet. Auf klinischer Ebene manifestiert sich dies in ihrer Unfähigkeit, auf die Liebeserwartungen Sandras zu reagieren und in einer Tendenz, sie auf Distanz zu halten. Bei den beiden folgenden Beurteilungen wird sie als deutlich reaktiver eingestuft und erhält in beiden Fällen einen Score von 3. Diese Veränderung macht sichtbar, dass Martine aus einer Art Lähmung der Gegenseitigkeit im interaktiven Austausch herausgekommen ist.

Die dritte gemessene Dimension wird Sensibilität genannt: Sie bezeichnet den rezeptiven Pol in der interaktiven Gegenseitigkeit. Es handelt sich um die Fähigkeit, die Signale des Kindes aufzunehmen und zu deuten. Auf diesem Gebiet erhält Martine einen hohen Wert, der unverändert bleibt.

Man beachte *en passant*, dass diese Skala davon ausgeht, dass eine Mutter für die Mitteilungen des Kindes empfänglich (rezeptiv) sein kann, obwohl sie gleichzeitig nicht darauf reagiert (nicht-reaktiv ist).

	CRITTENDEN (Maximum = 7)	E1	E2	E3
Mutter	Sensibel	7	7	7
	Kontrollierend	5	0	0
	Nicht-reaktiv	0	3	3
Kind	Kooperativ	6	7	7
	Unterworfen	1	0	0
	Schwierig	0	0	0
	Passiv	3	1	2

E 1 = Beurteilung vor Therapiebeginn
E 2 = Beurteilung eine Woche nach Therapieende
E 3 = Beurteilung sechs Monate nach Therapieende
Tabelle 2

Das Kind

In den Interaktionsmerkmalen verändert sich das Kind weniger als die Mutter: Es wird etwas kooperativer sowie weniger passiv und unterworfen, was gut mit dem klinischen Eindruck eines weniger gehemmten und aktiveren Kindes korrespondiert. In der Dimension »schwierig« kommt es zu keiner Veränderung.

Diese Ergebnisse sind etwas enttäuschend, denn der klinische Eindruck von Veränderung war viel markanter gewesen als der, den die systematische Beurteilung zutage fördert. Dies liegt nicht an einer unpassenden Wahl der Parameter, die mit diesem Test erfasst werden, denn die Dimensionen Submission und Passivität entsprechen tatsächlich klinischen Merkmalen, die für die Beurteilung dieses Falles wesentlich sind.

Mehrere Erklärungen sind möglich: die autosuggestive Wirkung auf den Therapeuten, der am Ende der Therapie gern mehr Fortschritte gesehen hätte als in Wirklichkeit erreicht wurden; die Beurteilungssituation, die dem Reichtum der therapeutischen Situation nicht ausreichend Rechnung trägt; die Unzulänglichkeit der Analyse-Methoden und der Verhaltensbeurteilungen.

Uns ist sehr wohl bewusst, dass diese Werkzeuge nicht fein genug sind und sie eine Veränderung nur dann anzeigen, wenn sie sich auf der Verhaltensebene klar niederschlägt. Unsere Ergebnisse enthalten damit hinsichtlich der Feinheit zwar klare Schwächen, aber dies stärkt andererseits die Validität unserer Ergebnisse als Indikatoren von Veränderung, weil von den eingesetzten Instrumenten nur *sehr starke* Veränderungen erfasst werden.

4 Tabelle der Ergebnisse nach der Sensibilitäts-Skala von Ainsworth

Die Ainsworth-Skala (1974)

Die Ainsworth-Skala (1974) ermöglicht, die Sensibilität der Mutter für diejenigen Informationen einzuschätzen, die vom Kind bei einem Spiel mit und ohne Objekt geliefert werden.

INTERAKTIONEN Mütterliche Sensibilität	E1	E2	E3
+ Spiel ohne Objekt	5	5	7
+ Spiel mit Objekt	3	5	5

1 = unsensibel bis 9 = sehr sensibel

E 1 = Beurteilung vor Therapiebeginn
E 2 = Beurteilung eine Woche nach Therapieende
E 3 = Beurteilung sechs Monate nach Therapieende
Tabelle 3

Es ist festzustellen, dass Martine im Spiel mit einem Objekt nach der Therapie eine höhere Sensibilität zeigt, während ihr Durchschnittswert beim Spiel ohne Objekt unverändert bleibt.

Diese Ergebnisse sind nicht spektakulär (während der Rückgang um 5 Punkte für Kontrolle nach Crittenden spektakulär ist): Sie gehen in Richtung einer leichten Verbesserung, die sich auf einer Dimension sechs Monate nach der Behandlung sogar noch erhöht; dies entspricht ähnlichen Daten anderer Studien, die die Zunahme der Verbesserung nach Ende der Therapie festgestellt hatten.

5 Zusammenfassung

Die spektakulärsten Veränderungen zeigen sich im vorliegenden Fall bei den Symptomen des Kindes. Das erstaunt uns nicht, da eine Vielzahl von Symptomen des Kleinkindes (besonders im Bereich der vielfältigen funktionellen Symptome) auf alle Formen therapeutischer Intervention schnell anspricht.

Außerdem bestätigt der durchschnittliche Symptomrückgang bei unserer Population von 75 Dyaden, dass sich die Mehrzahl der Symptome aller Kinder, die in Therapie genommen werden, signifikant verändern. Um sicherzustellen, dass diese Veränderung nicht auf den Faktor Zeit zurückzuführen ist, haben wir unsere »klinische« Population mit einer Zufallspopulation verglichen. In dieser zweiten Gruppe haben wir über einen Zeitraum von sechs Monaten hinweg keine signifikanten Symptomveränderungen beobachtet. Diese Kontrollgruppe beweist, dass für die Veränderungen tatsächlich die Therapie verantwortlich ist (Robert-Tissot et al. 1991).

Die Interaktionen verändern sich (besonders in der Dimension der mütterlichen Kontrolle), aber diese Veränderungen sind wahrscheinlich deshalb weniger offenkundig als bei den Symptomen, weil sie auf einer subtileren Ebene liegen und nicht der Dimensionalität des »Alles oder Nichts« folgen (ein völliges Fehlen von Sensibilität ist schwer vorstellbar, während man von einem Symptom sagen kann, dass es überhaupt nicht vorliegt). Die bei dieser Forschung verwendeten Instrumente geben zwar Tendenzen an, die für den Gruppenvergleich nützlich sind, aber sie sind noch zu ungenau, um als Grundlage für ein klinisches Urteil auf der Ebene von Einzelfällen dienen zu können. In der Gesamtpopulation sind die Veränderungen dagegen offensichtlicher und liefern oft signifikante Zahlen.

Hinsichtlich der Korrelationen zwischen intrapsychischen Veränderungen der Mutter und Verhaltensänderungen konnte man sehen, dass bestimmte Übereinstimmungen Evidenzcharakter hatten: Die Rücknahme der Aggressionsprojektion durch Martine geht mit einer Verringerung der Tendenz einher, Sandra mit interaktiven Maßnahmen zu kontrollieren, während andere schwach sind: Die Verbesserung der Stimmungslage des Kindes, die auf eine Befreiung von Besetzungen verweisen würde, deren Hemmung überwunden wurde, geht nicht mit einer sehr augenfälligen Verbesserung der Passivitäts- oder Unterwerfungswerte einher.

6 Schlussfolgerungen zu den quantitativen Beurteilungen der Therapieeffekte

Bestimmte Therapieeffekte auf der Ebene von Symptomen und Interaktionen konnten durch die quantitative Studie validiert werden, die den klinischen Eindruck bestätigte. Das stärkt unsere Hypothese, wonach es Korrespondenzen zwischen – durch die Psychotherapie bewirkten – intrapsychischen Veränderungen und objektivierbaren Veränderungen bei den Symptomen, bei bestimmten Interaktionsmerkmalen und im Ausdruck von Emotionen über das Gesicht gibt.

Es bestehen aber nach wie vor erhebliche Schwierigkeiten: Unsere Vorhersagen zu den Wirkungen von Therapie sind mangelhaft. Die Maschen der Raster, mit denen die Interaktionen beurteilt werden, erlauben zwar, die Entwicklung von Daten wie die mütterliche Sensibilität oder den schwierigen Charakter des Kindes zu erfassen, aber es handelt sich hier im Vergleich mit der Feinheit der klinischen Interaktionsbeobachtung nur um grobe Indikatoren. Außerdem können die intrapsychischen Veränderungen, die in den

Augen des psychoanalytischen Psychotherapeuten die wichtigsten sind, aus diesen Beobachtungsdaten nicht extrapoliert werden. Eine engere Korrelierung intrapsychischer und interaktiver Veränderungen würde eine erhebliche Verfeinerung der zu untersuchenden Interaktionsmerkmale und der Methoden ihrer Erfassung erfordern.

Eine andere Schwierigkeit ist ebenfalls erheblich: Ein Forschungsvorgehen – mit all seinen Zwängen hinsichtlich der Objektivierung der Patient-Therapeut-Beziehung – ist mit einem psychotherapeutischen Vorgehen nur schwer in Einklang zu bringen. Jede dieser beiden Vorgehensweisen folgt einer klaren Logik, die oftmals die der anderen ausschließt. Kliniker und Forscher haben oft das Gefühl, gezwungen zu sein, der anderen Seite auf Kosten der eigenen Identität sehr weitgehende Zugeständnisse machen zu müssen. Wir konnten dieses Projekt aber durchführen, ohne in unerträglicher Weise auf unsere professionellen Standards verzichten zu müssen. Kliniker wie Forscher haben dabei viel voneinander gelernt. Allerdings müssen wir feststellen, dass die Forschungsprojekte zur Therapieevaluation, obwohl sie wieder an Interesse gewonnen haben, bis heute wenig Wirkung auf die Gemeinschaft der Kliniker gehabt haben[15]. Wir hoffen, dass es künftigen Studien, die stärker auf den Veränderungsprozess ausgerichtet sein werden, gelingen wird, bei den Klinikern ein stärkeres Interesse zu wecken und bestimmte Vorstellungen und gewohnte Praktiken zu verändern.

---

15 Die Internationale Psychoanalytische Vereinigung organisiert seit 1991 ein jährliches Kolloquium zum Thema Forschung und Psychoanalyse. Siehe dazu auch Band XII 1,1992, der Zeitschrift *Psychotherapien* mit dem Thema: »Die Beurteilung der Psychotherapien«.

Kapitel VII
Katamnestische Beurteilungen und Einzeltherapie des Kindes

I   Die erste Katamnese, 16. März 1989
    (Zehn Monate später)

Zehn Monate nach dem Ende der oben geschilderten Kurztherapie ruft Martine den Therapeuten wieder an. Sie meint, es wäre gut, wenn auch ihr Ehemann einmal zu ihm kommen könne, denn er klagte über fehlende Zuneigung Sandras ihm gegenüber. Martine präzisiert, sie verstehe sich mit Sandra jetzt sehr gut, aber sie würde sich wünschen, dass sich auch die Situation zwischen Tochter und Vater verbessere.

Es kommt daraufhin zu einer Familiensitzung, in der Sandra die Dinge von Anfang an in die Hand nimmt (sie ist zwei Jahre und zwei Monate alt): Sie greift nach dem Spielzeug und bietet es ohne Zögern dem Therapeuten an, der sich bei ihr bedankt. Der Vater sieht dies und wendet sich in einem etwas klagenden Tonfall an seine Tochter: »Und ich?« Sandra stellt ihn zufrieden und gibt ihm ein Spielzeug; wenige Augenblicke später bittet er sie: »Gib' mir einen Kuss!«

Der Therapeut ist vom drängenden Charakter dieser Wünsche nach Zuneigung und von der offensichtlichen Eifersucht des Vaters sehr erstaunt und spricht ihn darauf an. Der Vater erklärt, er habe das Gefühl, dass Sandra ihm Zuneigung vorenthalte: Sie ignoriere ihn und verhalte sich ihm gegenüber sehr schroff, worüber er manchmal sogar weine. »Ich bin nicht eifersüchtig, aber manche Väter sind es«, und er fügt hinzu, er erwarte, dass seine Tochter vor allem mehr Zeichen von Zuneigung zeige. Er liefert dazu den Kommentar, er sei in dieser Frage besonders empfindlich, denn er habe von seinen Eltern überhaupt keine Zuneigung bekommen. Schon in sehr jungem Alter sei er ins Internat gegeben worden.

Er bringt das Thema Eifersucht mit seiner Kindheit in Verbindung: Er hatte damals das Gefühl, sein Vater verbiete ihm den Zugang zu seiner Mutter; später übernahm dann eine Sozialarbeiterin die gleiche Rolle, indem sie seine Unterbringung vorschlug.

Er beschreibt dann ein besonderes Phänomen, das auf sein Gefühl des Ausgeschlossenwerdens verweist: Kaum kommt er nach Hause und möchte mit seiner Frau oder seiner Tochter in Beziehung treten, stellt sich sofort etwas her, was er einen »Kurzschluss« nennt; er fühlt sich vom familiären Beziehungsnetz ausgeschlossen und erlebt ein starkes Gefühl des Verlassenwerdens.

Kommentar

Von der ersten Interaktion an bemerkt der Therapeut die hohe Empfindlichkeit des Vaters bei den Themen Ausschluss und Verlassenwerden. Offensichtlich fühlt er sich überflüssig und beiseite geschoben.

Die Stärke dieses Gefühls frappiert umso mehr, wenn man bedenkt, dass er sich durch ein zweijähriges Kind beiseite geschoben fühlt! Der ödipale Schlüssel dieses Gefühls wird gleich mitgeliefert, zu offensichtlich sogar, und man sieht, dass Sandra als siegreiche ödipale Rivalin besetzt wird. Die ödipale Gegenreaktion des Vaters in Gestalt einer streitsüchtigen Anspruchshaltung ist massiv, und man sieht das Gewicht, das diese Haltung für die Entfaltung von Sandras Ödipuskomplex sicherlich hat. Wie kann sie ein Verlangen nach diesem Vater entwickeln, der von ihr das verlangt, was sie mit Fug und Recht von ihm erwarten könnte? Wie kann sie ihn als Alternative zu ihrer Bindung an die Mutter besetzen, wenn er sie nur mit Vorwürfen empfängt und sie anklagt, ihre Mutter (und den Therapeuten) lieber zu haben als ihn?

Zugleich frappiert die Ähnlichkeit seiner Ansprüche mit denen Martines zu Beginn der Therapie. Beide beklagen sich wie jemand, der verlassen wurde; beide wurden fern von ihren Eltern ins Exil geschickt; beide fordern von ihrer Tochter etwas, was sie nach wie vor von den eigenen Eltern erwarten.

Welch ein Gewicht auf Sandras schmalen Schultern! Muss sie diese Forderungen von zwei Seiten nicht als eine unmöglich erfüllbare Aufgabe erleben? Haben sich ihre Eltern nicht wegen ihrer beider unerfüllter Erwartungen gegenseitig gewählt?

Man kann sogar noch weitergehen: Gründet sich ihr Kinderwunsch nicht vor allem auf die Illusion, dieses Kind könne einen eigenen Mangel ausgleichen? Dies scheint tatsächlich der Fall zu sein, denn jeder der beiden Eltern äußert wie das Echo des anderen seine Enttäuschung über eine Tochter, die ihre Eltern nicht genug liebt.

Die Kurzschluss-Metapher ist uns ebenfalls bereits vertraut. Martine hatte gut demonstriert, wie sie durch Distanzierung systematisch jegliche Tendenz in Richtung zu nahen Kontakts unterbrach (jede Tendenz in Richtung zu »elektrisierenden« Kontakts, um den metaphorischen Stil des Vaters aufzugreifen). Beim Vater, der eine regelrechte Kontaktphobie (zwanghaften Typs) an den Tag legt, hat diese Distanzierung gewichtige Ausmaße angenommen.

Angesichts dessen, was man einen von Vater und Mutter geteilten intrapsychischen Konflikt nennen könnte, kann man nicht anders als beeindruckt sein: Die Abwehrmodi sind symmetrisch und durch Einlegen von Distanz gekennzeichnet, und man fragt sich mit Recht, ob die damit geschaffene psychische und beziehungsmäßige Umgebung nicht eine grundlegende Rolle für Sandras Psychogenese spielt. Wie kann sie diese Mischung von Forderungen nach Zuneigung und von gleichzeitiger Distanzierung miteinander integrieren?

Der Vater schneidet ein weiteres Thema an: das der Gewalttätigkeit (er auch!). In der väterlichen Linie gab es in der Vergangenheit offene Manifestationen starker Gewalttätigkeit, was mit dazu beiträgt, dass er den Ausbruch eigener Gewalttätigkeit fürchtet. So erklärt er: »Wenn ich nach Hause komme, bin ich entnervt und muss erst mal eine Pause einlegen«. Ihm wird klar, dass er aus Angst, seine Kontrolle zu verlieren, den Kontakt unterbricht, und Martine greift mit der Bemerkung ein, aufgrund dieser Rückzugstendenz entgingen ihm viele Gelegenheiten zum Austausch mit Sandra. Dem Therapeuten ist dieses Phänomen im Übrigen auch innerhalb der Sitzung aufgefallen, und er erklärt dem Vater, dass Sandra ihm fünf- oder sechsmal Angebote gemacht habe, ihn gefragt habe, ob sie auf seinen Schoß dürfe, sodass man jedenfalls nicht sagen könne, *sie* vermeide den Kontakt mit ihm. Der Vater ist darüber ganz verwundert und sagt, dies sei das erste Mal, dass sie so viele Wünsche an ihn richte.

Der Therapeut unterstreicht, das Scheitern ihres Austauschs beruhe wohl auf dem Zusammentreffen seiner Furcht vor Kontakt und dem übergroßen Ausmaß seiner Erwartungen an sie (als betrachte er sie als eine Erwachsene).

Angesichts des Ausmaßes der Verlassenheitsthematik, die eine depressive Dimension und eine deutliche Tendenz zum schizoiden Rückzug beinhaltet, sieht der Therapeut diesen Vater ein zweites Mal, um ihm schließlich eine Einzelpsychotherapie nahezulegen.

A posteriori sieht man, wie die Psychopathologie des Vaters zum Bild der Konflikte zwischen Martine und Sandra beigetragen hat. Weil Martine die Defizite im Austausch zwischen Sandra und ihrem Vater nicht entgangen waren, hatte sie ihre Beziehung zu Sandra wohl mit besonderer Intensität besetzen müssen, wie bei ihrem Eingeständnis, »ich könnte sie den ganzen Vormittag über abküssen«. Zugleich dürfte diese kompensatorische Intensivierung der Beziehung zu Sandra auch Schuldgefühle erzeugt haben, führte diese doch zu einem weiteren Herausdrängen des Ehemanns in die Position des ausgeschlossenen Dritten (von dem sie sagte, er sei wie ein Polizist, der ihr verbiete, Sandra zu berühren).

All diese unterschiedlichen Strömungen liefen in der Mutter-Kind-Beziehung zusammen, wobei jede ihren Anteil beisteuerte.

Bei einer Darlegung der pathogenetischen Ursachen ist es nützlich und bereichernd, all diese Daten simultan zu berücksichtigen (die der Mutter, der Interaktion, des Kindes und des Vaters). Die Frage, ob es unter dem Gesichtspunkt der therapeutischen Technik notwendig oder vorteilhaft ist, diese Therapien des frühesten Lebensalters mit beiden Eltern gleichzeitig zu unternehmen, bleibt hier offen. Diese Frage ist von einigem Gewicht: Sie taucht in allen Diskussionen um diese Therapien immer wieder auf.

Das Problem ist zweifacher Natur: Erstens stellt sich eine sowohl soziologische wie theoretische Frage und betrifft den »Platz des Vaters«. Räumt man der Rolle der Mutter in diesen Therapien nicht vielleicht ein zu großes Gewicht ein? Muss man nicht die Symmetrie wieder herstellen und den Vater von vornherein in die Therapie miteinbeziehen?

Wir geben dazu hier eine Teilantwort, die Vertiefung erfolgt in den theoretischen Kapiteln: Der Platz des Vaters ist sowohl ein metaphorischer wie ein realer, und dafür, dass der »Platz des Vaters« tatsächlich besetzt ist, reicht es noch nicht aus, dass er in Fleisch und Blut präsent ist.

Zweitens kann man sich auf der Grundlage der dargestellten Behandlung die therapietechnische Frage stellen, ob das ganze Material zur Aufrechterhaltung von Distanz und Grenzen gegen die inzestuöse Grenzüberschreitung auch in Gegenwart des Vaters ans Tageslicht gekommen wäre.

Wäre alles nicht stärker auf Beschwerden und Anklagen an die Adresse des Ehemannes anstatt an die der inneren Objekte der Mutter hinausgelaufen, wenn er zugegen gewesen wäre?

Unsere Antwort lautet, dass uns das oben dargelegte Material in diesem Fall sicher entgangen wäre, sodass es dann zu einer anderen Form von Therapie mit Auftauchen anderer Themen gekommen wäre.

Die Entscheidung wird also vom Auftraggeber getroffen: Kommt die Mutter allein mit dem Kind, so deshalb, weil sie es so wünscht, und dieser Wunsch wird respektiert.

In anderen Fällen möchten beide Eltern kommen; sie wollen beide an der Behandlung mitwirken, und dann wird diesem Wunsch Rechnung getragen. Zusammenfassend lässt sich sagen, dass die Nachfragenden vorbewusst wissen, was sie brauchen. Sie schneiden sich die Form der Behandlung, an der sie teilnehmen möchten, entsprechend zurecht. In den Kapiteln zur Theorie der Technik werden wir dieser Fragestellung systematisch nachgehen.

II Die zweite Katamnese (14. Juni 1990) und Sandras Einzeltherapie

Wir sehen Sandra im Alter von drei Jahren und elf Monaten wieder. Vier Monate zuvor hat ihre Mutter ein kleines Mädchen bekommen: Sie ruft an, weil Sandra aggressiv und übererregt ist.

Als wir Sandra sehen, scheint sie uns in einem Konflikt zu stecken, der bereits in der gemeinsamen Therapie sichtbar geworden war: Entweder versucht sie, nach dem Körper der Mutter zu greifen, indem sie sich an sie drückt, oder – ganz im Gegenteil – sie entfernt sich und geht in Distanz zum Objekt ihres Besitzstrebens. Ihr Spiel ist gut symbolisiert, aber es dominieren aggressive Themen wie Zerbrechen oder Beißen.

Wir entscheiden dann, Sandra in Einzeltherapie zu nehmen, und zwar im Wesentlichen aus drei Gründen:

➢ Ihr Erregungsniveau hindert sie daran, ihr depressives Erleben nach Ankunft der jüngeren Schwester zu verarbeiten;
➢ wir befürchten, dass die Aggressivität, die durch die Rivalität mit dem Baby ausgelöst wird, zu einer Wiederaufnahme der sadomasochistischen Aspekte der Mutter-Tochter-Beziehung führt;
➢ schließlich waren wir auch sehr neugierig, die Natur der intrapsychischen Abläufe dieses Kindes in Erfahrung zu bringen; vor allem wollten wir wissen, was auf der Ebene von Sandras Identifizierungen aus den Projektionen der Mutter geworden war.

1 Die Therapie

Im Verlauf dieser Therapie mit einer Sitzung pro Woche zeigt Sandra auf symbolischer Ebene eine gute Assoziationsfähigkeit neurotischen Typs. Es ist äußerst spannend, den Ablauf der beiden ersten Sitzungen im Einzelnen nachzuvollziehen, denn es lässt sich an ihnen das Aufkommen von Fantasiethemen erkennen, die detailgenau die Kratzfantasien wieder aufgreifen, die in der gemeinsamen Therapie zwei Jahre zuvor zwischen Martine und Sandra eine Rolle gespielt hatten.

2 Auszüge aus den beiden ersten Sitzungen[16]

ERSTE SITZUNG

Sandra: »Tuuut ..., ein Mann macht tuut ... Gestern Abend hatte Papa Fußweh, und Sandra wollte ihrem Vater ein Küsschen geben«.

Es folgt eine Assoziationskette, die zur Rivalität mit dem Neugeborenen führt und die der Therapeut mit Bezug auf die Thematik des Ausgeschlossenseins deutet.

Sandra beruhigt sich daraufhin und will all die schönen Bilder zeigen, die sie gemalt hat; sie kommentiert sie und lacht dabei über die langen Striche, die sie gezeichnet hat und die sie mit »Kikis« assoziiert. Die »Kikis« der Jungen, und dann sagt sie, das sei Papas langer Kiki! Weiter sieht man eine »missglückte« Mutter, eine Maus, »die die Blumen anknabbert«, einen Lehrer und eine Spinne, die Sandra nachts belästigt.

Therapeut: »Was hat Sandra denn getan, dass sie von der Spinne so bestraft wird?«

Sandra: »Sie schlägt ..., manchmal beißt sie«. Dann erzählt sie die Geschichte der Spinne, die sie nachts belästigt, und spielt die Szene.

Sandra: »Siehst du, die Spinne kratzt mich so im Gesicht ... Mit ihren kleinen Füßen, und ich rufe Mama ...›Mama, die Spinne hat mich im Gesicht gekratzt‹. Aber Mama schläft, dann kommt sie und schlägt nach der Spinne ...«.

Therapeut: »Und was wird dann aus der Spinne ...?«

Sandra: »Sie ist traurig, sehr traurig, die Spinne ..., aber sie kratzt Sandra im Gesicht, manchmal beißt sie Sandra auch in die Hand ... «

Therapeut: »Die Spinne macht das so wie Du, als Du klein warst und Mama Chloé in ihrem Bauch hatte?«

Sandra: »Ja, so ist es wohl, also Du wirfst die Spinne weg und tötest sie – einverstanden?« – »Weißt Du, Sandra hat jetzt ein großes Bett, weil Sandra kein Baby mehr ist ..., manchmal weint sie, damit sie nachts ihre

---

16 Wir danken Frau Dr. Dora Knauer, die uns ihre Behandlungsnotizen zur Verfügung gestellt hat.

Mutter sehen kann, aber wenn Mama weint, möchte Sandra nicht auf ihren Schoß ...«

Therapeut: »Und weißt Du, warum Deine Mutter manchmal weint?«

Sandra: »Manchmal ist sie traurig, meine Mama, weil Sandra nicht auf ihren Schoß wollte«.

Therapeut: »Es ist nicht immer leicht zwischen Dir und Deiner Mama, und manchmal bis Du ein bisschen böse auf Deine Mutter?«

Sandra: »Manchmal böse auf Mama ..., das ist ja was ...«

Auszug aus der zweiten Sitzung

Nach einer Diskussion über die Kikis der Jungen und einer Überlegung Sandras »Sie sind nicht stärker – die Jungs mit ihren Kikis« findet sie eine Babypuppe und eine Mutterpuppe und sagt:

Sandra: »Sandra verhaut das Baby und die Mama ..., sie sind nicht lieb, wegen des Stillens ...«, und dann lachend: »Sandra hat den Kopf der Mutter umgedreht«.

Therapeut: »Du möchtest so stark sein wie die Jungens und Mama und das Baby bestrafen, weil Du eifersüchtig auf das Baby bist, Du willst auch die Brust bekommen, nicht?«

Sandra: »Ja, eifersüchtig ..., weil Mama böse ist, ganz böse, weil ...«

Therapeut: »Weil Mama Chloé bekommen hat?«

Sandra: »Ja! Nur Mama ist böse, nicht Chloé, Chloé ist lieb«.

Therapeut: »Vor was hast Du denn so Angst gehabt, als Mama Chloé bestellt hat?«

Sandra: »Ich habe Angst vor der Spinne gehabt ..., vor der Spinne, die kratzt ...«

Therapeut: »Du warst so böse auf Deine Mama, dass die Spinne gekommen ist, um Dich zu bestrafen, weil Du so böse geworden warst?«

Sandra: »Weiß nicht ..., manchmal sagt mir meine Mutter: ›Sandra ist böse‹ ...«

Therapeut:« Ach ja ..., und das tut Dir weh?«

Sandra: »Ja, das tut mir weh«.

Dann will sie malen und zeichnet unter anderem Schlangen, »für die Kinder gefährliche Schlangen«.

Therapeut: »Gefährlich für die Kinder, die auf ihre Mutter böse sind?«

Sandra: »Nein, sie sind gefährlich für die Mütter, sie beißen ...«

Dann spricht sie von der bösen Mutter, die Chloé beißt, während sie, Sandra, Chloé in ihre Arme nimmt und ihr liebevoll zu essen gibt.

Kommentar

Die Therapie beginnt mit einem eindeutig ödipalen Thema, das von Ambivalenz geprägt ist (dem Vater, der Fußweh hat, ein Küsschen zu geben), sobald aber der Therapeut das Thema Rivalität angeht (Rivalität mit der kleinen Schwester, die den ganzen Raum einnimmt), führt die Besetzung des Bildes vom väterlichen Penis zum Auftauchen einer beunruhigenden Über-Ich-Repräsentanz: der Spinne, die im Gesicht kratzt, als Strafe für ihre Aggressionen gegen die Mutter. Die depressive Reaktion wird auf die weinende Spinne verschoben, die ein verdichtetes Bild ihrer eigenen Aggression und Traurigkeit angesichts der Feststellung ist, dass ihre Mutter darüber weint und sie nicht auf den Schoß nehmen will.

Man ahnt, dass die Spinne eine Verdichtung mehrerer Ebenen ist: Sandras Aggression und deren Kosten auf der Ebene des Über-Ichs, ein Bild der vereinten Eltern, die sie bedrohen, der beneidete Kiki und das zerstörerische Baby.

Insgesamt handelt es sich um ein klassisches Material aus der ödipalen Phase und dem ödipalen Konflikt mit gut ausgebildeten Vorstellungen und einer Problematik, die im neurotischen Bereich bleibt.

Die Fortdauer des Themas der Kratzspuren

Am meisten gibt uns aber die dauernde Wiederkehr des Themas »Kratzen« zu denken, zumal das Objekt des Kratzens sehr genau bezeichnet wird: das Gesicht. Dieses Thema ist so prägnant, dass es im Lauf der Therapie immer wieder auftaucht.

Eine solche Zentrierung auf eine Vorstellung legt uns den Gedanken nahe, dass die zentrale Konfliktthematik und ihre Form auf der Ebene der symbolischen Vorstellungen durch eine dementsprechende Konstellation in der Mutter vorgebahnt worden sind, von der Martine zwei Jahre zuvor ja auch gesprochen hatte, als sie Sandra vorwarf, sie im Gesicht zu kratzen.

Man spürt, dass Sandra auf der Konfliktebene in einer Ambivalenz zwischen dem Wunsch zu beißen und dem äquivalenten Wunsch steht, auf dem Schoß ihrer Mutter zu sitzen und den Körper der Mutter wieder in Besitz zu nehmen. Dieses Hin und Her zwischen dem Wunsch nach dem Körper der Mutter (und dem Penis des Vaters) und der Vermeidung dieses Wunsches, um die Mutter vor ihrer Aggression zu schützen, steckt hinter Sandras Agitiertheit.

Dieser Komplex hatte von Beginn der Interaktionen an zwischen beiden eine Rolle gespielt: Martine brachte Sandra auf Abstand, sobald sie sie als eine Bedrohung für ihren Körper empfand. Die ödipale Rivalität, die mit der

Schwangerschaft aufgekommen war, organisierte sich auf der Grundlage des entsprechenden Konflikts der Mutter, um dann dessen aktuelle Version mit Sandra hervorzubringen. Man kann sich vorstellen, dass sich Sandra mit der Projektion der Aggression durch die Mutter und anschließend auch mit deren Abwehr durch Vermeidung von Körperkontakt identifiziert hat, wobei sie dann Beiträge aus ihrer eigenen präödipalen und ödipalen Trieborganisation hinzufügte.

Aber nicht nur der Konfliktinhalt hat sich auf diese Weise in die psychische Organisation des Kindes eingepflanzt. *Die Form* der Fantasie – im Gesicht zu kratzen – folgt ebenfalls der Mutter-Tochter-Linie. Man kann sich vorstellen, dass sich die Ausbildung der Fantasie des Kindes um eine Schlüsselvorstellung herum kristallisiert hat, die von der Mutter weitergegeben worden war. Diese Weitergabe erfolgte in wiederholten Interaktionen, in denen sie ihr Gesicht zurückzog, wenn Sandra sich näherte, und über die Erzählungen, in denen die Mutter die Angst andeutete, das Gesicht verkratzt zu bekommen.

Man könnte sogar an eine zeitliche Ausdehnung der Nachträglichkeit denken (wie von B. Golse 1991 vorgeschlagen wurde), bei der eine erste mythische Zeit der Ohrfeige entspricht, die Martine ihrer Mutter gegeben hatte, gefolgt von einer zweiten Zeit mit Martines Mahnung an ihre Tochter »Kratz' nicht!«, um dann zur aktuellen neurotischen Version bei Sandra zu kommen, die die kombinierte Vorstellung einer beißenden Spinne ausbildet.

ENTWICKLUNG DER THERAPIE

Es kommt recht schnell zu einer Beruhigung der aggressiven Erregbarkeit Sandras, parallel dazu konstatiert man eine deutliche Ödipalisierung des Materials. Die aggressiven Krisen sind spürbar zurückgegangen, und Sandra hat im Lauf der Therapie begonnen, ihre Lernaktivitäten stärker zu besetzen.

III Schlussfolgerungen

Dieser Fall ist unter anderem deshalb von Interesse, weil er aufzeigt, wie in einer Krise anlässlich der Geburt einer Schwester ein von Mutter und Tochter geteiltes Konfliktthema wieder aufbricht.

Die gemeinsamen Therapien im frühen Lebensalter machen derartige Transmissionen von Fantasien über projektive und identifikatorische Mechanismen sichtbar, deren Präzision wir hier vor uns sehen. Das Thema des Kratzens wird als ein übertragbarer Signifikant erkennbar, der eine Vorstellung determiniert, die wiederum die Triebökonomie des Kindes strukturiert. Wir konnten sehen, wie dieses Thema durch drei Generationen hindurch unverändert blieb.

Katamnesen dieser Art ermöglichen uns auch, im Nachhinein die Wirkungen der Mutter-Kleinkind-Kurztherapien zu erörtern. Die hauptsächlichen Wirkungen der gemeinsamen Kurztherapie im Fall Martine-Sandra lagen in der Aufhebung der zwanghaften Projektion von Aggression auf das Kind. Dies wirkte sich auf mehreren Ebenen aus:

1. In einer Veränderung in den mentalen Vorstellungen der Mutter. Martine konnte ihr Kind nun libidinös betrachten, was sie für die Zuneigungswünsche Sandras empfänglicher machte. Die Interaktion ist gegenseitiger und lebendiger geworden.
2. In einer Beendigung der Aggressionsvorwürfe, was ein Verschwinden der körperlichen Vermeidungshaltungen durch Distanznahme gegenüber dem Kind sowie der Schutzmaßnahmen bei körperlicher Annäherung von Seiten Sandras nach sich zieht.
3. Bei Sandra stellt man eine Aufhebung der Hemmung in Gestik und Mimik fest, was wir als eine Belebung der auf die Mutter gerichteten Triebbesetzungen interpretiert haben. Die zuvor subdepressive Sandra ist lebendiger und in ihren Besetzungen reicher geworden.

Diese Belebung durch Aufhebung der Hemmung hat den Ausdruck von Zuneigung möglich gemacht, aber auch den von Aggressionen, was auf der Ebene der Therapieergebnisse nicht unterschätzt werden sollte.

Bei der Geburt ihrer kleinen Schwester hat sich Sandra nicht in jene subdepressive Immobilität zurückgezogen, die anfangs für sie charakteristisch gewesen war. Wir haben eine Psychotherapie empfohlen, weil uns Martines besondere Verwundbarkeit durch aggressive Äußerungen einer Tochter ihrer Mutter gegenüber bekannt war.

Darüber hinaus zeigt diese Entwicklung, dass die von beiden geteilte Fantasie einer Aggression gegen den Körper der Mutter durch die gemeinsame Therapie nicht zerfallen war, denn man findet einen Abkömmling dieser Fantasie bei Sandra in der Krise um die Geburt einer kleinen Schwester herum wieder. Derartige Transmissionen von Themen können also in bestimmten Fällen *von der frühesten Lebenszeit an* dauerhafte Prägungen hinterlassen. Wir konnten diese Feststellung bereits in anderen prospektiven Studien treffen (Abella 1991).

Der Effekt der ersten Therapie hat zwar eine Aufhebung der Hemmung im Austausch zwischen Mutter und Kind und im Ausdruck von Trieben aufseiten Sandras möglich gemacht, aber die Prägung durch das projektive

Thema der Mutter findet sich doch zwei Jahre später in Sandras Fantasieleben noch wieder.

Zur Begrenztheit der gemeinsamen Therapien im frühen Lebensalter muss also anerkannt werden, dass man weder das Ausmaß vorhersagen kann, in dem die elterlichen Projektionen in das Kind eindringen, noch wie diese nachträglich in die psychische Ökonomie des Kindes aufgenommen werden.

Aus diesem Grund ist es wichtig, Katamnesen vorzusehen, die eine Evaluierung von Dauerhaftigkeit oder Diskontinuität dieser projektiven Einflüsse ermöglichen. Es ist übrigens festzuhalten, dass es auch in analytischen Therapien schwer vorherzusehen ist, was aus den unbewussten Konfliktkonstellationen werden wird, und nicht selten findet man deren Spur wieder, wenn uns ein Patient lange nach dem Ende seiner Behandlung wegen einer späteren Dekompensation noch einmal konsultiert.

Kapitel VIII
Die symptomatische Interaktionssequenz (SIS): zwischen Intrapsychischem und Interagiertem

Die Gegenüberstellung zwischen intrapsychischen Gegebenheiten (insbesondere der Mutter) und interaktiven Abläufen (in der realen oder sichtbaren Interaktion) ist das originellste Element im Setting der Mutter-Kleinkind-Therapien. Der Therapeut ist bei den Austauschprozessen zwischen Mutter und Kind und zwischen Mutter, Therapeut und Kind zugegen (und nimmt an ihnen in gewissem Umfang teil), während er zugleich dem Diskurs der Mutter zuhört. Er ist also in der Lage, das Auftauchen konfliktbehafteter Fantasiethemen und interaktiver Ereignisse wahrzunehmen, die die Vorstellungen der Mutter entweder dementieren (im Fall einer Projektion, die dem Kind Eigenschaften zuschreibt, die nicht zu der Wahrnehmung »passen«, die der Therapeut vom Kind hat) oder die durch die sichtbaren Abläufe ein zentrales Fantasiethema bestätigen.

Die Aufmerksamkeit des Therapeuten teilt sich also ständig auf und richtet sich zum einen auf Elemente des Diskurses und und zum anderen auf solche der Interaktion. Wir nennen dies die »bifokale« Herangehensweise: Der Therapeut muss ebenso viel sehen wie hören. Die Bedeutung, die damit dem Blick zukommt, unterscheidet diese Therapien von jenen, die sich nur an einen einzelnen Patienten richten. Die Entwicklung des Einsatzes von Videoaufnahmen in den gemeinsamen Therapien zeugt von der besonderen Wichtigkeit einer visuellen Erfassung des Ablaufs der Sitzungen.

Der klinische Eindruck des Therapeuten orientiert sich gleichzeitig an den beiden Richtungen seines Beobachtens: Das Wesen des zentralen Konflikts zwischen Mutter und Kind wird vor allem durch den mütterlichen Diskurs offengelegt; ausgetragen wird dieser Konflikt ebenso sehr durch verbale wie durch Verhaltensäußerungen. Innerhalb der therapeutischen Situation können die interaktiven Verhaltensäußerungen als Emanationen von Ängsten, Konflikten und insbesondere von Abwehrmaßnahmen betrachtet werden. Man wohnt einer Materialisierung psychischer Inhalte bei, vergleichbar der Aktualisierung einer Fantasie durch eine Agierhandlung innerhalb einer Analyse oder den Haltungen, die auf eine Charakterstruktur verweisen.

Der interaktive Austausch macht darüber hinaus die Natur dessen sichtbar, was man Bindung nennen kann, und zwar auf dem Weg über die reziprok aufeinander bezogenen Handlungen, die als Derivate intrapsychischer Objektbeziehungen betrachtet werden können.

Der Kliniker wird der Beobachtung bestimmter Modalitäten der Interaktion den Vorzug geben: Der Therapeut interessiert sich in erster Linie für die Natur der gegenseitigen Erwartungen und die Reaktionen auf diese Erwartungen. Man beobachtet, mit welchen Mitteln und auf welchen Wegen die Erwartung erzeugt wird (Stimme, Blick, Berührung, Mimik, etc.); man geht ihrer Intensität nach, ihrer Häufigkeit, ihrer Zufälligkeit oder Nicht-Zufälligkeit, dem Zeitpunkt ihres Auftretens im aktuellen Kontext, ihrer Adäquatheit oder – im Gegenteil – Paradoxie. Das Ansinnen kann in libidinöser oder aggressiver Weise formuliert sein. Es kann positiv (und den Austausch fördern) oder negativ sein (und die Fortsetzung des Austauschs verbieten). Von entscheidender Bedeutung sind aus dieser Perspektive die Kriterien, mit denen sich die Proxemik beschäftigt.

Die Reaktion des Partners auf das Ansinnen an ihn führt zu folgenden Fragestellungen: Trifft es auf Annahme oder Vermeidung, Zustimmung oder Zurückweisung? Kommt es zu einer Neubelebung oder zu einer Auslöschung des Ansinnens? Kommen beide Partner abwechselnd zu Wort? Gibt es vor der Reaktion eine Latenzzeit?

Die Untersuchung dieser Austauschprozesse ermöglicht die Erfassung der Rezeptivität des Partners, der Bedeutung, die er dem Ansinnen an ihn gibt, und ganz allgemein der Natur der gerade stattfindenden Kommunikation.

Wenn ein Konflikt in die gegenseitigen Erwartungen eingreift, erkennt man dies an Vermeidungshaltungen und Verboten (von Nähe zum Beispiel) oder an einer ängstlichen Fixierung auf ein Interaktionsthema (beispielsweise die Nahrungsaufnahme). Der konflikthafte Fantasieinhalt, der in Form eines Ansinnens an den anderen herangetragen wird, kann durch eine Haltung von Vermeidung oder Zurückweisung abgeblockt werden; wiederholt sich die Abfolge von Nachfrage und Zurückweisung immer wieder, weist dies auf das Vorliegen eines Konflikts hin, dessen phantasmatischer Inhalt sich im Diskurs der Mutter oder des Kindes (sofern es sich ausdrücken kann) offenbart.

Vor allem Unterbrechungen im Austausch, Vermeidungen und Verbote weisen auf der Verhaltensebene auf die Aktivierung von Abwehrvorgängen hin, die die Aufmerksamkeit des Klinikers auf das Vorliegen eines Konflikts lenken, der diesen Phänomenen zugrunde liegt.

Zeichen für eine Pathologie der Interaktion, auf die der Therapeut besonders achten muss, sind im Allgemeinen Abbrüche im Ausdruck von Erwartungen, gescheiterte Sequenzen von geäußerten Erwartungen und Antworten darauf, Störungen in der Harmonie der Austauschprozesse und Brüche in der Kommunikation. Man kann diese Phänomene im Allgemeinen als Folge von Gegenbesetzungen deuten, die mit intrapsychischen Abwehraktivitäten zusammenhängen. Wenn die Interaktion durch agierte Abwehräquivalente dieser Art gekennzeichnet ist, kann der Therapeut das Auftauchen eines intrapsychischen Konflikts besser wahrnehmen, weil er auf die interaktive Sphäre übergegriffen hat.

I Interaktion und Deutung

Das Erkennen einer solchen »Materialisierung« von Abwehraktivität auf der Interaktionsebene ist nützlich für die Deutungsarbeit: Der Therapeut muss das Auftauchen dieser Aktualisierung aufgreifen können und es der Mutter als agiertes Korrelat ihrer intrapsychischen Abwehr deuten. Besonders einfach ist dies, wenn es zu einem zeitlichen Zusammentreffen zwischen dem Aussprechen einer konflikthaften Fantasie durch die Mutter und der Aktualisierung der dazugehörigen Abwehr auf der Ebene einer Vermeidung, eines Verbots oder eines Kontaktabbruchs kommt, das heißt zu einem Interaktionssymptom. Wir werden im Folgenden Beispiele solcher Koinzidenzen liefern, wenn wir symptomatische Interaktionssequenzen beschreiben.

Besonders hervorzuheben ist die therapeutische Durchschlagskraft einer Deutung, die in direktem zeitlichem Zusammenhang mit einer konfliktbedingten Interaktionsstörung gegeben wird. Wenn eine Mutter sehen kann, dass sie – ohne es bewusst zu wollen – eine Vermeidung von Austausch agiert und man dies unmittelbar mit einem intrapsychischen Konflikt in Verbindung bringen kann, den sie in ihren verbalen Assoziationen offengelegt hat, wird man Zeuge einer Bewusstwerdung, die oft größere Wirkung entfaltet als eine Deutung, die sich allein auf die intrapsychische Ebene beschränkt hätte, ohne deren Auswirkung auf das interaktive Verhalten aufzuzeigen. Bestimmte Techniken der Einwirkung auf die Mutter-Kind-Dyade greifen übrigens zur

Vorführung von Videoaufzeichnungen der Mutter-Kind-Interaktionen, um eine solche Bewusstwerdung auszulösen (diese Technik wird insbesondere bei stärker pädagogisch ausgerichteten Herangehensweisen praktiziert. Sie müssen immer von Kommentaren des Therapeuten begleitet sein, um die Mutter während dieses Prozesses der Selbstwahrnehmung, der traumatisierend sein kann, zu unterstützen).

Wir haben die besondere Rolle hervorgehoben, die die Interaktionsäquivalente von Abwehraktivitäten als bevorzugtes Objekt der Aufmerksamkeit des Therapeuten spielen, aber auch als agierte Illustration, die zur Deutung herangezogen werden kann. Agierte Gegenbesetzungen dieser Art behindern die freie Entfaltung der Austauschprozesse in der Tat am meisten.

Es gibt aber nicht nur die agierten Abwehräquivalente, die die Interaktion tragen und zu Interaktionspathologien führen. Sämtliche Bestandteile der intrapsychischen Konflikte der Mutter und des Kindes infiltrieren die Austauschprozesse und prägen die Interaktionen. Triebe, Fantasien, Abwehrprozesse, Über-Ich, Ich-Ideal, Charakterhaltungen: All diese Elemente, die insbesondere bei der Mutter erkennbar sind, prägen den Stil der Interaktion; sie müssen in den Assoziationen der Mutter und in deren Niederschlag auf der Interaktionsebene erkannt werden. (Bei den schweren Pathologien dominieren hier Besetzungsschwächen, Agierhandlungen oder gar wahnhafte Verzerrungen der Interaktion.)

1 Die symptomatische Interaktionssequenz

Die Gesamtheit dieser Faktoren, sofern sie sich gleichzeitig im mütterlichen Diskurs und in einer interagierten Aktualisierung zwischen Mutter und Kind manifestieren, bildet das, was wir die symptomatische Interaktionssequenz (SIS) genannt haben. Es handelt sich dabei um eine Mischstruktur, in der ein Kernkonflikt der Mutter – der in ihrer Rede zum Ausdruck kommt – und dessen Aktualisierung in einem typischen repetitiven Interaktionspattern zusammenfallen. Es handelt sich um ein zu zweit agiertes Symptom, in dem sich intrapsychische und interpersonelle Anteile auf der Interaktionsebene miteinander verzahnen. Eine solche Sequenz ist die fokalisierte Ausdrucksform jenes Konflikts, der der Ausbildung des Leitsymptoms zugrunde liegt. Sie wird deshalb vom Therapeuten als ein fruchtbarer Moment benutzt, der sein Verständnis des zentralen Problems präzisiert, seine Überzeugung stärkt und seine Deutungen ausrichtet.

Der fokalisierende Charakter der Sequenz ist das Äquivalent des »Herdes«, der in der Theorie der Kurztherapie mit Erwachsenen oft diskutiert wird (Malan, Sifneos, Gilliéron). Man findet diesen Begriff auch in den Arbeiten Luborskys zur Evaluierung der Ergebnisse konventioneller Psychotherapien: Er entwickelte das Konzept des *Core Conflictual Relationship Theme* (des basalen Beziehungskonfliktthemas), das auf eine Kernstruktur zurückverweist, die den Grundkonflikt widerspiegelt – den vornehmlichen Gegenstand der Deutungen.

Der Begriff der Fokalisierung hat übrigens sein Äquivalent in der psychoanalytischen Theorie des neurotischen Symptoms, das einen Kompromiss darstellt, der eine ganze Reihe psychischer Elemente integriert (und fokalisiert). Die psychodynamische Konzeption des Konflikts gründet sich gerade auf die erwähnte Wirkung des Aufeinandertreffens verschiedener gegensätzlicher Kräfte, wodurch in der psychischen Struktur ein »Herd« erzeugt wird.

Die Originalität der symptomatischen Interaktionssequenz besteht aber darin, dass sich der erwähnte integrierende und fokalisierende Effekt auf der Ebene des Austauschs zwischen Mutter und Kind abspielt, wobei die Interaktion zur beobachtbaren Oberfläche dieses Vorgangs wird, zum Agieraspekt des ihr zugrunde liegenden Konflikts der Mutter.

DEFINITION

Die symptomatische Interaktionssequenz ist eine wiederkehrende Struktur im Austausch von Mutter und Kind, in deren Fokus die Pathologie der Dyade steht, die mit einem zentralen Konflikt der Mutter in kausaler Verbindung steht. Sie ist das interagierte (und interpersonelle) Korrelat eines intrapsychischen Konflikts. Sie ist im therapeutischen Setting beobachtbar, entsprechende Phänomene sind aber auch im Alltagsleben auffindbar. Die Deutung dieser Sequenz stützt sich auf die verbalen Äußerungen in den Assoziationen der Mutter und auf die Art des Verhaltens zueinander.

Nehmen wir beispielsweise den Fall von Martine und Sandra, mit dem der Leser bereits vertraut ist. Das zentrale Problem ist hier bekanntlich die Aggression, die Martine ihrer Tochter zum Vorwurf macht. Die symptomatische Interaktionssequenz zentriert sich um die Frage dieser Aggression und deren Auswirkungen auf die Interaktion.

Wir wollen jetzt versuchen, eine SIS in der ersten Sitzung zu beschreiben, indem wir zunächst eine Beschreibung des »Interaktionsklimas« dieser Sitzung bis zum Aufkommen dessen liefern, was wir SIS nennen. Der Leser kennt bereits den verbalen Inhalt dieser Sitzung, das Wesen des oder der zentralen Konflikte und die Richtung der Deutungen.

Nun geht es darum, die Erfassung dieser psychischen Inhalte durch eine Beschreibung der mit ihnen korrespondierenden Interaktionen zu komplettieren. Man muss eingestehen, dass dieser Übergang vom Verbalen zum Agierten, vom Hören zum Sehen nicht leicht ist. Die psychodynamischen Therapeuten bevorzugen ihrer Tradition gemäß die verbale Ebene und die Untersuchung des Inhalts; für die Beobachtung von Verhaltensweisen haben sie wenig Orientierungspunkte und zu deren Verständnis keine systematische Theorie. Die Verhaltensbeobachtung hat in bestimmten psychoanalytischen Kreisen übrigens eine schlechte Presse, zum großen Teil wegen der reduktionistischen Übertreibungen, die auf das Konto der Vertreter der Ich-Psychologie und bestimmter »Beobachter« gehen, die einen übertriebenen psychologischen »Realismus« und eine Tendenz zur Dekodierung von Verhaltensweisen mit einer Begrifflichkeit mutmaßlicher unbewusster Inhalte betrieben haben[17].

Es gibt außerdem eine gewichtige technische Schwierigkeit: Die verbale Schilderung der Interaktionen reduziert die außerordentliche Komplexität dessen, was bei aufmerksamer wiederholter Betrachtung einer Videoaufzeichnung wahrgenommen werden kann, in geradezu verstümmelnder Weise. Verbal am schwierigsten wiedergegeben werden kann die Rolle der Zeitdimension: Die Abfolge der Wortwechsel sowie die Gleichzeitigkeit von Produktionen (des Kindes und der Mutter) sind verbal unmöglich wiederzugeben. Die Komplexität, die das Auge in einer Abfolge von Bildern mit einem Blick erfassen kann, wird in der Narration reduziert (es sei denn, man erstellt eine parallele Beschreibung der verschiedenen Bestandteile der Interaktion, der Mutter und des Kindes, sowie eine Art Tabelle, die von oben nach unten den Zeitablauf wiedergibt sowie jeden Parameter in einer Spalte für sich). Erinnern wir uns an die Vielfalt der beobachteten Parameter: Proxemik, Austausch von Blicken und physischen Kontakten, Charakteristika der Stimme, Körperhaltung, Rollenübernahme, Intensität der Erwartungen sowie deren Kontingenz und

---

17 Der Artikel von Esther Bick »Remarques sur l'observation des bébés dans la formation des analystes« ist sehr aufschlussreich hinsichtlich des Gebrauchs, der von der Beobachtung gemacht wird, um die Begründetheit einer bestimmten bevorzugten Theorie zu illustrieren (und dadurch zu beweisen). Alle von ihr zitierten Beispiele betreffen Situationen des Stillens und dienen als Beleg zur Illustration der Theorie der Beziehung zur Brust (Teilobjekt) als »basaler Beziehungseinheit« und des frühen Auftretens von Spaltungsprozessen. Die französische Fassung dieses Artikels erschien in Heft 12 des *Journal de la psychanalyse de l'enfant* (Editions Bayard 1992), dessen verschiedene Beiträge sich mit der Bedeutung, aber auch den Grenzen der Beobachtung mit der Bick-Methode beschäftigen. Zu einer kritischen Betrachtung der »direkten« Beobachtung siehe auch B. Cramer (1979): »Quelques supposés de l'observation directe«. *Nouvelle Revue de Psychanalyse*, 19.

Qualität. Diese Liste ließe sich beliebig verlängern, so zahlreich sind die Variablen, die eine Rolle spielen können.

Trotz dieser Schwierigkeiten (die man durch Einsatz von Videotechnik umgehen kann) wollen wir versuchen, wenigstens einige der Dimensionen der Interaktion in ihren charakteristischsten Aspekten zu beschreiben, wobei wir Parameter wählen, die die Grundproblematik zwischen Martine und Sandra am besten illustrieren.

Wir werden uns auf die Proxemik und die körperbezogenen Erwartungen konzentrieren, die von Sandra ausgingen, wobei wir wissen, dass Martines Klage die Aggression des Kindes gegen ihren Körper betrifft. Wir berücksichtigen dabei auch die Maßnahmen, die von Martine ergriffen wurden, um sich gegen diese Aggressionen zu schützen (Vermeidungen, Verbote, etc.), und wir werden versuchen, die Veränderung dieser Verhaltensweisen im Zeitverlauf aufzuzeigen, um die Handlungskette mit ihren Rollenübernahmen, Initiativen und Folgen deutlich werden zu lassen, kurz gesagt: um den Interaktionsablauf darzustellen. Die chronologische Dimension wird anhand einiger Zeitangaben verdeutlicht, die im Text angeben, zu welchem Zeitpunkt der Sitzung dieses oder jenes Ereignis auftritt.

BESCHREIBUNG

Diese Beschreibung ist, wie man sehen wird, eine Auswahl von Interaktionselementen, denn es können nicht alle Details der Interaktion berichtet werden, ohne Gefahr zu laufen, den Leser damit ganz und gar einzuschläfern. Die Auswahl erfolgt nach dem Sinn, der durch die Kenntnis der zugrunde liegenden Konflikte gestiftet wird. Eines der Ziele dieser Beschreibung besteht darin, das generelle Klima der Sitzung herauszuarbeiten, sowie den Hintergrund, von dem sich die symptomatische Interaktionssequenz abhebt, der wir dieselbe Aufmerksamkeit zukommen lassen wie dem Auftreten eines Symptoms innerhalb einer Sitzung in der Kurzpsychotherapie. Wir greifen dazu auf die erste Sitzung zurück, weil sie dem Leser am besten bekannt ist.

Zu Beginn der Sitzung hat Martine Sandra auf ihren Schoß genommen, wobei sie den Rücken des Kindes an ihren linken Arm lehnt; Sandra hat so die Möglichkeit, den Therapeuten oder das Gesicht ihrer Mutter anzusehen, wenn sie den Kopf in die entsprechende Richtung wendet. Von Anfang an richtet Sandra einige prüfende Blicke auf den Therapeuten, gefolgt von Blicken ins Gesicht ihrer Mutter, der sie zulächelt. Sandra ist sehr ruhig, quasi unbeweglich, während Martine ihre Klagen über die Aggressivität und ihre Schwierigkeiten mit Sandra ausbreitet.

Wir lassen nun in geraffter Form die Handlungsfolge noch einmal Revue passieren, die zur symptomatischen Interaktionssequenz führt.

Ab der sechsten Minute der Sitzung kommt Sandra in Bewegung und richtet sich in unterschiedlicher Form an Martine: Sie greift nach einem Band, das am Pullover ihrer Mutter befestigt ist, und manipuliert auf mehrerlei Weise daran herum; sie zieht daran, nimmt es in den Mund, steckt es ins Ohr, bis Martine nach vier Minuten dieses Spiels erklärt: »He, mein Pullover wird ja schön aussehen danach!« und den Versuch unternimmt, das Spiel mit dem Band zu verbieten. Sandra ändert ihre Annäherungstaktik, zieht an Martines Brille, wogegen sich letztere verwahrt. Das Spiel mit den Bändern hört auf, und Sandra kommt genau in dem Augenblick mit einem Finger in das Gesicht seiner Mutter, als diese von der Erinnerung an die Ohrfeige spricht, die sie ihrer Mutter gegeben hatte, und noch hinzufügte: »Sie hatte meine fünf Finger auf der Wange«. Sandra zieht ihren Finger zurück und führt ihn dann an die eigene Wange (das Zusammentreffen zwischen dem, wovon die Mutter spricht, und Sandras Verhalten in dieser Passage ist frappierend).

Sandra scheint sich in Passivität zurückzuziehen, während Martine ausführlich von ihrer Trauer spricht, von ihren Eltern getrennt zu sein. In dieser Zeit (ungefähr vier Minuten) inspiziert Sandra neunmal fragend das Gesicht ihrer Mutter. Martine, die stark mit ihrer Erzählung beschäftigt ist, reagiert sehr wenig auf Sandra, die sich nun in einer neuen Aktivität versucht: Sie spielt mit ihrem Stiefel, lässt ihn fallen, beugt sich herab – wie um ihn zu suchen –, und Martine sagt zu ihr: »Nein, der bleibt jetzt auf dem Boden ... Du wirst noch herunterfallen, wenn Du dich zu sehr vorbeugst«.

Was nun folgt, entspricht dem, was wir »symptomatische Interaktionssequenz« nennen; sie beinhaltet im Einzelnen:

26'20" Sandra huscht mit ihrem Finger ins Gesicht ihrer Mutter.
26'24" Martine sagt zu Sandra: »Fast hättest Du mich da gekratzt!«
27' Sandra beginnt, mit ihrem Fuß zu spielen. Martine kommentiert die Szene, in der sie beinahe gekratzt worden wäre, mit der Erklärung, sie rechne immer mit Vergeltungsaktionen seitens Sandra und beklagt sich dann, Sandra sei nie zärtlich zu ihr.
27'30" bis 27'40" Sandra geht mit ihrem Finger an Martines Unterlippe, die ihr sagt: »Du kratzt! Kratz nicht! Streichele Mama, streichele. Streichle mich!«
27'44" Martine drückt Sandras Finger weg und zieht ihr Gesicht zurück.
27'55" Sandra beginnt von Neuem, Martines Gesicht mit ihrem Finger 15 Sekunden lang zu explorieren.

28'15" Sie führt ihre Hand in ihr eigenes Gesicht.
28'24" Sie nimmt das Band wieder in die Hand.
28'30" Sie beugt sich vornüber und sucht mit ihrem Blick ihren Stiefel.
28'50" Martine fragt sie: »Du willst runter? Du willst, dass ich Dich da auf den Teppich setze?« Sie fragt den Therapeuten, ob sie ihre Tochter auf den Boden setzen darf, was sie dann ausführt. Sandra wird auf den Boden gesetzt, den Rücken der Mutter zugekehrt, 30cm von deren Füßen entfernt.
(Ende der SIS)
29'10" Sandra hat sich nach ihrer Mutter umgedreht, nähert sich ihr, bis sie einen ihrer Schuhe berührt.
29'14" Martine zieht den Schuh zurück und geht wieder auf 30cm Abstand zu Sandra.
29'30" Sandra beginnt daraufhin, mit dem Teppich zu spielen.
29'46" Sandra rutscht zu ihrer Mutter, berührt einen Schuh, den Martine sofort wieder zurückzieht.
30' Sandra spielt daraufhin wieder mit ihrem Stiefelchen. Die weiteren 30 Minuten über bleibt Sandra am Boden, spielt in stereotyper Weise mit ihrem Stiefel, den sie offenbar wieder anzuziehen versucht. Dieses Spiel ist eintönig und vollzieht sich in Einsamkeit, denn es kommt zu keinem Austausch mit Martine mehr – außer in einer Episode, in der Martine nach einem Ballon greift und Sandra ihn ihr aus den Händen nimmt.

Kommentar

Ein allgemeiner Eindruck zeichnet sich ab: Zwischen Mutter und Kind gibt es relativ wenig Austausch. Das Kind bringt viel mehr Anfragen zum Ausdruck als die Mutter, und man hat den Eindruck, dass Sandra sich ausgiebig in Nebenaktivitäten ergeht, weil Martine sich wenig reaktiv zeigt: Zunächst im Spiel mit dem Band, das eine Form von Körperkontakt mit der Mutter auf dem Weg über einen zwischengeschaltetes Objekt ist, dann folgt das Spiel mit dem Stiefelchen, das allerdings in Sandras eigenem Bereich bleibt, die Mutter spielt dabei keine Rolle mehr. Es sieht so aus, als beschäftige sich Sandra mit diesen Objekten, weil sie bei der Mutter keinen Widerhall findet. Der klinische Eindruck wird durch die erwähnte Asymmetrie in der Interaktion bestimmt: Man hat den Eindruck, dass Sandra vorsichtige Bemühungen unternimmt, Martine zu beanspruchen, dass sie dabei aber oft scheitert und dann im Sinne eines schizoiden passiven Rückzugs in relativ leere Aktivitäten versinkt. Sandras

Mimik ist übrigens wenig ausdrucksstark; sie plappert nur sehr wenig vor sich hin. Man gewinnt den Eindruck eines subdepressiven Bildes.

Man beachte, dass von den elf Äußerungen, die Martine im Verlauf der beschriebenen Interaktion an Sandra richtet, fünf ausdrückliche Verbote und zwei Anklagen sind (»Mein Pullover wird ja ganz schön aussehen!«, wobei sie sich auf das Zerstörungswerk bezieht, das Sandra gerade ausführt; und »Fast hättest du mich da gekratzt«). Man kann diese Äußerungen als negativ betrachten, insofern sie die Aktivität des Kindes blockieren und den gegenseitigen Austausch unterbrechen. Negative verbale Konnotationen herrschen vor und korrespondieren mit den Interaktionsvermeidungen und dem Umstand, dass sich die Mutter der Teilnahme an der Interaktion verschließt.

Die Verbote und Anklagen gehen oft mit einer Vermeidungsbewegung einher (beispielsweise dem Zurückziehen des Gesichts): Es besteht also eine Koinzidenz zwischen einer Äußerung und einem ihr entsprechendem Verhalten; dies betrachten wir als das zentrale Element der SIS.

II Intrapsychisches und Interagiertes

Was definieren wir in dieser Sitzung als SIS? Einerseits hätte man folgendes Profil hervorheben können: Erwartungen von Sandra, Gewaltvorwurf durch Martine, Verbot oder Vermeidung durch Martine und dies in zahlreichen Sequenzen der Sitzung. Andererseits gibt es aber einen besonders fruchtbaren Augenblick, in dem sich die Äußerungen der Mutter (die den Konflikt, die Fantasien und Projektionen offenlegen) und deren Korrelate in der Interaktion miteinander verbinden.

Dazu kommt es zum Zeitpunkt einer Dramatisierung der Interaktion, die in der Anklage gipfelt »Fast hättest Du mich da gekratzt!«, die der ganzen SIS Sinn verleiht. Obwohl es immer schwierig zu entscheiden ist, wo der Beginn einer Sequenz liegt (denn man kann immer auch noch frühere Prädeterminanten finden), kann man die Dinge so sehen, dass eine symptomatische Interaktionssequenz beginnt, als Sandra wiederholt Martines Gesicht inspiziert. In den großen Linien sieht die Sequenz folgendermaßen aus: Die wiederholte Suche nach dem Gesicht der Mutter weist auf eine Kontakt- oder Austauschabsicht hin (die mit einem Triebwunsch korrespondiert, den wir nur postulieren können). Martine antwortet auf dieses Insistieren nicht.

Es kommt dann zu einer Steigerung von Sandras Anträgen (in Verhalten und Stimme) und von mütterlichen Verboten bis zum Zeitpunkt der aktiven physischem Kontaktnahme durch Sandra (dem Finger im Gesicht), was zur Anklage führt (»Du kratzt«), gefolgt von Distanzierung.

Wir betrachten diesen Moment als das Ende der SIS, weil das »Minidrama« zu seinem Ende kommt und der Austausch unterbrochen wird. Die Schaffung von Distanz stellt sich als agierte Auswirkung eines Abwehrprozesses bei Martine da: Gegen Sandras »Angriff« richtet Martine Distanz auf, die zur Beendigung der Interaktion führt.

Subtilere, »weniger lärmende« Versionen der Sequenz von Kontaktgesuch (durch das Kind) und Distanzierung (durch Martine) treten eine Minute später auf, als Martine nach der Berührung durch Sandra ihren Fuß zurückzieht.

1 Deutung der SIS

In Form einer Frage an Martine liefert der Therapeut dann eine Art Deutung dieser Sequenz. Er fragt sie, ob sie das Kind auf den Boden gesetzt habe, weil sie von dessen »Aggressionen« genug gehabt habe: Er »deutet« die SIS also unter der Perspektive, dass Martine aufgrund der von ihr wahrgenommenen Aggressionsabsicht zurückgewichen ist. Er legt nahe, dass diese Distanznahme aus dem Wunsch folgt, sich vor Sandra schützen zu wollen. Und die Chronologie der Interventionen des Therapeuten zeigt, dass er darauf vorbereitet war, eine Deutung dieses typischen Austausches mit Bezug auf die früheren Beziehungskonflikte Martines mit *ihrer* Mutter vorzunehmen: Etwa zweieinhalb Minuten nach dem Ende dieser Sequenz macht der Therapeut einen ersten Versuch, eine Verbindung zwischen der Gegenwart und Vergangenheit herzustellen: »Sie sehen zwischen Ihnen beiden bereits den Keim einer konflikthaften Beziehung wie der zu ihrer Mutter«.

Man kann sagen, dass der Therapeut die symptomatische Interaktionssequenz wie folgt dechiffriert hat: Aufseiten Sandras steigt der Wunsch nach mehr Austausch (ein besserer Begriff dafür fehlt uns), was ein Ansteigen der Frustration darüber nach sich zieht, dass die Mutter nicht disponibel ist. Als die Nachfrage von Seiten des Kindes eine bestimmte Schwelle überschreitet (Sandra setzt ihre Stimme ein und bewegt sich), antwortet Martine mit einem Verbot, was Sandra dazu veranlasst, ihren Wunsch durch die Hand im Gesicht der Mutter noch zu steigern und zu präzisieren. Diese Geste wird sofort als Äquivalent der Szene verstanden, in der Martine einst ihrer eigenen Mutter eine Ohrfeige gegeben hatte, und die Tochter wird projektiv wahrgenommen: Eine Tochter (Sandra) schlägt ihre Mutter (Martine). Diese innere Vorstellung ist für Martine unerträglich. Sie muss die Tochter an den Pranger stellen und das Szenario unterbrechen, was sie in Form einer Anklage und in Verhaltensmanövern tut: im Zurückziehen des Gesichts und des Fingers und etwas später dann in der Schaffung von Distanz zwischen Mutter und Tochter. Diese (Abwehr-)Technik entspringt ebenfalls der Geschichte der Mutter, die mehrere Distanzierungen von Seiten ihrer Eltern erlebt hat.

Beziehungssuche, die als Gewalt gedeutet wird, gefolgt von Distanzierung, das ist der Komplex, der den Kern des interpersonellen Konflikts bildet, der in dem beschriebenen Interaktionsszenario kulminiert, und die symptomatische Interaktionssequenz umfasst diesen Komplex. Sie richtig zu erfassen, ist für eine präzise Deutung ganz entscheidend. Zum Beispiel hat sich der Therapeut auf diese Sequenz bezogen, um die Wichtigkeit der Szene »eine Tochter ohrfeigt ihre Mutter« mit all den dazugehörigen Schuldgefühlen zu unterstreichen, aber auch die zentrale Rolle der Distanzschaffung zwischen Müttern und Töchtern als defensiven Ausweg. Der hauptsächliche therapeutische Gewinn einer genauen Erfassung der SIS besteht darin, dass sie die Dechiffrierung des gegenwärtigen Konflikts zwischen Mutter und Tochter in Begriffen eines alten Konfliktes zwischen der Mutter und ihrer eigenen Mutter ermöglicht. Man beleuchtet so gleichzeitig die gegenwärtige Interaktionspathologie *und* einen Konfliktknoten der Mutter mit ihren inneren Objekten. In diesem Sinne nutzt man die gegenwärtige Beziehung zwischen Mutter und Kind wie die Übertragung in der Einzeltherapie: Der aktuelle interpersonelle Konflikt »wiederholt« einen alten intrapsychischen Konflikt.

Man kann sagen, dass die SIS eine Dramatisierung eines zentralen Konfliktes der Mutter ist, der in der Interaktion zwischen Mutter und Kind reinszeniert wird und bei der das Kind eine Rolle zu übernehmen hat. Die reale (oder sichtbare) Interaktion macht den Inhalt des Konflikts deutlich (hier die Angst vor einer sadomasochistischen Beziehung zwischen Mutter und Tochter) und offenbart die Wirkung der Verhaltenskorrelate der intrapsychischen Abwehren der Mutter. Die häufige Wiederholung solcher Sequenzen führt zu einer Interaktionspathologie, deren unmittelbare Auswirkungen auf das Kind mit Händen zu greifen sind. Man muss auch unterstellen (selbst wenn es sich hier um eine etwas gewagte Extrapolation handelt), dass diese Interaktionspathologie zur psychischen Strukturierung und Ätiopathogenese der Symptome des Kindes beiträgt. Im Falle Sandras haben wir uns nach den Auswirkungen der Anklagen wegen ihrer angeblichen Gewalttätigkeit – verbunden mit Strafen in Form von Kontaktabbruch und Distanzierung – auf Sandras Trieb- und Über-Ich- Entwicklung sowie auf ihre Identifizierungen gefragt.

Die Katamnese nach dreieinhalb Jahren enthält Elemente einer Antwort auf diese Frage: Sandra erlebt nun intensive Aggressivität auf den Körper ihrer schwangeren Mutter, eine Aggressivität, die sie auf intrapsychischer Ebene in Form einer Spinne symbolisiert, von der sie – in einer erstaunlich präzisen Wiederaufnahme der Ängste, die ihre Mutter vor ihr gehabt hatte – im Gesicht gekratzt wird.

2 Der Effekt der Koinzidenz

Eine gewisse Mystik umgibt die Frage der Kommunikation des Unbewussten der Mutter mit dem Kind: Manche Darstellungen erwecken den Eindruck, das Baby habe (von Geburt an) direkten Zugriff auf das Unbewusste der Mutter, als ob seine sprachliche und kognitive Unreife – dank einer Art Intuition im Rahmen der primären Identifizierung – den Zugang hierzu erleichtern würde. Françoise Dolto war wohl der Auffassung, das Baby könne die Sprache der Mutter »verstehen«.

Obwohl wir dieser Vorstellung sehr zögernd gegenüberstanden, hat uns die klinische Erfahrung Situationen von Koinzidenz zwischen dem Aussprechen eines Konflikts oder einer Fantasie durch die Mutter und einer Form (agierter) Bestätigung durch das Kind gezeigt, *als ob* letzteres auf den ausgesprochenen psychischen Inhalt reagierte.

Der Leser wird sich erinnern, dass es im Lauf der oben beschriebenen Interaktion einen Moment gab, in dem – während Martine sehr bewegt von den Abdrücken ihrer Finger auf der Wange ihrer Mutter sprach – flüchtig einen Finger zum Gesicht ihrer Mutter führte und dann *sich* an der Wange berührte.

Die zeitliche Koinzidenz und Überlagerung des von der Mutter geschilderten Bildes und der Geste des Kindes sind zumindest etwas irritierend.

Nehmen wir ein anderes Beispiel: Zu Beginn der zweiten Sitzung erklärt Martine, sie wolle, dass Sandra sich von ihr loslöse und macht dann einen Versprecher: »Sie muss abhängiger werden ..., ich wollte sagen unabhängiger«. Ihre Assoziationen und ihr Versprecher verweisen also auf einen Konflikt zwischen Abhängigkeit und Unabhängigkeit, wobei die gewünschte Unabhängigkeit auf einen Abwehrversuch zurückgeht.

Während dieser Zeit nähert sich Sandra, die zu Beginn der Sitzung auf den Boden gesetzt worden war, unmerklich. Martine arbeitet an ihrer Befürchtung, Sandra könne sich zu sehr an sie binden und darüber unglücklich werden. In diesem Moment ist Sandra in Reichweite des Fußes ihrer Mutter angelangt und berührt sie gerade dann, als der Therapeut Martine fragt: »Wohin könnte uns das führen (diese Abhängigkeit)?« Worauf Martine antwortet: »Es könnte sein, dass sie alleine nicht zurechtkommt«, wobei sie ihren Stuhl zurückzieht und ihren Fuß aus der Reichweite Sandras bringt.

Wir können nicht bestätigen, dass Sandra dechiffrieren konnte, dass ihre Mutter mit einem Abhängigkeitskonflikt befasst war, aber wir konstatieren eine chronologische Koinzidenz zwischen dem Aussprechen des Konflikts und seiner handlungsmäßigen Darstellung (seiner Materialisierung in der Interaktion) zwischen den beiden Protagonisten, die ihn mit dem Wunsch nach Annäherung (der die Abhängigkeit des Kindes illustriert) und einer defensiven Distanzierung seitens der Mutter in Szene setzen. Diese kurze symptomatische Interaktionssequenz nimmt dank der Koinzidenz zwischen dem Aussprechen eines Konflikts durch die Mutter, dem kindlichen Drängen, das ihn weiter anheizt, und dem distanzschaffenden Verhalten Gestalt an. Der dritte Protagonist interveniert dann, um die Koinzidenz zu deuten, die für den Therapeuten einen ganz besonderen Wert im Sinne einer Bestätigung hat, die seine Deutungsaussage möglich macht.

Unserer Auffassung nach sind diese Koinzidenzen zu häufig, um einfach nur Früchte des Zufalls sein zu können. Sie werfen aber zumindest zwei Fragen auf:
1. Existieren diese Koinzidenzen vielleicht nur im Kopf des Therapeuten, dessen Gegenwart und Deutungsabsicht die Mutter-Kind-Dyade unter Druck setzt, damit diese Begegnungen einen Sinn bekommen?
2. Gibt es in den Funktionsabläufen zwischen Mutter und Kleinkind in den ersten Monaten eine besondere Durchdringungskraft des kommunikativen Gewichts für den Komplex »Gesprochenes/Verhalten« der Mutter? Gibt es beim kleinen Kind eine größere Rezeptivität für die physischen Korrelate der psychischen Inhalte der Mutter? Hat das kleine Kind insbesondere vielleicht eine selektive Aufmerksamkeit für mimische Ausdrucksweisen, verbale Interaktionen, Rhythmus und Intensität der Gesten, körperliche Entfernung und Annäherung, etc.? Sollte das kleine Kind etwa in der Lage sein, Formen (der Stimme, der Mimik etc.) als Inhalte zu deuten?

Man könnte diese Liste von Fragestellungen verlängern; sie führen alle zu einer zentralen Hypothese für die Psychiatrie des frühen Lebensalters: Konstruiert das Baby auf der Grundlage spürbarer Botschaften, die von seiner Mutter und Angehörigen erzeugt werden, einen Sinn? Unsere Erfahrung hat uns überzeugt, dass ein derartiger Prozess in den Interaktionen am Werk ist, und unser Ehrgeiz geht dahin darzulegen, mit welchen Mitteln und über welche Mechanismen sich diese Sinnproduktion zu zweit vollzieht.

Im Bereich des kommunikativen Potenzials der sogenannten realen (oder sichtbaren) Interaktion könnten die Forschungen zur Interaktion und den »Kompetenzen« des Babys für die Theorie der frühen psychischen Strukturbildung Sinn bekommen.

Die Untersuchung der Interaktionen interessiert uns, weil über sie eine Prüfung der Hypothese einer Semantifizierung reziproker Verhaltensweisen möglich ist. Mit diesem Ansatz scheint uns die Koinzidenz zwischen einem zentralen intrapsychischen Konflikt der Mutter und dessen Ausdruck auf der Ebene der symptomatischen Interaktionssequenz eine fruchtbare Forschungsrichtung für den analytisch orientierten Kliniker werden zu können.

Dritter Teil
Klinische Illustration: Zusammenhänge zwischen den Konflikten der Eltern und der Psychopathologie des Kindes

Einführung

Die Therapieberichte illustrieren, auf welche Art und Weise ein bestimmter Konflikt der Eltern die Psychopathologie des Kindes mitbestimmt. Man wird sehen, dass die psychotherapeutische Technik davon abhängt, wie man diese gegenseitige Durchdringung auffasst.

Ein zusammenfassender Therapiebericht mit einer Analyse der Interventionen des Therapeuten wird vorgestellt, gefolgt von einer Katamnese, die über den weiteren psychischen Werdegang des Kindes Auskunft gibt. Die Falldarstellung bietet eine detaillierte Illustration zum Beitrag der unbewussten Fantasien der Mutter zur Anbahnung der Form, die die Kindheitsneurose ihrer Tochter annimmt.

Kapitel IX
Verschiebung unabgeschlossener Trauer auf das Kind

I Einführung

Der folgende Fall illustriert, wie mit einem zentralen Herd umgegangen wird, der sowohl mit einem zeitlich wenig zurückliegenden Ereignis als auch mit der Kindheitsneurose der Mutter zu tun hat. Man sieht daran, wie der Therapeut die Deutung der Symptome des Kindes und des kritischen Ereignisses im Lichte der Rekonstruktion bestimmter infantiler Konflikte einsetzt.

Als Reaktion auf einen Hirnschlag ihres Vaters entwickelte die Mutter einen depressiven Zustand, als ihre Tochter Marie fünf Monate alt war. Man wird sehen, dass dieser depressive Zustand, der zuvor mit Antidepressiva behandelt worden war, im Lauf von fünf Sitzungen gemeinsamer Therapie aufgehoben wird, was zugleich zu einem Verschwinden der Symptome des Kindes (Schlafstörungen und Wutanfälle) und zu einer Veränderung der Mutter-Kind-Interaktion führt.

In einer Katamnese konnte verifiziert werden, dass diese Verbesserung von Dauer war. Dabei wurde auch die Übernahme von Fantasien, die für die psychische Organisation der Mutter zentral waren, *durch das Kind* festgestellt.

II Erste Sitzung

Frau R. kommen wegen ihrer eineinhalbjährigen Tochter Marie, die Wutanfälle produziert, besonders aber Schlafstörungen zeigt, in die Sprechstunde: Sie hat große Schwierigkeiten einzuschlafen und wacht in der Nacht mehrmals auf. Diese Schwierigkeiten haben vor zwei Monaten langsam angefangen, als die

Tochter 15 bis 16 Monate alt war. Das einzige Element, das nach Aussage der Mutter den Schlaf des Kindes hätte stören können, ist der Umstand, dass ihr Ehemann in einer anderen Stadt zu arbeiten begonnen hatte. In dieser Zeit kam es vor, dass er in manchen Nächten nicht zu Hause schlief.

Als wir die Umstände des ersten Auftretens der Symptome näher erforschen, signalisiert uns die Mutter, dass sie vor zwei Monaten einen »Nervenzusammenbruch« gehabt hatte. Sie war dann depressiv, schlief sehr schlecht, hatte jeglichen Appetit verloren und weinte schnell, denn – präzisiert die Mutter – sie habe die Krankheit ihres Vaters sehr schlecht verkraftet. Fünf Monate nach Maries Geburt hatte dieser einen Hirnschlag erlitten, aufgrund dessen er zum Zeitpunkt der Therapie sowohl motorisch als auch mental stark behindert war. Ihre eigene Mutter hatte ebenfalls eine reaktive Depression entwickelt.

Im Lauf dieser Überlegungen wird Frau R. klar, dass sie zur Zeit der Krankheit ihres Vaters oder kurz danach auch begonnen hat, die beiden Kinder einer Nachbarin zu hüten. Es handelt sich um ein Mädchen und einen Jungen. Letzterer macht ihr Probleme, denn er zeigt sich sehr an sie gebunden, was ihre Tochter eifersüchtig macht.

Man sieht eine Verbindung zwischen dem Auftreten der Depression von Frau R. und Maries Symptomen, die sich wohl in den Rahmen der Begleitumstände einer pathologischen Trauer nach dem Verlust des unbeschädigten Bildes des Großvaters einfügt. »Mein Vater ist aus dieser Krankheit sehr reduziert hervorgegangen. Man kann mit ihm nicht diskutieren ...« – »Von Kindheit an war ich sehr an meinen Vater gebunden. In letzter Zeit erinnert er sich zeitweise nicht mehr daran, wie ich heiße«. – »Ich kann einfach nicht hinnehmen, was ihm passiert ist ..., und doch muss man ihm helfen«. Im Zusammenhang mit der Trauer um das Bild ihres Vaters hat sie einen depressiven Zustand entwickelt: »Ich habe angefangen, alles nur noch schwarz zu sehen, nachts sehr schlecht zu schlafen, kaum noch zu essen, etc., und das seit mindestens zwei bis drei Monaten«.

An dieser Stelle interveniert der Therapeut zum ersten Mal und bietet ihr eine Hypothese zum Beginn der Symptome des Kindes an. Er bedeutet ihr, dass sie gesagt habe, die Schlafprobleme ihrer Tochter hätten mit den nächtlichen Abwesenheiten ihres Ehemanns zu tun, – wahrscheinlich, weil sie die Krankheit ihres Vaters ebenfalls wie eine Abwesenheit erlebt, da er nicht mehr derselbe ist. Sehr bewegt antwortet sie: »Ihn so zu sehen tut mir so weh, dass ich mich oft frage, warum er nicht gestorben ist! Ich habe verrückte Gedanken!« Und Tränen laufen ihr über die Wangen.

Therapeut: »Dieser Gedanke scheint ihnen starke Schuldgefühle zu machen«.

Mutter: »Sehr starke« (sie wischt sich die Tränen ab).

Therapeut: »Sie haben sich wegen Gedanken dieser Art als so böse empfunden, dass dies sicher nicht nur zu ihrem depressiven Zustand beigetragen hat, sondern auch zu der Angst, ihrer Tochter könne etwas passieren – so wie ihrem Vater«.

Die Mutter stimmt zu; seit zwei Monaten ist sie von dem Gedanken besessen, ihre Tochter könne sterben. Nachts geht sie in Maries Zimmer, um nachzusehen, ob sie schläft, ob sie noch lebt oder ihr etwas zugestoßen ist. Mit diesen Äußerungen und Reflexionen gelangen wir an das Ende der ersten Sitzung.

In dieser ersten Sitzung zeigt sich die Tochter recht gehemmt und während fast des ganzen Gesprächs ihrer Mutter sehr nahe. Sie scheint ganz auf die traurigen Gefühle und die Befürchtungen ausgerichtet, die ihre Mutter ihr gegenüber hat. Nach 20 Minuten nähert sie sich dann aber doch den Spielzeugen und exploriert sie. Schließlich nimmt sie einen Ball, kickt ihn ganz geschickt und läuft ihm im Praxisraum nach. Die Mutter kommentiert, ihr Ehemann spiele Fußball, sodass er es auch gewesen sei, der der Tochter beigebracht habe, so gut zu schießen. Nach ihrem Fußballspiel und dem Ball-Nachlaufen, was bis zum Ende der Sitzung dauerte, zeigt sich die Tochter deutlich entspannter. Sie spricht ohne Schwierigkeiten – nur mit ihrer Mutter – und benutzt dabei ein recht reiches Vokabular. Allerdings quittierte sie auch die Kommentare des Psychotherapeuten mit einem Lächeln.

1 Kommentar zur ersten Sitzung

Die Hauptschwierigkeit bei diesem Fall war, aus den depressiven klinischen Phänomenen, die mit Antidepressiva behandelt wurden, eine Problematik pathologischer Trauer herauszuarbeiten. Das Problem bestand darin, dass sich die Trauer nicht auf ein *verstorbenes* Objekt bezog, sondern einerseits auf die physischen und geistigen Schäden, die der Großvater erlitten hatte, und andererseits auf die intensiven Schuldgefühle wegen der bewussten Todeswünsche ihm gegenüber. Sein Tod wäre Frau R. lieber gewesen als die Aufgabe, sich um einen »Halbtoten« kümmern zu müssen.

Frau R.s pathologische Trauer resultiert aus ihrer Tendenz, den Gesundheitszustand ihres Vaters zu verleugnen (»ich kann einfach nicht hinnehmen, was ihm passiert ist …, und doch muss man ihm helfen«). Hieraus erklären sich auch die Schlafstörungen ihrer Tochter: Die Mutter hat die Imago ihres todkranken Vaters auf ihre Tochter projiziert und überprüft nachts zwanghaft deren Zustand, wobei sie den Schlaf stört. Die Fantasie der Mutter, die Tochter habe wohl gegenüber ihrem Vater ein Verlustgefühl erleben müssen, zeigte dem Therapeuten an, dass der Herd der Problematik in der unabgeschlossenen Trauer in Bezug auf den Großvater lag.

Am Ende dieser ersten Sitzung bleiben allerdings mehrere Elemente rätselhaft: Inwiefern hat der Umstand, dass die Mutter andere Kinder zu beaufsichtigen begonnen hat – und insbesondere einen Jungen, der ihre Tochter eifersüchtig machte – zum Auftreten der Symptome bei Mutter und Tochter beigetragen? Welches waren die infantilen Wurzeln der so starken Schuldgefühle dieser Mutter ihrem Vater gegenüber? Warum betrachtete sie diese Gedanken als verrückt und musste sie auf Kosten eines depressiven Zustands verleugnen?

Trotz der anfänglichen Verständnisschwierigkeiten, vor die uns dieser Fall stellte, ermöglichte die Herausarbeitung der mütterlichen Problematik einer ungelösten Trauer (über die schwere Behinderung ihres Vaters) dem Psychotherapeuten, eine gemeinsame Therapie von Mutter und Kind ins Auge zu fassen. Nach der ersten Intervention des Psychotherapeuten zeichnete sich die Indikation für einen solchen therapeutischen Eingriff bereits ab.

Er verband dabei die Hypothese der Mutter, wonach die Schlafstörung ihrer Tochter mit der Abwesenheit des Vaters zu tun habe, mit der Trauerproblematik angesichts des Zustands ihres eigenen Vaters. Das Auftreten starker Gefühle und die assoziative Antwort der Mutter, die die Deutung bestätigte, zeigen uns sowohl ihre Einsichtsfähigkeit wie ihre Aufnahmebereitschaft dem Therapeuten gegenüber. Eine solche Aufnahmebereitschaft für die Deutungsangebote des Psychotherapeuten gehört in den Rahmen dessen, was wir als positive Vorübertragung bezeichnet haben. Eine Vorübertragung war von Beginn der Unterredung an sichtbar geworden. Trotz ihres depressiven Zustands begab sich die Mutter gern auf die Suche nach persönlichen Elementen, die den Schlafproblemen ihres Kindes einen Sinn verleihen könnten. Diese Bereitschaft hat im Therapeuten eine positive Gegenreaktion ausgelöst.

Die zweite Intervention des Therapeuten zeigt die Intensität der Schuldgefühle der Mutter wegen der Todeswünsche ihrem Vater gegenüber auf. Diese Deutung wirkt entlastend auf die Schuldgefühle und reduziert so die toxische Wirkung der »verrückten Gedanken«.

Da die Mutter die Existenz solcher Schuldgefühle bestätigt und diese Aussage sie erleichtert (sie trocknet ihre Tränen), geht der Therapeut das Risiko ein, eine dritte Deutung zu geben. Er bedeutet ihr, ihr depressiver Zustand sei eine Folge der Tendenz, diese Schuld sühnen zu wollen, damit sie sie dann verleugnen könne. Die Mutter bestätigt diese Deutung mit Assoziationen dazu, warum es notwendig sei, den Gesundheitszustand ihrer Tochter nachts zu überwachen. Diese Antwort macht sehr deutlich, dass ein psychotherapeutischer Prozess bereits gut in Gang gekommen ist. Andere Indizien für einen therapeutischen Effekt werden durch das Verhalten der Tochter geliefert. Sie ist aus ihrer anfänglichen umfassenden Gehemmtheit herausgetreten, in der sie nahe bei ihrer Mutter geblieben war, und entfaltet nun ihre sprachlichen und vor allem motorischen Fähigkeiten, indem sie ihre Geschicklichkeit beim Fußballspielen demonstriert.

III Zweite Sitzung

Zur zweiten Sitzung zehn Tage später erscheint Frau R. in viel besserer Laune. Ihre Stimmungslage ist eindeutig besser, obwohl sie weiterhin Antidepressiva nehmen muss. Außerdem teilt sie mit, dass ihre Tochter seit mehreren Tagen gut schläft.

In den letzten Tagen musste sie auch die Nachbarskinder nicht betreuen, die mit ihrem Vater in Ferien waren, was ihrer Aussage nach zu dieser Verbesserung beigetragen hat. Des Weiteren hat sie ihren Vater besucht und ihm versprochen, nächste Woche mit ihm in die Deutschschweiz zu fahren, damit er dort seine Brüder und Schwestern besuchen kann. Mit einem zufriedenen Lächeln fügt sie hinzu, es werde ihrem Vater große Freude machen, seine Familie wiederzusehen.

Frau R. wird sich darüber klar, dass ihr depressiver Zustand mit ihren Schwierigkeiten zu tun hat, die Folgeschäden der Erkrankung ihres Vaters zu akzeptieren. Sie hat bemerkt, dass sich ihr Verhalten gegenüber ihrer Tochter ebenfalls verändert hat; sie hat jetzt weniger Angst, dem Kind könne etwas zustoßen. Sie steht nachts nicht mehr auf, um zu überprüfen, ob sie schläft oder ob ihr etwas zugestoßen ist.

Der Therapeut erinnert sie an ihre Befürchtung, ihrer Tochter könne etwas Ähnliches widerfahren wie ihrem Vater: Die Mutter stimmt bewegt zu. Dann schildert sie ihre Empfindungen bei dem Besuch, den sie ihrem Vater abgestattet hatte. Ganz besonders aufgefallen war ihr, dass er trotz seiner Behinderung eine sehr angenehme Unterhaltung mit ihr führen konnte. Im Laufe ihrer Assoziationen dazu erwähnte Frau R. die Beziehung, die sie in der Kindheit zu ihrem Vater gehabt hatte, und dann das Gefühl, ihn in der Adoleszenz enttäuscht zu haben. In der Tat hatte ihr Vater damals den Wunsch, sie solle ein Universitätsstudium aufnehmen. Er hatte viel mit ihr vor. Sie bekam den Eindruck, ihn zu enttäuschen, als sie ihr Studium aufgab.

Es war aber immer noch schwer, die Gründe zu verstehen, aus denen die Schuldgefühle angesichts der Krankheit ihres Vaters so heftig waren, bis ein wichtiges Elemente hinzukam: Sie war sehr eifersüchtig auf ihren jüngeren Bruder gewesen, dem es gelungen war, mit einem Hochschulstudium den Ambitionen des Vaters zu entsprechen. Diese Eifersucht hatte sich noch durch den Umstand verstärkt, dass sie in ihm seit jeher das Lieblingskind ihrer Mutter gesehen hatte.

Im Verlauf dieser zweiten Sitzung zeigte sich die Tochter sehr bald aktiv und forderte ihre Mutter zuweilen auf, mit ihr Ball zu spielen. Recht schnell begann das Kind, mit dem Therapeuten Bälle zu wechseln – »wie mit ihrem Vater«, so der Kommentar der Mutter. Sobald aber der Ball unter einem Möbelstück oder einem Tisch verschwand, wollte oder forderte die Tochter gar, ihre Mutter solle ihn holen, was diese automatisch auch tat. Diese Unterwerfung unter die Befehle der Tochter sollte sich in den folgenden Sitzungen weiter aufklären.

1   Kommentar zur zweiten Sitzung

Die wesentliche Veränderung in der zweiten Sitzung war die Wiederaufnahme des Trauerprozesses durch die Mutter, die sich daraufhin dem aktuellen Zustand ihres Vaters stellen konnte. Die Rücknahme der Verleugnung von dessen Behinderung erlaubte der Mutter im Lauf der Konversation, die sie mit ihm hatte, mit den noch intakten Aspekten ihres Vaters in Kontakt zu kommen. Dies öffnete ihren Wiedergutmachungsfähigkeiten den Weg, die sich in ihrem Vorschlag manifestierten, ihren Vater auf eine Reise zu seinen Brüdern und Schwestern mitzunehmen.

Die vertiefte Betrachtung der Natur der Beziehung zu ihrem Vater hat im Lauf dieser Sitzung ein Element sichtbar werden lassen, das bis dahin verborgen geblieben war. Es handelt sich dabei um ihre Eifersucht und Rivalität gegenüber ihrem jüngeren Bruder, eine Rivalität vor allem phallischer Natur auf der Ebene eines Streits um beruflichen Erfolg. Es fällt Frau R. sehr schwer, diese phallische Rivalität mit dem Bruder mit den Schuldgefühlen gegenüber ihrem Vater in Verbindung zu bringen (die auf einer Verschiebung der Imago des Bruders auf den Vater beruhen). Dank dieser Deutung konnte die Mutter verstehen, warum sie die Eifersucht, die ihre Tochter gegenüber dem von ihr betreuten Jungen empfunden hatte, als so traumatisch betrachtet hatte.

Die Milderung der Symptomatik nach nur einer Sitzung psychotherapeutischer Arbeit ist frappierend. Das Kind schläft gut, seit die Mutter die nächtlichen Überprüfungen seines Gesundheitszustands aufgegeben hat. Dies steht in engem Zusammenhang mit einer Verbesserung des Zustands der Mutter. Obwohl sie weiterhin Antidepressiva nimmt, zeigt sich die Mutter viel lebhafter und besser gelaunt, was zeitlich mit der Wiederaufnahme der Beziehungen zu ihrem kranken Vater zusammenfällt.

Die Betreuung eines Nachbarjungen ist integraler Bestandteil der Auslösung des Konflikts dieser Mutter. In der ersten Sitzung beschrieb sie bereits die Koinzidenz zwischen dem Beginn dieser Betreuung und den Schlafstörungen ihrer Tochter. Auf dem Weg über diesen Jungen, den sie in Gefahr sieht, verlassen zu werden, wenn sie sich nicht um ihn kümmert, muss sie die beschädigte Imago des Bruders/Vaters reparieren, wodurch ihr Bedürfnis nach Buße zurückgeht, um der Wiedergutmachung in der Beziehung zum Vater Platz zu machen.

IV Dritte Sitzung

Die Mutter beginnt die dritte Sitzung mit der Mitteilung, ihre Tochter schlafe weiterhin gut und werde vor allem umgänglicher und weniger cholerisch. Frau R. befürchtet aber, sie sei jetzt, wo sie ihr Grenzen setze, zu hart ihr gegenüber.

In den späteren Assoziationen spricht die Mutter über die Beziehung zu ihrer eigenen Mutter. Sie sagt, ihre Mutter sei »herzlich, aber zu streng«. – »Ich wollte mit meiner Tochter immer das erreichen, was meiner Mutter mit mir nicht gelungen ist, das heißt sie zu einer Freundin zu machen«. Sie fügt hinzu, sie habe in ihrer Jugend mehr Angst vor ihrer Mutter als Zuneigung zu ihr gehabt. Stark bewegt erzählt sie eine Begebenheit, die sie sehr geprägt habe: Durch Arbeit den Sommer über habe sie Geld gespart, um sich Reitstunden leisten zu können. Eines Tages starb ihr Pferd an einer Krankheit. Sie erinnert sich voller Groll, wie ihre Mutter ihr gesagt habe, es sei doch besser so, denn nun könne sie sich mehr ihrem Studium und ihrer Familie widmen. Sie fügt hinzu: »Sie war äußerst hart, ich war deswegen sehr böse auf sie«.

Der Therapeut deutet ihr, dass ihr Wunsch, für ihre Tochter eine »Freundin« zu sein, sie daran hindere, sie zur Ordnung zu rufen – aus Angst, so hart wie ihre eigene Mutter zu erscheinen. Diese Hemmung, eine feste Haltung einzunehmen, trage zu Maries Tyrannei-Anfällen bei.

1 Kommentar zur dritten Sitzung

Die zunehmende Mobilisierung der verdrängten Aggression hatte ab der zweiten Sitzung die Wiederaufnahme des Trauerprozesses ermöglicht. In der dritten Sitzung wird dies an der Rückgewinnung von Festigkeit gegenüber ihrer Tochter sichtbar, der sie nun Grenzen setzen kann. Durch die Wiederaufnahme der Trauerarbeit hat sie weniger Angst, ihre Tochter zu beschädigen, die sie überbeschützt hatte, weil sie die Imago ihres kranken Vaters auf sie projiziert hatte.

Eine vollständigere Durcharbeitung dieser Problematik fand allerdings erst in der dritten Sitzung statt, als ein weiterer Aspekt der psychischen Problematik der Mutter in Erscheinung trat: die Beziehung zu ihrer eigenen Mutter in der Kindheit. Sie befürchtete, von ihrer Tochter als ebenso streng, hart und verletzend erlebt zu werden, wie sie ihre eigene Mutter erlebt hatte. Diese Befürchtung trug in hohem Maße zu dem anderen gewichtigen Symptom des Kindes bei: der Aggressivität und den daraus folgenden Wutausbrüchen insbesondere gegen ihre Mutter.

Hinter der Trauer über den Gesundheitszustand ihres Vaters (Trauer um ein »reales« Objekt) sehen wir die Trauer um ein phantasmatisches Objekt auftauchen: die Schwierigkeit dieser Mutter, auf das Bild ihrer idealen Mutter zu verzichten, das heißt auf das der Mutter als »Freundin«. Sie versucht, sich mit der in idealer Weise verständnisvollen und toleranten Mutter, die sie gerne gehabt hätte, zu identifizieren, und projiziert auf ihre Tochter das »verhätschelte« und mit größter Nachsicht behandelte Kind, das sie selbst gerne gewesen wäre. Dazu gehört eine weitgehende Unterwerfung unter ihre Tochter, wodurch sie diese in eine anspruchsvolle und tyrannische Haltung gegenüber ihrer Mutter hineindrängt.

Von der Erinnerung an das tote Pferd und der Härte der Mutter von Frau R. in diesem Zusammenhang macht der Therapeut keinen Gebrauch. Diese Härte hätte als eine Über-Ich-Haltung der Mutter gegenüber den auf das Bild des Pferdes verschobenen phallischen Fantasien von Frau R. gedeutet werden können, wobei sich die Über-Ich-Vorwürfe ganz besonders gegen deren Kastrationsfantasien gegenüber dem Bruder-Vater gerichtet hätten. Diese Assoziationen haben uns aber ermöglicht, die Triftigkeit der Hypothese zu verifizieren, die der Therapeut zur Erklärung der extremen Schuldgefühle dieser Mutter angesichts der Krankheit ihres Vaters aufgestellt hatte: der Hypothese der Verschiebung der kastrierenden phallischen Rivalität vom Bruder auf den Vater.

V   Vierte Sitzung

Zur vierten Sitzung eine Woche später erscheint die Mutter mit der Aussage, sie fühle sich von Mal zu Mal besser. Sie nimmt keine Antidepressiva mehr. Sie hat noch gewisse Schlafschwierigkeiten, führt dies aber darauf zurück, dass sie die Kinder hüten muss. Sie fügt hinzu: »Der kleine Junge hat wirklich Probleme, weil seine Mutter nie da ist. Er rächt sich an mir, denn er verlangt viel von mir«. Obwohl sie selbst manchmal schlecht schläft, weckt sie nicht mehr wie früher ihre Tochter.

Während die Mutter spricht, spielt das Kind mit dem Ball, der mit viel Spaß zwischen Kind und Therapeut hin- und herwechselt. Dieses Spiel zwischen Kind und Therapeut wiederholt sich mit gewissen Variationen von der ersten Sitzung an. An einer Stelle läuft das Mädchen hinter dem Ball her, der unter ein Möbelstück rollt, und die Mutter erhebt sich sehr schnell, um sie anzuhalten und an ihrer Stelle den Ball herauszuholen. Der Therapeut fragt sie, warum sie dies tue, und die Mutter erklärt, sie habe Angst, dass das Mädchen unter das niedrige Möbelstück krieche und sich dabei den Kopf stoße.

Therapeut: »Warum?«

Mutter: »Sie denken an meinen Vater?« Die Mutter lächelt und bricht dann regelrecht in Lachen aus. »Ich habe also Angst, sie könne sich am Kopf etwas tun wie mein Vater ...« – »Weil sie sie ganz in Ordnung finden, nicht? Mich, mich finden Sie zu ängstlich ihr gegenüber?« (Die Mutter wird nachdenklich.) »Aber wissen Sie, wenn meiner Tochter trotz meines Aufpassens etwas passieren würde, würde mein Mann sagen, es war meine Schuld«.

Therapeut: »Haben Sie bei Ihrem Vater die gleichen Gefühle, also dass es Ihre Schuld ist, was ihm passiert ist?«

Mutter: »Ja, vielleicht, und man bedauert hinterher, dass man kein Universitätsstudium gemacht hat, zum Beispiel. Ich habe ihn sehr enttäuscht, denn er hatte allerhand mit mir vor, während mein jüngerer Bruder erfolgreich studiert hat«.

Der Therapeut weist sie auf den engen Zusammenhang zwischen dem Hüten dieser Kinder, von denen das jüngste ihr durch die Abwesenheiten seiner Mutter »geschädigt« erscheine, und der Problematik hin, die sie selbst aktuell mit ihrem eigenen Vater durchlebt und sich in der Angst manifestiert, ihre Tochter könne sich am Kopf wehtun. Es sei, als fühle sie sich jetzt verpflichtet, für diesen Jungen – der wie das Bild ihres kleinen Bruders erscheint – all das zu tun, was sie für ihren Vater nicht hat tun können. Die Eifersucht diesem Bruder gegenüber habe ihr wahrscheinlich den Eindruck vermittelt,

für die Hirnschädigungen ihres Vaters verantwortlich zu sein. Sie fühle sich jetzt durch die Tränen und Anforderungen des kleinen Kindes, das sie hütet, ebenso sehr angeklagt wie von ihrem Ehemann für den Fall, dass der Kopf seiner Tochter »beschädigt« werden sollte.
Mutter: »Vielleicht«.
Die Sitzung schließt mit dieser Frage, zu der Frau R. durch die Deutung angeregt wurde.

1 Kommentar zur vierten Sitzung

In dieser Sitzung konnte der Therapeut Spuren einer Angst vor einer möglichen Hirnschädigung des Töchterchens aufdecken. Diese Angst konnte gut sichtbar gemacht werden, weil die Hemmung des Kindes zurückging und es im Lauf der Sitzungen sowohl mit seiner Mutter wie mit dem Therapeuten aktiver und freudiger zu spielen begann. Die Fantasie wurde in einer symptomatischen Interaktionssequenz in Szene gesetzt.

Die Mutter rationalisiert ihre Angst unter Hinweis auf ihren Mann, der es ihr nicht verzeihen würde, wenn sich die Tochter verletzte. Ihre Assoziationen zu dem Jungen, den sie hütet, und zu den Konflikten, in die er sie bringt und die ihren Schlaf stören, haben es dem Therapeuten aber ermöglicht, ihr eine umfassendere Deutung zu geben, die ihre gegenwärtigen Probleme mit denen der Vergangenheit in Verbindung bringt: Sie fühlt sich verpflichtet, an diesem Jungen, den sie wegen des Verlassenwerdens durch seine Mutter als »beschädigt« empfindet, etwas wiedergutzumachen. Die Konflikte, in die sie mit diesem Jungen kommt, ermöglichen ein Verständnis des Zusammenhangs, der zwischen den Schuldgefühlen angesichts der Behinderung ihres Vaters und jener Eifersucht besteht, die sie gegenüber ihrem jüngeren Bruder verspürt hatte. Diese Deutungskonstruktion erklärt ein Element, das von der ersten Sitzung an mysteriös geblieben war: die Koinzidenz zwischen dem Auftreten der Schlafschwierigkeiten ihrer Tochter und dem Umstand, dass sie diesen Jungen zu hüten begonnen hatte. Das andere Ereignis, das die Symptomatik des Kindes angeblich ausgelöst hatte, war der Umstand, dass ihr Ehemann in einer anderen Stadt zu arbeiten begonnen hatte, weshalb er an manchen Abenden nicht nach Hause kam.

Eine solche Ausweitung der Deutung rückte ein anderes Stück des anfänglichen Puzzles an seinen Platz. Gab es eine Beziehung zwischen dem depressiven Zustand der Mutter, der mit der Trauer um das Bild des unbeschädigten Vaters zusammenhing, und der Symptomatik des Kindes? Der Dialog zwischen Therapeut und Mutter in dieser Sitzung entbehrt im Hinblick auf ihre Befürchtungen nicht eines gewissen ironischen Tons. Auf die Frage des Therapeuten, warum sie ihre Tochter daran hindern wolle, selbst den Ball unter dem Tisch herauszuholen, antwortet sie lächelnd mit der Rückfrage: »Sie denken an meinen Vater?« Eine solche Antwort zeugt von ihrer Einsichtsfähigkeit, einer Bewusstwerdung, die mit ihrem Lachausbruch noch zuzunehmen scheint, denn sie fügt danach hinzu: »Ich habe also Angst, dass sie sich am Kopf etwas tut wie mein Vater«. Trotz der späteren Rationalisierungen mit Hinweis auf den Druck, den die Angst ihres Ehemannes um seine Tochter auf sie ausübe, scheint die Mutter verstanden zu haben, dass es in ihr Residuen des Bildes ihres beschädigten Vaters gab, das sie sowohl auf den Jungen wie auf ihre Tochter projizierte. Maries Symptome hängen also mit dem zentralen Konfliktherd zusammen: der Ambivalenz gegenüber dem Bild des durch die Krankheit kastrierten Vaters und der dazugehörigen Trauer.

VI Fünfte Sitzung

Eine Woche später sagt die Mutter, dass sie jetzt nicht nur besser gestimmt sei, sondern auch sehr viel besser schlafe. Sie fügt hinzu: »Weil ich eine Unterredung mit der Mutter der Kinder hatte, habe ich ihr ein Datum für das Ende dieser Kinderbetreuung gegeben. Ich hüte sie nur noch bis Weihnachten. Das hat mich außerordentlich erleichtert ... Meinem Vater geht es übrigens viel besser. Er kann sich unterhalten ... Sie sehen, alles läuft besser. Ich nehme keine Medikamente mehr und bin ruhiger«. Der Therapeut bedeutet ihr, diese Entscheidung scheine die in der letzten Sitzung aufgestellte Hypothese zu bestätigen, dass sie diesen Jungen wie einen rächenden und fordernden kleinen Bruder-Vater empfinde.

Mutter: »Vielleicht, weil ... jedenfalls habe ich mehrere Monate gebraucht, um es ihr sagen zu können, dieser Mutter, all das, was ich auf dem Herzen hatte, obwohl ich schon seit langem die Nase voll davon hatte, ihre Kinder zu hüten. Dieser kleine Junge ist wirklich so unglücklich, dass er nicht nur mich vereinnahmt hat, sondern auch noch gemein zu meiner Tochter war«.

Während dieser Zeit spielt das Mädchen in einer Weise, die Freude macht, und wenn dieses Mal der Ball unter den Tisch rollt, lässt die Mutter sie gehen und betrachtet den Therapeuten mit einem einvernehmlichen Lächeln: »Ich war die ganze Zeit hinter ihr her, um sie zu überwachen und hinter dem kleinen Jungen, damit er ihr nichts tut. Jetzt sage ich mir, na gut, das wird meiner Tochter dabei helfen, zu lernen, was das Leben ist, und das ist ja gar nicht schlecht«.

Im Lauf dieser Unterredung kamen wir überein, unsere Sitzungen zu beenden, da die Symptomatik der Tochter verschwunden war und sich der depressive Zustand der Mutter außerordentlich verbessert hatte. Letztere zeigte sich dem Therapeuten gegenüber dankbar für das Erreichte und fragt, ob sie ihn – falls nötig – wieder anrufen könne.

1 Kommentar zur fünften Sitzung

Parallel zum Verschwinden der Symptome des Kindes im Lauf der drei ersten Sitzungen kam es zu einer fortschreitenden Abmilderung des depressiven Bildes der Mutter. Die definitive Verbesserung der depressiven Symptomatik der Mutter wurde erst in der fünften Sitzung offensichtlich. Dies gibt dem therapeutischen Handeln recht, das in der Deutungskonstruktion lag, die vom Therapeuten in der vierten Sitzung vorgenommen wurde. Die Deutung machte es möglich, die pathologische Trauer dieser Mutter angesichts der starken Behinderung ihres Vaters im Lichte der verdrängten Eifersucht gegenüber ihrem Bruder zu erklären. Diese Rivalität war zum Teil bereits in der zweiten Sitzung angedeutet worden. Die detailliertere Deutung trägt aber auch dazu bei, die gegenwärtige Situation zu beleuchten, insbesondere die Rolle, die dem Hüten des kleinen Jungens dabei zukommt. Die Verhaltensweisen in Richtung Sühne und masochistischer Wiedergutmachung zeugten von der großen Konflikthaftigkeit dieser Trauer, waren gleichzeitig aber auch der Versuch, sie zu verleugnen.

VII Allgemeiner Kommentar zum Fall

1 Der Herd

Die Mutter liefert den ersten Hinweis, der zur Definition des Konfliktherdes führt: Maries Schlafstörungen hätten begonnen, als der Vater sich entfernt habe. Das Eingangsthema heißt Verlust; und die Mutter greift es für sich selbst wieder auf, als sie ihre Depression mit der Krankheit ihres Vaters in Verbindung bringt.

Wie zu erwarten war, beruht das damit einhergehende Leiden auf Schuldgefühlen aufgrund von Todeswünschen. Die vom Therapeuten unterstellte latente Ambivalenz gibt seinen Deutungen dieser Ambivalenz die Richtung: Er rekonstruiert deren infantile Wurzeln in der phallischen Rivalität mit ihrem Bruder, der seinen Vater durch seine universitären Erfolge zufriedenzustellen wusste. Die Koinzidenz zwischen der Rivalität mit dem Bruder und dem stark verdrängten Wunsch, den Vater zu kastrieren, ist die »tiefste« Rekonstruktion, die der Therapeut versucht.

In Abhängigkeit von diesem Interpretationsschlüssel strukturieren sich die weiteren Aufhellungen: Die Mutter hat sich aus einem Sühnemotiv heraus um einen kleinen Jungen gekümmert, das Bild von Männlichkeit sollte repariert werden (was die masochistische Form ihrer Abwehren erzeugt). Vor dem Hintergrund der eigenen früheren Eifersucht auf ihren Bruder fürchtet sie die Folgen von Maries Eifersucht. Aus Angst, ihre unbewussten Todeswünsche dem Vater gegenüber könnten sich realisieren, überwacht sie den Schlaf ihrer Tochter. Und sie ist deprimiert, weil sie ihre Trauer aufgrund der Ambivalenz, die unbewusst mit hineinwirkt, nicht verarbeiten kann.

Dieses zusammenfassende Diagramm der im Spiel befindlichen Kräfte erscheint einfach, aber es erfordert, der unbewussten strukturierenden Fantasie ebenso viel Aufmerksamkeit zukommen zu lassen wie deren vorbewussten Emanationen in den Schilderungen der Mutter zu Ereignissen in ihrem Leben.

Die Konzentration des Therapeuten und der Mutter auf diesen Herd ist offensichtlich der Grundstein dieser Behandlung und erklärt sowohl die Verbesserung der Symptomatik des Kindes wie die der mütterlichen Depression, die Wiederaufnahme der Beziehung zum Vater, die Entscheidung, die »Reparatur« des betreuten Jungen zu beenden und die Entstehung einer veränderten Beziehung zu Marie (mit Beendigung der angstvollen Kontrollen und Einnahme einer festeren Haltung ihr gegenüber).

Der phantasmatische Inhalt des Konfliktherdes hat zwar eine klare thematische Zuspitzung, infiltriert aber mehrere Beziehungsbereiche von Frau R. (zu ihrem Vater, ihrem Ehemann, ihrer Tochter und dem Jungen, den sie hütet). Es ist interessant zu vermerken, dass diese Ambivalenz dem Mann gegenüber nicht auf das Feld der Übertragung übergreift: Der Therapeut wird nicht als beschädigt oder anklagend erlebt, wodurch sein therapeutisches Potenzial intakt bleibt.

2 Die Aufhebung der Symptome

Die Deutung der Übertragung der Ambivalenz (gegenüber der Imago des Mannes und des Vaters) auf das Kind ermöglicht die Aufhebung von zwei Formen symptomatischer Interaktion: der zwanghaften Kontrolle des Schlafes und der überprotektiven Haltung, mit der Frau R. eine Hirnverletzung der Tochter verhindern wollte. Es ist frappierend festzustellen, wie schnell sich ein therapeutischer Effekt aufseiten der Tochter einstellt, die bis dahin Gefangene der ängstlichen Überbesorgtheit gewesen und (auf unbewusster Ebene) anfangs mit der Repräsentanz des sterbenden Vaters besetzt worden war. Es wird hier offensichtlich, dass die Symptome des Kindes von dem Bedürfnis der Mutter nach Gegenbesetzungen aufrechterhalten werden, die im Dienste der Abwehr der Ambivalenz gegenüber dem schwachen Vater stehen. Diese Abwehr durch »Verschiebung« auf das Kind nimmt in entsprechenden Verhaltensweisen innerhalb der Interaktion Gestalt an.

Die Depression der Mutter wird durch die Deutung der oben geschilderten Abwehrmaßnahmen und durch die Durcharbeitung der Ambivalenz gegenüber Männer-Imagines (Vater und Bruder) aufgehoben. Dadurch wurde eine Wiederaufnahme der Beziehung zum Vater *wie auch zu Marie* in einer weniger von Angst geprägten und also befriedigenderen Form möglich.

Auf technischer Ebene bot dieser Fall Besonderheiten aufgrund des Umstands, dass die früheren Konflikte der Mutter mit ihrem Vater zum großen Teil verdrängt und auf ihren Bruder verschoben worden waren. Aus diesem Grund hat sich der Therapeut nicht darauf beschränkt, der Mutter die »Übertragung« der Imago des beschädigten Vaters auf ihre Tochter zu deuten, sondern er musste auch den Konflikt mit ihrem Vater rekonstruieren, der aufgrund der Eifersucht auf den Bruder eine Quelle überstarker Schuldgefühle war. Bei Rekonstruktionen dieser Art ist die affektive Mobilisierung, die durch die Deutung ausgelöst wird, etwas gedämpft, auch wenn die Konstruktion selbst einen sehr großen Wahrscheinlichkeitsgrad besitzt. Sind die Elemente, die durch die Deutung miteinander in Verbindung gebracht werden, dagegen vorbewusst, ist deren affektive Wirkung auf die Mutter sehr viel größer. Trotz dieser technischen Schwierigkeiten hat eine Rekonstruktion dieser Art den depressiven Zustand der Mutter in ganz entscheidender Weise in Bewegung bringen können.

Diese Entwicklung belegt, dass eine mütterliche Depression nicht an sich bereits eine Kontraindikation für Kurztherapien ist, wie wir dies übrigens durch die günstige Entwicklung in mehreren Fällen mütterlicher Depression bestätigt finden konnten.

VIII Die Katamnese nach zwei Jahren: Das Mädchen ist drei Jahre und zehn Monate alt

Mit einem gewissen Zögern akzeptiert Frau R. die Bitte des Psychotherapeuten, ihn zwei Jahre später zur Beurteilung der Entwicklung ihres Kindes, das nun dreieinhalb Jahre alt ist, noch einmal aufzusuchen. Als sie dem Therapeuten dann gegenübersitzt, sagt die Mutter, es gehe ihrer Tochter sehr gut, sie wolle aber ihr »Kaka« oft nur in die Windeln machen und habe zuweilen nachts Angst. Als der Therapeut sie fragt, warum sie ihn wegen dieser Kotzurückhaltung nicht wieder angerufen habe, antwortet Frau R., sie habe nicht an diese Möglichkeit gedacht. Sie fügt hinzu, dass es im Übrigen nicht nur dem Kind sehr gut gehe, sondern auch ihr selbst; sie sei kein einziges Mal in den depressiven Zustand zurückgefallen, in dem sie vor zwei Jahren gewesen war. Die Mutter zeigt große Dankbarkeit für die damalige Psychotherapie. Auch ihrem Vater gehe es übrigens deutlich besser.

Dem Therapeuten fällt auf, dass Frau R.s Stimmung etwas euphorisch ist. Sie erinnert sich nicht mehr sonderlich an die Erörterungen während der Mutter-Kind-Psychotherapie vor zwei Jahren. Sie weiß allerdings noch, dass das Hauptproblem der Konflikt war, den sie um die Krankheit ihres Vaters herum gehabt hatte. Sie sei davon sehr betroffen und deprimiert gewesen und habe Angst gehabt, ihrer Tochter könne etwas passieren. In den ersten Minuten dieser Unterhaltung zeigt sich die Tochter schüchtern und versteckt sich mit etwas verführerischen und regressiven Verhaltensweisen hinter ihrer Mutter. Ihre einwandfreie Sprache hat einen kindlichen Tonfall.

Nachdem sich das Kind allmählich in den Armen ihrer Mutter eingerichtet hat, fragt sie der Therapeut, ob ihr ihre Tochter schon jemals Fragen dazu gestellt habe, ob es möglich sei, Brüder oder Schwestern zu bekommen. Die Mutter antwortet: »Ich bin es, die keine weiteren will«. Angesichts der abwartenden Haltung des Therapeuten fügt sie nach einer Pause hinzu: »Mit meinem Mann hat das nichts tun, das ist eine ganz persönliche Angelegenheit ... Ein Cousin ihres Alters kontrolliert seine Ausscheidungen übrigens auch noch nicht, obwohl er auch keine Brüder und Schwestern hat«.

Eine solche Antwort in den ersten 10 bis 15 Minuten der Unterredung schnitt alle Möglichkeiten ab, die emotionalen Inhalte der Mutter weiter zu erforschen, sodass der Therapeut mit dem Kind zu spielen begann. Trotz ihres Interesses für die Spielzeuge bleibt das Mädchen in den Armen ihrer Mutter sitzen; der Therapeut arrangiert bestimmte Spielzeuge, die Möbel darstellen, und fragt das Kind, wohin er die Personen setzen soll. Das Mädchen antwortet: »Die Frau steigt auf den Hocker – ach so, das ist ein Pferd«, und nimmt es in die Hand.

Die Mutter kommentiert: »Sie ist begeisterte Reiterin«. Der Therapeut entgegnet: »Wie Sie, nicht wahr?« – »Sie haben ein hervorragendes Gedächtnis«, antwortet die Mutter. Die Tochter unterbricht diesen beginnenden Dialog und spricht von ihrem Spiel.

Kind: »Guck, das Pferd ist neben dem Tiger, der Tiger hat den Löwen mit seinem langen Schwanz umgeworfen (sie lacht etwas erregt); was ist das?«

Mutter: »Du weißt es sehr gut«.

Kind: »Ein Stier«.

Mutter: »Nein, das ist eine Kuh; sie hat Zitzen«.

Das Mädchen lässt die Kuh sich im Raum bewegen: »Sie springt« (und lacht dazu), »aber Kühe springen doch nicht!« Das Kind nimmt ein anderes Spielzeug und sagt: »Das ist ein Stier. Er hat große Hörner. Mama hat nicht so große Hörner«.

Mutter: »Richtig«.

Das Mädchen fährt fort: »Ein Schimmel« (sie lässt ihn Luftsprünge machen und lacht dazu ein wenig erregt). »Der Tiger hat das Pferd in den Schwanz gebissen« (sie nimmt den Stier und versetzt dem Tiger und der Kuh Stöße mit dessen Hörnern. Danach zählt sie die Zitzen der Kuh). »Vier Zitzen, sie hat also vier Babys ... Der Stier ist schlecht gelaunt, weil der Tiger ihm ins Horn gebissen hat. Der Stier haut den Tiger, der ihn beißt«.

Die Erregung des Mädchens steigt, und sie beginnt, Kühe weit in den Raum zu werfen und dabei so zu tun, als schlage sie sie. Nachdem sie den Büffel geworfen hat, sagt sie: »Ich mag ihn nicht. Er ist böse«. Sie wird immer alberner, lässt sich lachend zu Boden fallen und imitiert die Sirene des Polizeiautos, das sie in die Hand genommen hat.

Der Therapeut bittet die Mutter hinaus. Das Mädchen akzeptiert deren Weggehen und spielt weiter mit dem Polizeiauto: »Die Polizei ist stärker, weil sie eine Pistole im Kofferraum hat«.

Als sie an diesem Spiel festhält und sagt, sie wolle ihre Mutter den Kofferraum des Wagens zeigen, sagt ihr der Therapeut: »Du behältst auch das Kaka da hinten, um sehr stark zu sein – wie die Polizei«.

Kind: »Bald mache ich kein Kaka in die Windeln mehr, ich bin kein kleines Baby mehr«.

Therapeut: »Du findest den Büffel böse, weil er braun wie Kaka ist«.

Kind: »Siehst Du, ich habe ein Feuerwehrauto« (und spielt mit der Leiter, die sie anhebt und ausfährt. Danach nimmt sie Plastikteile, die sich ineinanderstecken lassen). »Siehst Du, man kann es viel länger machen, wenn man die grünen hinzunimmt«.

Dieses Spiel der Konstruktion von Objekten, deren phallische Symbolik evident ist, setzt sich weitere 15 Minuten fort.

Als der Therapeut ihr vorschlägt, ihre Mutter wieder hereinzuholen, antwortet sie: »Später! Das dauert noch etwas«. Das Mädchen ist dann weitere fünf Minuten damit befasst, die Konstruktion eines Autos abzuschließen.

Als der Therapeut die Mutter hereinruft, lässt das Kind Autos fahren und imitiert deren Fahrgeräusch: »Bruuummm«. Er sagt der Mutter, ihre Tochter denke, sie werde bald nicht mehr wie ein Baby Kaka in die Windeln machen, und fügt hinzu: »Vielleicht macht sie es noch, weil sie das Gefühl hat, sie bräuchten ein Baby«.

Mutter: »Das hat sie Ihnen gesagt?«

Therapeut: »Nicht so klar, aber man kann es unter anderem davon ableiten, dass sie in Ihrem Beisein wie ein Baby gesprochen hat, während sie nach Ihrem Weggang ganz normal gesprochen hat«.

Mutter: »Das stimmt« (und bleibt nachdenklich). »Was muss man also tun? Wird es aufhören oder ist eine Behandlung nötig?«

Therapeut: »Wenn dieses Verhalten einige Zeit nach der Unterredung, die ich mit ihr hatte, immer noch nicht aufgehört hat, würde ich sie gerne wieder sehen«.

Mutter: »Also wenn sie es in zwei oder drei Monaten noch macht, würde ich Sie dann anrufen«.

1 Betrachtungen zur Psychogenese aus Interaktion: Das Fortleben mütterlicher Fantasien im Kind

Die Untersuchung dieser Katamnese wirft einige Fragen zum Einfluss der frühen Interaktionskonflikte auf die Entwicklung des Kindes auf.

Die positive Entwicklung des Mädchens war bei dessen Untersuchung zwar leicht festzustellen, die Mutter dagegen hatte sich vom ersten Moment am Telefon an einer Exploration ihres Seelenlebens gegenüber viel zögernder gezeigt. Es ist sicher immer schwierig, katamnestische Bewertungen zu Fällen zu erhalten, die sich nicht mit einem Konsultationswunsch an uns gewandt hatten. Die Bitte des Therapeuten, die Entwicklung des Kindes noch einmal betrachten zu wollen, so legitim sie auf wissenschaftlicher Ebene auch sein mag, läuft Gefahr, als eine Forderung oder gar Einmischung erlebt zu werden. Der

Elternteil, der das Kind begleitet, findet schwieriger zu einer Motivation, die intimsten Aspekte seines Gefühlslebens offenzulegen. Wir sehen dies im Fall von Frau R. an dem Punkt, an dem sie die persönlichen Gründe, aus denen sie keine weiteren Kinder wünscht, lieber für sich behält.

Und doch zeigte sich Frau R. sehr dankbar für die erreichten therapeutischen Erfolge. Sie erinnerte sich sowohl an das Verschwinden der Symptome des Kindes – Schlafstörungen und tyrannische Ansprüche – wie an die Verbesserung ihres eigenen depressiven Zustands. Die Erinnerungen der Mutter an den therapeutischen Prozess und die Fantasieinhalte, die ihr gedeutet worden waren, sind allerdings sehr ungenau. Sie erinnert sich grundsätzlich an den Trauerzustand, in dem sie wegen der Krankheit ihres Vaters gewesen war, sowie an die Folgen dieser Trauer in Form der nächtlichen Angst um ihre Tochter und ihres eigenen depressiven Zustands. Die Gründe dieses psychischen Zustands und insbesondere die der intensiven Schuldgefühle gegenüber dem Vater waren ihr dagegen nicht mehr bewusst.

Nach dem Ende der Therapie hatte sich also ein Verdrängungsprozess durchgesetzt, um das Bewusstsein der Fantasien zur phallischen Rivalität mit ihrem jüngeren Bruder, die auf ihren Vater verschoben worden waren, wieder zum Verschwinden zu bringen. Diese Fantasien, ihren Vater »am Kopf beschädigt« oder gar kastriert haben, hatten zu starken Schuldgefühlen geführt, deren Verleugnung dann zur Auslösung der pathologischen Trauer, der Symptome des Kindes und ihres eigenen depressiven Zustands geführt hatte. Die phallischen und Kastrationsfantasien dürften aber auch in der späteren Mutter-Kind-Interaktion eine beträchtliche Rolle gespielt haben, denn sie bilden zweifellos die Hauptquelle der Fantasien, die hinter den Themen der symbolischen Spiele stehen, die Marie in der soeben berichteten Sitzung vorführte.

Diese Feststellung wirft eine Reihe von Fragen auf: Auf welchem Wege sind diese Fantasien von der Mutter auf das Kind übertragen worden? Anders formuliert: Wie hat die Mutter ihre Tochter die emotionale Bedeutsamkeit spüren lassen, die diese Art von Fantasien für sie hat? Und weiter: Warum hat sich die Tochter diese Lieblingsfantasie der Mutter zu eigen gemacht und ist bei den meisten Fantasieinteraktionen mit ihren inneren Objekten dieser Spur gefolgt?

2 Analyse der zentralen Fantasien Maries

Bevor wir versuchen, diese Fragen zu beantworten, möchten wir die katamnestische Unterredung mit Mutter und Tochter detaillierter analysieren.

Auf Initiative des Mädchens hin begann das Spiel praktisch mit ihrem Interesse für das Pferd und dessen Luftsprünge; dies führte zum Kommentar der Mutter zur Reitleidenschaft des Kindes, einer Passion, der sie in ihrer Jugend ebenfalls gefrönt hatte. Im Fortgang dieses Spiels tauchen die Themen phallischer Aggressivität (Schläge mit dem Schwanz, Stöße mit den Hörnern etc.) oder Kastration (in den Schwanz oder die Hörner beißen etc.) im Zusammenhang mit Geschlechtsunterschied und Penisneid auf. Diese phallischen Themen enthalten in den Assoziationen der Tochter zur Stärke der Polizei, die im Kofferraum ihres Autos die Pistole mit sich führt, eine anal-retentive Färbung.

Die Deutung des Therapeuten bezog sich auf die phallischen Fantasien von Stärke und Kraft, die das Kind aus der Kotzurückhaltung bezieht (Fantasie eines fäkalen Penis). Die späteren Assoziationen des Kindes zur Feuerwehrleiter, die ausgefahren wird, und zu seiner Aktivität der Konstruktion von Motorrädern und Autos scheinen eine Reaktionsbildung zu sein, die den sublimierten Ausdruck dieser phallischen Fantasien ermöglicht. Dies umso mehr, als diesen Aktivitäten die folgende Erklärung des Mädchens wie eine direkte Antwort auf die Deutung des Psychotherapeuten vorausgeht: »Bald werde ich kein Kaka mehr in die Windeln machen, ich bin kein kleines Baby mehr«.

Diese Fülle omnipotenter phallischer Fantasien und deren Gegenteil, die Kastrationsfantasien, determinieren den Typus der neurotischen Organisation des Mädchens, die hysterische oder hysterophobische Merkmale aufweist – mit folgenden sich abzeichnenden Symptomen: der Kotzurückhaltung (dem Äquivalent der Konversion ins Somatische beim kleinen Kind) und der Neigung zu Albträumen.

Es ist erstaunlich, wie überrepräsentiert dieser Typus von Fantasien bei einem Mädchen ist, deren Mutter bei der Mutter-Kind-Kurzpsychotherapie eine pathologische Trauer als zentrale Problematik gezeigt hatte, die mit sehr intensiven Schuldgefühlen aufgrund von Kastrationsfantasien gegenüber ihrem Vater und ihrem Bruder zu tun gehabt hatten. Auch bei der Mutter hatten phallische und Kastrationsfantasien also eine zentrale Rolle beim Aufbau der neurotischen Struktur der Persönlichkeit gespielt; in der Folge der Erkrankung ihres Vaters war diese Struktur depressiv dekompensiert.

Es ist aber wichtig klarzustellen, dass diese Fantasien keine Quelle von Widerständen in der psychotherapeutischen Beziehung waren. Im Lauf der fünf Sitzungen hat der Therapeut innerhalb der Übertragung zu keiner Zeit auch nur eine Andeutung von Rivalität gespürt, die sich der Einsicht entgegengestellt hätte. Ganz im Gegenteil beruhte die Empfänglichkeit dieser Mutter für teilweise recht spekulative Deutungen auf einer positiven Vorübertragung. Diese Form der Beziehung war vermutlich durch die Projektionen einer eher idealisierten Vaterimago auf den Therapeuten determiniert. Bei der Katamnese zwei Jahre später war die Fähigkeit des Therapeuten zur Erforschung der Psyche dagegen bereits weniger idealisiert. Trotz der Dankbarkeit, die die Mutter wegen der damals geleisteten psychotherapeutischen Arbeit noch hatte, zeigte sie sich gegenüber der Vertiefung bestimmter Aspekte ihres Gefühlslebens zurückhaltend.

Diese Erwägungen zum Fantasieleben des Kindes und der Mutter erlauben uns den Versuch einer Beantwortung der oben gestellten Fragen, die etwas Licht auf die schwierige Frage nach der Psychogenese und Psychopathogenese werfen soll.

3 Die Weitergabe der mütterlichen Fantasien

Die beiden ersten Fragen waren: Auf welchem Wege ist diese Art von Fantasien von der Mutter auf das Kind übertragen worden? Und wie hat diese Mutter ihre Tochter die emotionale Bedeutsamkeit spüren lassen, die diese Art von Fantasien für sie hat?

Die Bewunderung dieser Mutter für physische und motorische Leistungen ihres Ehemannes und besonders ihrer Tochter – insbesondere für sportliche Leistungen mit der Fähigkeit zur Kontrolle der Flugbahn eines Balles – hat bei letzterer den Gefallen an derartigen Glanzleistungen sicherlich verstärkt. Diese positive mütterliche Akzentuierung der kindlichen Neigung zu phallischen Leistungen wurde aber durch die negativen Projektionen dieser Mutter auf ihre Tochter noch verstärkt, das heißt durch die projektive Identifizierung des Bildes ihres physisch eingeschränkten Vaters auf sie. In ihren körperlichen Aktivitäten beruhigte die Tochter ihre Mutter gegen deren starke Ängste, ihre Tochter könne Schäden am Kopf davontragen, die sie so behindern würden wie ihren Großvater. Mit anderen Worten: Die Tochter schien einerseits Trägerin der projektiven Identifizierung der infantilen Wünsche der Mutter nach phallischer Exhibition und Leistung zu sein, und dies umso mehr als derartige Wünsche für diese Mutter wegen der schuldhaft erlebten Rivalität mit ihrem Bruder und ihrem Vater sehr konfliktbeladen waren. Andererseits war das Kind aber auch Empfänger der projektiven Identifizierung der Imago des behinderten Vaters der Mutter, also eines negativen Bildes, das das Kind durch seine Leistungen wegwischen musste, um die von starker Schuld unterlegte Angst der Mutter zu mildern. Indem das Kind von sich das Bild großer körperlicher Leistungsfähigkeit abgab, erlöste es seine Mutter von der drückenden Verantwortung für die fantasierten Kastrationsschäden, die Frau R. ihren inneren Objekten dem eigenen Erleben nach zugefügt hatte.

Diese zweifache Motivation der Mutter – die narzisstische (Realisierung der konflikthaften phallisch-narzisstischen Ideale der Mutter) und die objektale (wiedergutmachende Annullierung der Kastrationsschäden an den Elternobjekten) – dürfte auf die Tochter einen starken Druck ausgeübt haben. Wie oben bereits beschrieben, haben die entsprechenden projektiven Identifizierungen zur Produktion von Symptomen beim Kind geführt (zu Schlaf- und Verhaltensstörungen), wobei diese Verhaltensweisen des Kindes zur Verleugnung der Trauer der Mutter beitrugen.

IX Das Eindringen der mütterlichen Projektionen: die symptomatischen Interaktionssequenzen

Dieser Fall ist gut dazu geeignet, die »zwingenden« Einwirkungen der projektiven Identifizierung der Mutter auf das Kind aufzuzeigen, denn sie lassen sich an sehr spezifischen Verhaltensweisen ablesen, die in den von uns so bezeichneten »symptomatischen Interaktionssequenzen« beobachtbar werden. Die »symptomatische Interaktionssequenz«, die beim Kind Schlafstörungen hervorrief, war von der Mutter in ihrem Bericht über ihre vielfältigen nächtlichen Überprüfungen im Zimmer ihrer Tochter beschrieben worden. Die tyrannischen Ansprüche der Tochter an ihre Mutter waren dem Therapeuten von der zweiten Sitzung an aufgefallen. Diese Ansprüche waren Teil einer »symptomatischen Mutter-Tochter-Interaktion«, die während des Spiels des Kindes begann, als der Ball unter einen Tisch rollte und die Tochter mit dem Anspruch an ihre Mutter herantrat, sie solle ihn holen. Die zwingende Beteiligung der Mutter an diesen kindlichen Forderungen konnte erst ab der dritten Sitzung klar erkannt werden, in der die Mutter ihre Tochter stoppte, als diese den Ball unter einem Möbelstück herausholen wollte und ihre Absicht deutlich machte, dies anstelle der Tochter tun zu wollen. Die Mutter, die sich zuvor über das sehr anspruchsvolle, narzisstische und aggressive Verhalten ihrer Tochter zu beklagen schien, offenbarte in diesem Moment ihre aktive Beteiligung an der Entstehung der tyrannischen Haltung des Kindes. Die Projektion der Imago des beschädigten Vaters samt den damit verbundenen

Schuldgefühlen auf das Kind zwingt Frau R., dieses Bild von Kastration in ein anderes, narzisstisch aufgeblähtes zu verwandeln, in dem phallische Kraft und Macht zum Ausdruck kommen.

Die Bedürfnisse der Mutter, »zwingende« projektive Identifizierungen auf ihre Tochter vorzunehmen, sind evident: Die Verleugnung ihrer Trauer und insbesondere die Neutralisierung damit verbundener schmerzlicher Affekte müssen aufrechterhalten werden. Die Formen, in denen die Mutter dem Kind die Fantasien weitergibt, die diesen projektiven Identifizierungen zugrundeliegen, werden ebenfalls ziemlich schnell anschaulich, als es dem Therapeuten gelingt, die oben geschilderten »symptomatischen Interaktionssequenzen« aufzudecken. Ein solcher Typus von Mutter-Kind-Interaktion ist im Alltagsleben sicherlich viel häufiger als der, den wir gerade beschrieben haben. Es bleibt uns aber noch die dritte der eingangs gestellten Fragen zu beantworten: Warum übernimmt das Kind die Rolle, die ihm in den projektiven Identifizierungen der Mutter angetragen wird und entwickelt infolgedessen in selektiver Form zunehmend Fantasien zu den phallischen und Kastrationsthemen ihrer Mutter?

X Rollenzuschreibung

Die letztgenannte Frage ist schwierig, und die Antwort darauf nicht einfach. In unserem Beispiel konnten wir während der Mutter-Kind-Kurztherapie und insbesondere bei der späteren Katamnese zwar konstatieren, dass das Kind die mütterlichen Fantasien angenommen hatte, bei anderen Kleinkindern ist dies aber keineswegs so augenfällig. Gewiss impliziert die mütterliche projektive Identifizierung den Tatbestand der Zuschreibung einer Rolle (Sandler 1987), verbunden mit einer gleichzeitigen Rollenübernahme aufseiten der Mutter. Die Beschreibung der »symptomatischen Interaktionssequenzen« zeigt uns, wie die von der Mutter übernommene Rolle, die eine zur Projektion auf das Kind komplementär sich verhaltende Identifizierung der Mutter ist, das Kind in die Rolle hineinzwingt, die ihm über die projektive Identifizierung zugeschrieben wird. Je nach Qualität der projektiven Identifizierungen kann der von der Mutter auf das Kind ausgeübte Druck allerdings sehr intensiv und »zwingend« sein. Dennoch beruhen die Gründe, die das Kind dazu drängen, die von der Mutter angebotenen Identifizierungen und Fantasien anzunehmen oder zurückzuweisen, nicht ausschließlich auf den Interaktionen, sondern auch auf Charakteristika seiner eigenen Persönlichkeitsstruktur.

XI Der positive Einfluss der mütterlichen Projektionen

Die Mutter-Kind-Interaktionen, die wir in der Transkription der Mutter-Kind-Kurzpsychotherapie oder auch denen des Katamnesegesprächs beschrieben haben, zeigen uns zahlreiche Nuancen der Mutter-Kind-Beziehung. Die »zwingenden« Facetten dieser Beziehung, die sich aus der Trauer der Mutter ergeben, sind zweifellos von Bedeutung. Bei unserer Transkription und den Kommentaren dazu haben wir diesen Aspekten besondere Aufmerksamkeit gewidmet. Gleichzeitig war diese Mutter aber sehr aufmerksam auch für jedes andere implizite oder explizite Bedürfnis des Kindes. Dies zeigte sich in automatischen Gesten des In-den-Arm-Nehmens der Tochter oder im Loslassen, wenn sie wieder auf den Boden wollte; es zeigte sich auch in ihren vorausschauenden, nicht-intrusiven Antworten auf die Anforderungen an sie im Spiel des Kindes, in den sprachlichen oder begrifflichen Präzisierungen, die sie den Kommentaren des Mädchens beiläufig hinzufügte, und in anderen Beispielen mehr. Mit anderen Worten: Der gute Entwicklungsstand des Kindes im Alter von 18 Monaten, als wir die Mutter-Kind-Kurzpsychotherapie durchführten, zeigte wohl, dass diese Mutter keinen »Elternschaftskonflikt« massiv narzisstischen Typs mit expulsiven projektiven Identifizierungen hatte. Die oben beschriebenen projektiven Identifizierungen der Mutter auf die Tochter spielten im Seelenleben des Kindes mit Sicherheit eine beträchtliche Rolle. Aber die Bedürfnisse der Mutter, sich der Unbeschädigtheit ihrer Tochter immer wieder zu versichern, die zur Quelle bestimmter Hemmungen beim Kind wurden, haben dessen allgemeine Entwicklung lediglich peripher affiziert. Anders formuliert spielten die konflikthaften Aspekte der Interaktionen der Mutter mit dem Kind um ihre Trauer herum in den zwei ersten Lebensjahren keine sehr pathogene Rolle für dessen Entwicklung. Die projektive Identifizierung, die die Mutter mit dem Bild des beschädigten Vaters vornahm, verstärkte im Gegenteil ihr Interesse an den spontanen Ausdrucksweisen und Bedürfnissen des Kindes, womit sie zu einem Stimulans für dessen Entwicklung wurde.

Dieser Fall weist deutlich eine Koinzidenz auf, wie wir sie auch in vielen anderen Fällen mit vergleichbaren Merkmalen feststellen konnten. Sind die projektiven Identifizierungen der Mutter auf das Kind »zwingend«, aber fokalisiert, ohne dessen allgemeines Funktionieren zu deformieren, tragen sie auch dazu bei, die mütterlichen Antworten auf die Entwicklungsbedürfnisse des Babys zu potenzieren. Als Preis bezahlt das Kind eine gewisse Entfremdung, die die mehr oder weniger stabilen Identifizierungen mit sich bringen, die es mit den Imagines der projektiven mütterlichen Identifizierungen vollziehen muss.

XII Ödipuskonflikt der Mutter, Ödipuskonflikt der Tochter

In der Katamnese haben wir bei Marie eine Prädominanz phallisch-narzisstischer Themen festgestellt. Inwiefern kann man davon ausgehen, dies sei eine Übernahme des Themas der Mutter?

Es ist gut möglich, dass die projektive Identifizierung phallisch-narzisstischer Fantasien, die die Mutter an ihre Tochter delegiert, durch die Einwirkungen der Mutter-Kind-Kurzpsychotherapie nicht modifiziert wurde; sie scheint dadurch sogar noch verstärkt worden zu sein. Uns fehlt natürlich ein ganz wesentliches Element beim Aufbau des Ödipuskomplexes dieses Kindes: die Beziehung zu ihrem Vater und insbesondere dessen Fantasieleben in Bezug auf seine Tochter. Der einzige Hinweis, über den wir verfügen, wurde uns von der Mutter geliefert, gefiltert also von deren eigenen Fantasien: Schon als die Tochter 18 Monate alt war, habe der Vater ihr beigebracht, Bälle zu treten. Bedeutet dies, dass der Vater durch Platzierung eigener projektiver Identifizierungen in das Kind dessen phallische Fantasien verstärkt? Wäre dies der Fall, würde der Beitrag des Vaters zur Entwicklung des Fantasielebens des Kindes den Penisneid und die invertierte Lösung des Ödipuskomplexes des Mädchens weiter verstärken.

Eine Kenntnis dieser anderen Seite der väterlichen Fantasien zu seinem Kind wäre wertvoll, damit wir zu den Faktoren, die zur Entwicklung der Fantasien des Kindes beitragen, präziser Auskunft geben könnten. In den Angaben, die wir in der Mutter-Kind-Kurzpsychotherapie und der Katamnese zu diesem Fall zwei Jahre später erheben konnten, haben wir aber beeindruckt festgestellt, wie in diesem Fall die Imagines, die über die projektiven Identifizierungen der Mutter transportiert wurden, vom Kleinkind übernommen worden waren.

An dieser Stelle erhebt sich eine der wesentlichen Fragen zur Rolle der Interaktion bei der Psychogenese: Es ist schwer vorhersehbar, auf welchen Wegen sich die Konflikthaftigkeit der Mutter im psychischen Funktionieren des Kindes niederschlagen und welche Themen in dessen infantiler Neurose eine Neuauflage finden werden.

Wir können uns fragen, wie das Kind die unterschiedlichen projektiven Identifizierungen der Mutter, die während der gemeinsamen Therapie festgestellt worden waren, auf Dauer verkraften wird. Vom Bild des kastrierten Vaters – oder des Vaters, der in dieser Gefahr steht –, das die Mutter auf die von ihr überbehütete Tochter projizierte, finden wir in der katamnestischen Untersuchung nur sehr ungenaue und unspezifische Spuren in Form der Kastrationsfantasien, die vom Kind über sein Spiel zum Ausdruck gebracht werden. Diese Projektion der Imago des beschädigten und kastrierten Vaters scheint mobilisiert und das Kind mithilfe der Psychotherapie davon »dekontaminiert« worden zu sein. Die Identifizierungen des Mädchens mit den phallisch-narzisstischen Fantasien, die ihre Mutter auf sie projizierte, haben sich demgegenüber anscheinend aber in dem Maße weiterentwickelt, in dem diese Fantasien unter dem Einfluss der Therapie für die Mutter weniger konflikthaft geworden sind.

In der Katamnese scheinen diese phallischen Identifizierungen integraler Bestandteile des Selbstbilds des Mädchens zu sein, das jetzt dreieinhalb Jahre alt ist und eine neurotische Persönlichkeitsorganisation zeigt, die in den Variationsbereich der Norm fällt. Das Vorherrschen von phallisch-narzisstischen und Kastrationsthemen wird sowohl durch die Internalisierung der prädominanten projektiven Identifizierungen der Mutter wie durch die eigene ödipale Konflikthaftigkeit determiniert.

Vierter Teil
Theorie und Praxis der Technik

Einführung

Ausgehend von den Exposés der Fälle, die in den vorangegangenen Kapiteln vorgestellt wurden, soll nun eine Generalisierung der technischen Prinzipien vorgeschlagen werden.

Die Begrenztheiten, Indikationen und Wirkungen der gemeinsamen Kurztherapien werden detailliert dargelegt, wodurch eine Diskussion des Wesens und der Ursachen der durch diese Behandlungen erreichten Veränderungen möglich wird. Im Exposé des Falles Olaf findet sich eine genaue Erklärung der Ursachen für den radikalen Wandel der starken narzisstischen Symptomatologie des Kindes nach Auslösung einer intensiven Übertragung seiner Mutter auf den Therapeuten. Dieser Fall illustriert die Dynamik der Reintrojektion der mütterlichen Projektionen als zentrales therapeutisches Element für die Entwicklung des Kindes sehr gut; er bietet sich auch für die Diskussion der Indikation zu einer Einzeltherapie der Mutter in Situationen an, in denen die gemeinsame Kurztherapie nicht ausreicht.

Die Originalität der Praxis der gemeinsamen Kurztherapien verdankt sich ihrem besonderen Gegenstand: dem Konflikt mit der Elternschaft und der Psychopathologie der Interaktion. Diese Praxis wird aus theoretischer Sicht und anhand von Untersuchungen zum Wortwechsel zwischen dem Therapeuten und der in Behandlung befindlichen Mutter näher erforscht.

Kapitel X
Die Ursachen therapeutischer Veränderungen

Es mag recht gewagt und vielleicht sogar despektierlich erscheinen, eine Erklärung für die durch Psychotherapie erreichten Veränderungen liefern zu wollen. In der zeitgenössischen psychoanalytischen Literatur[18] wird die Frage nach den Ursachen der Therapiewirkung nicht direkt angegangen, und es gibt keinen Text Freuds, der der Frage nach den kurativen Faktoren systematisch nachgeht

Es gibt aber sehr wohl eine allgemeine Theorie der Bedingungen, die für eine therapeutische Veränderung erforderlich sind; genannt seien hier – unter anderem, und in zufälliger Reihenfolge – die folgenden Elemente:

➤ Aufbau einer Übertragungsneurose; Rolle der Interventionen des Therapeuten (Klarifikation, Konfrontation und Deutung, so die klassische Nomenklatur);
➤ Aufarbeitung der unbewussten Konflikte; (Re-)Konstruktion der individuellen Geschichte;
➤ Abbau pathologischer Abwehrmechanismen und Zugang zu Affekten und Erinnerungen;
➤ Formgebung für noch nicht symbolisierte oder sekundarisierte Elemente;
➤ »Verbesserung« angstmachender Erfahrungen; Stärkung des Ichs etc.

Dieser Liste der sogenannten »spezifischen« therapeutischen Agenten (d.h. derer, die mit einer expliziten Technik zusammenhängen, die auf einer bestimmten Theorie zur therapeutischen Veränderung basiert) muss noch die

---
18 Die französische Erstausgabe dieses Buches erschien 1993 (Anm. d. Üb.).

der unspezifischen Agenten hinzugefügt werden, zu denen das Arbeitsbündnis zählt (ob man nun daran glaubt oder nicht), die Übertragung auf den Rahmen, die »Containment«-Funktion des Therapeuten und des Rahmens etc.

Diese Liste macht, obwohl sie noch keineswegs vollständig ist, deutlich, warum es keinen systematischen Text zu den kurativen Faktoren der Psychoanalyse gibt: Deren Elemente sind so zahlreich und vielgestaltig, dass die gesamte Theorie der Psychoanalyse neu geschrieben werden müsste, wollte man einen Text zum Thema dieses Kapitels abfassen: den Ursachen der therapeutischen Veränderungen. Es ist also recht verwegen, deren Erforschung zu versuchen.

Die Bedingungen, die in den gemeinsamen Therapien von Mutter und Kleinkind vorherrschen, unterscheiden sich aber sehr von denen der Psychoanalyse, und dies rechtfertigt unseren Versuch. Die wichtigste Differenz betrifft den *chronologischen Ablauf* der Veränderungen: In den gemeinsamen Therapien von Mutter und Kleinkind kommt es *schnell* zu weitreichen manifesten Veränderungen mit einer Beruhigung der negativen Affekte und der Initialsymptome (das heißt der Symptome des Kindes, die zur Konsultationen führten). Schon in der zweiten oder dritten Sitzung berichtet die Mutter von einer subjektiven Veränderung (einer Modifizierung ihrer Angst und ihrer »Sicht« auf das Kind), und es können objektive Veränderungen des Kindes und der Interaktion beobachtet (und durch objektivierende mikroanalytische Untersuchungen übrigens auch verifiziert) werden.

Es kommt also zu einer schnelleren und offensichtlicheren Dynamisierung (der Interaktionssituation und des Erlebens der Mutter) als in einer Analyse (selbst wenn man den Begeisterungseffekt mit einbezieht, der zuweilen von der ersten Sitzung der Analyse an vorhanden ist).

Das Phänomen der Schnelligkeit von Veränderungen in Mutter-Kleinkind-Therapien wird von den Spezialisten ganz verschiedener theoretischer Orientierung auf diesem Gebiet (psychodynamisch oder nicht) allgemein anerkannt.

Manche betrachten diese schnellen Veränderungen als Ergebnisse rein symptomatischer Behandlungen, die sehr kritisch betrachtet werden, weil sie den Aufbau einer klassischen Kur, das heißt einer Langzeitbehandlung, durchkreuzten, die als therapeutisch einzig wertvolles Ziel hingestellt wird (siehe dazu die Position von R. Debray 1987). Nach Ansicht anderer Autoren folgt auf Symptomberuhigungen dieser Art später zwangsläufig ein Symptomrückfall, durch den der schnell erreichte Fortschritt zunichte gemacht würde. Auch hört man, es handele sich um Übertragungsbehandlungen (das heißt um nicht aufgelöste Übertragungen), um »Flucht in die Gesundheit« oder – mit noch weniger ehrenwerten Bezeichnungen – um Behandlungen per Suggestion, Verführung, Pädagogik, etc.

Natürlich müssen diese Kritiken ernst genommen werden. Sie warnen uns vor Abirrungen, die im Übrigen bei allen Formen von Therapie immer möglich sind. Dies erspart uns aber nicht das Bemühen um Erklärung und Verständnis des erwähnten Phänomens: des schnellen Wandels der Symptomatik und der Interaktion von den ersten Sitzungen solcher gemeinsamen Therapien an.

Die Schnelligkeit von Veränderungen lässt darauf schließen, dass ein spezifisches Element der Dreiersituation von Mutter, Kind und Therapeut eine therapeutische Dynamisierung unterstützt und möglich macht, die man in der Analyse oder der herkömmlichen Einzeltherapie im Allgemeinen nicht antrifft.

Es gäbe also – und das ist die Hypothese, die den gewagten Titel dieses Kapitels rechtfertigt – eine oder mehrere Ursachen für therapeutische Veränderungen, die zum einen für diese gemeinsamen Therapien typisch sind, zum anderen auch auf eine besondere, umschriebene Form therapeutischer Veränderung verweisen (was uns die Arbeit einer erschöpfenden Exegese *aller* Faktoren von Veränderung durch Psychotherapie erspart).

Ein weiterer Faktor differenziert die Mutter-Kind-Therapien von der Psychoanalyse und den herkömmlichen Therapien: Wegen der häufig zu beobachtenden Kürze kommt es nicht zum Aufbau einer Übertragungsneurose, die die übliche Vorbedingung einer Psychoanalyse ist. Man trifft deshalb auch nicht auf jene Art von Widerstand gegen die Übertragung, wie sie bei herkömmlicher Therapie typischerweise auftritt, und auch nicht auf das schrittweise Aufkommen einer Vielzahl von Konflikten, Fantasiethemen und Formen von Objektbeziehungen, wie man sie im Laufe mehrjähriger Analysen aufdeckt. Es gibt einen für die Kurztherapien typischen Faktor der Fokalisierung, der es möglich macht (oder die Illusion vermittelt), eine begrenzte Anzahl wesentlicher Ursachen von Veränderung zu fassen zu bekommen.

Diese beiden Faktoren zusammengenommen – die Schnelligkeit massiver Veränderungen, die sektorielle Erfassung von Problembereichen und ihrer Ursachen – ermutigen uns, die Ursachen von Veränderung detailliert darzulegen, selbst wenn wir den begrenzten Charakter des Ursachenkataloges anerkennen, der durch die Form dieser Therapie auferlegt wird. Wie die moderne Wissenschaftstheorie darlegt, entspricht schließlich jedem gewählten Modell die ihm zugehörige Vielzahl von Ursachen. Man könnte sagen, dass jede Therapie die Theorien hat, die sie verdient.

I Faktoren der Veränderung in Therapien von Mutter und Kleinkind

Unter den Faktoren, die für die gemeinsamen Kurztherapien spezifisch sind, kann man ein wesentliches Element ausmachen: die durch die Therapie bewirkte Veränderung der Besetzungen und Vorstellungen, die die Mutter vom Kind hat. Dies vollzieht sich vor allem auf der Ebene einer *Reduzierung der elterlichen Projektionen auf das Kind*. Diesem Thema möchten wir nun im Detail nachgehen.

Gleichzeitig mit der Reduzierung der Projektionen laufen auf anderen Ebenen kurative Prozesse ab:
➢ auf der Ebene der Veränderung der Interaktionen, was mit dem Rückgang der Projektionen zusammenhängt;
➢ auf der Ebene der Veränderungen der Vorstellungen, die die Mutter vom Kind hat, insbesondere durch die Dekontaminierung parasitärer Elemente aus der Innenwelt und der Vergangenheit der Mutter;
➢ auf der Ebene der Veränderung der auf das Kind gerichteten Besetzungen, handele es sich nun um libidinöse, aggressive oder narzisstische Elemente. Zur Illustration dieses Aspekts werden wir die Frage »Behandlung des Kindes, Krankheit der Mutter?« erörtern, um uns mit der Reintrojektionsarbeit zu beschäftigen, die die Mutter hinsichtlich der auf das Kind projizierten Elemente zu leisten hat.

Dieser (zu) kurzen Liste könnte man leicht weitere Faktoren hinzufügen, aber man fiele damit in eine allgemeine Diskussion der therapeutischen Faktoren zurück, die allen Therapien gemeinsam sind (die unspezifischen Faktoren) oder die auf alle herkömmlichen deutenden Psychotherapien zutreffen (zum Beispiel andere Faktoren wie Förderung von Einsicht, Stärkung des Vorstellungsvermögens, Modifizierung von Abwehrstrukturen etc.).

Man beachte, dass die von uns genannten Faktoren einige Gemeinsamkeiten aufweisen: Es handelt sich um psychische Veränderungen *der Mutter*, und wir erwähnen kein therapeutisches Agens, das etwa direkt auf das Kind einwirkte. Dies hat einen einfachen Grund: Die therapeutische Einwirkung auf das Kind vollzieht sich vor allem über den unumgänglichen Zwischenschritt einer psychischen Arbeit aufseiten der Mutter (oder *der* Mutter). Im Übrigen ist es so, dass unsere Interventionen zwar eine direkte Wirkung auf das Kind haben können – sei es nun durch die Wirkungen der Spiele mit dem Kind oder die der Deutungen, die ihm gegeben wurden –, aber es ist viel schwieriger, hierfür eine Bestätigung zu erhalten (aufgrund der noch nicht entwickelten Verbalisierungs- und Vorstellungsfähigkeit des ganz kleinen Kindes) als für die Wirkung unserer Interventionen auf die Mutter.

Das für die gemeinsamen Therapien (seien sie nun kurz oder nicht) in der Tat charakteristischste Element ist, dass sich die Wirkung der Therapie auf einen Bereich erstreckt, von dem man sagen kann, dass er im Übergangsbereich *zwischen* Mutter und Kind liegt. Im Großen und Ganzen kann man sagen, dass die Besetzungen des Kindes durch die Mutter das fokale Thema der Therapie sind. Ist diese Therapie erfolgreich, stellt man fest, dass *auch* die Besetzungen, die das Kind auf seine Mutter richtet, modifiziert werden, allerdings erst *sekundär*, also im Anschluss an die Veränderungen der mütterlichen Besetzungen. Im gleichen Sinne vollziehen sich die Veränderungen der Mutter-Kind-Interaktion (in den deutenden Therapien) erst im Anschluss an eine Mobilisierung der Besetzungen und Vorstellungen der Mutter in Bezug auf das Kind. Die für die gemeinsamen Therapien von Mutter und Kleinkind spezifischen therapeutischen Wirkfaktoren sind also jene, die die Besetzung modifizieren, die die Mutter auf das Baby richtet (und umgekehrt, wenn auch sekundär, die des Babys auf seine Mutter).

Mit dieser Definition erhalten wir zugleich auch eine qualitative Beschreibung des gedeuteten Fokus oder Herdes: Dieser »Herd« definiert sich vor allem durch die Besetzungen (das heißt Triebabkömmlinge, Objektbeziehungsmodi und den Besetzungen zugrunde liegenden Fantasien) des Kindes durch die Mutter und – sekundär – der Mutter durch das Kind.

Man versteht nun besser, warum es in den Therapien von Mutter und Kleinkind so *schnell* zu gewichtigen Veränderungen kommt: Es findet keine Veränderung des *gesamten* psychischen Funktionieren der Mutter statt (worauf in der herkömmlichen Psychotherapie explizit oder implizit hingearbeitet wird), sondern ausschließlich die eines Sektors von Besetzungen, der sich auf die Beziehung zum Kind bezieht. Überraschenderweise führen diese intrapsychischen Veränderungen eines »Sektors« der Mutter nicht nur zu Modifikationen der mütterlichen Vorstellungen und ihrer Beziehungsmodi, sondern auch der *Symptome und des Funktionierens des Kindes*!

Oft wird behauptet, die Veränderung von Symptomen des Kleinkindes sei leicht zu erreichen, von untergeordneter Bedeutung und beinahe unnötig. Mit dieser abschätzigen Beurteilung einer Modifikation der Symptome gibt man aber die doch faszinierende Möglichkeit auf, den unbezweifelbaren pathogenetischen Einfluss des seelischen Zustands der Mutter auf die psychopathologischen Manifestationen des Kleinkinds näher zu untersuchen.

Wenn eine Therapie Erfolg hat, stellen wir in der Tat immer wieder überrascht fest, welch entscheidende Rolle für die psychopathologischen Manifestationen des Kleinkinds dem psychischen Funktionieren der Mutter zukommt, dem man nun eine kausale Rolle zuschreiben kann (was uns nicht der Notwendigkeit enthebt, auch die determinierenden Faktoren zu bestimmen, die aus der psychischen Struktur des Kindes herrühren).

Bei der Untersuchung der Faktoren der Veränderung in gemeinsamer Psychotherapie können wir gleichzeitig auch die Fragestellung der interaktionellen (oder interrelationellen) Pathogenese in der frühen Kindheit angehen: Wenn es uns gelänge, die therapeutischen Faktoren, die zu Veränderungen der Beziehungen und Symptome führen, zu isolieren und zu definieren, könnten wir daraus die Rolle der korrespondierenden pathogenetischen Faktoren ableiten, die die gerade behandelte Pathologie hervorgebracht haben. Die Erfassung der ätiopathogenetischen Faktoren auf dem Wege über ihre therapeutische Auflösung ist bei der Erforschung der gemeinsamen Therapien von Mutter und Kleinkind letztlich der interessanteste und vielversprechendste Aspekt. (Wir lassen uns hier nicht auf die notwendige und schwierige Diskussion zum Grad der Identität zwischen den ursächlichen pathogenetischen Faktoren und denjenigen ein, die zum Zeitpunkt einer späteren Therapie – a posteriori – einer Lösung zugeführt werden. Der bei Therapien auftretende Resonanzeffekt ist allgemein bekannt: Durch Einwirkung auf übertragungsbedingte Neoformationen können auf diese Weise rückwirkend Probleme gelöst werden, die bereits vorher und außerhalb der Übertragung aufgetreten waren.)

Die zentrale Hypothese, um die es bei dieser Diskussion geht, ist die Natur der ätiopathogenetischen Faktoren in der frühen Kindheit, und es erscheint uns immer evidenter, dass der Anteil der interpersonellen und interaktionellen Faktoren bei den Ursachen und der Aufrechterhaltung von Symptomen im frühen Lebensalter sehr viel entscheidender ist als später[19].

Im vorangegangenen Absatz haben wir die Begriffe »interrelationell« und »interaktionell« miteinander verbunden, um zwei Elemente hervorzuheben, die für diese frühe Lebensperiode charakteristisch sind: die Transkription von Objektbeziehungsmodi *auf die Ebene interaktionellen Agierens* (und wahrscheinlich auch *vice versa*) und die Schnelligkeit, in der therapeutische Veränderungen, die sich auf ein (intrapsychisches oder interaktionelles) Niveau beziehen, auch eine andere Ebene beeinflussen. Wenn es uns gelingt, die

---

19 Die These vom interaktionellen Ursprung der frühen Störungen hat manche Autoren dazu geführt, die Neurologie der frühen Kindheit ganz entschieden als eine interrelationelle zu beschreiben. Siehe dazu zum Beispiel Sameroff/Emde 1989.

mentalen Objektbeziehungsrepräsentanzen der Mutter zu verändern, zieht dies gleichzeitig einen Wandel auf interrelationeller und interaktioneller Ebene nach sich. In gleichem Sinne muss man zugestehen, dass Therapien ohne Deutungsabsichten (wie beispielsweise die *guidance interactive*), obwohl sie sich (explizit) nur auf Modifikationen der mütterlichen Wahrnehmung von vom Kind ausgehenden Signalen und Interaktionen bezieht, simultan zu interrelationellen Veränderungen und wahrscheinlich auch der mentalen Repräsentanzen der Mutter vom Kind führen können (Stern-Bruschweiler/Stern 1989).

All dies spricht dafür, dass wir es mit einem relativ geschmeidigen *dyadischen System* zu tun haben (das also nach einem relativ instabilen und zahlreichen äußeren und inneren Einflüssen gegenüber empfänglichen Modus strukturiert ist), in dem zwischen beiden Beteiligten Besetzungen, Botschaften und Zwänge ununterbrochen intensiv zirkulieren. Die Metapher vom Mutter-Kind-System, die der Mutter eine entscheidende strukturierende Rolle in der Entwicklung des Kindes zuschreibt, ist in der Literatur unter verschiedenen Begriffen weidlich ausgebeutet worden. In der psychoanalytischen Literatur findet man verschiedene Varianten dieses Themas, zunächst die Theorie der Verführung des Kindes durch seine Eltern (durch seinen Vater *und* seine Mutter), dann die bereits von Freud skizzierte Abhängigkeitsbeziehung, die in den Konzepten der »anaklitischen Beziehung« und der »Symbiose« (Mahler) extensiv ausgelegt wurde, ferner die Theorien, die die Funktionen der Mutter bei der Strukturierung des Kindes beschreiben: »Hilfs-Ich« (Hartmann), »primäre mütterliche Fürsorge« (Winnicott), »Spiegel«, »Container« (Bion), aber auch die Theorien, die die pathogene Rolle der Mütter beschreiben: die schizophrenogene, symbiotisierende, erregende, verstörende usw. Mutter.

In jüngerer Zeit haben Theorien zur Transgenerationalität den Akzent auf die identifizierende Rolle der Mutter gelegt, die dem Kind ein Identifizierungsthema zuschreibe (Piera Aulagnier sagt beispielsweise: »Das sprechende ›ich‹ hat seine ersten identifizierenden Aussagen dem Diskurs der Mutter entlehnt«, 1984) oder ihm von den ersten Gesten innerhalb der Interaktion an einen Ethikkodex oder eine Familientradition weitergebe. Die Rolle der mütterlichen Projektionen mit ihrer entfremdenden und ihrer sinnstiftenden Seite oder ihrem Beitrag zur Ausbildung von Introjekten in Form von »Besuchern des Ichs« (Mijolla 1981) oder einer Krypta (Abraham/Torok 1978) sind in theoretischer und klinischer Hinsicht untersucht worden.

Man könnte diese Liste verschiedener theoretischer Versionen zur frühen Mutter-Kind-Beziehung verlängern (und mit nicht-psychoanalytischen, insbesondere systemischen Theorien weiter ausschmücken, die die Empfänglichkeit des Kindes für interpersonelle und interaktionelle Einflüsse betonen); allen gemeinsam ist die Perspektive einer »starken« Rolle der Mutter, die strukturiert oder entstrukturiert, stimuliert oder entzieht, die von der Welt des heranwachsenden Kindes Besitz ergreift oder sich aus ihr entfernt, zu dessen Bildung aber auf jeden Fall einen fundamentalen Beitrag leistet.

Man kann zwar Faktoren benennen, die diesen starken Einfluss der Mutter auf die Strukturierung des Kindes abschwächen (zu deren wichtigsten die simultane Präsenz von ödipaler triangulärer Dynamik in der sogenannten prägenitalen Periode gehört sowie die intrapsychischen Kräfte des Kleinkindes, die die »mütterlichen Einflüsse« filtern oder transformieren). Man muss aber doch einräumen, dass die strukturierende Rolle der Mutter für das Kind durch ein gewichtiges Theoriegebäude belegt wird, das unserer Auffassung nach auf *klinischer* Ebene durch die Untersuchung von Mutter-Kleinkind-Dyaden in Psychotherapie validiert wird. Man beachte, dass in all diesen Versionen ausschließlich die bildende Rolle der Mutter herausgestellt wird, ohne jemals die Beiträge des Kindes zu berücksichtigen, das als ein Behälter oder passiv Mitwirkender aufgefasst wird. Die Studien zur Interaktion helfen diesem Mangel ab, allerdings nur bis zu einem gewissen Grad. Die Einflüsse des Babys auf seine Eltern sind inzwischen besser bekannt (Sameroff/Emde 1989); sie betreffen die Ebene der Aktivierung von Haltungen geteilter Kommunikation und die Rhythmen des Aufnehmens und Beendens von Interaktion (Brazelton/Cramer 1991).

Nur in der Situation der gemeinsamen Therapie kann man aber wirklich erfassen, wie ein Baby zu einer pathologischen Interaktion beitragen kann; darin liegt auch die ganze Bedeutung dieses *Settings*, wenn man zu einer stärker interaktionsorientierten Sicht der Ätiopathogenese kommen will. In der Therapiesituation ist man oft von der pathogenen Macht des Kindes über seine Mutter beeindruckt, was für den Kliniker zu einer ausgewogeneren Sicht auf den jeweiligen Beitrag von Mutter *und* Kind zu dem führt, was dann mit Fug und Recht als Interaktionspathologie bezeichnet werden kann.

Diese Sichtweise, die eine stärker interaktionsorientierte Betrachtung der Pathogenese nahelegt und die einseitige Verursachung durch die Mutter relativiert, verhilft uns dazu, die »Ursachen von therapeutischer Veränderung« – das heißt die heilenden Faktoren – in nuancierterer (weil multifaktorieller) Weise zu betrachten, was wir in diesem Kapitel zu umreißen versuchen. So ist es für die Effizienz der Psychotherapie sehr nützlich, einer Mutter die determinierende Rolle der Haltungen des Kindes auf Auslösung und Beibehaltung der mit ihnen korrespondierenden reaktiven Haltungen der Mutter erklären zu können, wobei dieser »Komplex« sowohl Knotenpunkt der pathologischen Interaktion ist als auch zum Fokus der Deutung wird. Das typische Beispiel ist das eines fordernden Jungen, der mit herrischem Geschrei eine »Krise« bekommt, wenn er frustriert wird: Für bestimmte Mütter wird dieses Verhalten als Schlüsselreiz in einem Konflikt wahrgenommen, in dessen Zentrum die masochistische – und hasserfüllte – Unterwerfung der Frau unter einen narzisstischen und diktatorischen Mann steht. Stellt sich dieses Szenario her, kommt eine Spirale narzisstischer Einschüchterung durch das Kind und erschöpfte Beflissenheit aufseiten der Mutter in Gang, die es zufrieden stellen will, was zu dramatischen Situationen führt, in denen der Wunsch der Mutter, ihr tyrannisches Baby zufriedenzustellen, zutiefst von der Wut unterminiert ist, die sie wegen des Gefühls, ausgebeutet zu werden, gleichzeitig empfindet.

In einer solchen Situation ist die Deutung des verdrängten Hasses bei der Mutter und der vermeintlichen »Überlegenheit« des Mannes ein notwendiger Zwischenschritt der Behandlung; aber den Beitrag anzuerkennen und in der Therapie zu identifizieren, den die Allmacht des Kindes und sein tiefer Egoismus dabei spielen, ist von wesentlicher Bedeutung, um einer wirklich interaktionellen Formulierung der Pathologie gerecht zu werden.

Wir müssen unserer Liste der Hauptfaktoren therapeutischer Veränderungen also einen Exkurs hinzufügen, die den Beiträgen des Kindes zur Interaktion Rechnung trägt und sie in der Arbeit des Therapeuten berücksichtigt.

Betrachten wir nun im Einzelnen die hauptsächlichen spezifischen Heilfaktoren.

II Die Reduzierung der mütterlichen Projektionen auf das Kind und damit einhergehende Veränderungen der Interaktion

Von den ersten Worten an, die die Mutter zur Beschreibung der Probleme verwendet, die sie an ihrem Kind wahrnimmt, wird dem Kliniker die projektive Dimension der mütterlichen Besetzungen klar, und dies umso schneller, als er gleichzeitig das Kind sehen und vor allem auch symptomatischen Interaktionssequenzen beiwohnen kann.

Der projektive Charakter verrät sich also durch die Differenz zwischen den Beschreibungen der Mutter und dem realen Verhalten des Kindes; man erinnere sich beispielsweise an den drängenden Charakter der Anklage, die

Martine gegen Sandra richtet, wenn letztere das Gesicht ihrer Mutter berührt: Die Aggressionsanklage schießt bereits los, bevor das Verhalten des Kindes sie rechtfertigt.

In anderen Fällen besteht ein solcher Abstand zwischen den projektiven Aussagen der Mutter und dem damit korrespondierenden Verhalten des Kindes nicht (oder: nicht mehr). Es besteht vielmehr Koinzidenz zwischen beiden, wobei das Kind offensichtlich das Verhalten, die Haltungen oder Absichten ausagiert, die man ihm vorwirft. Dies ist typischerweise dann der Fall, wenn sich durch die herrischen Kapriolen des Kindes und die unterwürfige Zuvorkommenheit der Mutter eine agierte sadomasochistische Beziehung hergestellt hat. Man weiß dann nicht mehr, wie dieser Kreislauf begonnen hat, und die Mutter ruft mit einem »Sehen Sie, wie schlecht er mich behandelt« mit vollem Recht den Kliniker als Zeugen einer Anklage an, deren projektiver Anteil durch das tatsächlich unausstehliche Verhalten des Kindes im Dunkeln bleibt. Der Therapeut ist dann gehalten, Hinweise auf masochistische Unterwerfung in anderen gegenwärtigen und vor allem früheren Beziehungen zu suchen. Dank dieses Umwegs wird die Deutung eines unbewussten Wunsches nach masochistischer Unterwerfung unter einen despotischen Meister möglich, dessen Rolle gegenwärtig vom kleinen Kind übernommen wird.

1 Die Ortung der Projektion und der Resonanzeffekt ihrer Deutung

Die Ortung der Projektion erfolgt im Allgemeinen von Beginn des ersten verbalen Austauschs mit der Mutter an, wobei meist von der Beschreibung ausgegangen wird, die sie vom Kind liefert.

JIM, DER MEGALOMANE

Nehmen wir den Fall des 16 Monate alten Jim, der uns wegen einer schweren Anorexie mit Gewichtsrückstand vorgestellt wird (sein Plateau der Gewichtskurve ist seit einem Monat unverändert). Vom ersten Kontakt mit der Forschungsgruppe an, die den Fall mit den Instrumenten beurteilt, die im Kapitel über die Beurteilung der Therapieergebnisse beschrieben sind, macht die Mutter eine Bemerkung projektiven Stils: »Er *lehnt es ab* zu wachsen«. Welche Macht schreibt sie ihrem Sohn zu, wenn er tatsächlich beschließen kann, sein Wachstum zu verlangsamen! Hier ist eine Projektion von Megalomanie und extremer Opposition am Werk; der Kliniker kann daraus sofort ableiten, dass sich die mentale Repräsentanz, die sie von ihrem Kind hat, auf eine Fantasie extremer Macht stützt, der sie sich dann unterwirft: In der Tat scheint sie besorgt, ihr Kind jederzeit zufriedenzustellen, und auch während der Untersuchung läuft sie ihm dauernd hinterher, um seinen Launen nachzukommen.

In der ersten Sitzung gemeinsamer Psychotherapie bestätigt die erste von der Mutter gelieferte Beschreibung die Fantasie von Unterwerfung unter einen unmöglichen Menschen: »Ich kann nicht mehr; ich schaffe es nicht, ihn zufriedenzustellen«. Sie beschreibt seine nervösen Ausbrüche, seine nie endenden Ansprüche und resümiert: »Ich weiß nicht, was er will ... Ich verstehe nicht, was ich machen muss, um ihn zufriedenzustellen!«

In einem bemerkenswerten Resümee von großer Präzision und synthetischer Kraft haben wir hier die Definition eines Unterwerfungskonflikts der Autorität gegenüber, eine Form von sadomasochistischer Objektbeziehung, bei dem die Rolle des sadistischen, fordernden und unmöglich zufriedenzustellenden Parts auf das Kind projiziert wird; die Mutter ihrerseits vertieft sich (ganz natürlich, ist man versucht zu sagen) in die Rolle der Sklavin, die darauf wartet, ihren Herrn zufriedenstellen zu können, obwohl sie stark an ihrer Fähigkeit zweifelt, dies schaffen zu können.

Die beobachtbare Interaktion zeigt exakt dieses Szenario, sodass wir es hier mit dem (oben beschriebenen) Fall einer Projektion zu tun haben, die auf interaktioneller Ebene in Realität umgesetzt wird.

Der projektive Charakter der Besetzung des Kindes zeigt sich zunächst in den Äußerungen der Mutter: »Er will nicht wachsen« und »Ich schaffe es nicht, ihn zufriedenzustellen«, was ihn durch Zuschreibung von zwei Eigenschaften zu einem ständig unzufriedenen Megalomanen macht. Dies ist das Bild, das die *Umrisse* der Projektion erfasst.

Nachdem wir nun wissen, *was* projiziert wird, müssen wir dessen Ursprung suchen. Drei Möglichkeiten stehen zur Auswahl: eine Elternimago, die Repräsentanz eines unersättlichen kindlichen Selbst (der Mutter selbst) oder die eines unerbittlichen Über-Ichs (der Mutter). In Wirklichkeit gibt es eine vierte Alternative: Projektion *und* Resultat eines Amalgams aus den eben genannten Quellen.

Wenden wir uns nun der Technik des Therapeuten zu, denn wir versuchen ja, die Faktoren von Veränderung zu erklären: In der erwähnten ersten Sitzung hat der Therapeut sehr früh eine Repräsentanz ausgemacht, an der sich sein Verständnis ausrichtet; er hat sich gesagt: »Der Wunsch, eine unmögliche Person zufriedenzustellen, steht im Zentrum der Problematik«, und er fügt hinzu: »Diese Mutter ist vom Kind eingeschüchtert«. Er beobachtet die Interaktionen zwischen Mutter und Kind und stellt fest, wie schwer erträglich, kapriziös und kaum verständlich Jim ist; er spürt eine gewisse Empathie für diese gelähmte Mutter, dann stellt er fest, dass jeglicher Ausdruck von Aggression bei ihr gehemmt ist: Die kühnste Strafmaßnahme, die sie sich vorstellen kann, besteht darin, ihn ins Bett zu schicken, was sie mit einem Gestus ankündigt, der auf große Scham und starke Schuldgefühle schließen lässt.

Der Therapeut konfrontiert die Mutter mit ihrer grenzenlosen Geduld, mit dem Fehlen von Grenzsetzung für die kindliche Allmacht und mit ihrer Befürchtung, dem Kind gegenüber aggressiv zu sein, wenn sie sich durchsetzte; er resümiert das Bild, dass er gesehen hat, indem er den Begriff des vom Kind »Eingeschüchtertseins« benutzt. Die Mutter ist von diesem Wort stark berührt und bestätigt, dass sie durch die Schreie und die schlechte Laune des Jungen wie versteinert ist. Der Terminus »Eingeschüchtertsein« ist offensichtlich ein Signifikant, der etwas auslöst, denn als der Therapeut die Mutter fragt, an was sie das Bild einer Person, die sich aufregt und sie einschüchtert, erinnert, antwortet sie ohne Zögern mit der Beschreibung ihrer Mutter, die viel geschrien habe, außerordentlich fordernd und unnachgiebig gewesen sei. Die Verwendung der Begriffe und der Details der Beschreibung sind so exakt identisch und stülpen das Bild der Großmutter bis zur Verwechslung über das von Jim, dass der Therapeut weiß, dass er damit die Hauptwurzel der blühenden Projektionen identifiziert hat: Jim ist der Behälter, der die Projektion des Mutterbildes aufnimmt, das seine Mutter in sich trägt. (Anekdotisch kann dazu mitgeteilt werden, dass sich herausstellte, dass die Großmutter paranoid war, was der Konstruktion des Bildes einer megalomanen, fordernden und stets unzufriedenen Person eine historische Verankerung verschafft.)

Nach dieser Beleuchtung der historischen Wurzeln der Projektion nimmt sich der Therapeut den Zusammenhang zwischen den Klagen über Jim und denen über die Großmutter vor. Die Herstellung dieser Verbindung bringt die Projektion wahrscheinlich am stärksten in Bewegung, denn die Mutter gelangt in genau diesem Moment (und zum ersten Mal) zu der Einsicht: »Ach ja, das ist wie bei Jim; wissen Sie, ich habe nie daran gedacht, die beiden zusammenzubringen; wirklich, ich wollte sie in meinem Kopf nicht zusammenbringen!«

Der Therapeut fühlt sich durch diese Entdeckung und die unerwartet (und schnell!) erworbene Einsicht bestätigt und rundet seine Deutung ab, indem er alle Bereiche hervorhebt, in denen sich Merkmale von Großmutter und Sohn überschneiden: Er erklärt, dass die Mutter sich so ohnmächtig fühlt, Jim zufriedenzustellen, wie sie sich unfähig gefühlt hatte, ihre eigene Mutter zufriedenzustellen, und macht sich daran, alle »Ähnlichkeiten« zwischen

Mutter und Kind herauszustellen, um zu unterstreichen, dass sich die Mutter im Adressaten täuscht: Sie projiziert auf das Kind die sadomasochistischen Motive, die ein Grundelement der Beziehung zu ihrer eigenen Mutter gewesen waren.

Bereits in der ersten Sitzung haben wir also zwei Aspekte der Projektion gedeutet: ihren Inhalt (die Unterwerfung unter einen unersättlichen Tyrannen), ihre Zugehörigkeit zur inneren Welt der Mutter (das Bild ihrer eigenen erschreckenden, einschüchternden und unmöglich zufriedenzustellenden Mutter) und damit auch die historische Grundlage dieser konflikthaften Form von Objektbeziehung.

Es muss unterstrichen werden, dass die Dinge in Wirklichkeit nicht so einfach sind, denn indem man die Projektion »deutet«, rührt man – auf dem Weg über den Resonanzeffekt oder explizit – an viele andere Querverbindungen (dass Deutungen nach vielen Seiten hin wirken, ist allgemein bekannt). Mardi Horowitz fasst dies gut in folgenden Worten zusammen: »An effort to change one thing, to pull on one thread, entangles the whole cloth«[20] (Budman 1981). Man fördert beispielsweise gleichzeitig den Ausdruck von bislang verdrängten Gefühlen (z.B. die Erniedrigung, die im Kontakt mit der ängstigenden Mutter erlebt worden war) und vermittelt Jims Mutter Einsicht in eine basale Gegenidentifizierung, weil sie sich *ganz im Gegenteil zum Bild ihrer Mutter* als mit Jim sehr geduldig erlebt. Wir haben verifizieren können, dass diese grenzenlose Geduld tatsächlich besteht und konnten aufzeigen, dass sie sich *mit dem Gegenbild* ihrer Mutter identifiziert hat, ein typischer – wenn auch außergewöhnlich übertriebener – Fall von Gegenidentifizierung.

Eine solche Deutung der Grundlagen einer Identifizierung muss sich an die Deutung der Projektion unbedingt anschließen: In dem Maße, indem die Mutter jegliche Aggression, Sadismus und Ungeduld auf Jim projiziert, schließt sie sich in eine Identifizierung mit dem Gegenteil ein, in der sie von *jeglicher* Aggression entleert ist und durch die sie die beiden Mitglieder der Dyade in hypertrophierte, einseitige und diametral entgegengesetzte Identifizierungshaltungen drängt.

Mit dieser Schwarz-Weiß-Beschreibung steht man vor einem der typischen Profile eines zugespitzten Interaktionskonflikts, der zu einer chronischen sadomasochistischen Beziehung mit Entwicklung einer potenziell schweren narzisstischen Neurose aufseiten des Kindes (und auch der Mutter) führen

---

20 Was man wie folgt übersetzen könnte: »Der Versuch, eine Sache zu verändern, an einem Faden zu ziehen, transformiert das gesamte Gewebe.«

könnte. Dies ist eine typische Indikation für eine frühzeitige Intervention, deren wesentlicher kurativer Faktor die Deutung der Projektion, ihrer genetischen Wurzel und der Rollenverteilung in der Interaktion ist, die ein starkes sadomasochistisches Konfliktpotenzial der Mutter in Szene setzt. Aber man sieht, dass gleichzeitig auch andere Modi seelischer Abläufe durch die psychotherapeutischen Interventionen berührt werden: Man verbindet, was entbunden worden war, man vermindert die Spaltung (in den total sadistischen Jim und die völlig unterworfene Mutter), man beleuchtet Identifizierungsprobleme (und einige weitere Dinge außerdem). Kurz gesagt: Man bewirkt in dieser ersten Sitzung eine Minirevolution sowohl auf der Ebene des Erkennens wie der der Gefühle, was eine umfangreiche Neuverteilung der Besetzungen nach sich ziehen muss, bei der Abwehrmechanismen, Objektbeziehungen und verschiedene Repräsentanzen (inklusive der Affekte) berührt werden.

Am Ende dieser ersten Sitzung, in der die Identifizierung in Opposition (oder Gegenteil) zur Großmutter gedeutet worden war, fragt der Therapeut die Mutter, ob sie sich (neben ihrer grenzenlosen Geduld) auch in vielen anderen Bereichen als das Gegenteil ihrer eigenen Mutter sehe; zu unserer Überraschung antwortet sie dann aber, dass sie in Wirklichkeit manchmal denke, dass sie ihr *ähnlich* sei! Welche Wendung in der 50. Minute dieser ersten Sitzung! Sie, die sich in der Rolle der leidenden Mutter eingerichtet hatte, die die Übergriffe eines tyrannischen und unduldsamen Kindes zu ertragen hat und sich dann als Kind präsentierte, das von einer ebenfalls fordernden und nicht zufriedenzustellenden Mutter terrorisiert worden war, sie, die sich also mit der Rolle des masochistischen Dreh- und Angelpunkts des Geschehens identifiziert hatte, der von allen Seiten von ihren Angehörigen malträtiert wird – sie entdeckt nun plötzlich eine Ähnlichkeit mit ihrer Peinigerin! Diese Wiederkehr der verdrängten Identifizierung stellt eine Revolution dar, denn sie ist ein Anzeichen dafür, dass die Projektion gewichen ist, dass die Mutter deren Inhalt in sich zurücknimmt, d.h. dass sie einen höchst konflikthaften Inhalt reintrojiziert, den sie zuvor nur mithilfe einer massiven Projektion hatte bewältigen können, die den ganzen diesbezüglichen Bereich zum Kind hin ausgestoßen hatte (das heißt den Trieb, die Identifizierung, die Vorstellungen von sich selbst als intolerante, fordernde etc. Person entsprechend dem Bild der Großmutter). Das Kind war – wie zu unterstreichen ist – nur allzu einverstanden, sie unter Druck zu setzen und alle Vorteile einzuheimsen, die ihm mit der Rolle des kapriziösen Megalomanen auf dem Tablett angeboten worden war.

Die zweite Sitzung bringt den Beleg für die erreichten Veränderungen: Die

Mutter demonstriert, dass sie Jim jetzt Disziplin auferlegen kann, indem sie es ablehnt, unterschiedslos all seinen Forderungen nachzukommen, wobei sie deutlich macht, dass eine solche Festigkeit für sie bis dahin unmöglich gewesen war, weil sie ihren Kindern gegenüber nicht die Terroristin hatte sein wollen, die ihre Mutter für sie gewesen war. Sie ist sehr erleichtert, kann wieder schlafen und sagt, dass *sie* sich verändert hat, nicht der Sohn! In der Tat demonstriert Jim durch Übellaunigkeit und Geschrei weiterhin sein Talent als Tyrann, aber die Mutter lässt sich nun nicht mehr einschüchtern.

Es dauerte noch einige Sitzungen, bis Jim von seinem Sockel herabstieg und auf seinen hochgerüsteten Despotismus verzichtete, den er über eine unendlich willige Mutter mit Leichtigkeit ausgeübt hatte.

2 Die Dynamik der elterlichen Projektionen

Man kann die Wirkung dieser Deutungen als Reduzierung von Projektion definieren, wobei dieser Begriff in Analogie an das Bild der Reduktion einer Hernie verwendet würde, die wieder in ihre normale Umgebung im Bauchraum integriert wird.

Diese Art von »Reduktion« vollzieht sich in der Einzeltherapie nicht so spektakulär und schnell; man weiß bekanntlich, dass die Projektionen, die vor allem in Charakterhaltungen instrumentalisiert werden (und das Beispiel des Masochismus ist hierzu eine gute und gängige Illustration), üblicherweise schwer zu verändern sind, da die Patienten auf Basis der Gegenreaktionen, die ihre Angehörigen im Kontakt mit ihnen unvermeidlicherweise entwickeln, ihre Anklagen mit Leichtigkeit rechtfertigen können.

Ganz anders in der gemeinsamen Therapie ist dagegen die Dynamik der Projektion und ihre Verankerung in der ganz besonderen Realität, die ein Baby darstellt.

Die projektive Dynamik des Postpartums (wir kommen kurz auf diese theoretische Fragestellung zurück, die bereits im Kapitel »Das mentale Funktionieren im Postpartum« detailliert beschrieben worden war) kann zusammenfassend in folgender Weise beschrieben werden: Das, was man das imaginäre Baby der Schwangerschaft genannt hat, ist in Wirklichkeit der Beginn eines projektiven Prozesses, der in einer – im Postpartum in einzigartiger Weise beobachtbaren – Inflation heftiger Projektionen endet. Das künftige Baby wirkt wie ein Magnet für Projektionen – wie ein (mehr oder weniger weißer) Bildschirm, von dem wie durch Sirenengesang Projektionen narzisstischer, triebhafter und objektbeziehungsorientierter Valenz beider Eltern, insbesondere der Mutter angezogen werden.

Dieses Aufblühen von Projektionen zu Beginn des Postpartums führt entweder zu der verrückten Verbundenheit, wie sie sich in der primären mütterlichen Fürsorge entfaltet, oder zu der entsetzten Abwendung, wie wir sie bei den schweren Bindungsstörungen und bestimmten Atonien der Mutter im Postpartum sehen. Welchen Einfluss diese Projektionen haben werden, hängt ab
a) von den projizierten Inhalten,
b) von dem Abstand zwischen dem fantasierten Kind (Objekt idealisierender Projektion) und dem wahrgenommenen Kind,
c) auf lange Sicht von der Fähigkeit der Mutter, die Projektionen in ihren psychischen Raum »zurückzunehmen« (was wir Fähigkeit zur Reintrojektion nennen). Diese Projektionen (oder projektiven Identifizierungen) entsprechen dem, was die angelsächsische psychologische Literatur zur Interaktion *meaning attribution* nennt.

Originell und spezifisch für diesen Modus der Projektion ist ihr explosiver, zuweilen geradezu deliranter Charakter, und die Tatsache, dass er der damit abgewehrten psychischen Realität der Mutter doch viel näher steht als die charakteriellen oder paranoiden Projektionen, mit denen wir es in der Erwachsenenpsychiatrie zu tun haben.

Auf therapeutischer Ebene bedeutet dies eine viel größere Beweglichkeit dieser Projektionsformen samt der Möglichkeit, sie mithilfe bescheidener therapeutischer Interventionen in den psychischen Raum der Mutter zu »reduzieren« (manchmal ist diese Mobilisierung bereits nach der ersten Sitzung wirksam).

Worauf beruht aber diese besondere Beweglichkeit, die die Hauptursache der schnellen kurativen Wirkung ist? Hier einige Versuche einer Antwort.

Die Normalität von Projektionen

Projektionen dieser Art ähneln dem normalen Prozess der Zuschreibung von Identität an das Neugeborene von Geburt an.

Dieser Projektionsprozess beginnt während der Schwangerschaft, insbesondere ab dem Zeitpunkt, an dem der Fötus als ein anderes Wesen vorgestellt werden kann, das sich von seiner anfänglichen Verschmelzung mit der Vorstellung abhebt, die die Mutter von sich selbst hat. Er gründet in dem Wunsch, alte Bindungen wiederherzustellen und vermittelt der Mutter mithilfe des werdenden Kindes die Illusion einer Wiederbegegnung mit den Objekten ihrer Kindheit. Die Projektion gibt dem unsichtbaren Fötus ein Gesicht und schreibt diesem »unheimlichen Fremden« eine vertraute Identität zu.

DIE PROJEKTION ALS VERBINDUNG

Dieser Projektionsprozess beruht also auf einer Dynamik von Verbindung, Wiederbelebung und illusionärer Wiedergutmachung (der Verluste und Enttäuschungen): Er ist also im Wesentlichen positiv motiviert, steht unter dem Zeichen des Lebens und der Kreativität (dies selbst dann, wenn der *Inhalt* der Projektion von der vorherrschenden Thematik negativ und aggressiv ist). Nehmen wir zur Illustration dieses Punktes das Beispiel von Martine und Sandra: Die Mutter klagt Sandra in einer so heftigen Weise an, dass man sie als subdelirant bezeichnen könnte. Sie ist überzeugt, dass dieses 13 Monate alte Kind ihr wehtun will und daran Freude hat (deliranter Aspekt). Und doch entdeckt Martine im Verlauf weniger Sitzungen, dass sie die eigene »aggressive« Mutter liebt und nur auf ein Zeichen von ihr wartet, um die Beziehung wieder anknüpfen zu können. Inhalt der Projektion ist die Aggression, ihr treibendes Motiv aber ist der Wunsch, eine verlorene Mutter wiederzufinden.

VERBINDUNG ZUR INNEREN WELT DER MUTTER

Dieser Aspekt der Wiederherstellung eines durchtrennten Bandes im Rahmen einer Trauerdynamik macht die Projektionen des Postpartums zu einem Vorgang, bei dem einerseits eine Verbindung mit der Vorstellung eines verlorenen Objekts aufgenommen wird, aber andererseits auch eine Verbindung *zur psychischen Realität der Mutter*: Das Baby spielt dabei die Rolle eines Bildschirms, auf den die Projektion gerichtet wird und das so (wie in einem lebenden Bild) die Inszenierung der verlorenen Beziehung der Mutter ermöglicht. Dank dieses Kunstgriffs kommt es zur Wiederbelebung »schlafender« Beziehungen und zur Remobilisierung verdrängter oder abgespaltener Besetzungen: Die Projektion auf das Neugeborene spielt hier die Rolle eines Motors, der eine neuerliche Durcharbeitung alter psychischer Positionen ermöglicht, die durch den Trauerprozess blockiert waren.

DIE ÜBERTRAGUNG AUF DAS BABY

Das Baby spielt bei diesen Vorgängen eine Rolle, die der des Psychotherapeuten analog ist: Es zieht die Grundneurose der Mutter auf sich, fokalisiert und dramatisiert deren Neuauflage – mit einem Wort: Es löst eine *Übertragung* aus. Die Übertragung auf das Baby überträgt alte konflikthafte Besetzungen der Mutter auf es. Wie der Therapeut ist das Baby ein Katalysator *par excel-*

lence, der eine Neubearbeitung der alten Gleichung ermöglicht (das heißt der Grundneurose). Die Projektion, der es ausgesetzt ist, ist ein Zwischenelement, das eine Kontaktaufnahme zur verdeckten psychischen Realität der Mutter ermöglicht. In diesem Sinne haben die Projektionen des Postpartums die Funktion einer Inszenierung, einer Materialisierung des psychischen Inhalts, die eine *evolutive Wiederaufnahme* von bis dahin latenten Konflikten ermöglicht: Es ist dies die Wiederkehr der Kindheitsneurose, wie sie unter anderem von Kreisler beschrieben wurde.

Das Baby als Therapeut

Das Baby bietet Gelegenheit zu einer zweiten, revidierten und korrigierten Auflage der Grundneurose der Mutter. In diesem Sinne kann man generalisierend behaupten, dass *das Baby ein Therapeut ist*.

Die Projektionen, die die Übertragung auf das Baby stützen, sind meist Verschiebungen, die von nur schwacher Abwehr aufrechterhalten werden und von ihrem Ursprungsort nicht abgeschnitten sind: der Innenwelt der Mutter. Die therapeutischen Erfolge, die sich schon in der ersten Sitzung ergeben, belegen dies: In der ersten Sitzung verbindet Martine die Gesichtskratzszene mit der Ohrfeige, die sie 15 Jahre zuvor ihrer Mutter gegeben hat; ebenfalls in der ersten Sitzung stellt Jims Mutter die Verbindung zwischen ihrer Einschüchterung angesichts der Wutanfälle des Kindes mit jener Angst her, die sie während der Krisen ihrer paranoiden Mutter empfunden hatte. In beiden Fällen verfliegt die Übertragung auf das Kind schnell und lässt ihren historischen Unterbau zu Tage treten: Hinter dem Gesicht des Kindes sieht man schnell das Gesicht der Großmutter mütterlicherseits auftauchen (in beiden Fällen; in anderen Fällen kann es sich, wie man sehen wird, um andere Bilder oder abgespaltene Anteile der Mutter selbst handeln).

Das Baby als Projektionsschirm

Wir definieren das Baby als *Therapeuten*, weil seine physische Präsenz eine *Materialisierung* von bis dahin verdrängten Objektbeziehungen fördert und weil es – wie ein Therapeut – *rätselhaft* ist. Da es nicht sprechen kann, ist es ein Wesen, das schwer zu »lesen« ist und sich deshalb bestens für die Rolle des Projektionsschirms eignet, wie dies auch für den durchschnittlichen Therapeuten gilt, der im Allgemeinen nicht sehr gesprächig ist. (Ein klares Beispiel für diesen rätselhaften Charakter des Babys findet man in Martines erster Beschreibung von Sandra, bei der sie mehrmals wiederholt: »Ich verstehe nicht, warum sie das tut«.)

Die Materialisierung lässt sich auch mit dem Begriff der *Psychodramatisierung* fassen: Mutter und Kind agieren Objektbeziehungsfantasien real aus. Es kommt zu einer *agierten* Inszenierung, in der auf der Ebene des aufeinander bezogenen Verhaltens ein oder mehrere Fantasieszenarien der Mutter bestätigt werden, insbesondere solche aus dem Drehbuch ihrer typischen Objektbeziehungen. Diese Materialisierung spielt auf mehreren Ebenen eine wesentliche Rolle:
1. Sie liefert der Mutter ein Gefühl von *Überzeugung* und stützt die Illusion, dass das Kind tatsächlich die Inkarnation eines intrapsychischen Bildes ist (»Sie ist so dickköpfig wie meine Mutter«);
2. Sie trägt zu der quasi-deliranten Atmosphäre bei, die für die »normale Verrücktheit« des Postpartums charakteristisch ist; das Baby, das sich als lebendiger Träger immaterieller Bilder eignet, wird eine *realisierte Illusion*;
3. Mit seiner physischen Körperlichkeit erregt das Baby – wie bei einer Verführung – die Triebe der Mutter, indem es eine Erfüllung von Trieben möglich macht, die zuvor in verschiedene Besetzungen zerstreut oder auf rein intrapsychischer Ebene verarbeitet worden waren.

Das Baby als Verführer

Verwenden wir die psychotherapeutische Situation wieder als Metapher, kann man sagen, dass das Auftauchen des (zuvor imaginären) Babys in Fleisch und Blut das Agieren möglich macht: Was bloße Fantasie gewesen war, kann nun agiert werden. Die »Verrücktheit« des Postpartums beruht zum großen Teil auf diesem Faktor der Materialisierung (oder Realisierung): Die Mütter erwähnen sehr häufig – und unter Schwierigkeiten – die enorme Aktivierung von Trieben, die durch das Baby ausgelöst wird, die Lüste, die es bereitet, sei es auf erotischer Ebene (Martine sagte: »Ich könnte sie den ganzen Tag abküssen!«) oder auf aggressiver Ebene (fast alle Mütter berichten von ihrem Impuls, das Baby in einer bestimmten Situationen aus dem Fenster zu werfen). *Das Baby ist ein großer Verführer* – diese Formulierung könnte man der ersten Definition gegenüberstellen, die Freud zur Eltern-Kind-Beziehung gegeben hatte: *Der Elter verführt das Kind.*

Die Darstellung, die wir gerade vom Postpartum als einer Umsetzung von bis dahin verstreuten oder auf rein intrapsychischer Ebene gehaltenen psychischen Elementen gegeben haben, ist in unseren Augen die Erklärung für ein wohlbekanntes klinisches Phänomen: für die psychischen Belastungen des Postpartums, die Mobilisierung von Konflikten und Abwehrmechanismen, die man hier feststellt, und schließlich für die sehr große Aufnahmebereitschaft für psychotherapeutische Interventionen mit ihren schnellen therapeutischen Resultaten.

Wir mussten also die »Dynamik des Postpartums« und seine Charakteristika wieder in Erinnerung rufen, um eine erste Antwort auf die oben gestellte Frage angehen zu können: Wie lässt sich die besondere Beweglichkeit der mütterlichen Besetzungen im Postpartum erklären, die zu den schnellen Therapieeffekten führt?

III Die Veränderungen der Besetzungen des Kindes und der Vorstellungen der Mutter von ihm

Die Deutung der mütterlichen Projektionen, die zur Reduzierung der Projektionen führen, setzt die hauptsächliche Dynamik der Behandlung in Gang: die Veränderung der Besetzungen des Kindes aufseiten der Mutter. Diese Veränderungen sind auf der Ebene des Innenlebens der Mutter wie auch auf der damit korrespondierenden Ebene des interaktiven Verhaltens zu beobachten.

Betrachten wir nun die verschiedenen Varianten dieses Veränderungsprozesses:

Die häufigste Formel betrifft *die Veränderung einer Vorstellung vom Baby als Verfolger* hin zu einer »verbesserten« Version. Das Beispiel, das wir zur Hand haben, ist der Übergang einer Vorstellung von Sandra, »die ihrer Mutter wehtun will«, zu dem bei Therapieende gelieferten Bild, in dem Sandra als Quelle von Zuneigung wahrgenommen wird.

Jim seinerseits war in der ersten Sitzung als Despot erlebt worden, der »von mir profitiert«. In der achten Sitzung sagt die Mutter dann, dass sie eine neue Beziehung zu ihm entdeckt hat – wie eine zweite Geburt: Jim hat sie zum ersten Mal »Mama« genannt, und sie konnte im gegenseitigen Austausch mit ihm Freude empfinden. Bei Therapieende spricht sie von dem Bild, das ihr von Jims Geburt (2900 g) bei dessen Aufenthalt in der Abteilung für Frühgeburten geblieben ist: »Er war so verletzlich und schwach!« Welch ein Kontrast zu dem Bild des unnachgiebigen Tyrannen, das sie in der ersten Sitzung präsentiert hatte!

Diese Veränderungen der Vorstellungen gehen in Richtung einer Libidinisierung, ermöglichen die Wiederaufnahme gegenseitigen Austauschs und verhelfen der Mutter zu einer Quelle von Zuneigung. Vom Verfolger, der das Baby war, ist es zu einem liebenden und liebenswerten Wesen geworden, was gleichzeitig auch eine Transformation der narzisstischen Besetzung aufseiten der Mutter nach sich zieht.

Diese Libidinisierung ist *per se* bereits ein kurativer Faktor: Dadurch, dass sich die Vorstellung vom Kind verändert, wird es zum Spender von Liebe und Selbstwert, aber auch dadurch, dass es *tatsächlich zu gratifizierenderem Austausch* kommt, weil die Interaktionen nun weniger von Abwehr geprägt sind.

Diese Interaktionsveränderungen sind auf klinischer Ebene wahrnehmbar und können auf mikroanalytischer Ebene verifiziert werden (Stern/Cramer 1988). Das Kind wird *nicht mehr als verletzlich erlebt*, sondern als eine Person, die ihre Interessen vertreten kann. Dies ergibt sich aus der Durcharbeitung der Ambivalenz ihm gegenüber, wie sich an den Schlafstörungen verifizieren lässt: Die Mutter fantasiert das Kind in Lebensgefahr, sobald die Nacht sie daran hindert, das Kind im Wachzustand zu überwachen. Der Therapeut bringt die unbewusste Vorstellung der Mutter in Bewegung und löst gleichzeitig die Vorstellung vom Kind als verletzlichem Opfer auf.

Eine Variante dieses Modells liegt vor, wenn es den Eltern dank einer Veränderung ihrer mentalen Repräsentanz des Kindes in der Therapie gelingt, es zu disziplinieren, ihm Grenzen aufzuerlegen. Das Baby wird dann nicht mehr als von tödlichem Leiden bedroht erlebt, wenn es frustriert wird; es kann von seinen Eltern »bestraft« werden, weil sie jetzt nicht mehr glauben, das Kind könne darunter zusammenbrechen. Man kann ihm nun Trennung zumuten, Einsamkeit, Nicht-Belohnung und die Anerkennung seiner Grenzen. Dies ist nur möglich, wenn die Projektion der kindlichen Allmachtsvorstellungen der Eltern gedeutet wird – einschließlich der damit verbundenen narzisstischen Verletzlichkeit.

Die unbewussten Wurzeln von Aggression gegen das Kind müssen ebenfalls gedeutet werden, denn erst danach wird es den Eltern möglich, von ihrer überprotektiven Haltung dem Kleinkind gegenüber abzugehen.

IV Heilung des Kindes durch Erkrankung der Mutter – oder: Die Verlagerung der Pathologie vom Kind zur Mutter

Die Vertreter der familienzentrierten Sichtweise hatten die Formulierung vom »Kind als Symptom der Mutter«, mit der die psychopathologische Gemeinschaft von Mutter und Kind herausgestellt wird, weidlich ausgebeutet.

Trotz der radikalen Seite dieser Formulierung, die dem Kind jegliche eigene Kreativität in seiner Ätiopathogenese abspricht, muss anerkannt werden, dass man auf der Ebene therapeutischer Operationalisierung der Fundiertheit einer solchen Sichtweise sehr wohl zustimmen kann. Die Praxis der gemeinsamen Therapien von Mutter und Kleinkind sowie zahlreiche therapeutische Beratungen von Eltern und Kindern (und Jugendlichen) belegen in der Tat oft, dass die Symptomatik des Kindes nach deutenden Interventionen verschwindet, die ausschließlich an die Eltern gerichtet waren. Selbst wenn man davon ausgeht, dass die Heilung der Symptome des Kindes nicht das oberste Ziel einer Therapie ist, ist es doch nicht weniger interessant, einen solchen Prozess von indirekter Behandlung (das heißt über eine zwischengeschaltete andere Person als die des designierten Patienten, im vorliegenden Falle also über ein Elternteil) auf therapeutischer und auch theoretischer Ebene zu nutzen und auszuwerten. Wir haben bereits unterstrichen, dass der hauptsächliche therapeutische Faktor in den gemeinsamen Therapien eine Veränderung der Projektionen, der Besetzungen und der Vorstellungen ist, die die Eltern an das Kind binden.

Wenn nun die Mutter die psychischen Inhalte in sich selbst zurücknimmt, mit denen sie (vor allem per Projektion) das Kind besetzt hatte, *muss sie diese plötzliche Reintrojektion metabolisieren* und dies innerhalb sehr kurzer Zeit (betrachtet man die Schnelligkeit, in der sich die Projektion in den Mutter-Kleinkind-Therapien auflöst).

Diese forcierte Wiederaneignung bringt eine gewisse Erschütterung mit sich, die meist in einer depressiven Minikrise zum Ausdruck kommt, in der negative Affekte nach außen getragen werden (Tränen, Gefühl von Ohnmacht oder Scheitern) und die Besetzungen in aller Schnelle umorganisiert werden: Die Mutter transformiert ihr Selbstbild beispielsweise von dem des Opfers zu dem des Peinigers (Martine geht von den erlittenen Kratzern zu der Ohrfeige über, die sie ihrer Mutter versetzt hat; Jims Mutter gesteht ihre Angst ein, ihrer erschreckenden Mutter zu ähneln, nachdem sie ausführlich die Ängste beschrieben hat, die Jim ihr macht), oder aber sie entdeckt, dass ihre Eltern so schlecht nun auch wieder nicht waren, dass auch sie gelitten, ihrerseits Entbehrungen hingenommen hätten etc.

Verallgemeinernd lässt sich sagen, dass *die Mutter zeitgleich mit der Heilung des Kindes selbst krank wird*, meist in subdepressiver Form. Die Vorwürfe, die sie an das Kind gerichtet hatte, muss sie nun auf ihre Primärobjekte umlenken: ihre inneren Imagines. Dadurch werden ihre intrapsychische Ambivalenz, ihre Über-Ich-Konflikte und ihr Trauer- und Desillusionierungsprozess in Bezug auf ihre Elternbilder reaktualisiert.

Im Lauf dieser Kurztherapien wird man also häufig mit einer kurzen, aber entscheidenden Phase der Verarbeitung von Depressivität konfrontiert. Daraus ergeben sich die folgenden Effekte: zunächst subdepressive Manifestationen während der Therapie (Tränen etc.) und seltener ein Aufblühen von Symptomen nach der »Heilung« des Kindes, das der Mutter zu größerer Einsicht in die eigene Psychopathologie verhilft und zuweilen in den Wunsch nach Einzeltherapie mündet. Wir legen Wert auf die Feststellung, dass ein solcher Wunsch nach Einzelpsychotherapie selten ist. Nur in einem geringen Prozentsatz von Fällen rechtfertigt es der Zustand der Mutter, dass die Therapeuten die Notwendigkeit einer Therapie für sie nahelegen oder dass diese (explizit oder implizit) darum nachsucht.

V Soll der Mutter eine zeitlich offene Psychotherapie eingeräumt werden?

Dieser Punkt muss hervorgehoben werden, und zwar aus folgendem Grund: Man könnte vorbringen, die symptomatische Heilung des Kindes sei kein ausreichendes therapeutisches Ziel und könne nur der Prolog zu einer herkömmlichen (d. h. zeitlich nicht begrenzten) Therapie sein. Diese Sichtweise liegt der verbreitetsten Kritik an den Kurztherapien zugrunde, wonach man sie mit abgebrochenen Therapien gleichsetzt.

Die Erfahrung belegt nun aber, dass die Mütter trotz der subdepressiven Reaktion, die die meisten von ihnen im Verlauf gemeinsamer Kurztherapien durchmachen, zufrieden sind, dass die Therapie beendet wird, und sie bringen nicht zum Ausdruck, dass sie eine herkömmliche Therapie – einzeln oder gemeinsam – fortführen müssten. Dies erklärt sich durch den Umstand, dass die subdepressive Reaktion, die sich im Allgemeinen nicht deutlich ausformt und ohne Symptome bleibt, durch den libidinösen und narzisstischen Gewinn weitgehend kompensiert wird, der durch die Verbesserung der Beziehung mit dem Kind erreicht wird. Wenn diese Therapien Erfolg haben (was vor allem heißt, dass sie zum Verschwinden der Symptome des Kindes *und* zu einer Verbesserung der Beziehung zum Kind führen), berichten die Mütter in der Tat von der enormen Erleichterung, die sie empfinden, und von der Wiederbelebung, die ihr Gefühlsleben erfährt: Das Kind ist Objekt und auch Quelle von Zuneigung geworden; die mütterliche »Kompetenz« ist wieder aufgerichtet worden; die Atmosphäre von Erschöpfung und akuter Angst ist gewichen. Oft wird auch das affektive und sexuelle Leben des Paares zu diesem Zeitpunkt wieder aufgenommen. Die Mutter hat ihre (zu stark idealisierenden und/oder abwertenden) extremen mütterlichen Identifizierungen besser integrieren können, was zu einer Stärkung ihres Selbstwerts beiträgt.

Diese Zugewinne werden von den Müttern am Ende der Therapie spontan berichtet. Bestätigt werden sie durch die Aussagen der Mütter bei den nach der Therapie erfolgten »objektiven« Evaluationen, die im Rahmen unseres Forschungsprojekts zu den Kurztherapien von »neutralen« Beurteilern durchgeführt werden. Darüber hinaus zeigen die Evaluationstests eine Verbesserung (und nicht eine Verschlechterung) des subjektiven Zustands der Mütter nach dem Ende der Therapie.

Wir ziehen daraus folgende Schlussfolgerungen: Die Reintegration von Elementen, die zeitweise auf das Kind konzentriert und in es verlagert worden waren, in den psychischen Raum der Mutter ist sicherlich eine psychische Zerreißprobe, die die Fähigkeit zur mentalen Verarbeitung insbesondere auf depressiver Ebene auf die Probe stellt. In der Mehrzahl der Fälle bietet der Gewinn, der durch das Wiederaufleben von gratifizierendem wechselseitigem Austausch mit dem Kind geliefert wird, einen narzisstischen Gewinn, der der Mutter die Dekompensation erspart. Gleichzeitig beobachtet man eine Überarbeitung der phantasmatischen (und manchmal realen) Beziehung der Mutter zu ihren eigenen Eltern.

Der Wunsch nach Fortsetzung von (individueller oder gemeinsamer) Psychotherapie ist unseren Beobachtungen nach selten. Dies kann auf zwei Faktoren zurückführbar sein: *Erstens* haben die Mütter den Psychiater konsultieren können, *weil* es um ein Symptom des Kindes ging; ihre persönliche Problematik konnte hinter der vorgetragenen Problematik des Kindes maskiert bleiben. Obwohl die Therapie den Beitrag ihrer eigenen unbewussten Konflikte zur Problematik des Kindes offenlegt, ist die Mehrzahl dieser Mütter nicht bereit, eine Verlängerung und Vertiefung der Therapie für *sich selbst* auf sich zu nehmen.

Dies haben wir unzählige Male belegt gefunden: Am Ende der Therapie und dann wieder im Verlauf der katamnestischen Gespräche (*follow up*) haben wir die Mütter gefragt, ob sie den Wunsch verspürt hätten, die Therapie für sich selbst fortzuführen, wobei die Antworten im Allgemeinen negativ waren. Sie waren wegen der Problematik des Kindes gekommen, waren – obwohl sie ihren Beitrag zu diesem Problem erkannt hatten – mit dem erreichten Ergebnis zufrieden und hatten nicht den Wunsch, sich noch tiefer einzulassen. (Weiter unten werden wir über die Ausnahmen von diesem üblichen Szenario sprechen.)

Zweitens: In der Mehrzahl der Fälle kann man die Dinge so sehen, dass die Symptomatik Folge einer umschriebenen, vorübergehenden Mutter-Kind-Dekompensation ist, die mit der bereits mehrfach erwähnten Krise des Postpartums zusammenhängt.

Mit anderen Worten: Die Dekompensation der Mutter betrifft einen einzelnen »Sektor«, sie infiltriert nicht alle Bereiche des psychischen Funktionierens. Die Dekompensation im Postpartum ist, wie wir noch einmal wiederholen wollen, spezifisch und entspricht nicht den gleichen Kriterien wie eine Dekompensation, die unter anderen Umständen auftritt. Sie zieht beispielsweise keine tiefe irreversible Regression nach sich. (Natürlich gibt es Ausnahmen von dieser Regel, und es kommt vor, dass eine Geburt am Beginn einer Dekompensation steht, die sich im weiteren Verlauf chronifiziert. Aber selbst die deliranten Psychosen des Postpartums sind typischerweise akut und schnell reversibel.)

Die meisten Mütter spüren dies am Ende der gemeinsamen Therapien: Sie berichten von sich aus, dass sich die Situation vollkommen verändert hat, dass ihr Albtraum gewichen ist, dass sie wieder zu leben begonnen haben und oft nicht verstehen, warum sie in dieser Weise haben reagieren können. So gesehen fühlen auch sie sich am Ende der fokalen Kurztherapie geheilt und sehen keine Notwendigkeit für eine ausgedehnte Einzeltherapie.

VI Mütterliche Depressivität und selbstkorrektive Faktoren

Muss die Heilung des Kindes notwendigerweise mit einer Erkrankung der Mutter zusammenfallen, wie es der Titel dieses Kapitels nahelegt?

Wir möchten versuchen, darauf wie folgt zu antworten: Eine projektive Erkrankung, wie sie für das Postpartum charakteristisch ist, wird durch eine depressive Erkrankung ersetzt, letztere ist aber mit einem gewichtigen selbstkorrektiven Element ausgestattet: der Besserung des Kindes und der Beziehung. Dies begrenzt die Gefahr des Aufkommens einer offenen Pathologie. Im Übrigen liegt eine Hauptwirkung der Behandlung in der Abmilderung eines zu fordernden mütterlichen Über-Ichs, was die Mütter dann autorisiert, in ihren Beziehungen zu Kind und Ehepartner mehr Lust zu finden (Wiederaufnahme des Sexualverkehrs etc.).

Wir werden allerdings sehen, dass diese selbstkorrektiven Faktoren in bestimmten Fällen unzureichend sind, sodass die Mutter wirklich erkrankte, als sie ihr Kind von den Projektionen befreite, die es auf ihm abgeladen hatte.

VII   Wenn die Kurztherapie nicht ausreicht

Die Indikationsfrage stellt sich in der Praxis der gemeinsamen Kurztherapien zu zwei Zeitpunkten:
1. Bei Beginn des Kontakts, wenn es um die Bewertung der Frage geht, in welchem Maße die Pathologie des Kindes durch Beziehungskonflikte determiniert ist, und vor allem, in welchem Maße die gemeinsame Herangehensweise das Kind von pathogenen elterlichen Einflüssen eventuell befreien könnte. Das psychische Funktionsniveau von Mutter und Kind spielt hier eine wichtige Rolle.
2. Der zweite Zeitpunkt für eine differenzielle Entscheidung liegt am Ende der gemeinsamen Kurztherapie, wenn sich die Symptomatik des Kindes und die Beziehung verbessert haben und man einschätzen möchte, wie die Mutter mit zwei Problemen umgeht:
   a) dem Ende der Therapie und der Trauer um die therapeutische Beziehung,
   b) der Reintrojektion dessen, was per Projektion in das Kind verlagert worden war.

An diesem Punkt der Diskussion angelangt wenden wir uns nun der zweiten Seite dieser Indikationsentscheidung zu, das heißt den Umständen und Folgen der Reintrojektion durch die Mutter.

Wie man sehen wird, kann die Heilung des Kindes mit einer »Erkrankung« der Mutter zusammenfallen, wenn letztere aufgrund einer Umstrukturierung der Besetzungen dekompensiert und infolgedessen eine Einzelbehandlung benötigt.

Es geht also um eine Bestimmung der Kriterien der Notwendigkeit einer Fortsetzung der Therapie für die Mutter über die gemeinsame Kurztherapie hinaus. Mit der Darstellung eines Falles möchten wir versuchen, die Kriterien der Indikation für eine Einzeltherapie der Mutter im Anschluss an eine gemeinsame Therapie zu bestimmen. Man sieht daran, dass die zentrale Problematik, die bei dieser Untersuchung einzugrenzen ist, die Dynamik der Reintrojektion im Anschluss an die »Reduktion« der mütterlichen Projektionen ist.

Der Fall, den wir beschreiben werden, illustriert die Wechselfälle dieser Wiederaneignung projizierter Inhalte anhand einer Situation, für die mit Recht gesagt werden kann, dass »die Heilung des Kindes über eine Erkrankung der Mutter läuft«.

VIII Ein Fall von Heilung des Kindes durch eine erotische Erkrankung der Mutter

In der Situation, die uns in der Beziehungspsychopathologie des Postpartums am häufigsten begegnet, ist die Pathologie der Mutter – wie oben dargestellt – klar umschrieben; die Veränderung der Pathologie des Kindes und der Beziehung reicht aus, um das psychische Funktionieren der Mutter wiederherzustellen, sodass keine Notwendigkeit besteht, eine Langzeittherapie in Angriff zu nehmen.

Um Missverständnissen vorzubeugen, möchten wir vorab daran erinnern, dass die Kurztherapien nicht das Allheilmittel für die Probleme des Postpartums sind. Für die große Mehrzahl der funktionellen Störungen des Kleinkinds sind sie die primäre Indikation (siehe dazu das Kapitel »Begrenztheiten der Kurztherapien« und den Abschnitt zu den Indikationsstellungen und Überraschungen, die deren systematische Untersuchung zu Tage fördert). In Fällen schwerer Bindungsstörungen wie bei schwerer Pathologie der Mutter (Psychose, manifeste psychosomatische Syndrome) versteht es sich dagegen von selbst, dass andere Behandlungsformen als die gemeinsamen Kurztherapien eingesetzt werden müssen. Die zunächst von Mahler, dann von S. Freiberg, Kreisler und seiner Gruppe sowie von R. Debray vorgestellten gemeinsamen Therapien enthalten auch Beispiele, bei denen die Pathologie von vornherein Langzeitsettings erforderlich macht.

Wir widmen uns in diesem Kapitel nur dem Problem der Dekompensation der Mutter, die im Rahmen einer gemeinsamen Kurztherapie auftritt und aus bestimmten Gründen, die wir darlegen werden, eine Langzeittherapie notwendig macht – auch über die symptomatische Heilung des Kindes und die substanzielle Verbesserung der Beziehung hinaus. Es handelt sich hier um einen Fall, bei dem die Heilung des Kindes zu einer Dekompensation der Mutter führt, die die Gestalt einer intensiven erotischen Übertragung annimmt und eine individuelle Langzeittherapie erforderlich macht.

1 Olaf, der Schreckliche!

Zur Illustration einer der Fälle, die der Regel widersprechen, wählen wir eine Situation, die in vielfacher Hinsicht außergewöhnlich ist – durch die Maßlosigkeit der Charaktere, die diese Geschichte bestimmen, durch die Härte der Schläge, die ihnen das Schicksal auferlegt hat, und durch den spektakulären

Umschwung der Psychopathologie: Olaf, der unerträgliche Tyrann, der er in der ersten Sitzung war, ist weich wie ein Lamm geworden, während sich seine Mutter in eine militante Erotikerin mit despotischen Forderungen an den Therapeuten verwandelt hat!

Das Geheimnis dieses Falles liegt im Wesen der Alchemie, die die beiden Protagonisten in so radikaler Weise transformiert hat, und dies *gleichzeitig*!

In der Tat zeigte sich, dass Olaf umgänglich, seine Mutter dagegen unerträglich wurde: Er ließ von seiner Tyrannei ab, während sie in ihren Forderungen unersättlich wurde. Sein »Fall« regelte sich zur gleichen Zeit, zu der seiner Mutter sich verschlimmerte.

Die Verlagerung einer Charakterstörung von einem Kind auf seine Mutter, die Gleichzeitigkeit von Befreiung des Sohnes und Absturz der Mutter in leidenschaftliche Versklavung hat uns den Titel dieses Kapitels nahegelegt: »Heilung des Kindes durch Erkrankung der Mutter«. Diese Verlagerung der Erkrankung vom Kind auf die Mutter, so konkret und massiv wie sie uns in diesem Fall begegnet, führt uns zu einer nuancierteren allgemeinen Reflexion zur Dynamik einer solchen Verschiebung der Psychopathologie in Mutter-Kleinkind-Therapien.

Die Krankheit des Kindes

Olaf ist 21 Monate alt und zeigt zwei heftige Symptome: Er wird, besonders wenn er frustriert wird, von Anfällen unglaublicher Wut gepackt, in deren Verlauf er schreit, sich gegen den Kopf schlägt, auf dem Boden wälzt und in einer Weise wütet, die keinerlei Beschwichtigungsmanöver mehr möglich macht. Diese Szenen sind oft unmotiviert; sein Verhalten ist unverständlich, seine Mutter fühlt sich vollkommen hilflos und total am Ende.

Darüber hinaus ist er anorektisch und weist fast alles zurück, was man ihm anbietet (ohne dass dies seine Gewicht- und Wachstumskurve bisher beeinträchtigt hätte).

Die Verhaltensstörung zeigt sich exemplarisch in den ersten Sitzungen: Olaf greift nach zwei Gegenständen und wirft sie in den Raum; er hockt sich nieder und beginnt, in steigender Intensität zu wimmern, wobei er eine Geste macht, die zum Ausdruck zu bringen scheint, seine Mutter solle ihm die Gegenstände zurückbringen; die Mutter geht schließlich darauf ein, aber dieser Unterwerfungsbeweis reicht nicht aus, um Olaf zu beruhigen, der zu schreien beginnt, nachdem seine Mutter ihm untersagt hat, nach einer Untertasse voller Brei zu greifen, die sie gerade in ihre Tasche weggepackt hat. Seine Schreie gehen ungefähr 40 Minuten weiter, ohne dass irgendein Kompromiss möglich wird, obwohl Olaf wiederholt die Geste vormacht, die er von seiner Mutter erwartet. Seine Ambivalenz ist extrem, wie man sehen kann, wenn seine Mutter das Angebot macht, den Wunsch zu befriedigen, den er anzudeuten scheint (beispielsweise ihn in die Arme zu nehmen): Er lehnt dann ab, was er zuvor scheinbar gefordert hatte (er wehrt sich gegen die Umklammerung).

Man ist beeindruckt von der Macht dieses Kindes, das sein Gesetz unbedingt durchsetzen will, keinerlei Beschwichtigungsangebot akzeptiert und jeden Kompromiss ablehnt. Man steht auch unter der Angst, ihn unmöglich zufriedenstellen zu können, ein Gefühl, dass er in seine Partner induziert, vor allem seine Mutter und den Therapeuten, der unter dem Eindruck seiner Ohnmacht beschließt, das nächste Gespräch ohne Olaf zu führen, so sehr hat letzterer eine destruktive Macht über den begonnenen therapeutischen Prozess ausgeübt. Olaf hat mit seinen Forderungen und seiner Unzufriedenheit die Sitzung derart in Beschlag genommen, dass jeglicher Dialog unmöglich geworden und der Therapeut von der megalomanen Maßlosigkeit dieses kleinen Kerlchens gelähmt worden war.

Das Bild ist beunruhigend: Die Megalomanie dieses Kindes ist kompromisslos, seine Fähigkeit, zufriedengestellt zu werden, gleich null. Der Dialog zwischen Mutter und Kind ist katastrophal: Die Mutter ist gegenüber dem Kind ohnmächtig, zugleich aber wütend und insgesamt unfähig, irgendeinen Ansatz zu einem Kompromiss zu finden.

Das Paar ist dekompensiert, und man kann sich als mögliche Konsequenz sowohl eine Misshandlung des Kindes wie eine Depression der Mutter vorstellen.

Die mutative Sitzung

Die nachfolgende Sitzung, nun mit der Mutter allein, brachte ein wesentliches Element der Kindheitsneurose der Mutter und der Identifizierung an den Tag, in die sie Olaf eingezwängt hatte. Wie man sehen wird, handelt es sich um recht »starke« Elemente, aber nichts ließ darauf schließen, dass es genügen könne, die Mutter mit dem Zusammenhang zwischen den Verlusten ihrer Vergangenheit und der Olaf angehefteten Allmachtsidentifizierung zu konfrontieren, damit letzterer dadurch wie durch ein Wunder verwandelt werden würde.

Die Mütter liefern in der Regel im Lauf der ersten Sitzungen die wesentlichsten Züge ihrer Grundneurose[21], ihrer zentralen Konflikte, der Beziehungen

---

21 Mit dem Begriff der »Grundneurose« beziehen wir uns nicht auf eine psychopathologische Entität, sondern eher auf eine psychische Struktur (nach Art der von S. Lebovici eingeführten Unterscheidung zwischen »Neurose des Kindes« und »Kindheitsneurose«).

und Ereignisse, die sie am meisten geprägt haben; in diesem Fall war das Resultat aber ganz besonders beeindruckend, weil Olaf dadurch verwandelt und die Mutter – Ingrid – krank wurde.

Die dritte Sitzung begann mit einer Erzählung über Olaf, das dritte Kind der Gustafsons, das schon sehr früh ziemlich ernste Probleme mit seiner Gesundheit hatte; Ingrid war aber nie um seine Gesundheit besorgt, obwohl sie mit der täglichen Gewissheit lebte, dass Olafs älterer Bruder Andreas dem Tod geweiht war! Aufgrund dieser Überzeugung eines bald bevorstehenden Todes (Tränen) hat sie drei Kinder bekommen. Diese geradezu delirante fixe Idee wird sofort mit zwei Todesfällen in Verbindung gebracht, die sie in ihrer Kindheit mitbekommen hatte: Ihr Vater starb, als sie sechs Jahre alt war an Krebs, ihr Bruder beging im Alter von 18 Jahren Selbstmord mit Medikamenten im Verlauf einer schizophrenen Episode.

Ebenso schnell wie präzise erklärt Ingrid ihre Besorgnis um Andreas damit, dass er »zu nett und sensibel ist, wie mein Bruder«. Daraufhin wird ihr mithilfe des Therapeuten klar, dass Olaf der Schreckliche *das genaue Gegenteil* von Andreas und damit auch ihres eigenen Bruders ist. So weiß Andreas ist, so schwarz ist Olaf. Der eine ist zu weich und wird sterben, weil er sich nicht verteidigen kann, der andere ist brutal, was ihm das Überleben sichert.

Ingrid realisiert nun, dass sie unbewusst Olafs Megalomanie und Unnachgiebigkeit nährt, um ihn zum Gegenteil des sensiblen Bruders zu machen; sie macht ihn zu einem »unmöglichen« Menschen, damit er der Schizophrenie entgeht, die ihrer Vorstellung nach eine Krankheit der Schwäche ist. Er muss Olaf der Schreckliche werden, um nicht Andreas – das Opfer – zu sein.

Dieser Faden, der zur Identifizierung Olafs mit übermäßiger Willensstärke führte, ist vor allem durch die Gegenbesetzungen der Vorstellung des Bruders determiniert, der an Schwäche gestorben ist. Aber ein anderes Element kommt zu diesem roten Faden der Stärke hinzu: Nachdem Ingrid die beiden tragischen Verluste mitgeteilt hat, die ihre ganze Kindheit geprägt haben, fügt sie sogleich hinzu: »Meine Mutter ist eine ›Überlebende‹, eine *starke* Frau, die nicht wegen eines Ja oder Nein zusammenbricht. So hat sie diese Tragödien verkraften können ..., und ich bin auch so; ich habe die gleiche feste Basis wie meine Mutter«.

Die Frauen haben überlebt, die Männer sind gestorben. Die Frauen haben die Kraft, die Männer die Verwundbarkeit. Und überhaupt: Wenn man »seine Männer« verliert, muss man stark werden.

Es sieht also so aus, dass Olaf der Schreckliche in Gegenidentifizierung mit den schwachen Männern der Kindheit der Mutter »stark« geworden ist, aber auch als Zeichen, das gegen die Depression gesetzt wird. Seine Megalomanie und Unnachgiebigkeit sind eine Zurückweisung der Schicksalsschläge, des Verlustes und des damit verbundenen Gefühls der Hilflosigkeit. In diesem Bereich ist er wie seine Mutter und Großmutter: jemand, der überlebt, der verkraften kann, der sich nicht kleinmachen lässt. Er ist vielleicht auch die manische Seite einer versteckten Depression seiner Mutter und Großmutter. (Man trifft in dieser Formulierung wieder auf den Gedanken vom Kind als Symptom der Mutter.)

Heilung des einen, Erkrankung des anderen

Der Therapeut war von der Intensität beeindruckt, in der sich die gegensätzlichen Identifizierungen radikal gegenüberstanden: Andreas war dazu bestimmt zu leiden und Olaf dazu, Leid zuzufügen; er hatte die Verbindung zwischen Olaf dem Schrecklichen und seinem Onkel gedeutet, der sich den Tod gegeben hatte, damit die anderen nicht unter ihm litten. Er hatte aber nicht geahnt, dass die Herstellung dieser Zusammenhänge zu einer Revolution führen würde.

Zu Beginn der vierten Sitzung teilt Ingrid mit, Olaf sei nun viel glücklicher; diese Veränderung sei der Beweis für die Theorie, mit denen sie Olafs Probleme erklärt: Sie ist überzeugt, dass Olafs »bizarre« Krisen und Verhaltensweisen auf durch Zitrusfrüchte hervorgerufene Verdauungsstörungen beruhen, die eine Allergie auslösten, die wiederum zu »Dyspraxien« führten, wie dies in verschiedenen amerikanischen Artikeln bewiesen worden sei etc. Dieser Kreuzzug gegen die Zitronen stützt sich auf Theorien, die ebenso versponnen sind wie sie heftig verteidigt werden, was wiederum den Therapeuten einigermaßen verärgert, der gedacht hatte, diese überaus intelligente Frau hätte doch realisieren müssen, dass die Verbesserung der Situation seiner therapeutischen Technik geschuldet war. Ingrids Reden sind zum einen von magischem Denken durchsetzt und zum anderen Instrument dumpfen Widerstands gegen sich anbahnende Einsicht. Diese Mutter wird meschugge, sagt er sich, während Olaf offensichtlich tatsächlich verwandelt ist: Er ist ruhig, spielt eifrig, akzeptiert die Nahrung seiner Mutter – sogar gierig; er lächelt verbindlich und zeigt sich jeglicher Anfrage gegenüber kooperativ. Diese Veränderung haut den Therapeuten geradezu um; die Mutter erkennt sie an und fügt hinzu, andere Personen hätten sich sogar nach den Gründen für diesen plötzlichen Umschwung erkundigt.

Als Antwort auf das insistierende Nachfragen des verdutzten und ungläubigen Therapeuten entfährt Ingrid ein Geständnis: Durch die letzten Sitzungen habe sich sehr aufgerüttelt gefühlt und viel über sich nachgedacht; sie fügt aber, wieder in die Offensive gehend, hinzu: »Diese Erörterungen erzeugen mehr Fragen als Antworten«. Sie fährt fort, sie habe mit ihren drei Kindern doch etliche Probleme gehabt, jedes von ihnen habe sein Teil an Sorgen hinzugebracht, und auch ihre älteste Tochter habe ein unmögliches Verhalten etc. – kurz und gut: »Es gibt keinen Tag, an dem ich mir sagen könnte, dass ich mit diesen Kindern glücklich bin!«

»Ah«, sagt sich der Therapeut, »wir entdecken eine neue Funktion dieser Kinder: Sie müssen Ingrid leiden machen; sie sind ihre Kreuze, und sie ist ihr Prügelknabe«.

Warum aber diese masochistische Bemutterung? Warum muss Ingrid aus ihren Kindern Sadisten und aus Olaf einen erbarmungslosen Peiniger machen?

Die Antwort scheint zu sein: damit sie nicht da, wo ihre Mutter gelitten hat, Lust empfindet; damit sie keine glorreiche Mutterschaft hat, während die ihrer Mutter ein Kreuz war. Man trifft hier wieder auf die Trauer, die sie mit ihrer Mutter teilen will (»ich habe die Trauer meiner Mutter übernommen«), indem sie sich jetzt mit ihren Kindern so quält, wie ihre Mutter unter dem schizophrenen Sohn gelitten hat.

Wir sind also in der Therapie vorangekommen, denn wir haben nicht nur entdeckt, warum Ingrid aus Olaf einen Olaf den Schrecklichen gemacht hat, sondern auch, dass sie aus Identifizierung mit der Trauer ihrer Mutter unter den eigenen Kindern leiden muss. Eine unbewusste Quelle von Leiden, das obendrein noch stellvertretend auf sich genommen wird (denn sie leidet *für* ihre Mutter), wurde zu Tage gefördert: Wird es Ingrid schließlich gelingen, sich *ihre eigene* Trauer anzueignen und in einen Prozess einzutreten, der sie endlich Tränen für *ihr* Leid finden lassen wird?

Keineswegs! Am Ende der Sitzung greift Ingrid wieder zu ihrem Lieblingsthema – den Zitrusfrüchten – und besteht darauf, der Therapeut solle ihr die Adresse eines Spezialisten für Lebensmittelallergien nennen. Sie wird recht ungeduldig und versichert dem Therapeuten, diese »Diskussionen« führten nirgendwohin; sie ist zunehmend aufgebracht und erklärt schließlich: »Im Grunde genommen interessieren mich diese ›Diskussionen‹ ... Ich könnte davon vollkommen abhängig werden!« Welcher Kontrast: Entweder sind es die mit Überzeugung angereicherten Zitrusfrüchte oder aber Abhängigkeit und Unterwerfung! Angriff oder Aufgabe, bewaffneter Widerstand oder eine Übertragungssituation bedingungsloser Abhängigkeit.

Der Kippeffekt

Zwischen der dritten und vierten Sitzung fand eine Veränderung statt: Olaf der Schreckliche tritt ab, die leidenschaftliche Ingrid tritt auf die Szene. Es ist etwas umgekippt: Die Übermäßigkeit ist vom Kind auf die Mutter übergegangen; das Gewaltsame hat sich von Olaf auf Ingrid verlagert. Dieser Kippeffekt vollzieht sich wie in der Leitstelle, die den Zug durch Umlegen eines Hebels von einer Richtung in die andere umlenkt. Es ist, als liefe der Strom der Verrücktheit nicht mehr durch Olaf, sondern als habe er sich nach einem blitzartigen Kurzschluss auf Ingrid konzentriert. In den ersten Sitzungen hatte Olaf das therapeutische Klima zerstört, den Therapeuten stumm und ohnmächtig gemacht, und jetzt ist es Ingrid, die zum Angriff übergeht: Ihre Theorie der Zitrusfrüchte entkräftet die Deutungen des Therapeuten; im gleichen Satz droht sie, ihm entweder alle Qualitäten abzusprechen oder sich in ihn zu verlieben.

Dieses Kippen der Symptome durch deren Verlagerung vom Kind auf die Mutter ist der Wendepunkt in dieser Therapie und in weniger dramatischen Ausmaßen eine generelle Dynamik bei den gemeinsamen Therapien. Die relativ freie Zirkulation psychischer Inhalte *und* damit zusammenhängender Verhaltensweisen zwischen den Partnern der Dyade muss erklärt werden, wenn man die Ätiopathogenese des frühen Lebensalters und die therapeutischen Wirkungen der gemeinsamen Therapien erfassen will. Besonders anhand des hier vorgetragenen Falles wird man sehen, dass zur Erklärung eines solchen Kippphänomens die Übertragung berücksichtigt werden muss.

Das Phänomen, das wir mit einer Bewegungsmetapher »Kippsitzung« genannt haben, findet sich auch in vielen gemeinsamen Kurztherapien, im Allgemeinen im Lauf des ersten Drittels ihrer Dauer. Das Phänomen der Kippsitzung führt zu einer Neuverteilung der mütterlichen Besetzungen als Folge der Deutung der ökonomischen und defensiven Funktion der Symptome des Kindes, die in Verbindung zur Grundneurose der Mutter und deren inneren Bildern stehen, die durch die Erzählung der Vergangenheit an die Oberfläche gekommen sind. Das Gewicht der Besetzungen wandert von einem Pol (dem Kind) zum anderen (der Mutter), und der Dreh- und Angelpunkt, um den herum sich diese (kinetische und erkenntnismäßige) Revolution vollzieht, ist die therapeutische Intervention (unter diesem vagen Terminus verstehen wir die Gesamtheit des *Settings*, die Übertragung und die Äußerungen des Therapeuten). Ein solches Eingreifen des Therapeuten macht ihn zum Fährmann oder Wegweiser im Sinne einer Person, die den Weg zum Übergang von einem Land in ein anderes weisen kann. Er weist den Weg zur Repatriierung der auf das Kind projizierten Elemente in ihr Herkunftsterritorium: die Psyche der Mutter.

Die Kippsitzung ist jene Sitzung, in der Mutter und Therapeut sich des invasiven Charakters bewusst werden, die diese Projektionen für das Kind hatten, sowie der infantilen Wurzeln (in der Geschichte der Mutter) der Vorstellungen, die dem Kind angeheftet worden waren.

In der Therapie Olafs des Schrecklichen und Ingrids wird dieser Kippeffekt in der dritten Sitzung durch das Aussprechen der folgenden Kette ausgelöst: dauernde Todesangst um Andreas, Tod des Großvaters und des schizophrenen Onkels, Proklamation der »Stärke« (das heißt der megalomanen Unnachgiebigkeit) Olafs, um ihn gegen die tödliche Schwäche zu schützen und ihn zur Inkarnation der manischen Abwehr gegen die darunterliegende Depression zu machen. Die Konstruktion dieser Kette und deren »Konsolidierung« durch eine Reihe von Konfrontationen und Klarifikationen leiten diesen Prozess ein.

Mit der Reihe von Verschiebungen, die diese mutative Intervention auslöst, tritt zugleich aber auch eine neue Bindung der Mutter auf den Plan, die sich nun auf den Therapeuten richtet; sie offenbart sich sowohl im militanten Widerstand (der Theorie der Zitrusfrüchte) gegen und in der Angst vor einer unaufhebbaren Abhängigkeit von »diesen Diskussionen«. Und man bekommt hier mit Recht den Verdacht, dass der Therapeut dabei nicht auf seine Rolle als Dreh- und Angelpunkt eingegrenzt ist: Er ist zum *Objekt* von Besetzung geworden und dies in einer Modalität, die ebenso drängend, intensiv und leidenschaftlich erscheint wie es die sadomasochistische Besetzung Olafs gewesen war, als er noch »der Schreckliche« war. Die »Übertragung« auf das Kind ist in diesem Falle auf den Therapeuten übergegangen, ohne sich (wie es im Allgemeinen der Fall ist) in den intrapsychischen Bereich der Mutter zu reintegrieren. Die »Projektion« hat den Inhalt gewechselt, ohne »reduziert« worden zu sein und ohne den Trauerprozess auszulösen, der normalerweise an dieser Stelle einsetzt. Im weiteren Verlauf werden wir feststellen, welche dramatischen Auswirkungen diese neue Übertragungsform nach sich zog. Betrachten wir aber zunächst, wie es zu dieser Umwandlung hat kommen können.

Das Kind als Übertragungsobjekt

Wie wir sehen konnten, war Olaf als ein Monstrum an Egoismus besetzt worden, das nur sein Gesetz durchsetzen und keinerlei Kompromiss akzeptieren wollte. Seine erbitterte Megalomanie zielte danach nur auf die Durchsetzung seines Verlangens und die Erfüllung seines Willens.

Zum Kippeffekt kam es im Lauf einer zweifachen Entwicklung: Ingrid lernte, dass sie diese wahnwitzige Megalomanie förderte, um die beängstigende Vorstellung ihres schizophrenen Bruders zu verdecken. Um das beunruhigende Gespenst von Verletzlichkeit und Tod zu vertreiben, gegenbesetzte sie dessen Vorstellung mit seinem Gegenteil: der unbesiegbaren Allmacht. Andreas hatte nun das Bild der Verletzlichkeit zu tragen, und Olaf hatte dessen Gegenteil zu sein.

Diese Bewusstwerdung befreit Olaf von dem Vertrag, der ihn angekettet hatte: Er muss nun nicht länger über Antithese und Kontrastlogik identifiziert werden. Gleichzeitig wird die abgewertete Vorstellung (das Bild des toten Bruders) wieder wirksam, und Ingrid müsste normalerweise den Kontakt mit ihren Toten wieder aufnehmen und in einen Trauerprozess eintreten. Im Bereich dieser Funktion scheitert der Prozess der Reintrojektion: Ingrid ist eine »Starke«; so jedenfalls definiert sich über eine Identifizierung, nach der sie in der Nachfolge ihrer Mutter steht. Sie lässt sich durch die Katastrophen, die alle anderen Menschen umwerfen würden, nicht kleinkriegen; sie hält stand: Sie ist ein Überlebende, und die Erwähnung des Todes ihres Bruders und ihres Vaters wird sie nicht straucheln lassen. Im Übrigen zweifelt sie an der Nützlichkeit dieser »Diskussionen«; zur Chemie der Zitrusfrüchte hat man Beweise – das sind Fakten, die sie anerkennt!

Für sie gilt also: keine Niedergeschlagenheit, keine Depression. Sie gibt nichts aus der Hand, und eben darum nimmt sie einen neuen Kampf auf: Sie schließt Frieden mit Olaf, aber jetzt ist sie an der Reihe, in der Realisierung ihres Verlangens unbeugsam zu werden, und es ist nun an einem anderen, Forderungen nachzugeben, und zwar den ihrigen. Diese andere, dieser neue Sklave, der das Objekt ihrer wiedergefundenen Megalomanie werden muss, kann kein anderer sein als der, der sich für die Weckung ihrer Illusionen anbietet. Der Therapeut steht zur Verfügung, um Objekt einer wiedererweckten Leidenschaft zu werden, die freigesetzt werden möchte, und zugleich Ziel eines Kampfes, den sie insgeheim nie aufgegeben hatte: Wie Olaf – als er noch der Schreckliche war – wird sie von der Verwirklichung ihrer Leidenschaft niemals ablassen und sich beweisen, dass die von Natur und Schicksal auferlegten Grenzen ihren Elan nie werden bremsen können. Genauso, wie sie den nicht wiedergutzumachenden Verlust ihres Vaters – und dann den ihres Bruders – nie akzeptiert hat, wird sie auch nicht hinnehmen, dass das Objekt ihrer Begierde – sei es ihr auch von seinem Wesen her so verboten wie der Therapeut – ihr entgehen könnte. Und so rast sie mit gesenktem Kopf hinein in den Kampf um die Liebe ihres Therapeuten und annulliert in manischer Weise ein weiteres Mal (wie Olaf der Schreckliche) den Schmerz des Verlustes und die Schmach seiner Unwiderruflichkeit.

Die Übertragungskrankheit

In den dann folgenden Sitzungen wird langsam klar, dass eine tägliche Sorge, geprägt von wirklichem psychischen Leid und einem Gefühl der Ohnmacht, die sichtbarste Besetzung war, die sie auf ihre Kinder gerichtet hatte; sie brauchte dies, um – im Rahmen einer Schulddynamik, auf die wir später zurückkommen werden – ihren Masochismus zu befriedigen, aber auch um ihre Wahrnehmung zu trüben und sich vom Aufkommen depressiver Vorstellungen »abzulenken«. Ihr Leid lag jederzeit in den Händen ihrer Kinder und schützte sie vor einem viel schlimmeren Leid, gegen das sie nichts ausrichten konnte: die in früherer Zeit erlittenen Verluste. Diesen defensiven Gebrauch des »schlimmen Verhaltens« ihrer Kinder (insbesondere Olafs) brachte sie mit den Worten zum Ausdruck: »Wozu soll es gut sein, sich an die Brust zu schlagen und sich mit vergangenen Dingen zu belasten, an denen man doch nichts mehr ändern kann?« Ingrid ist eine Kämpferin. Sie ist streitbar und nimmt jede Herausforderung mit Freude an. Sie engagiert sich und setzt so ihre Fähigkeit ein, den Dingen standzuhalten, und das Verhalten ihrer Kinder gibt ihr Gelegenheit, diese Herausforderung wie einen Fehdehandschuh aufzunehmen: Sie verbringt den ganzen Tag damit, mit ihnen zu kämpfen; in der Therapie wird ihr schrittweise klar, dass dieser tägliche Kampf eine zu bewältigende Herausforderung ist, während ihr Kampf für das Auswischen der früheren Verluste zum Scheitern verurteilt ist. Die Depression ist für diese Kämpferin eine unerträgliche narzisstische Kränkung, denn sie bedeutet, das Unabänderliche zu akzeptieren und die eigene Ohnmacht anzuerkennen. Sie hat also von der täglichen Kriegsführung mit ihren Kindern profitiert, denn sie hat ihr ermöglicht, ihre Trauersituation in eingefrorenem Zustand zu halten.

Die Befreiung von einer Beziehung, die sie rund um die Uhr bedrängte und unter Druck setzte, ermöglichte das Aufkommen von Traurigkeit und Tränen, aber es blieb noch bei einer Vermeidung der Verarbeitung ihrer Verluste; stattdessen beginnt sie, sich immer stärker um ihre Beziehung zum Therapeuten zu kümmern und stellt beunruhigt fest, »wohin das wohl führen wird«, ist von jeder Sitzung stark aufgewühlt, beklagt sich aber, »dass das letztlich nichts ändert«. Ihre Klagen sind sehr aggressiv, voller Kritik und Skepsis, bis sie eingesteht, dass unsere Sitzungen sehr quälend für sie sind; es sei wie eine einseitige Liebesbeziehung, und der Therapeut werde sie bald verlassen (die Sommerferien nähern sich) – was solle dann aus ihr werden?

An der Kampfeslust hinter diesen Vorwürfen erkennt der Therapeut die riesigen Ansprüche Ingrids an die Männer, die sie verlassen, und die Massivität der Übertragung, die sich eingestellt hat. So ist der Therapeut schnell zum Kampfgegner geworden ist, zum unerreichbaren Liebesobjekt (und damit zur erregenden Herausforderung) und Mann, der sich durch Fortgehen[22] entzieht (Ferien).

Die Verwandlung

Während Ingrid unmöglich geworden ist (Kritik, Vorwürfe, Forderungen nach Beweisen usw. ergießen sich zu Beginn jeder Sitzung über den Therapeuten), ist Olaf jetzt ein Engel! Er spielt alleine, kommt zurecht, ohne etwas zu fordern, zeigt seiner Mutter Zuneigung und isst nun sogar ohne Probleme.

Zu diesem Zeitpunkt (sechste Sitzung) trägt der Therapeut in seinen Bericht ein: »Sie hat mich heute häufig kritisiert, als wolle sie mich herabsetzen, indem sie meine Inkompetenz aufzeigte anstatt ihre eigene Ohnmacht gegenüber der Verlustsituation anerkennen zu müssen. Dem Kind geht es immer besser; es ist tatsächlich »verwandelt«, aber die Mutter wird ohne eine Einzeltherapie nicht weiterkommen können«.

In den darauf folgenden Ferien schreibt sie dem Therapeuten einen Brief, in dem sie darlegt, dass sie sich unsterblich in ihn verliebt habe, dauernd an ihn denke und nicht wisse, wie sie aus dieser Situation herauskommen könne. Der Therapeut ist auch nicht viel besser darauf vorbereitet, wie nun weiter vorzugehen sei: Sicher ist für ihn nur, dass die Liebesübertragung das zu »behandelnde« Symptom geworden ist und nur eine Einzeltherapie einen Ausweg aus dieser Situation eröffnen kann.

Zu den ermutigenden Elementen, die er aber auch findet, zählt der schnelle Übergang der (gegen die Trauer gerichteten) defensiven Charakterpathologie von Olaf auf Ingrid samt dem unmittelbaren Wiederauftauchen der Problematik von Verlangen nach und Trauer um einen leidenschaftlich geliebten Mann (der nun vom Therapeuten verkörpert wird). Die Dinge sind schnell in Bewegung gekommen, es kam zu nahezu unmittelbaren Veränderungen. Man kann sich vorstellen, dass die Übertragungsinflation eine Art Notfallmaßnahme ist, um die Bewusstwerdung des traurigen Verlustes abzublocken und die konflikthafte Besetzung Olafs zu ersetzen.

Der Therapeut wusste, dass er für diesen Ablauf verantwortlich war: Indem er das Abwehrgebäude erschütterte, das Ingrid mit Olaf aufgebaut hatte, hatte er jenes Umkippen provoziert, das nun aus ihm den Kampfpartner machte, das Ebenbild des vergötterten Mannes, den sie trotz seiner Unerreichbarkeit oder gerade deshalb besitzen will. Die narzisstische Herausforderung, den Verlust

---

22 *Disparition* im Französischen ist hier doppeldeutiger und kann sowohl Verschwinden wie Tod meinen (Anm. d. Üb.).

rückgängig machen zu wollen, sowie die Möglichkeit, das verbotene Objekt doch noch zu bekommen (das inzestuöse Objekt aus der Vergangenheit, nun vom Therapeuten verkörpert), war durch die Übertragungssituation wieder vollkommen zum Leben erweckt und unter Spannung gesetzt.

Der Zauberlehrling, der der Therapeut ist, wenn er die Übertragung »induziert«, muss akzeptieren, dass es seine Aufgabe ist, die Geister, die er rief, auch zu domestizieren, – er muss also die Übertragungsinflation »behandeln«. Er hat diese »Krankheit« verursacht, nun muss er sie auch heilen!

INGRIDS EINZELTHERAPIE

Ziel dieser Darstellung ist nicht, eine Einzeltherapie insgesamt zu beschreiben, sondern diejenigen zutage geförderten Elemente herauszugreifen, die die wundersame Verwandlung dieses Falles erklären können. Uns interessiert der Mechanismus der Verwandlung Olaf des Schrecklichen in einen Engel, während seine Mutter simultan dazu zur radikalen Kämpferin um Liebe wurde.

Wir werden also lediglich die psychotherapeutischen Bewegungen skizzieren, die ein Licht auf die Psychopathologie dieser Beziehung sowie auf das Problem der Indikationsstellung zur Einzeltherapie im Anschluss an eine gemeinsame Therapie werfen.

Für Ingrid wurde diese Therapie sehr schmerzhaft, für den Therapeuten eine Belastungsprobe. Ingrid litt wie eine Jugendliche bei ihrer ersten Liebe: Sie dachte nur an ihre Flamme, suchte den Therapeuten in der Öffentlichkeit, glaubte ihn in einer Menge wahrzunehmen, versuchte, ihn zu finden und alles über ihn in Erfahrung zu bringen. Ihr Trieb diktierte ihr, bei ihrer Suche nach Liebe absolut zu sein, und sie legte bei ihren Forderungen eine Beharrlichkeit an den Tag, die ebenso auf entwaffnendste Naivität wie auf zügelloseste Vermessenheit zurückgriff. Nichts hielt sie auf, und die Vorstöße ihrer Beharrlichkeit setzten den Therapeuten harten Belastungsproben aus. Er versuchte, sich in das zu flüchten, was ihm von seiner Neutralität noch geblieben war, versuchte gleichzeitig aber auch zu vermeiden, dieser Frau, die ihm wie ohne jede schützende Haut entgegentrat, mit der Aussage zu konfrontieren, dass auf seiner Seite Liebe kein Thema sei.

LIEBE ODER MACHT?

Es wurde bald deutlich, dass der Sinn dieser Forderungen nach Liebe darin bestand, sich zu vergewissern, dass *ihrem zwingenden Verlangen nichts widerstehen könne*. Ingrid bestand nicht nur auf ihren Forderungen: Sie schien von der *Überzeugung der vollen Berechtigung ihrer Forderung* gesteuert. Sie zweifelte nicht daran, dass ihr Begehren erfüllt werden würde und sah auch die Unmöglichkeit nicht mehr, die ihrem Vorhaben innewohnte. Konfrontiert mit dem blinden Insistieren auf ihrem Begehren wurde dem Therapeuten klar, dass es nicht so sehr darum ging zu lieben als vielmehr darum, die Macht des Verlangens zu testen, das geliebte Objekt unterwerfen zu können. Ingrid wollte weniger die Liebe des Therapeuten als den Beweis, dass er sich der ihrigen ergab. Es war eine Logik der Macht, kein erotisches Begehren.

Ihre Erregung fand Ingrid in der Fantasie, der Therapeut werde der Intensität ihres Wunsches nachgeben, und die damit verbundene Transgression würde ihr versichern, dass ihr keinerlei Grenze ihr Gesetz auferlegen könne. Ihre Lust bestand im Lancieren einer Herausforderung, ihr Ziel war die Hingabe des anderen an ihren Willen. Der Orgasmus, der gesucht wurde, war der des Sieges!

Dieses narzisstische Szenario ließ sich ihre ganze Lebensgeschichte über wiederfinden: zunächst in dem Verlangen, einem höchst idealisierten Vater zu gefallen, dann einem ebenso bewunderten Bruder. Dann in einer Reihe von Liebesabenteuern, bei denen es vor allem um die Herausforderung ging, einen »hochgestellten« Mann zu verführen, der ihr aufgrund seines Status eigentlich verwehrt war, ihr aber letztlich *immer* nachgab. Ihr Ehemann war zuvor ihr Chef gewesen, 20 Jahre älter als sie und verheiratet – mit einem Wort: »unerreichbar« für sie. Ihrer Erzählung zufolge – in deren Verlauf sie genüsslich die Herausforderung schilderte, die der »unmögliche Mann« für sie darstellte – brauchte sie zwei Monate, bis sie ihn besaß ..., um einige Monate nach ihrer Eheschließung zu entdecken, dass sie wieder vom Fieber nach neuer Herausforderung gepackt war, nach einem neuen »unmöglichen« Mann, der ihr über den Weg gelaufen war.

Auch der Therapeut war über alle Maßen idealisiert und höchst begehrt, *weil* er »unerreichbar« war.

Der unbeugsame Charakter dieser Forderung, die Welt möge ihrem Verlangen nachgeben, ihr Wille, zur Realisierung ihres Plans bis zu den gefährlichsten Extremen zu gehen, ihr übermäßiges Gefallen an unrealistischen Herausforderungen, all diese Elemente haben – konzentriert in der Bearbeitung innerhalb der Übertragung – dem Therapeuten ermöglicht, den Realitätsgehalt von Ingrids Grundfantasie zu erfassen: Sie akzeptierte ebenso wenig die Grenzen, die von den üblichen sozialen Regeln bestimmt werden, wie die Grenzen des Inzests und der Irreversibilität des Todes ihres Vaters. Ingrid brauchte ihre tägliche Dosis an Erregung durch Herausforderung wie eine Droge, um zwei Entwertungen nicht anerkennen zu müssen: ihre ödipale Enttäuschung und den Verlust ihres Vaters.

Nachdem diese Diagnose gesichert war, wurde es einfacher, mit der Übertragung (und der ihr zugehörigen Gegenübertragung) umzugehen und schrittweise den Schleier der Agitation zu heben, der über diesen beiden Traueranlässen hing, was Ingrid in die Lage versetzte, zu weinen und das Ausmaß der Traurigkeit zu ermessen, die in ihr war. Zugleich stellte sich die Rolle Olafs bei der Aufrechterhaltung von Ingrids Gleichgewicht in neuem Lichte dar.

Olafs Rollen

Olaf war vor allem der Despot, der keinerlei Grenze akzeptierte und sein Gesetz ohne Rücksicht auf sein Gegenüber durchsetzte. In dieser Rolle war er die Inkarnation von Ingrids unbeugsamem Verlangen, das ihrerseits das Realitätsprinzip nicht anerkannte und es systematisch herausforderte. Indem er seine Ohnmacht leugnete, schützte er Ingrids Ohnmacht gegenüber ihren beiden Verlustsituationen: der ödipalen Enttäuschung und dem Verlust des Vaters. In dieser Abwehrrolle war Olaf der lebendige Beweis dafür, dass die Grenzen der Realität nicht für alle gelten und man eine Ausnahme von diesem schwächenden Gesetz sein kann. Ingrid bejubelte seine Megalomanie, um Tag für Tag verifizieren zu können, dass Maßlosigkeit möglich ist, wodurch sie sich erfreut davon überzeugen konnte, dass *sie* ein Wesen hatte erschaffen können, das sich den Gesetzen der Realität nicht zu beugen hatte.

Dass dieser narzisstische Einfluss die defensive Rückseite einer Depressivität war, die mit Verlust zu tun hatte, wurde uns durch Olafs Veränderung offensichtlich, als seine Mutter den Tod des Vaters und des Bruders zur Sprache brachte.

Plötzlich war es nicht mehr nötig, dass er stark (um das Bild des an »Schwäche« gestorbenen Bruders zu vertreiben) oder megaloman war (um zu verneinen, dass der Inzest unmöglich und der Tod unvermeidlich sei). Er wurde von diesen narzisstischen und manischen Vorstellungen in dem Maße dekontaminiert, in dem Ingrid das Bild ihres »schwachen« Bruders zur Sprache bringen und ihre eigenen beiden Enttäuschungen anerkennen konnte: die ödipale Enttäuschung und den Tod des Vaters. Wie man gesehen hat, war diese »Anerkennung« (die man auch einen Moment von Einsicht nennen könnte) aber nur von kurzer Dauer, denn sie wurde umgehend mit einer leidenschaftlichen Übertragung, einer anderen Form von megalomanem Verlangen, »überzogen«. Das Kind war von der induzierten Megalomanie befreit worden, aber die Mutter übernahm sie nun für sich selbst, indem sie den Therapeuten zum Objekt ihrer narzisstischen Herausforderung machte.

Aber Olaf spielte in der Ökonomie dieser Beziehung noch weitere Rollen:
1. Mit seinen Kapriolen, Krisen und Übertreibungen hatte er seine Mutter tagaus tagein zu bestrafen. Sie musste unter ihren Kindern leiden, damit sie ihre Mutterrolle nicht als zu leicht empfände, während ihre eigene Mutter so sehr darunter gelitten hatte, Mutter eines Schizophrenen zu sein. Er spielte also gleichzeitig die Rolle eines Verfolgers und eines Über-Ichs und quälte sie durch sein Verhalten.
2. Durch die Unrast, die er in dieser kriegerischen Beziehung erzeugte, und die Qualen, die er Ingrid permanent zufügte, war Olaf ein sadomasochistischer Partner geworden, der darin geübt war, die Aufmerksamkeit seiner Mutter stets sowohl wachsam wie zerstreut zu halten, damit sie dauernd hiermit beschäftigt war und nicht an die Dramen ihres Lebens zu denken hatte.

Indem er seine Mutter unter diesen Zwang setzte, spielte Olaf der Schreckliche die Rolle eines Schutzschirms, eines wahnwitzigen Animateurs von Ingrids mentaler Szene. Sie wiederum konnte sich auf diese Weise nach Belieben beklagen, aufregen, kämpfen und erregen: Von der Wiederkehr der beunruhigenden Geister aus ihrer Geschichte blieb sie aber verschont.
3. Durch sein exzessives Verhalten war Olaf eine Herausforderung für seine Mutter geworden und auf diese Weise in das erregendste und für Ingrids Ökonomie notwendigste Spiel eingetreten: Ingrid wollte sich beweisen, dass sie das Monstrum, das sie geschaffen hatte, mattsetzen konnte; sie war überzeugt, dass sein unmögliches Verhalten Ausdruck einer tiefen Traurigkeit war, wie seine dauernden Tränen verrieten. Ihre Mission bestand nun darin, Olaf aus seiner Notlage herauszuholen.

Das Umwandlungsprojekt

Im Therapieverlauf lässt sich feststellen, dass ein *Umwandlungsprojekt* die basale Fantasie war, die Ingrids Beziehungen belebte. Sie konnte es nicht ertragen, den Nöten ihrer Angehörigen gegenüber ohnmächtig zu bleiben: Besonders schmerzlich verspürte sie diesen Konflikt, als sie eine alte Freundin bei sich zu Gast hatte, die seit Jahren anorektisch war. Ingrid berichtete ihrem Therapeuten, dass das, was ihr bei diesem Besuch die meisten Schwierigkeiten bereitet hatte, nicht so sehr die Krankheit ihrer Freundin war und auch nicht die Ernsthaftigkeit ihres Zustands, sondern vielmehr der Umstand, dass es ihr nicht gelungen war, dieses suizidale Verhalten in irgendeiner Weise zu verändern (als ob es irgendjemandem – besser als ihr – gelingen könnte, eine Anorektikerin zu beeinflussen!).

In diesem Moment wurde uns klar, dass sie deswegen so große Schwierigkeiten gehabt hatte, einen wirklichen Trauerprozess bezüglich ihrer Verluste in Gang zu bringen, weil sie ihre Jugend damit verbracht hatte, *die Trauer ihrer Mutter zu behandeln.* Sie hatte die Herausforderung angenommen, ihre Mutter aus ihrer Trauer herauszuholen, indem sie Vater und Bruder *ersetzte.* Trauer zuzulassen hätte bedeutet, anzuerkennen, dass sie kein Mann und infolgedessen nicht in der Lage war, ihre Mutter zu befriedigen und deren Depression zu transformieren.

Ihr narzisstisches Projekt war also die Annahme der Herausforderung, ihre Angehörigen umzuwandeln, und der unbeugsame Charakter dieses Vorhabens machte sie zu einer sehr intoleranten Mutter: Sie konnte die Tränen ihrer Kinder nicht ertragen und auch kein anderes Zeichen, das an Traurigkeit oder Schwäche hätte denken lassen können. Sie ignorierte infolgedessen regressive Anwandlungen ihrer Kinder und wurde dadurch offen zurückweisend: Ein Gutteil von Olafs unmöglichem Charakter war also wahrscheinlich durch ein offensichtliches Fehlen von Gegenseitigkeit induziert, da Ingrid bei ihrem Umwandlungsprojekt dem anderen nur ihr eigenes Modell von Glück auferlegen wollte (Selbstdisziplin, Willen, Durchhaltevermögen etc.) – als einen Beweis ihrer Macht und als Verwerfung ihrer Ohnmacht, das Irreparable korrigieren zu können.

Da Ingrid in dieser Weise in den Willen eingespannt war, das Schicksal ihrer Mutter zu transformieren, war sie des Rechts auf eigene Trauer beraubt: Sie hatten nur die ihrer Mutter erleben dürfen, und jetzt verstand sie sich als Korrektorin der depressiven Zustände ihrer Kinder.

Dieses Umwandlungsprojekt, so verbunden mit ihren eigenen inneren konflikthaften Strömungen wie es war (Verleugnung der ödipalen Enttäuschung, der Irreversibilität des Verlustes, ihres Unvermögens, einer jener Männer zu sein, die ihre Mutter hätten zufriedenstellen können etc.), war der Motor ihres Lebens: Kein Wunder also, dass sie »dekompensierte«, als sie feststellte, dass sie das narzisstische Monster, das sie in Olaf erschaffen hatte, nicht glücklich (und zivilisiert) machen konnte; kein Wunder auch, dass sie sich so energisch dagegen sperrte, ihre Verluste anzuerkennen und im Lauf der Therapie in einen authentischen Trauerprozess einzutreten.

Verwunderlich ist dagegen, dass eine Frau, die sich als Mann und als starkes Wesen begreift, das die anderen umformt, akzeptieren konnte, sich einem Umwandlungsprojekt (Psychotherapie) zu unterziehen und dies bei einem

Mann. Dank dieser Flexibilität – die verwundert bei einer Person, die in dieser Weise in einem narzisstischen Projekt befangen ist – und einem bemerkenswerten Durchhaltevermögen bei ihrer Suche nach einem Ausweg aus ihrer Erotomanie konnte die Therapie (die zum Zeitpunkt der Niederschrift dieser Zeilen noch andauerte) voranschreiten und zu einer wirklichen Durcharbeitung der Grundproblematik führen. Die Übertragungsliebe verwandelte sich vom anfänglichen Beherrschungsversuch schrittweise in ein Interesse an der aufdeckenden Arbeit und in einen Fortgang der Trauerarbeit (einschließlich der Trauer darüber, sich des Therapeuten nicht bemächtigen zu können).

2 Analyse der kurativen Faktoren im Fall Olaf und Ingrid

Von skandinavischer Kühle und Distanz ist man in dieser Geschichte weit entfernt. Leidenschaft in all ihrer Maßlosigkeit kennzeichnete die Beziehungen um Ingrid herum. Leidenschaft stand am Ursprung der Symptome Olafs des Schrecklichen, wie sie nach ihrer Verlagerung dann auch Ursache therapeutischer Veränderungen und der Wirksamkeit der Übertragung wurde.

Der zentrale kurative Faktor war die Verlagerung von Olafs agierter Megalomanie auf seine Mutter. Letztere trat in die Fußstapfen ihres Sohnes und begab sich mit Volldampf in ein Vorhaben, bei dem Unmögliches gefordert und unverhohlene Forderungen gestellt wurden. Innerhalb weniger Tage – im Wesentlichen aufgrund der zwei Sitzungen – schien Olaf aus der Rolle des Megalomanen entlassen worden zu sein, nur weil seine Mutter die Trauer um ihren Bruder und ihren Vater hatte zur Sprache bringen können. Aber es ist wahrscheinlich, dass Ingrid Olafs agierte Megalomanie selbst übernehmen konnte, weil sie ahnte, dass sie sie innerhalb der Übertragung würde ausspielen können, indem sie die Herausforderung nach Eroberung des Therapeuten annehmen und ausagieren würde.

Dadurch kam in diesem Fall eine andere Dynamik zustande als sie für die gemeinsamen Kurztherapien typisch ist: Die Therapie kann mit dem Rahmen der Kurzzeittherapie auskommen, wenn die Mutter die auf das Kind gerichteten (und von ihm agierten) Projektionen wirklich reintrojizieren und innerhalb ihres eigenen psychischen Raums verarbeiten kann.

Olafs Veränderung war wirklich beeindruckend und erwies sich als dauerhaft. Kann man sie nicht so sehen, dass sie auf einer strukturellen Veränderung beruht? In Anbetracht der großen Schwierigkeit zu definieren, was beim kleinen Kind als strukturelle Veränderung betrachtet werden kann, lassen wir diese Frage offen.

SCHEITERN VON REINTROJEKTION

In Ingrids Fall ist es zwar zur Reintrojektion von Olafs Megalomanie gekommen, sie hat bei ihr aber nicht zur intrapsychischen Verarbeitung der dahinterliegenden Trauer geführt. Kaum hatte Ingrid ihre beiden Verluste erwähnt, konnte sie Olaf zwar aus dem narzisstischen Vertrag, in denen sie ihn eingebunden hatte, entlassen, sie musste aber – und dieser Unterschied ist von großer Bedeutung – die manische Abwehr in Form einer leidenschaftlichen erotomanen Übertragung nun selbst *agieren*. Erst zu einem späteren Zeitpunkt im Verlauf ihrer Einzeltherapie konnte sie das megalomane Agieren schrittweise aufgeben (das sie beispielsweise dazu brachte, vom Therapeuten *real* zu fordern, er solle den Rahmen der Therapie aufgeben und eine körperliche Beziehung mit ihr eingehen), depressive Affekte in sich aufkommen lassen und von ihren Verlusten sprechen.

Wir haben es hier mit einem typischen Fall zu tun, bei dem symptomatische Heilung des Kindes und spürbare Verbesserung der Mutter-Sohn-Beziehung nicht ausreichend sind, wie es bei den Kurztherapien normalerweise der Fall ist. Das Schüsselsymptom des Kindes, die agierte Megalomanie, spielte für das ökonomische Gleichgewicht der Mutter eine unverzichtbare Rolle; Olaf spielte die Rolle des lebendigen Beweises für den Erfolg eines Narzissmus, der sich über alle Grenzen hinwegsetzt, wodurch er Ingrids brüchiges narzisstisches Gleichgewicht schützte, das durch den drohenden Einbruch von drei Trauersituationen ständig bedroht war: die ödipale Enttäuschung, den unwiederbringlichen Verlust des Vaters und das Unvermögen, durch Ersetzung von Vater und Bruder die Trauer ihrer Mutter aus der Welt zu schaffen.

Es muss gesagt werden, dass die manische Fantasie eine besonders vitale Abwehrfunktion hatte, indem sie einen sehr weites Gebiet abdeckte und zumindest drei Arten schwerer Verletzungen einschloss; es ist also nicht allzu verwunderlich, dass in diesem Fall der Kunstgriff der Übertragung eingesetzt werden musste, der Ingrids megalomanen Illusionen eine gewisse Atempause gönnte, bis sie zu einer wirklichen mentalen Verarbeitung ihrer Grundproblematik in der Lage war.

INDIKATIONSKRITERIEN FÜR EINZELTHERAPIE DER MUTTER

Man kann aus diesem Fall *a posteriori* übrigens einige Kriterien für Indikationen zur Fortsetzung der gemeinsamen Kurztherapien in Form einer Einzeltherapie der Mutter ableiten. Das evidenteste Kriterium im vorliegenden Fall ist natürlich die Form der Übertragung, die die Mutter entwickelte. Von einer kämpferischen Haltung verwandelte sich die Übertragung in eine leidenschaftliche, um die heftige Wiederkehr der verdrängten Trauer zu verdecken. Es ist dies ein typischer Fall von Widerstand durch Übertragung (während in den gewöhnlichen gemeinsamen Kurztherapien die Übertragung stumm bleibt und die Rolle eines Ermöglichers und Behälters für die therapeutische Durcharbeitung spielt; dabei wird sie *nicht* zum Widerstand und führt nicht zu regressiven Phänomenen oder zu Symptomen). Es liegt also auf der Hand, dass es nur einen Ausweg gibt, wenn die Übertragung lärmend wird und im Dienste des Widerstands Symptomcharakter annimmt: herkömmliche Psychotherapie oder Psychoanalyse.

Im Fall Ingrids stellt man *a posteriori* fest (»Hindsight is always one hundred percent«, sagt ein amerikanisches Sprichwort![23]), dass es Zeichen gegeben hatte, die eine Widerstands-Übertragung angekündigt hatten, denn bereits in der zweiten Sitzung bekämpfte Ingrid den Wert der durch die Therapie erzeugten »Einsichten«, indem sie (und mit welcher Intensität!) ihre Theorie der Zitrusfrüchte an deren Stelle setzte.

Das Hauptkriterium bei der Entscheidung über eine Fortführung in Form von Einzeltherapie ist also die Natur der Übertragung, die mit einem anderen, ebenso wichtigen Kriterium zusammenhängt: der Fähigkeit zur mentalen Verarbeitung der reintrojizierten Anteile im psychischen Raum der Mutter im Anschluss an die Reduktion der auf das Kind gerichteten Projektionen.

Muss die Mutter »krank werden«, um das Kind zu heilen?

Wir haben den Fall Olaf zur Diskussion ausgewählt, weil er bis zur Karikatur zeigt, dass die Befreiung des Kindes von den mütterlichen Projektionen (und den damit zusammenhängenden Interaktionstaktiken) notwendigerweise über den Zwischenschritt einer Reintrojektion der entsprechenden Inhalte durch die Mutter läuft, was eine Krise provoziert, die man – wenn nicht Krankheit, wie im Falle Ingrids – einen vorübergehenden pathologischen Zustand nennen kann: Wie gesehen ist er von überwiegend depressiver Tonalität und zeichnet sich durch eine akute Verarbeitung umgrenzter (realer und phantasmatischer) Verluste und narzisstischer Abwertung aus. Erst wenn – wie im Falle Ingrids – die Fähigkeit zu intrapsychischer Verarbeitung lahmgelegt ist, kann man

---

[23] Was sich wie folgt übersetzen ließe: »Die nachträgliche Erklärung hat immer die besten Chancen, 100% richtig zu sein!«

wirklich von einer Krankheit der Mutter sprechen. Diese Krankheit kann auf eine Übertragungssymptomatik begrenzt sein, aber manchmal kann es sich auch um eine Dekompensation des Charakters, um eine funktionelle Störung (vor allem Schlafstörungen) oder – in seltenen Fällen – um eine psychosomatische Dekompensation handeln. Eine psychotische Dekompensation als Reaktion auf die geschilderte forcierte Reintrojektion haben wir nie beobachtet, aber dies beruht vielleicht auch darauf, dass wir unsere Fälle so auswählen, dass Mütter mit zu schweren Pathologien vorher ausgesiebt werden.

Schlussfolgerungen zu den kurativen Faktoren

Im Lichte unserer Erfahrung können wir die kurativen Faktoren der gemeinsamen Kurztherapien zusammenfassend wie folgt beschreiben:
1. *Die Definition eines Konfliktherds*, in dem das Symptom des Kindes, ein zentraler Konflikt, der die Mutter mit dem Kind verbindet, ein äquivalenter Konflikt in der Vorgeschichte der Mutter, die zentralen Projektionen und – wenn möglich – eine all dem entsprechende symptomatische Interaktionssequenz zusammenlaufen. Die Konfrontation mit dieser Konstellation spielt als Formgebung eine zentrale Rolle.
2. Im Verlauf dieser Formgebung führt die Herstellung von Verbindungen zwischen Symptom, Interaktion, zentralem Konflikt der Mutter und den damit korrespondierenden Konflikten in ihrer Lebensgeschichte zu einer *Reduzierung der auf das Kind gerichteten Projektionen.*
3. Diese »Befreiung« des Kindes führt zu einer *neuen Vorstellung* von ihm, die weniger beängstigend und gratifizierender ist.
4. Mit dieser Befreiung korrespondiert *eine Bewegung von Reintrojektion* aufseiten der Mutter. Dieser Prozess wird nur möglich, wenn
    a) die Mutter gute Verarbeitungskapazitäten hat,
    b) der Therapeut die damit einhergehende Verarbeitung von Depressivität mit deutender Durcharbeitung sowie einer Reihe von verbalen und nonverbalen Interventionen begleitet, die die psychische Arbeit der Mutter unterstützen. Dies gehört zu den unspezifischen Faktoren, die in allen guten Therapien am Werk sind. Eine positive Übertragung und eine dementsprechende Gegenübertragung spielen hier eher eine ermöglichende Rolle als dass sie direkter Gegenstand deutender Durcharbeitung wären.
5. Schließlich gibt es noch einen mächtigen kurativen Faktor, für den es in anderen Formen herkömmlicher Therapien keine Parallele gibt: den *Beitrag des Kindes* selbst. Sobald das Kind von den Verzerrungen »dekonta-

miniert« ist, die ihm durch die Projektionen der Mutter auferlegt worden waren, und von den Interaktionstaktiken befreit ist, die es nötigen, die für das Abwehrszenario der Mutter notwendige Rolle zu spielen, wird es plötzlich in ganz anderer Weise besetzt; es wird als Quelle von Zuneigung »entdeckt«, es wird mit allen möglichen Qualitäten ausgestattet und zu einer bedeutenden Quelle narzisstischer Gratifikationen (wodurch die geschwächte Kompetenz der Mutter gestärkt wird). Diese Veränderung beschleunigt die Umverteilung einer ganzen Reihe intrapsychischer Faktoren aufseiten der Mutter.

Therapeuten, die sich nur um Erwachsene oder nur um Kinder kümmern, machen sich einfach nicht klar, welch überraschende Macht ein Kind zur Veränderung seiner Mutter (und seines Vaters) hat. Dies ist einer der Gründe, der sie so oft an den Ergebnissen zweifeln lässt, die in gemeinsamen Kurztherapien zustande kommen.

Die therapeutische Rolle des Kindes in der Fantasieorganisation der Eltern haben wir oft betont. Man sieht hier, dass das Kind – über die phantasmatischen *Zuschreibungen* therapeutischer Möglichkeiten hinaus – ein *reales* therapeutisches Potential besitzt, das besonders in den gemeinsamen Therapien erschlossen und fruchtbar gemacht wird.

Kapitel XI
Technische Prinzipien: Befragung der Technik[24]

Eine Arbeit über die Technik einer Therapieform zu schreiben, ist einerseits eine Notwendigkeit, läuft andererseits aber auf eine Aporie hinaus.

Man muss die technischen Prinzipien klar darlegen, um deren Umsetzung und die Intentionen des Therapeuten so deutlich wie möglich darstellen zu können, sei es auch nur zu didaktischen Zwecken. Eine solche Kodifizierung hat aber ihre eigenen Grenzen: Jeder Therapeut kann nur innerhalb der Grenzen seiner basalen Gegenübertragung praktizieren, und man hat beim Hören einer Falldarstellung immer den Eindruck, dass der persönliche Stil des Therapeuten mehr Gewicht hat als die beabsichtigte Anwendung einer standardisierten Methode. Man kann also nur generelle Direktiven angeben, die auf weniger einengenden technischen Prinzipien beruhen. Die Ausarbeitung von Handbüchern zur Technik, wie sie in amerikanischen Studien zur Therapieforschung als Verpflichtung präsentiert wird, mag zwar ein wichtiges Forschungsinstrument sein, läuft aber Gefahr, im Bereich der psychoanalytisch orientierten Psychotherapie einengend und zu reduktionistisch zu werden.

Die systematische Darstellung einer Technik kann auch angesichts der Forschungsresultate zur Bewertung unterschiedlicher Psychotherapieformen als veraltet erscheinen. Wie weiter unten deutlich werden wird, kann die Feststellung, zu der diese Vergleichsstudien gelangen, alarmierend erscheinen: Die therapeutischen Ergebnisse verschiedener (psychodynamischer, kognitiver, verhaltensorientierter) Techniken sind voneinander nicht zu unterscheiden (jedenfalls nicht mit den gegenwärtigen Evaluationsmethoden). Dieses Fehlen

---

24 Wir entlehnen diesen Titel dem Buch von A. Haynal (1987), das unter anderem die Kontroverse zwischen Freud und Ferenczi zu Varianten der psychoanalytischen Technik behandelt.

von Spezifika ist – man muss es sagen – für die Vertreter einer besonderen Therapieform sehr entmutigend. Für die Therapeuten, die Psychoanalytiker sind und eine sehr gründliche Ausbildung erhalten haben, die auf einer unendlich komplexen Theorie gründet und die stets vertreten haben, dass die Deutung des Unbewussten zu tiefergehenden (und also bedeutenderen) Veränderungen als bei anderen Herangehensweisen führen würde, stellt dies eine besondere Herausforderung dar.

Es könnte also als belanglos erscheinen, detaillierte Theorien über eine spezifische Technik entwickeln zu wollen, wenn die therapeutischen Ergebnisse, zu denen sie führt, keinerlei Garantie bietet, dass sie Therapien mit einfacheren Techniken überlegen ist.

In diesem Kapitel über die Technik werden wir versuchen, zwei Herausforderungen gerecht zu werden: Wir denken, dass die genaue Darlegung einer Technik für deren Lehre unverzichtbar ist und dass ein wirkliches Erlernen der Technik eines der besten Gegenmittel gegen die Gegenübertragungssymptome ist, die mit deren Anwendung einhergehen. Die Verantwortung, sie zu definieren, kann man nicht allein der persönlichen Inspiration überlassen.

Im Übrigen sind wir der Ansicht, dass im Feld der vergleichenden Bewertung der verschiedenen Psychotherapieformen das letzte Wort noch nicht gesprochen ist. Feiner ausgearbeitete Forschungsprojekte werden durchgeführt werden, und in diesem Rahmen wird eine gut abgestützte Explikation der psychodynamischen Psychotherapietechnik zu einer besseren Definition der spezifischen therapeutischen Faktoren und der anvisierten Therapieergebnisse führen können.

I Psychotherapeutische Techniken und Psychotherapieforschung

Eines der überraschendsten und irritierendsten Ergebnisse der Studien zur Evaluation von Psychotherapieeffekten ist die Unmöglichkeit, die Überlegenheit einer besonderen Technik zu beweisen. Obwohl die Ergebnisse dieser Untersuchungen den Klinikern (noch) nicht sonderlich zu Bewusstsein gekommen sind und sie in Abhängigkeit von den methodologisch bedingten Begrenzungen interpretiert werden müssen, die der Mehrzahl dieser Studien inhärent ist, rückt die Zeit näher, in der jeder Therapeut zur Frage der Wirkungen, die durch die von ihm vertretene Technik erreicht werden können, Stellung nehmen müssen wird.

Im Zusammenhang dieser Überlegungen wird für jede einzelne Technik eine so systematische und transparente Definition wie möglich nötig werden.

Wir denken, dass die psychoanalytisch inspirierte Psychotherapie aus dieser Debatte gestärkt hervorgehen könnte, wenn sie Demonstrationen ihrer Technik zur Verfügung hätte, die transparent genug wären, um eine Definition ihrer spezifischen Bestandteile und deren Bezug zu den erhofften therapeutischen Wirkungen zu ermöglichen.

Es kann sich dabei nicht um *ein* erschöpfendes Modell handeln, betrachtet man die Vielzahl der Schulen, die es in unserem Feld gibt. Man sollte vielmehr eine Kohärenz zwischen einer Form der Technik, ihren spezifischen Wirkfaktoren und den angepeilten Veränderungen herstellen.

Eine solche Transparenz der Technik ist aus verschiedenen Gründen notwendig:
1. Da der enge Zusammenhang zwischen dem Modell des Therapeuten und den klinischen Phänomenen, die es mit-determiniert, bekannt ist, hilft eine Definition der Technik dabei, die klinischen Konstellationen, die in der Behandlung auftreten werden, sowie die Begrenztheit der erzeugten Wirkungen, vorauszusehen.
2. Die persönliche Analyse ist zwar der Grundstein der Ausbildung des Therapeuten, gleichwohl lassen sich Prinzipien und praktische Modalitäten der Psychotherapien aber lehren. Ein Dokument, in dem eine Technik dargelegt wird, dient bei der Weitergabe dieser Kenntnisse als Stütze.
3. Die Fragestellung der Wirkung spezifischer und unspezifischer Faktoren einer Form von Psychotherapie kann in der Forschung nur angegangen werden, wenn man sich dabei auf eine bewährte und zumindest in ihren großen Linien kodifizierte Technik beziehen kann.

Im Folgenden möchten wir uns zunächst der Fragestellung der Spezifität der Technik zuwenden, dann versuchen wir darzulegen, worin sie in der Technik der gemeinsamen Psychotherapien bestehen kann: in der Definition des Herdes, den Begrenztheiten der Kurztherapien, dem besonderen Aktivitätsmodus des Therapeuten, dem Setting, etc.

II Spezifität und Nicht-Spezifität

Seit langem tobt in der Literatur eine Debatte darüber, welche Wirkfaktoren in der Psychotherapie aktiv sind. Die Themen dieser Debatte sind im Wesentlichen: Welches sind die Beiträge der spezifischen Wirkfaktoren (einer Technik) und welches die der unspezifischen Faktoren (die allen Psychotherapieformen gemeinsam sind)?

Als unspezifische Faktoren nennt man im Allgemeinen die Charakteristika der Patient-Therapeut-Beziehung, die Veränderungsmotivation des Patienten, die Erwartungen des Patienten (unter anderem seine idealisierende positive Vorübertragung), gewisse Charakteristika des »Rahmens« (Frank insistiert besonders auf dem therapeutischen Aspekt der Ritualisierungen, die man bei jeder Therapie antrifft), die antidepressive und kathartische Wirkung jeder Begegnung mit einem wohlwollenden und aufnahmebereiten Fachmann, der kein Urteil fällt. Diese unspezifischen Faktoren werden auch allgemeine Faktoren genannt, weil man sie in allen Formen von Therapie wiederfindet.[25]

Die Forschungsprojekte zur Evaluation der Wirkungen von Psychotherapie favorisieren gegenwärtig die Hypothese der Nicht-Spezifität. Kein spezifisches technisches Element konnte in unwiderlegbarer Weise signifikant mit Therapieergebnissen korreliert werden (insbesondere gilt dies auch für die Wirkung der Deutungen); keine spezifische Therapieform konnte bei den Ergebnissen ihre Überlegenheit unter Beweis stellen. Unspezifische Elemente konnten mit guten Therapieergebnissen dagegen signifikant korreliert werden; die meisten von ihnen resultieren aus der Patient-Therapeut-Interaktion (darunter das berühmte »Arbeitsbündnis«).

Nach Ansicht bestimmter Forscher bestätigen diese Befunde, dass die Qualität der Patient-Therapeut-Beziehung der Hauptfaktor für Veränderung ist, ungeachtet der Spezifität eines besonderen technischen Wirkfaktors.

Die radikale Sichtweise zum Gewicht der unspezifischen Faktoren wird beispielsweise von Strupp vertreten, der diese Perspektive folgendermaßen resümiert: »Die Wirksamkeit von Deutungen hängt von ihrem Kontext ab und nicht von ihrem Inhalt« (Strupp 1980). Der eifrigste Verfechter der Hypothese der Nicht-Spezifität ist J. Frank, der bereits 1974 formulierte: »Die Qualität der therapeutischen Interaktion, zu der der Patient, der Therapeut und die Therapiemethode beitragen, ist wahrscheinlich das entscheidende Element für die in den Kurztherapien erreichten Ergebnisse« (Frank 1974). Wir halten dieser Sichtweise entgegen, dass der Aufbau eines »Arbeitsbündnisses« bei jeder Technik auch spezifische Elemente enthält. Das Bündnis ist in der kognitiven oder der psychodynamischen Therapie nicht das Gleiche.

---

25 Zu einer Übersicht zur Spezifitätsfragestellung siehe beispielsweise Lambert, Shapiro und Bergin (1986).

Dass es bisher (noch) nicht gelungen ist, die determinierende Wirkung von Faktoren zu beweisen, die für eine Technik spezifisch sind, ist für all die Therapeuten recht entmutigend, die eine bestimmte Form von Technik anwenden, zumal man von ihr weiß, wie eng sie mit dem berufsbezogenen Ich-Ideal verbunden ist. Dies könnte auch all jene entmutigen, die eine Technik zu verfeinern und verbessern suchen, sowie jene, die – wie wir – eine Technik systematisieren und lehren wollen. Diese Entmutigung erweitert sich noch, wenn man die Schlussfolgerungen von Forschungsprojekten zur Wirkung des Erfahrungsniveaus der Therapeuten liest. Mehrere Studien, darunter die von Strupp (et al. 1978), in denen »Amateurtherapeuten« (in diesem Falle College-Lehrkräfte) mit erfahrenen Therapeuten verglichen wurden, konnten keine positive Korrelation zwischen Therapieergebnis und Erfahrungsniveau der Therapeuten nachweisen.

Würde man diese Schlussfolgerungen ohne Weiteres akzeptieren und sollten sie sich durch feinere Untersuchungen der Prozesse bestätigen, könnte dies tatsächlich zu sinkendem Interesse an einer ernsthaften Ausbildung in der Psychotherapie führen. Wenn es ausreicht, die einfachsten Techniken als Vorlage zu nehmen, aufmerksam und wohlwollend zu sein und sich auf sein klinisches Gespür und eine in etwa kohärente Theorie der Technik zu stützen, müsste man mit geringen Kosten wahre Bataillone von Therapeuten ausbilden können.

Dieses Katastrophenszenario entspricht nur allzu sehr einer gewissen Realität: Mehr und mehr Seminare versprechen eine Therapeutenausbildung in einigen Sitzungen oder wenigen Wochen. Im Übrigen kann man die Aussage, diese alternativen Herangehensweisen führten zu brauchbaren Ergebnissen, nicht global widerlegen, betrachtet man die Ergebnisse der Vergleichsstudien zu Therapieergebnissen.

III Die Ausbildung in psychotherapeutischer Technik

Angesichts einer Entwicklung, in der die Zahl psychotherapeutischer Schulen immer weiter zunimmt, sowie der Auswirkungen der vergleichenden Psychotherapieforschung, die die Überlegenheit *einer* therapeutischen Herangehensweise ernstlich relativiert, muss man folgern, dass das Feld der Psychotherapie in einer Krise ist. Die akademischen Zentren werden ihre Ausbildungs- und Forschungsstrategien künftig wahrscheinlich ändern müssen.

Nur eine einzige psychotherapeutische Technik vertreten und fördern zu wollen, wird sich nicht mehr halten lassen. Die Ausbildungsleiter werden also wählen müssen, welche Formen psychotherapeutischer Techniken sie in einem eklektischeren Rahmen als dem der bloßen Anhängerschaft an ein bevorzugtes Modell lehren werden. Und bei dieser Wahl werden sie sich auf wissenschaftliche Forschungsergebnisse zu den differenziellen Wirkungen der verschiedenen, für bestimmte Formen von Pathologie indizierten Methoden stützen müssen.

Parallel dazu wird von künftigen Therapeuten, Verbrauchern (Patienten) und der öffentlichen Hand (sowie den Krankenversicherungen, wie dies in den USA bereits der Fall ist) zunehmender Druck ausgehen, systematische Forschung zur Bewertung der verschiedenen Formen von Psychotherapie durchzuführen.

Da wir systematische Forschung zur Evaluation der Kurztherapien von Mutter und Kleinkind durchgeführt haben, waren wir mit der Schwierigkeit konfrontiert, die Beziehungen zwischen den spezifischen Wirkfaktoren, die für unsere psychodynamische Herangehensweise charakteristisch sind, und den therapeutischen Ergebnissen im Vergleich mit einem nicht-deutenden Vorgehen namens *interactional coaching* zu präzisieren, das wir als Vergleichstechnik gewählt hatten. Wir sahen uns gezwungen, anzuerkennen, dass diesen beiden von ihrer Theorie her doch so unterschiedlichen Herangehensweisen mehrere therapeutische Faktoren gemeinsam waren. Darüber hinaus zeigten die Therapieergebnisse beider Vorgehensweisen mehr Ähnlichkeiten als Unterschiede auf der Ebene der Variablen, die zur Bewertung der Ergebnisse ausgewählt worden waren: den Symptomen des Kindes, der Qualität der Mutter-Kind-Interaktionen und bestimmten Aspekten der bewussten Vorstellungen der Mutter.[26]

IV Schlussfolgerungen zur Evaluationsforschung in der Psychotherapie und zur Darstellung der Technik

1. Die Forschung auf dem Gebiet der Psychotherapie ist noch jung. Mit zwei positiven Ergebnissen hat sie sicherlich Neuland erschlossen: Sie zwingt die Gemeinschaft der Psychotherapeuten, ihre Praxis doch eher

---

26 Die vorläufigen Ergebnisse dieses Forschungsprojekts finden sich bei Cramer (1990). Die Endergebnisse wurden im September 1992 auf dem Weltkongress WAIPAD in Chicago präsentiert und später publiziert (Cramer et al. 2002).

dem Test einer Bewertung ihrer Ergebnisse zu unterziehen, als sich mit der narzisstischen Illusion zu begnügen, die jeweils angewandte Technik sei bestimmt die beste.

Auch hat sie den Beweis geliefert, dass der Einsatz von Psychotherapie zu besseren Resultaten führt als das bloße Verstreichen von Zeit (womit Eysenks Position widerlegt wurde, der behauptet hatte, Psychotherapie führe zu keiner Verbesserung).

2. Die zur Evaluation der Ergebnisse eingesetzten Methoden sind jetzt ausreichend ausgefeilt, um in valider Form Haupteffekte der Psychotherapien klar nachweisen zu können. Auf zwei entscheidenden Gebieten lassen sie allerdings zu wünschen übrig:

a) Dem Gebiet des Nachweises von Wirkungen, die auf spezifische Faktoren zurückgehen: Dieser methodische Mangel pönalisiert insbesondere die psychoanalytisch ausgerichteten Psychotherapien gegenüber kognitiven und verhaltensbezogenen Therapien. Die Variablen, die zur Einschätzung von Veränderung ausgewählt werden, sind bei den kognitiven und verhaltensbezogenen Therapien sehr viel leichter zu operationalisieren und zu objektivieren als bei den psychodynamischen Therapien.

Es ist in der Tat sehr schwierig, Korrelate zu finden, die die Veränderungen unbewusster Strukturen oder von Einsicht valide repräsentieren, also jener Variablen, die die Veränderungen bezeichnen, die in der analytisch ausgerichteten Psychotherapie angestrebt werden.

Mit dieser Kritik können wir die Gleichheit der Therapieergebnisse relativieren, die beim Vergleich zwischen psychodynamischen Therapien und anderen Techniken in den Evaluationsstudien gefunden worden waren.

b) Bei der Natur der Veränderungsprozesse: Bisher hat sich die Psychotherapieforschung mehr mit dem Bereich der Ergebnisse (*outcome research*) als mit dem der Prozesse beschäftigt. Um aber beurteilen zu können, welches die spezifischen Wirkfaktoren von Veränderung sind, muss man sich dem minutiösen Studium therapeutischer Prozesse zuwenden, etwa dem der Definition und Deutung des Konfliktherdes, dem Verlauf von Rede und Gegenrede, der Qualifizierung der therapeutischen Interventionen, den nonverbalen Interaktionen etc. Das hier vorliegende Buch liefert einen Beitrag zu diesem Bereich.

3. Geht man davon aus, dass die Forschung noch oft eine vergleichende Herangehensweise erfordern wird, ist es wichtig, die wesentlichsten und spezifischsten Charakteristika einer Technik so vollständig wie möglich zu beschreiben und anschließend zu verifizieren, ob tatsächlich dieser Methode gefolgt wird.
4. Obwohl es unnütz wäre, daran festhalten zu wollen, die psychodynamische Psychotherapie sei die einzig gültige, sind wir überzeugt, dass die ihr zugrunde liegende Theorie sowie die Phänomenologie, die ihr Rahmen sichtbar werden lässt, uns den besten Zugangsweg zu einem tiefgehenden Verständnis der menschlichen Konflikte bieten, sei es nun im Postpartum oder in anderen Lebensphasen. Es ist also wichtig, die eigene Technik zu verfeinern und ihre besonderen Züge im Zusammenhang mit der Konfliktproblematik des Postpartums herauszustellen.
5. Schlussendlich sind wir überzeugt, dass eine Therapie, welche immer es sei, besser durchgeführt wird, wenn der Therapeut die Grundlagen seiner Technik erklären kann. Es trifft zwar zu, dass ein wichtiger Teil der Technik durch unbewusste Gegenübertragungszwänge diktiert wird, aber eine vertiefte systematische Kenntnis der Technik bei der Kontrolle pathologischen Gegenübertragungsagierens hilft.

V Psychoanalyse und Psychotherapien: Gemeinsamkeiten und Differenzen

Begibt sich ein Psychoanalytiker auf das Gebiet der Anwendungen der Psychoanalyse in der Psychiatrie, ist er gezwungen, die Beziehungen zwischen dieser Praxis und seiner psychoanalytischen Herkunft einer Bewertung zu unterziehen. Dabei ist er unablässig zwischen seiner Treue zum Idealmodell der Analyse und der Unzufriedenheit angesichts der Kompromisse hin- und hergerissen, die er zwischen diesem Ideal und seiner aktuellen Praxis eingehen muss.

Gleichzeitig sieht er sich von beiden Berufsgruppen, denen er zugehört, mit Exkommunikationsdrohungen konfrontiert: Die »reinen« Analytiker werfen ihm vor, das Ideal des analytischen Goldes zu verraten, während ihn die »harten« Psychiater geißeln, er flüchte sich in den Umgang mit Symbolischem oder Verbalem.

Er muss also eine Reflexionsanstrengung aufbringen, mittels derer er sich in Bezug auf diese beiden Pole positionieren kann.

1 Gold und Kupfer

Die Diskussion der Beziehungen zwischen Psychoanalyse und Psychotherapie ist schwierig. Zunächst deshalb, weil die Definition der Psychoanalyse selbst zahlreichen Interpretationen unterworfen ist, und zwar im Zusammenhang mit der Ausdehnung ihres Indikationsbereichs und der Zunahme der theoretischen Modelle. All dies macht den Gebrauch »allgemein akzeptierter unumstößlicher Kriterien für Ein- oder Ausschluss« schwierig (Brusset 1991).

Und dann deshalb, weil es eine ganze Reihe psychotherapeutischer Legierungen gibt, in denen das reine Gold (der Analyse) in Anbetracht der Unreinheiten, die der Technik durch das Wesen der Pathologie und die therapeutische Zielrichtung auferlegt werden, unterschiedlich repräsentiert ist.

Und schließlich handelt es sich auch um eine Debatte, die stark von dem narzisstischen Wunsch geprägt ist, die Treue zum Idealmodell der reinen Analyse zu proklamieren, das der oberste Maßstab bleibt, der durch die Initiationsunternehmung Lehranalyse aufgerichtet worden war. Es reicht nicht aus, eine Psychotherapie als »psychoanalytisch« zu etikettieren, um deren Orthodoxie zu garantieren. Es wäre in der Tat vorzuziehen, auf diese rein nominale Garantie zu verzichten und sich stattdessen ernsthaft die Frage »nach der Differenz zwischen dem, was man tut, und dem, was man zu tun glaubt« (Brusset 1991), zu stellen. Uns scheint, dass es eine Art Hemmung bei der Suche nach positiven Kriterien gibt, die eine besondere psychotherapeutische Technik definieren könnten, weil man sich zu oft mit der Bezugnahme auf das psychoanalytische Idealmodell begnügt; letzteres wird dann den psychotherapeutischen Praktiken übergestülpt, die daraufhin hauptsächlich unter Negativaspekten betrachtet werden, das heißt mit Bezug auf das, was ihnen im Vergleich zur Standardkur fehlt.

Das Gesamt all dieser Faktoren macht es schwierig, den psychoanalytischen Charakter einer Form von Psychotherapie zu beurteilen.

Wir meinen, dass es möglich ist, psychoanalytisch auch über Psychotherapien zu diskutieren, die die Kriterien der reinen Psychoanalyse nicht erfüllen. In den gemeinsamen Kurztherapien gibt es eine ganze Reihe von Phänomenen, die nur dann verständlich werden, wenn sie mithilfe der psychoanalytischen Theorie beleuchtet werden und die nur auftreten, weil die angewandte Technik von analytischen Postulaten inspiriert ist: Unsere Art und Weise, die Konflikte mit der Elternschaft sowie die Rolle der Projektionen, der Kindheitsneurose der Mutter und der mentalen Vorstellungen der Mutter vom Kind anzugehen, ist nur möglich, weil sie sich auf Kenntnis und Praxis von Psychoanalyse stützt.

Was unserer Auffassung nach die Psychotherapien am besten von der Psychoanalyse zu unterscheiden gestattet (und hierbei beziehen wir uns auf ein Modell der Psychoanalyse, dessen asymptotische Natur man eingestehen muss), ist das, was Brusset »die in der Schwebe bleibende Zielsetzung« nennt.

»Ob man will oder nicht, es liegt in der Logik der Psychotherapie, eine geringere Strenge bei der Methode walten zu lassen, dafür aber den therapeutischen, adaptiven oder pädagogischen Zielen beim Abschluss umso mehr Wichtigkeit einzuräumen«, d. h. den Fragen, die der Logik der Analyse nach unentschieden und unvorhersehbar, also offen bleiben müssen. Diese »Krise um die Frage der endgültigen Formgebung ist ein von der Methode her bestimmter Schwebezustand, der für die Analyse essenziell ist: das reine Gold« (Donnet 1992).

Obwohl man zugestehen muss, dass der Analytiker einen vollkommenen Schwebezustand im Hinblick auf die zu erreichenden Ziele lediglich *anstreben* kann, »ohne Erinnerung und ohne Wunsch«, und dass all dies auch im Bereich des Asymptotischen bleibt, liegt es auf der Hand, dass der Gebrauch, den wir in den gemeinsamen Kurztherapien vom Konflikherd machen, dem Einsatz einer vollkommen freischwebenden Aufmerksamkeit Grenzen setzt, womit auf die absolute Offenheit der psychoanalytischen Technik verzichtet wird. Wir erkennen vollkommen an, dass sich die gemeinsamen Kurztherapien begrenzte Ziele setzen, die die Konflikte zwischen Elter und Kind in den Mittelpunkt stellen und infolgedessen auf das reine Gold verzichten, das die Frage der Zielsetzung so in der Schwebe lässt, wie dies für die psychoanalytische Kur charakteristisch ist. Es handelt sich um eine Unternehmung mit therapeutischer Zielsetzung, bei der die Deutung eingesetzt wird. Diese sektorbezogene Herangehensweise in therapeutischer Absicht, aber unter Rückgriff auf den Erwerb von Einsicht zeigt, dass es sich hier um eine Legierung handelt, die sie vom reinen Gold der Psychoanalyse unterscheidet.

2 Das Problem der Veränderung unbewusster Strukturen

Zu den Hauptkritikpunkten, die gegen die Kurztherapien vorgebracht werden, zählt die Behauptung, sie könnten die unbewussten Strukturen nicht verändern, da sie nur auf den Rückgang der Symptome ausgerichtet seien. R. Debray sagt, sie sei »gegen die systematische Praktizierung wiederholter psychosomatischer Konsultationen oder Kurzpsychotherapien (Cramer 1989). Sie haben, ganz wie die in den USA so begehrten kognitiven Therapien (A. Frances et al. 1984) das Verdienst, das Symptom zu reduzieren, aber den ganz großen Nachteil, die darunterliegende unbewusste Problematik unangetastet zu lassen«.

Eine solche Behauptung, noch aufgerüstet dadurch, dass eine verächtliche Verwandtschaft zu den kognitiven Therapien hergestellt wird, macht durch den Einsatz von Disqualifizierung im Namen einer psychoanalytischen Orthodoxie, deren Monopol man sich versichern will, die intellektuelle Debatte schwierig. Dies ist umso verwunderlicher, da es sich hier doch um eine Autorin handelt, die – obwohl sie ihre eigenen Therapien ohne Zögern als »psychoanalytische Behandlungen« bezeichnet (Debray 1991) – in der Technik ihrer Therapien eine große Freiheit an den Tag legt, die übrigens sehr interessant ist. (Im Fall Gilles zögert Debray nicht, zu gebieterischen Ratschlägen zu greifen: »Ich war dann soweit gebracht, dass ich ganz entschieden sagte, sie müsse aus dem Gitterbett heraus ...«)

Dieses Beispiel zeigt, dass ein Insistieren darauf, der psychoanalytischen Orthodoxie zuzugehören, ein Erkennen dessen verhindern kann, was in den verschiedenen psychotherapeutischen Techniken an Originellem enthalten sein kann, von denen man allerdings lieber sagen sollte, dass es sich um »psychoanalytisch inspirierte« Therapien handelt.

Das Kriterium, das als Vorzug und Privileg der psychoanalytischen Behandlung präsentiert wird, die Veränderung der unbewussten Strukturen nämlich, ist selbst in ausführlichsten Falldarstellungen nicht leicht zu validieren, insbesondere beim Kleinkind, dessen psychische Instanzen für alle Wechselfälle der Beziehungen zu den Eltern besonders empfänglich sind. R. Debray räumt übrigens ein, dass diese strukturelle Veränderung bei Weitem nicht in allen Standardbehandlungen erreicht wird, wie sie anhand des Falls von Gilles Mutter feststellt (S. 109).

Wir glauben, wir haben anhand von Katamnesen nachgewiesen, dass auch in Kurztherapien bedeutende Veränderungen der intrapsychischen Abläufe bei Mutter und Kind erreicht werden können; der Frage von Tiefe und Dauer dieser Veränderungen werden wir im folgenden Kapitel nachgehen. Man wird sehen, dass die Form der Grundfantasien zwar oft unverändert bleibt, die Verteilung der libidinösen und narzisstischen Besetzungen sich aber modifiziert.

Können diese Veränderungen mit einem gewissen Recht als »strukturelle« betrachtet werden? Wir meinen, dass die Bürde einer Beweisführung in dieser Frage auf den Schultern derer liegen sollte, die behaupten, in ihren Behandlungen diese Art von Veränderung zu erreichen, die doch nur sehr schwer zweifelsfrei zu belegen ist.

VI Technische Prinzipien

Wir beschreiben im Folgenden das Setting und die technischen Möglichkeiten des Therapeuten.

1 Dauer

Die Sitzungen überschreiten oft die üblichen 45 oder 50 Minuten und können bis zu 60 Minuten oder länger dauern.

Eine gewisse Flexibilität ist nützlich, besonders in den ersten Sitzungen, die zahlreiche Assoziationen auslösen, die man besser nicht in rigider Weise abbrechen sollte. Die 60-minütige Sitzung ermöglicht auch die Entfaltung mehrerer Interaktionssequenzen auf verschiedenen Ebenen: Rückzug oder Aktivität des Kindes; proximale und distale Austauschprozesse; Ernährung, Schlaf, »Konversation« oder Spiel. Der Therapeut kann auf diese Weise einer Vielzahl von Interaktionsmodi beiwohnen, die jeweils mit einem phantasmatischen Thema oder damit zusammenhängenden Konflikten in Verbindung stehen.

Die Anzahl der Sitzungen variiert je nach Fall. Bleibt man im Modus der Kurztherapie, variiert diese zwischen vier und zwölf Sitzungen. Unsere Untersuchung von 75 Dyaden erbrachte einen Mittelwert von sechs Sitzungen. Muss man zu einer konventionellen – das heißt zeitlich unbegrenzten – Therapie übergehen, stellt man fest, dass die Dauer vom Schicksal der Übertragung sowie von der Schwere der Symptome des Kindes und der Mutter abhängt. Es muss auch darauf hingewiesen werden, dass das Setting der gemeinsamen Therapie nicht aufrechterhalten werden kann, wenn das Kind ein Alter erreicht, in dem seine eigenen Übertragungsforderungen stärker in Erscheinung treten, was auf Kosten der Beziehung zwischen Therapeut und Mutter geht.

Das Kind beginnt dann, die Situation im Sinne einer Rivalität aufzufassen, wobei es die exklusive Aufmerksamkeit entweder der Mutter oder des Therapeuten auf sich ziehen will. Es wird für den Therapeuten unter solchen Bedingungen immer schwieriger, seine Aufmerksamkeit und seine Deutungen auf Mutter und Kind in angemessener Weise zu verteilen. Ist das Kind erst einmal zweieinhalb oder drei Jahre alt, kann die gleichzeitige Präsenz von Mutter und Kind innerhalb einer Langzeittherapie im Allgemeinen nicht mehr aufrechterhalten werden.

Die von uns beschriebenen gemeinsamen Therapien hängen vom niedrigen

Alter des Kindes ab, und die Technik der Kurztherapie setzt auf die psychischen Verschränkungen zwischen der Mutter und dem bis etwa drei Jahre alten Kind (im Kapitel »Das psychische Funktionieren im Postpartum: eine neue Topik« wird dieser Punkt eingehend behandelt).

2 Frequenz

Ein Rhythmus von einer Sitzung pro Woche ist besonders günstig: Man stellt fest, dass die Mütter zwischen den Sitzungen eine beträchtliche Arbeit leisten, wenn der Prozess erst einmal in Gang gekommen ist: Sie bringen Träume und Erinnerungen mit, sie stellen sich oft Fragen zu ihren eigenen Eltern. Von dem, was sie entdecken, werden sie manchmal ziemlich durcheinandergebracht; sie haben zwischen den Sitzungen viele Assoziationen, aber auch intensive Integrationsbewegungen.

3 Setting

Die Situation soll die Assoziationsfähigkeit der Mutter und zugleich einen möglichst freien und »assoziativen« Austausch zwischen Mutter und Kind fördern. Je nach Alter des Kindes wird die Mutter es im Arm halten, in einen Kindersitz setzen oder es zu ihren Füßen spielen lassen. Altersgemäßes Spielzeug ist am Boden ausgebreitet.

Der Therapeut spürt bisweilen das Bedürfnis, mit dem Kind spielen zu wollen, entweder weil letzteres ihn dazu auffordert oder weil der Therapeut mit dem Kind kommunizieren möchte. Der Therapeut sollte das Kind besser nicht auf den Arm nehmen, da dies die Austauschprozesse zwischen Mutter und Kind umgeht oder als eine Disqualifizierung der Mutter erlebt werden könnte.

4 Psychotherapie mit zwei, drei oder vier Partnern?

In der Mehrzahl der Fälle vereinbart die Mutter die Konsultation und bringt das Kind. Zu ihr baut der Therapeut eine therapeutische Beziehung auf, die sie schrittweise zum Hauptpartner des Therapeuten macht. Wie anhand der klinischen Beispiele festzustellen war, richten sich die Interventionen des

Therapeuten vor allem an sie, und auch die Wirkung der Therapie hängt vor allem von ihrer Fähigkeit ab, in eine psychische Bewegung zu kommen.

Diese Konzentration auf die Mutter folgt einer Logik, auch wenn sie Kritik herausfordert, die wir weiter unten diskutieren werden. Zunächst zeigt die klinische Erfahrung, dass die Überschneidung zweier Psychen, die wir als gemeinsame Topik des Postpartums beschreiben, viel stärker eine Sache der Mütter als der Väter ist. Die Realität, dass das Kind aus dem Bauch seiner Mutter und nicht dem seines Vaters stammt, ist unausweichlich und rechtfertigt – jedenfalls in der Zeit nach der Geburt – die Formulierung von der »Anatomie als Schicksal«. Unter den Determinanten der Geschlechtsdifferenzen spielt der Einfluss der physischen Zugehörigkeit des Fötus zum Körper der Mutter eine entscheidende Rolle. Dies ist zum großen Teil dafür verantwortlich, dass die mentale Repräsentanz des Kindes bei Vätern und Müttern unterschiedlich ist, denn letztere beziehen das Kind im Postpartum viel tiefer und essenzieller in ihre eigene psychische Topik ein; dies führt bei den Müttern im Postpartum auch zu den intensivsten Konfusionen zwischen Selbst und Objekt und zum Aufblühen heftiger Projektionen. Der psychische Funktionsmodus, der der primären mütterlichen Sorge zugrunde liegt, hat beim Mann ein Äquivalent übrigens nur in Ausnahmesituationen, die dann durch eine Umkehrung von Mutter- und Vaterrolle gekennzeichnet sind. Die klinischen Bilder einer Symbiose mit dem Kind oder von dessen Besitzergreifung sind in der Psychopathologie der frühen Kindheit viel öfter eine Sache der Mütter als der Väter, und die schweren Dekompensationen des Postpartums betreffen in weit höherem Ausmaß die Mütter.

Das Gesamt dieser klinischen Feststellungen rechtfertigt die Aussage, dass die mentale Repräsentanz des Kindes (vor allem des Kleinkindes) bei Müttern und Vätern im Postpartum eine unterschiedliche Rolle spielt. Sie ist bei den Müttern viel stärker als Triebobjekt und als narzisstische Ergänzung aufgeladen; sie ist auch als Projektionsfläche viel intensiver besetzt, was dem Kind in der Rolle, die es für die Mutter bekleidet, besondere Macht einräumt: Es ist entweder Träger libidinöser Gratifikationen oder narzisstischer Ergänzung; aber es kann ebenso gut zum Verfolgerobjekt werden, zum Auslöser narzisstischer Abwertung oder eines Angriffs auf die Triebintegrität der Mutter.

Dieses Faktorenbündel zeugt von einer differenziellen Intensivierung der Beschäftigung mit der Elternschaft im Postpartum, wobei die Mütter in viel höherem Maße Angst, Depressivität und extreme Besorgnis in Bezug auf das Kind zeigen als die Väter. Dass aufseiten der Mutter viel stärker Leid ins Spiel kommt, führt dazu, dass in der großen Mehrzahl der Fälle die Mütter die Konsultationsanfrage auf den Weg bringen.

Man könnte einwenden, dass der Therapeut auch dann, wenn die Mutter um Konsultation nachsucht, die Anwesenheit des Vaters fordern sollte. Und in der Tat hören wir auch oft Kollegen diesen Einwand vortragen, der im Allgemeinen in Form der kritischen Frage »Und der Vater?« präsentiert wird, als ob man dabei wäre, den Vater nicht nur leibhaftig aktiv ausschließen zu wollen, sondern zugleich auch noch auf der Vorstellungsebene, wenn man ihn nicht von vornherein zu den Psychotherapiesitzungen mit einbestellte.

5 Und der Vater?

Auf diesen Einwand möchten wir wie folgt antworten:
1. In der üblichen Einzelpsychotherapie hätte man nicht den Reflex, unbedingt den Ehepartner mit einzubestellen, selbst wenn ein Paar- oder Familienproblem im Zentrum der Nachfrage um Beratung stünde. Man geht von dem Prinzip aus, dass die subjektive Welt des Patienten oder der Patientin Gegenstand der Therapie ist. Man versucht, den inneren Konflikt herauszuarbeiten, ohne sich dabei um die Aussage oder den Beitrag eines Partners zu bemühen. Paartherapien sind aufgrund des Zusammentreffens der Konflikte beider Partner sehr komplex, wobei deren Verschachtelung oft zu sadomasochistischem Agieren in der Sitzung führt; dazu kommt dann noch die Schwierigkeit simultaner Übertragungen beider Mitglieder des Paares auf den Therapeuten, der nicht mehr weiß, wo und was er vorzugsweise deuten soll.
2. Die Mutter ist in der Mehrzahl der Fälle Initiatorin der Konsultation. Unserem Verständnis nach sollte sie deshalb entscheiden, wer zur Sitzung kommt. Wenn sie mit ihrem Ehemann kommt (oder ihrer Mutter oder noch einem anderen Familienmitglied), so deshalb, weil sie meint, die Therapie solle sich von vornherein an das Paar richten (ihren Ehemann oder andere Mitglieder der Familie) und weil sie zu diesem Setting bereit ist und das Problem des Kindes innerhalb der Paardynamik betrachtet sehen möchte. Mit dieser Eingangsentscheidung zeigt die Mutter die therapeutische Dynamik an, auf die sie sich in Anbetracht ihrer Abwehrmechanismen und ihres Funktionsmodus einzulassen bereit ist.
3. Kommt die Mutter allein, zeigt sie auch an, dass sie vom Vater sprechen will (und den Konflikten und Fantasien, mit denen sie ihn besetzt), ihn aber nicht unbedingt an der Therapie teilnehmen lassen möchte.

Sie hat das Recht auf den Bereich von Vertraulichkeit, den sie damit definiert hat, und die Erfahrung zeigt uns, dass die Gegenwart eines Dritten den Fortgang ihrer Assoziationen ablenken kann.
4. In der Mehrzahl der Fälle wird die Mutter den Vater und dessen Beitrag zu den Problemen des Kindes schließlich spontan erwähnen – so, wie er von ihr wahrgenommen wird. Diese Repräsentanz des Vaters wird dann zum Gegenstand der Therapie. Vermeidet die Mutter, in ihren Assoziationen den Vater zu erwähnen, ist es Aufgabe des Therapeuten, hieraus Folgerungen zu ziehen und das Verschweigen des Vaters auf der Deutungsebene nutzbar zu machen.

Zusammenfassend ist zu sagen, dass wir, den Wünschen der Mutter folgend, die die Konsultationen meistens initiiert, akzeptieren, wer zum Termin kommt. In der Mehrzahl der Fälle ist die Problematik, die dem Kind zugeschrieben wird, viel intimer mit dem spezifischen psychischen Funktionieren der Mutter im Postpartum verbunden: Hauptgegenstand der Therapie ist dann *die Mutter-Kind-Beziehung*. Der Vater nimmt in Abwesenheit teil. Bringt die Mutter kein Bild von ihm in den therapeutischen Prozess ein, wird dieses Fehlen zum Gegenstand der Therapie.

Daraus ergibt sich, dass das häufigste Setting dieser Psychotherapien des frühen Lebensalters eine Situation zu dritt ist: Mutter, Kind und Therapeut. Kommen von vornherein beide Elternteile gemeinsam, findet die Therapie natürlich auch mit beiden gemeinsam statt.

VII Der Herd

Als zentralem Anliegen begegnet man bei allen Kurztherapien dem Problem der Definition und Deutung eines Konfliktherds. Damit eine Therapie kurz sein kann, müssen Patient und Therapeut gemeinsam eine zentrale Konstellation definieren können, die an den Konflikt und die Grundfantasie des Patienten angekoppelt, mit einer historischen Konstellation verbunden ist und in den wichtigen Beziehungen wiederholt »durchgespielt« wurde. Lässt sich kein Herd definieren, ist dies für bestimmte »klassische« Autoren im Bereich der Erwachsenen-Kurztherapie eine grundsätzliche Kontraindikation für eine Kurztherapie (Strupp/Binder 1984). In der Tat ist die schnelle Definition des Herdes dasjenige Charakteristikum der Technik, das für die Kurztherapien am spezifischsten ist. Eine solche Konstellation gibt der Suche nach Einsicht, auf die sich Patient und Therapeut begeben, eine Richtung und nimmt im Lauf der Deutungen, die sich hierauf beziehen, Form an.

VIII Die Modelle

Es ist interessant festzustellen, dass das Vornehmen einer Fokalisierung einer relativ neuen Entwicklung im Bereich der Psychotherapieforschung entspricht (handele es sich nun um konventionelle oder um Kurztherapien): Eine ganze Anzahl angelsächsischer Forscher haben ihre Bemühungen auf Definition, Beobachtung, Objektivierung und Entwicklung dessen konzentriert, was man ein *Modell* nennen könnte, in dem das Wesentliche der Psychopathologie des Patienten zusammengefasst wird. Dieses Modell ist eine Minitheorie, die die wesentlichsten, typischen und wiederkehrenden Merkmale der Psychopathologie des Patienten definiert. Dies erlaubt eine Strukturdefinition, nach der sich auch die Wahl der Therapie richtet.

In den amerikanischen Forschungsprojekten, deren Gegenstand im Allgemeinen die Evaluation von therapiebedingten Veränderungen ist, wird das Herd-Konzept benutzt, um die Modifikationen der Basispathologie zu objektivieren und um bestimmte Aspekte der Technik zu erforschen, insbesondere die innere Kohärenz zwischen den pathologischen Produktionen des Patienten und den Interventionen des Therapeuten (dieser Faktor wird im Englischen *congruence* genannt) (Strupp et al. 1988).

Es ist bemerkenswert, dass fast alle amerikanischen Autoren eine Theorie sowie Instrumente zu diesem »Modell« ausgearbeitet haben, obwohl sie es unterschiedlich benennen: Die berühmteste (und bemerkenswerteste) Nutzung dieses Konzepts ist die von Luborsky und seiner Gruppe an der Universität von Pennsylvania. Er benutzt den Terminus »Core Conflictual Relationship Theme«. Dieses »Modell« setzt sich aus drei Faktoren zusammen: einem Wunsch, einer Antwort des Anderen, einer Antwort des Selbst. Luborsky hat zeigen können, dass man diesen »Herd« oder dieses »Modell«, den Wahrnehmungsgrad des Therapeuten für diesen Herd und die Einsichtsfähigkeit des Patienten in Bezug auf dieses »Modell« objektivieren kann.

Eine bemerkenswerte Studie zur Prognose der Veränderungen, die im Laufe von Psychotherapien zustande kommen, wurde zum großen Teil auf die Evaluationen dieses »Modells« gegründet; sie wurde zur Hauptreferenz für Forschungsprojekte im Bereich der Psychotherapieevaluation (Luborsky et al. 1988).

Parallel dazu haben andere Autoren ebenfalls Theorien zu diesen »Modellen« entwickelt: Sie nennen sie entweder *frames* (also »Rahmen«) wie etwa Dahl, Bucci und Teller oder »dynamischen Herd« (Strupp); andere Autoren berücksichtigen »Theorien« des Patienten[27].

All diese Konzeptualisierungen kreisen um die gleiche Fragestellung: Es geht um die Erfassung einer Grundkonfiguration, die hinreichend komplex ist, um die Vielseitigkeit des Patienten zu respektieren, aber doch auch synthetisierend genug, um den therapeutischen Interventionen eine genaue Orientierung zu geben.

Wichtig ist dabei zu beachten, dass die Überlegungen zur Definition eines solchen Modells nicht allein von der Erforschung der Kurztherapien kommen: Sie sind Ergebnis des Bemühens um eine objektive Evaluation der Grundpathologie eines Patienten im Rahmen von Forschungsprojekten zu Veränderungen in herkömmlicher Psychotherapie.

Es ist ein wachsendes Interesse an der Untersuchung von »Modellen«, nicht des Patienten, sondern eben des Therapeuten, festzustellen. Den Autoren zufolge ist die Beteiligung der Funktionsweise des Therapeuten – das heißt seine Konstruktion einer Minitheorie – bei Definition des Modells selbst mehr oder weniger präsent. Es gibt jedenfalls ein steigendes Interesse am psychischen und kognitiven Funktionieren des Therapeuten (Meyer 1988), das zur gleichgewichtigen Untersuchung der Funktionsmodi von Patient und Therapeut führen könnte.

In dieser Optik wird der Herd oder das Modell eine von Patient und Therapeut geteilte Kreation, deren Untersuchung zusätzliche Informationen zur Pathologie des Patienten und dem, was der Therapeut daraus macht, liefern dürfte. Die modernen Forschungsprojekte zum therapeutischen Prozess zielen auf dieses Zwischenstück, worin sie einer generellen Bewegung der Wissenschaftstheorie folgen: »Die größten Fortschritte der zeitgenössischen Wissenschaften kamen dadurch zustande, dass der Beobachter in die Beobachtung mit einbezogen wurde« (Morin 1977).

Diese Entwicklung war, wenngleich langsamer – wie Gerin (1984) unterstreicht –, in der positiven Berücksichtigung der Gegenübertragung als Erkenntnisinstrument auch innerhalb der Psychoanalyse spürbar. In der Psychotherapieforschung hat sich der Akzent also vom Interesse an den Ergebnissen (»*outcome research*«) zur Beschäftigung mit den Prozessen verlagert (»*process*

---

27 Zu einer Diskussion dieser verschiedenen Konzeptualisierungen siehe Dahl, Kächele und Thomä 1988.

research«). Die zentrale Frage lautet nun nicht mehr »Führt Psychotherapie zu Ergebnissen?«, sondern eher »Wie kommt es zu Veränderungen?«. Die Forschungsprojekte der Ulmer Gruppe gehen in diese Richtung (Kächele 1988).

Nach all dem räumen wir dem Begriff des Herdes besondere Aufmerksamkeit ein, und zwar seinen Bestandteilen aufseiten des Patienten und seiner Modellierung beim deutenden Vorgehen des Therapeuten.

In der therapeutischen Begegnung orientiert sich der Kliniker von Anfang an unausweichlich an bestimmten Phänomenen, die er in einer komplexen Konfiguration zu strukturieren versuchen wird, wobei eine Vielzahl von Zeichen in einem Selektionsprozess synthetisiert werden, dem eine Theorie zugrunde liegt und der zu einem klinisch-theoretischen Minimodell führt.

Die Faktoren, die zum Aufbau eines solchen Modells beitragen, liegen auf drei Ebenen:

➤ in den von der Mutter mitgeteilten klinischen Zeichen, in den Interaktionen zwischen Mutter und Kleinkind und in den Manifestationen des Kindes,
➤ im klinischen Verständnis des Therapeuten,
➤ im Theoriefundament, auf das sich der Therapeut bezieht.

IX Die klinischen Zeichen

Die Beschreibung, die die Mutter zum Hauptsymptom liefert, spielt die Rolle eines Auslösers: Ist dieses Symptom erst einmal ausgesprochen, liefert die Mutter im Allgemeinen ihre eigene explikative Theorie, bei der ihre eigene Konflikthaftigkeit, ihre Geschichte und ihr Modus projektiver Identifizierung auf das Kind ins Spiel kommen. Im Allgemeinen liefert die Mutter mit ihren Assoziationen schon in der ersten Sitzung sehr schnell den roten Faden, dem der Therapeut bei der Ausrichtung *seiner* Modellvorstellung zu Zentralkonflikt und Herd folgen wird.

Diesen Werdegang vom Referenzsymptom zu einer Theorie der Mutter, die Aufschluss über einen Fokalkonflikt gibt, illustriert unser erster Fall Martine-Sandra gut. Martine, die Mutter, eröffnet die Unterredung mit der Beschreibung von Sandras »Symptom«: »Sie entwickelt regelrecht Aggressivität ...«. Es folgt dann eine Liste, anhand derer die Aggressivität des Kindes beschrieben wird, bevor Martine nach sechs Minuten bereits ihre erste Theorie formuliert: »Ich denke, es gibt da so etwas wie einen Machtkampf; es ist tatsächlich so, als wolle sie meine Willensstärke messen«. Der Gebrauch des »als ob« lässt Martines Bemühen um Metaphorisierung erkennen, womit sie eine Vorstellung zum Sinn des Symptoms entwickeln will. Einige Augenblicke später wird diese Theorie noch ausgebaut und mit einer typisch sadomasochistischen Fantasie verknüpft: »Wenn ich anfangen würde, sie zu verhauen ..., würde sie sich sagen: Meine Mutter ist ja der reinste Schinder!«« Dann verbindet sich alles mit dem gleichgelagerten Konflikt zwischen Martine und ihrer Mutter in der Vergangenheit: »Meine Mutter war ziemlich ruppig mit mir; sie griff schnell mal zum Teppichklopfer, um mich zu verhauen ... Ich möchte nicht, dass es mit Sandra so weit kommt«.

Diese Wendung führt schnell zu einer Bearbeitung der sadomasochistischen Konflikte zwischen Martine und ihrer Mutter, wobei sehr lebendige, noch ungelöste Schuldgefühle zur Sprache kommen, die der Projektion von Aggressivität auf Sandra zugrunde liegen.

In diesem Fall war ein Herd leicht zu definieren: Das Referenzsymptom Aggression verwies auf einen auf das Kind projizierten Trieb und wurde zum Motiv eines bevorzugten Objektbeziehungsmodus sowie von Interaktionen, die sich auf eine sadomasochistische Fantasie stützten; die damit verbundene Schuld war das Element, das die Projektion ganz wesentlich determinierte.

In diesem Herd findet man vereint: ein *Symptom* des Kindes, einen *projizierten Trieb*, einen *konflikthaften Modus der Mutter-Kind-Beziehung*, der mit einer *unbewussten Fantasie* und einer *spezifischen Angst* zusammenhängt, wobei dies alles mit einer *entsprechenden Konstellation in der Geschichte der Mutter* verbunden ist. Diese Elemente bilden, wenn sie repetitiv wiederkehren, den Herd.

Der Herd in der Mutter-Kind-Psychotherapie unterscheidet sich von dem in der Erwachsenenpsychotherapie im Wesentlichen in zwei Faktoren: *Erstens* wird diese »Struktur« mit dem Kind geteilt, wobei die Repräsentanz des Kindes integraler Bestandteil der mütterlichen Topik ist (siehe dazu das Kapitel zur gemeinsamen Topik im Postpartum); *zweitens* trifft man in den Mutter-Kind-Therapien auf interagierte Korrelate dieses Herdes in Form der symptomatischen Interaktionssequenz. Fantasiethemen, Konfliktmotive und Abwehrmechanismen bilden sich in den Interaktionen ab. Dieser Anteil von Agieren ist für den Therapeuten von Nutzen, um der Mutter die interaktive Ätiopathogenese des Symptoms aufzeigen und den Herd eingrenzen zu können.

Man kann sich den Herd häufig auch als ein Thema oder ein Szenario vorstellen, das eine *narrative Form* der hier beschriebenen dynamischen Konstellation ist. Auf diese Weise kann eine komplexe Struktur, die aus Symptomen, Trieben, Abwehren, Fantasien und Konflikten besteht, in ein oder zwei Sätzen zusammengefasst werden, die als Leitmotiv dienen, auf das Patientin und Therapeut Bezug nehmen können.

Diese Narration nimmt in jedem Fall eine andere Wendung und wird zur Losung eines konflikthaften Beziehungsmodus. Manchmal zeichnen sich im Lauf der Therapie zwei oder drei Herde ab, was der Deutung Beweglichkeit abverlangt. Man muss allerdings darauf achten, zu vermeiden, dass die Theorie die Phänomene wegwischt und der Therapeut *nur* nach Bestätigungen seiner Modellvorstellung sucht. Freischwebende Aufmerksamkeit und schöpferische Freiheit des Therapeuten sind hier gefragt – und wir müssen uns nun jenen anderen Elementen des Herdes zuwenden, die vom Therapeuten eingebracht werden.

X Klinisches Auffassungsvermögen und Theorie des Therapeuten

Wir behandeln diese beiden Elemente gemeinsam, so sehr durchdringen sie sich.

Zum klinischen Auffassungsvermögen im besonderen Bereich der Mutter-Kind-Beziehungen drängt sich eine Anmerkung auf: Während man in der Erwachsenenpsychotherapie die Beachtung der *verbalen* Assoziationen ganz in den Vordergrund stellt (obwohl man Körperhaltung und Mimik ebenfalls beobachtet), muss man in den Mutter-Kind-Therapien Interaktionen auf der Verhaltensebene und verbale Mitteilungen der Mutter gemeinsam würdigen.

Die Beachtung dessen, was beobachtbar ist, interpunktiert und validiert das, was über die verbalen Äußerungen gehört wird. Auch muss die Klinik des Kleinkinds beherrscht werden: In Abhängigkeit vom Lebensalter des Kleinkinds muss man das Inventar der sozialen, motorischen und kognitiven Kompetenzen des Kleinkinds erstellen können, ganz wie man auch die Zeichen von Depression, Rückzug, Übererregbarkeit etc. erkennen können muss.

Was den Beitrag der Theorie des Klinikers zur Definition des Herds betrifft, muss man dazu stehen, dass die Formulierung des Herds seine Konstruktion determiniert. Diese Konstruktion wird jeweils unterschiedlich sein – je nach dem, ob man sich nun mehr auf Konzepte wie »paranoide Angst« und »Partialobjekt« bezieht oder auf »Trennungsangst«, »Objektverlust« oder gar »Ödipuskomplex«.

Der Herd wird zum großen Teil aus theoriegeleiteter Intentionalität heraus erfasst, woraus folgt, dass verschiedene Kliniker im gleichen »Material« unterschiedliche Herde sehen können. Der Herd ist also eine Mischkonstruktion, in der klinische Phänomene und explikative Modelle des Therapeuten ineinanderfließen. Die Gruppenversuche, in denen mehrere Kliniker verschiedener Ausrichtung die gleiche Videoaufzeichnung dechiffrieren, illustrieren diese tiefe Verbundenheit von Phänomenen und Modellen. Der Leser kann sich vom unterschiedlichen Einfluss der Theorien übrigens auch anhand der klinischen Exposés der beiden Autoren dieses Buches ein Bild machen, in denen bestimmte Akzente mehr bei dem einen als bei dem anderen hervortreten.

Wie jede Theorie ist die Modellvorstellung, die sich der Kliniker vom Herd macht, ein tendenziöser Ausschnitt und bis zu einem gewissen Grade – gemessen an der klinischen Realität – ein Artefakt. Man sollte allerdings vermeiden, dass der Umstand, dass man einer bestimmten Theorie anhängt, andere mögliche Modellvorstellungen über den jeweiligen Herd aus dem Blickfeld geraten lässt. Es muss zugestanden werden, dass der Gebrauch des Herd-Begriffs an sich bereits eine Theorie ist, was das Feld der möglichen Bedeutungen automatisch einschränkt. Es ist nützlich, sich hierzu an Strupps weise Aussage zum Thema Herd zu erinnern: »Ein Herd erklärt nicht alles: Es handelt sich hier um eine Landkarte, aber nicht um das Gebiet selbst« (Strupp/Hadley 1978, Strupp/Binder 1984).

Der Therapeut sollte sich also vor übermäßigem Gebrauch des Herd-Konzepts hüten, der das Feld der mehrdeutigen oder latenten Bedeutungen ausblenden würde, oder auch vor der Präferenz für bestimmte Art und Weisen, den Herd zu formulieren, weil dies das Feld der alternativen Bedeutungen über Gebühr reduzieren würde.

Im Übrigen ist es schon immer ratsam gewesen, nicht zu vergessen, dass der Herd eine heuristische Erfindung ist, die der Therapeut braucht, um die Menge des Materials, der er sich gegenübersieht, schnell strukturieren zu können. Damit ihm dies möglich wird, muss er zu einer aktiven und selektiven Herangehensweise greifen, die im Kontrast zur abwartenden und »offeneren« Haltung des Analytikers steht, der darauf aus ist, spontane Tendenzen nach Strukturierung des Materials evident werden zu lassen. Es handelt sich also um eine besondere Technik, die einerseits eine für die Deutung höchst nützliche Konstellation freilegt, gleichzeitig damit aber andere Verständnisebenen in den Hintergrund rückt. In diesem Sinne ist der Herd ein Artefakt, das zugleich sowohl offenlegt wie verdunkelt. Sicher kann man von jeder psychoanalytischen Deutung das Gleiche sagen, wir meinen aber, dass es wichtig ist, anzuerkennen, dass die schnelle Formulierung eines Herdes eine besondere Technik ist, die in spezifischen psychotherapeutischen Situationen angewandt wird und besondere Wirkungen nach sich zieht. Es handelt sich nicht um ein »Sesam, öffne dich« für jegliche Psychotherapie.

XI Profil der verbalen Aktivität des Therapeuten

Das Niveau verbaler Aktivität ist in der Kurztherapie höher als in der üblichen Therapie. Die Untersuchung des Wortwechsels in Sitzungen von Kurztherapie Erwachsener macht eine viel symmetrischere Verteilung des Sprechvolumens zwischen den Protagonisten sichtbar (Frank 1974). In zwei Fällen von Kurztherapie mit einem erwachsenen Patienten stellte man fest, dass 40 bis 50% der gesprochenen Worte vom Therapeuten stammten (Hill et al. 1983; O'Farell et al. o.J.).

Einer der Gründe für diese hohe Frequenz ist der Wunsch nach intensivem Assoziationsfluss und das Bemühen um die schnelle Definition eines Herdes. Die schnelle Definition des Herdes ist als spezifischster Aspekt der kurzpsychotherapeutischen Technik bekannt.

Ein Zusammenhang zwischen dem Stil des Therapeuten und den Produktionen der Patientin wurde in quantitativen Studien nachgewiesen: O'Dell und Winder (1975) haben auf der Grundlage einer quantitativen Analyse der Rede von Patient und Therapeut verschiedene Formen der Technik voneinander differenziert, und Pepinsky (1979) hat beispielsweise aufgezeigt, dass der Aktivitätsmodus des Therapeuten die Produktionen des Patienten in gleicher Richtung beeinflusst.

Wir sind entschiedene Anhänger des Gedankens, dass zwischen der Technik des Therapeuten und der Natur der Produktionen der Patienten eine Interdependenz besteht. Unsere zweifache Erfahrung als Analytiker und Psychotherapeuten macht uns für diesen Zusammenhang zwischen Technik und klinischer Phänomenologie besonders sensibel.

Um den Einfluss unserer Technik und insbesondere des verbalen Aktivitätsniveaus des Therapeuten besser eingrenzen zu können, untersuchen wir jetzt das quantitative Profil der Redeanteile von Therapeut und Patientin. Diese Aufteilung der Redezeit beruht wohl auf einem der Aspekte des Rahmens und dessen, was man eine Gegenübertragungs-Prädisposition nennen könnte. Wir werden versuchen, anhand dieser Daten charakteristische technische Prinzipien gemeinsamer Kurztherapien herauszuarbeiten.

XII Vergleichende Analyse der verbalen Aktivität von Mutter und Therapeut

Im Folgenden werden wir versuchen, den Sprechanteil der beiden Beteiligten im Lauf einer Sitzung festzuhalten, anschließend dann über verschiedene Sitzungen im Lauf der Therapie hinweg. Unsere Hypothese ist, dass diese vergleichenden Quantifizierungen eine technische Absicht sichtbar machen können, die den Therapeuten nicht unbedingt bewusst ist[28]. Wir möchten zu verifizieren versuchen,
1.) ob die proportionalen Sprechanteile *von einem Fall zum anderen* wechseln oder ob sie im Gegensatz dazu für diese Therapien generell typisch sind. Wir haben demzufolge die drei Therapien von Sandra, Jim und Stefanie vergleichen und dabei untersucht,
2.) ob diese Proportionen *von einem Therapeuten zum anderen* variieren, was wir durch den Vergleich von zwei Therapien des Therapeuten 1 und einer Therapie des Therapeuten 2 überprüft haben, und
3.) ob diese Proportionen *von einer Sitzung zur anderen* variieren oder ganz im Gegenteil relativ konstant sind.

Die Ermittlung der Sprechanteile in mehreren Sitzungen von drei Therapien wurde entlang folgender Achsen durchgeführt:
1.) Vergleich der *Gesamtzahl* der von Therapeut und Mutter gesprochenen Worte und ihrer jeweiligen Sprechzeit im Lauf einer Sitzung,
2.) Vergleich der *Mittelwerte* der Wortanzahl pro Äußerung des Therapeuten und der Mutter und der Mittelwerte der Sprechzeit pro Äußerung des Therapeuten und der Mutter,
3.) Vergleich des *Prozentanteils* der von Therapeut und Mutter innerhalb einer Sitzung gesprochenen Worte, um die Entwicklung dieser Dynamik im Verlauf einer Sitzung untersuchen zu können.

1 Vergleich der Gesamtzahl der von Therapeut und Mutter gesprochenen Worte und der Sprechzeit in einer Sitzung

Es muss deutlich gemacht werden, dass die Dauer der untersuchten Sitzungen

---

[28] Diese quantitative Untersuchung wurde von Frau E. David durchgeführt.

nicht identisch ist, was die Gesamtwortzahl beeinflusst, uns aber die jeweiligen Proportionen stärker als die Gesamtwerte interessieren. In drei Therapien haben wir die Sitzungen 1 und 5 verglichen.

DAUER DER SITZUNGEN	Sandra	Jim	Stephanie
Sitzung 1	60 Min	60 Min.	45 Min.
Sitzung 5	55 Min.	60 Min.	55 Min.

2 Verteilung von Gesamtwortzahl und Sprechzeit von Mutter und Therapeut (drei Therapien)

Grafik 5

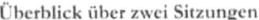

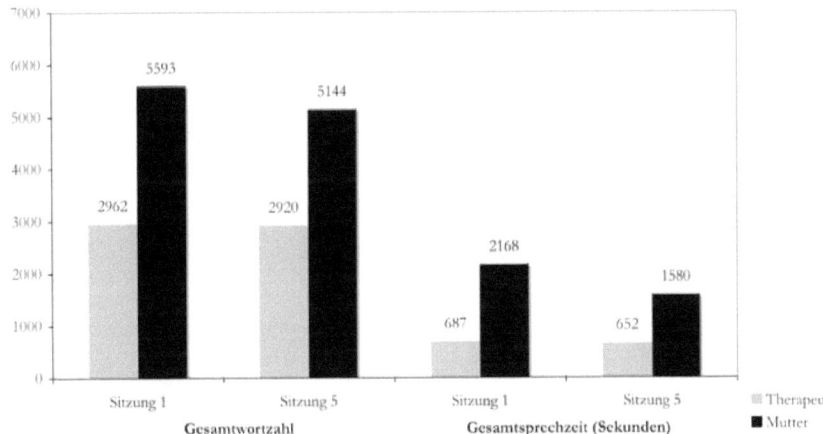

Sandra (Therapeut 1)

296 · Vierter Teil · Theorie und Praxis der Technik

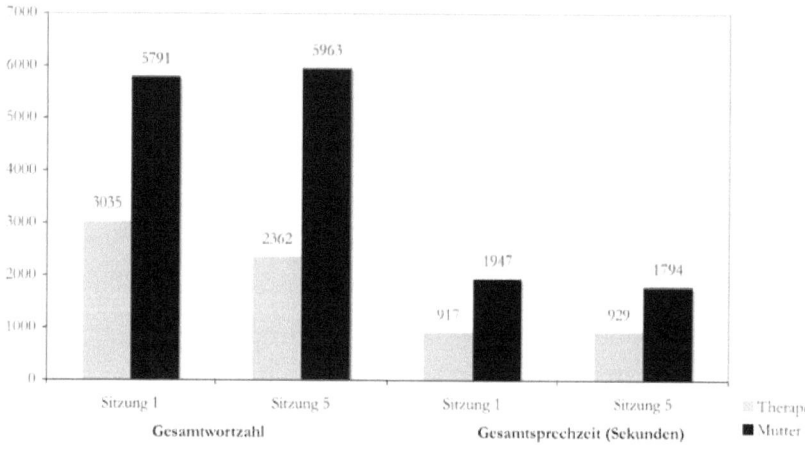

Jim (Therapeut 1)

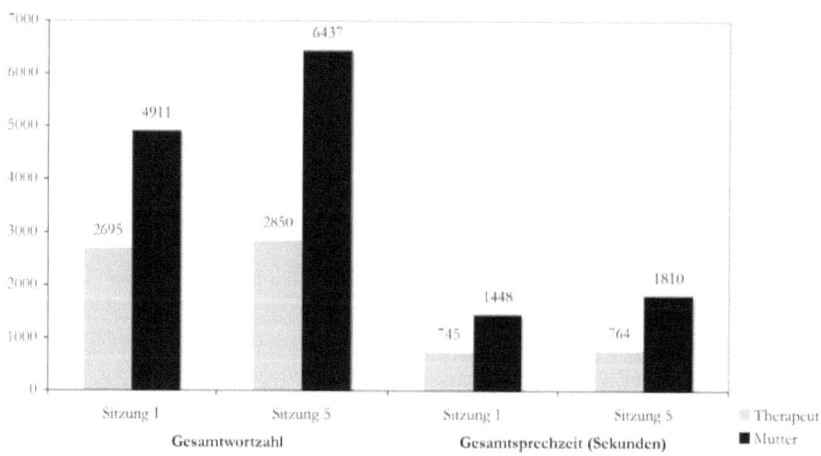

Stephanie (Therapeut 2)

3 Prozentuale Verteilung der Anzahl der von Therapeut und Mutter gesprochenen Worte

Grafik 6

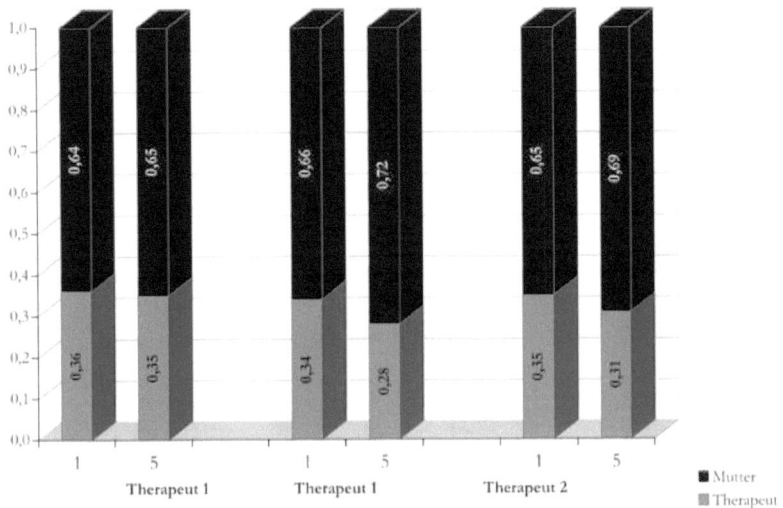

4 Diskussion der Grafiken 5 und 6

Im Allgemeinen spricht der Therapeut entweder etwas weniger oder etwas mehr als die Hälfte der Worte der Mutter.

Hinsichtlich der Sprechzeit besetzt er weniger als die Hälfte der Zeit der Patientin, was anzeigt, dass er schneller spricht als sie.

Betrachtet man die prozentualen Anteile (Grafik 6), stellt man fest, dass der Therapeut zwischen 28 und 36% der Gesamtzahl der zwischen beiden Beteiligten ausgetauschten Worte ausspricht.

Dieses einfache Kalkül offenbart über die verschiedenen Fälle hinweg und von einem Therapeuten zum anderen eine gewisse Konstanz in der Verteilung der Redezeit.

Ähnliche Quantifizierungen wurden an anderen Sitzungen vorgenommen, und wir konnten feststellen, dass diese Proportionen nicht strikt eingehalten werden: Je nach Material, Assoziationsniveau und Gegenübertragung können sich Änderungen an diesen Verteilungen ergeben.

5 Mittlere Wortanzahl pro Äußerung und mittlere Dauer der Interventionen von Mutter und Therapeut (drei Therapien)

Grafik 7

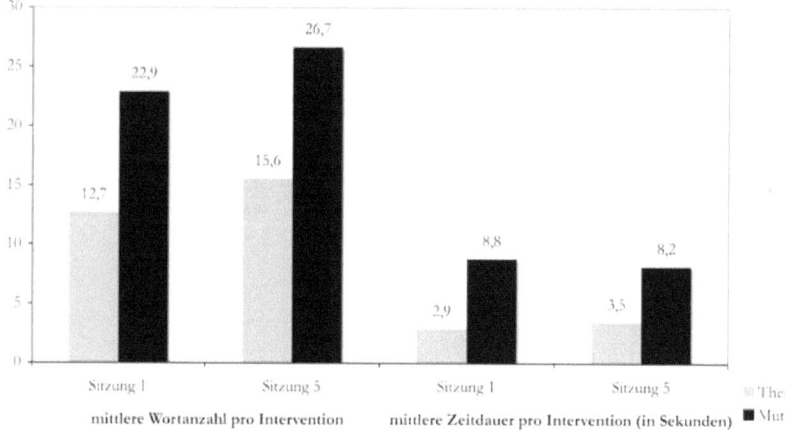

Sandra (Therapeut 1)

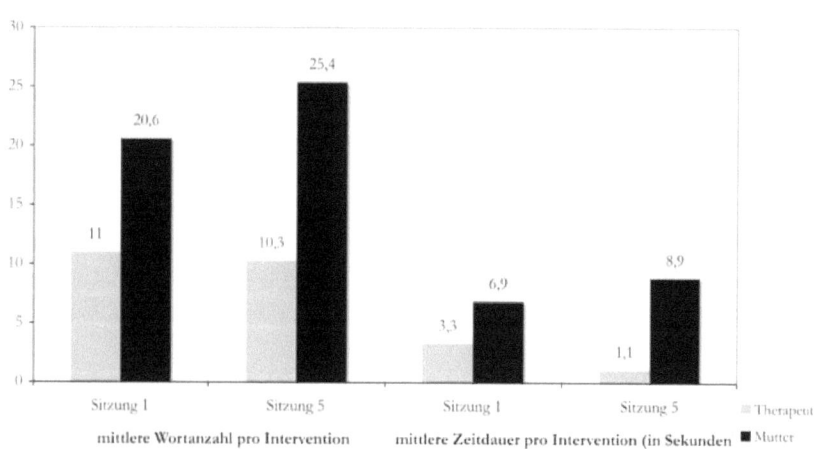

Jim (Therapeut 1)

Kapitel XI · Technische Prinzipien: Befragung der Technik · 299

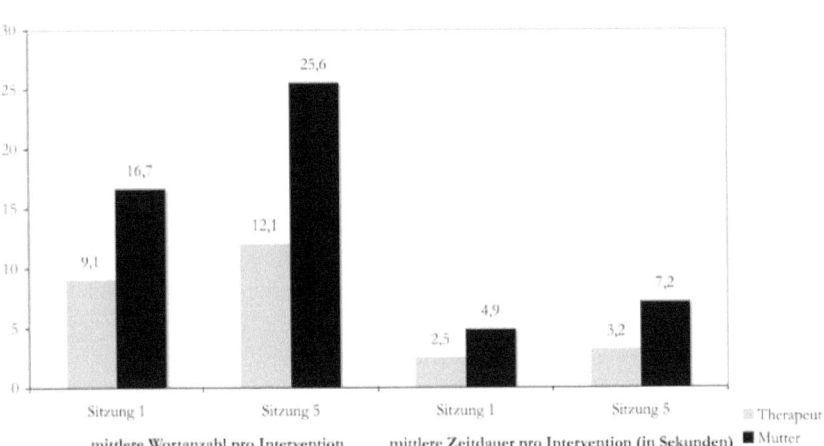

Stephanie (Therapeut 2)

Zur Berechnung der Mittelwerte haben wir die Gesamtzahl der Worte durch die Anzahl der Äußerungen dividiert. Jede Äußerung ist als ein Redebeitrag definiert: Er kann sehr kurz sein (wie bei dem, was wir eine »*relance*« nennen [Anregung, Wiederbelebung], die aus einem einzigen Wort bestehen kann), oder sehr lang (mehrere Sätze ohne Unterbrechung).

Die mittlere Wortanzahl pro Äußerung des Therapeuten variiert zwischen 9,1 (Minimum) und 15,6 (Maximum); die der Mutter variiert zwischen 16,7 (Minimum) und 26,7 (Maximum).

Die mittlere Zeitdauer pro Äußerung variiert zwischen 1,1 Sekunden (Minimum) und 3,5 Sekunden (Maximum) für den Therapeuten und zwischen 4,9 Sekunden (Minimum) und 8,9 Sekunden (Maximum) für die Mutter.

Überraschend an diesen Vergleichen ist, dass die mittlere Zeitdauer der Äußerungen des Therapeuten deutlich kürzer ist als die der Mutter. Der Therapeut benutzt eine konzisere Sprachkonstruktion, während die Mutter einen eher narrativen Stil hat.

Bei der Verteilung dieser Mittelwerte trifft man auf eine größere Konstanz als wir erwartet hatten. Es sieht so aus, als zeichne sich hier ein recht typisches Profil von Redeaufteilung zwischen Sitzungen, Fällen und Therapeuten ab.

6 Vergleichende Entwicklung der Redeaufteilung zwischen erster und fünfter Sitzung in drei Therapien

Im Folgenden werden wir grafisch darzustellen versuchen, wie die verbale Aktivität des Therapeuten und der Mutter im Verlauf einer Sitzung variiert.

Zu diesem Zweck haben wir die Anzahl der Worte gezählt, die von der Mutter und vom Therapeuten im Lauf der Sitzung jeweils innerhalb von Fünf-Minuten-Intervallen geäußert werden.

Die Variationen der verbalen Aktivität sind an den schwarzen und weißen Vierecken in den Grafiken 8 und 8 A abzulesen; die schwarzen zeigen die Zahl der Worte, die vom Therapeuten innerhalb von fünf Minuten ausgesprochen werden, und die weißen die der Mutter im gleichen Zeitraum.

Wir haben diese Verteilung im Lauf der ersten und der fünften Sitzung für drei Therapien ermittelt, von denen zwei vom Therapeuten 1 und eine vom Therapeuten 2 durchgeführt wurden.

Grafik 8 – Erste Sitzung

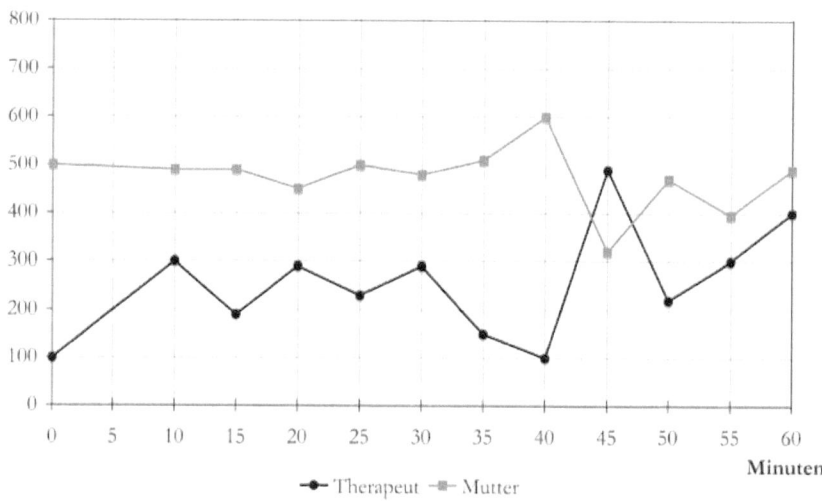

Sandra (Therapeut 1)

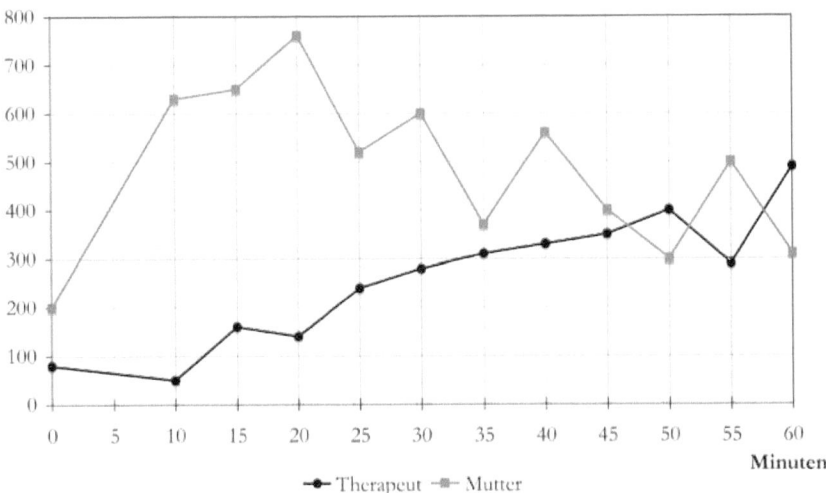

Jim (Therapeut 1)

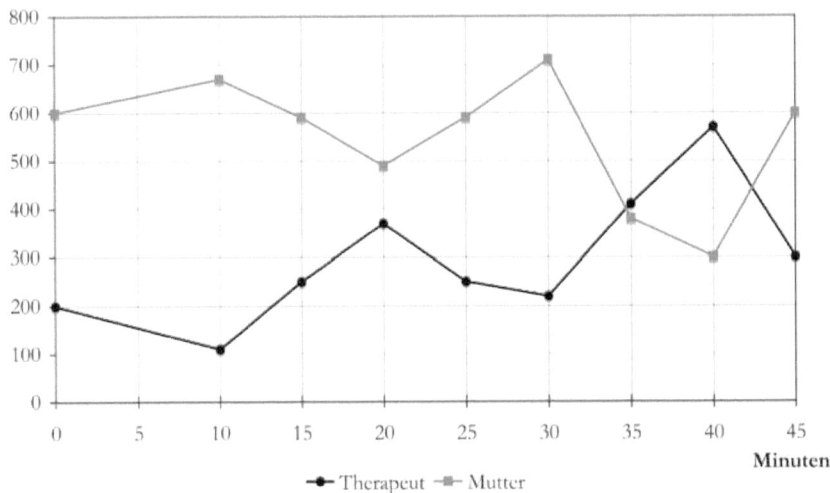

Stephanie (Therapeut 2)

Grafik 8A – Fünfte Sitzung

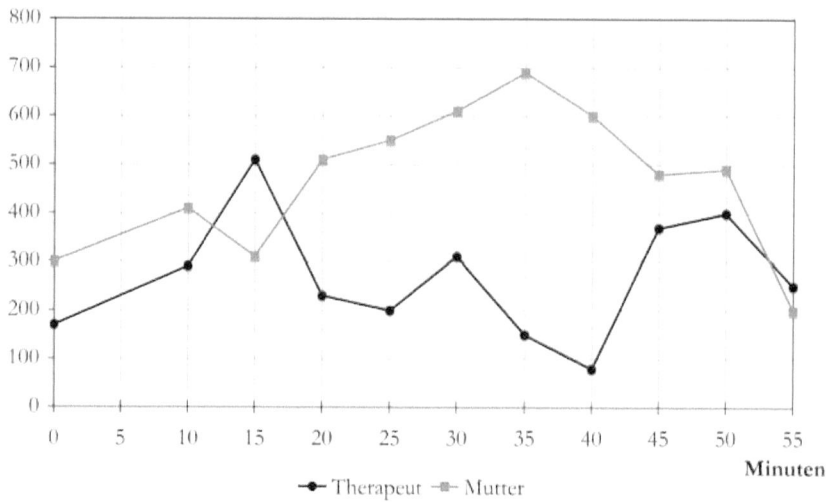

Sandra (Therapeut 1)

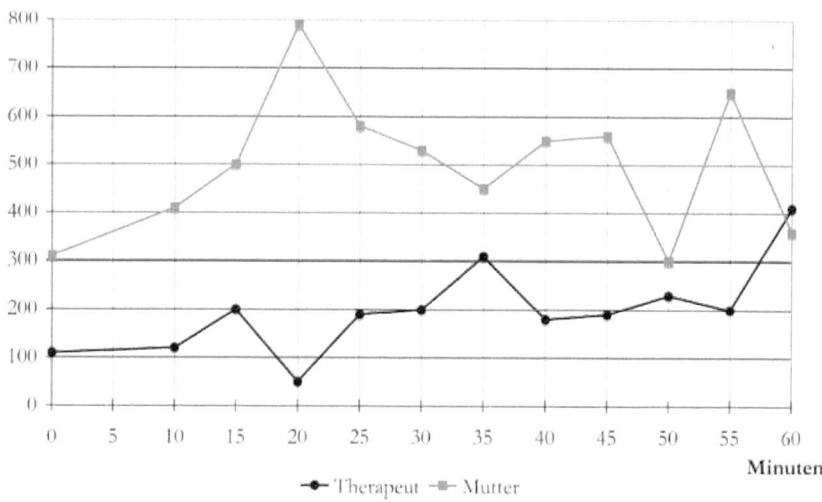

Jim (Therapeut 1)

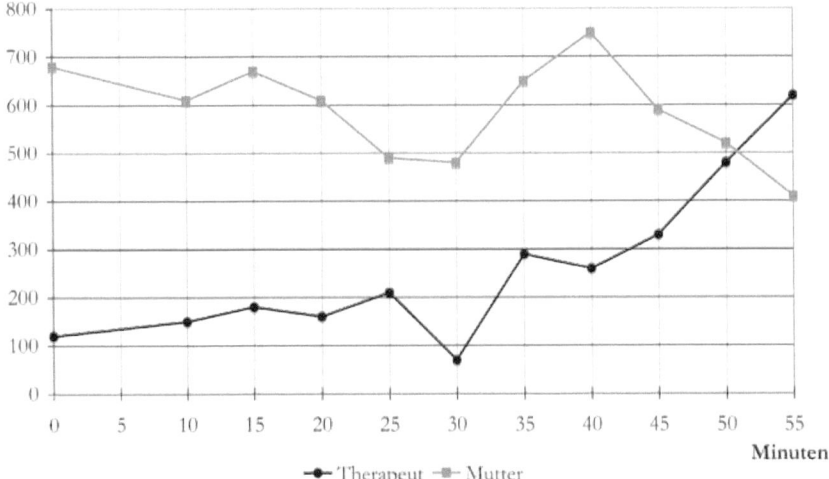

Stephanie (Therapeut 2)

Diese Daten sind äußerst interessant, wenn man ein Profil des therapeutischen *Prozesses* skizzieren will, denn man sieht hieran die Entwicklung der Redeverteilung im Lauf einer Sitzung und anschließend zwischen den zwei in der Therapie zeitlichen auseinanderliegenden Sitzungen 1 und 5. Weisen wir dazu darauf hin, dass die Therapie Martine-Sandra sechs Sitzungen dauerte, Jims Therapie zwölf und Stefanies zehn Sitzungen.

Der Vergleich dieser Aktivitätskurven im Lauf der ersten Sitzung von drei Therapien legt nahe, das wir es hier mit einem charakteristischen Profil zu tun haben: Der Therapeut spricht zu Beginn der Sitzung bis zu ihrer Mitte deutlich weniger als die Patientin (er spricht in allen drei Fällen bis zu sechsmal weniger als die Mutter). In der zweiten Hälfte der Sitzung steigt das Sprechvolumen des Therapeuten so weit an, dass es nach etwa einem Dreiviertel der Sitzungszeit das der Mutter kurzzeitig übersteigt.

Im Verlauf der fünften Sitzung folgen beide Therapien in etwa dem gleichen Profil der Sprechverteilung, während der Therapeut im Fall Martine-Sandra die Mutter um die 15. Minute herum vorübergehend überholt. Wir finden aber in diesen drei Fällen eine wichtige Ähnlichkeit: In den letzten Minuten der Sitzung erhöht der Therapeut sein Sprechvolumen und überholt kurzzeitig das der Mutter.

XIII Diskussion

Zusammenfassend kann festgestellt werden, dass die Aufteilung der Sprechzeit zwischen Therapeut und Mutter zwischen den Fällen, den Sitzungen und den beiden Therapeuten insgesamt eher ähnlicher als verschieden ist. Es gibt in diesen Therapien – zumindest bei diesen beiden Therapeuten – ein recht charakteristisches Profil der Sprechverteilung. Es handelt sich nicht um eine rigide Struktur, denn diese Proportionen können in Abhängigkeit vom Prozessablauf variieren. Es wäre interessant, diese Profile anhand einer größeren Anzahl von Sitzungen und Fällen zu ermitteln und dann die Beziehungen zwischen dem Sprechstil und der besonderen Dynamik eines Falles, einer Sitzung oder einer Therapeut-Patientin-Beziehung zu analysieren. Solche Analysen sind sehr zeitaufwendig, was auch der hier vorgelegten Untersuchung Grenzen gesetzt hat.

Wir waren sehr über unseren Fund verwundert, dass der Therapeut im Allgemeinen etwas mehr als halb soviel Worte wie die Mutter ausspricht. Betrachtet man die Prozentanteile an der Gesamtzahl der gesprochenen Worte, sieht man, dass davon im Durchschnitt etwa 30% auf den Therapeuten entfallen (siehe Grafik 6).

Die Literatur liefert uns zwei Hinweise zu diesem Thema: die bereits diktierte Arbeit von Hill, die aufgezeigt hatte, dass der Therapeut in Kurztherapie mit Erwachsenen zwischen 40 und 50% der Worte ausspricht, und die von Kächele (1991), die anhand einer Kurzpsychotherapie mit einem Erwachsenen im Durchschnitt 50% der gesprochenen Worte für den Therapeuten nachweist.

Diese Daten zeigen das hohe verbale Aktivitätsniveau des Therapeuten in solchen Kurztherapien. Der Umstand, dass es uns nicht bewusst war, dass wir so gesprächig waren, legt die Möglichkeit nahe, dass es auch in anderen Therapieformen ein höheres Niveau verbaler Aktivität gibt als der Therapeut es wahrnimmt. Man sollte nicht vergessen, dass eine gewisse verbale Zurückhaltung zum Ich-Ideal des Psychotherapeuten gehört, der Psychoanalytiker ist.

Diese Aktivität wird durch die Notwendigkeit diktiert, schnell einen Herd einzugrenzen: »Die Herausarbeitung eines Herdes erfordert eine aktivere Beteiligung des Therapeuten als in vielen Langzeittherapien« (Koss/Butcher 1986). Der Therapeut sucht nach Pisten, stellt Fragen, greift etwas wieder auf, bestätigt und konfrontiert. Es geht ihm nicht um die Einleitung einer Regression, die eine Abhängigkeitsübertragung induzieren würde. Er unterstützt ein hohes Assoziationsniveau bei der Mutter, indem er das Arbeitsbündnis fördert.

Die durchschnittliche Wortanzahl pro Äußerung zeigt, dass der Therapeut konziser spricht als die Mutter. Er »erzählt« weniger, als dass er unterstreicht, quittiert und das Assoziationsvermögen stimuliert, damit er zur Formulierung von Deutungen kommen kann. Dieser Unterschied im Stil ist an den Mittelwerten der Sprechzeit noch deutlicher erkennbar: Im Vergleich mit den Äußerungen der Mutter sind die des Therapeuten im Allgemeinen mehr als um die Hälfte kürzer.

Die Entwicklung der Sprechverteilung über den Sitzungsverlauf hinweg sagt sehr viel über den Prozess aus: Zu Beginn der Sitzung »bekennt der Therapeut Farbe«, indem er eher schweigsam ist und die Mutter zu einem Stil ermuntert, der der freien Assoziation nahekommt. Die Mutter nimmt dies an, denn im ersten Drittel der Sitzung spricht sie im Allgemeinen viel mehr als der Therapeut. Nach zwei Dritteln der Sitzungszeit kommt es generell zu einer Wende, denn die verbalen Äußerungen des Therapeuten nähern sich hier vom Umfang her denen der Mutter an. Man hat den Eindruck, dass der Therapeut das Wesen des Konfliktherds der Sitzung erfasst hat und ihn nun abarbeitet, indem er Probedeutungen anbietet und sie verfeinert, um dann nach Dreivierteln der Sitzung schließlich mehr zu sprechen als die Mutter. Zu diesem Zeitpunkt geht er von kurzen Äußerungen (in denen er etwas aufgreift oder hinterfragt) zu zusammenfassenden Interventionen oder längeren Deutungen über.

Diese Zunahme der Sprechmenge des Therapeuten im letzten Drittel der Sitzung wurde auch von anderen gefunden: Rusk und Gerner (1972) haben berichtet, dass der Therapeut in erfolgreichen Therapien im letzten Drittel der Sitzung mehr sprach als in erfolglosen Therapien.

Man hat den Eindruck, dass sich der Therapeut eine lange Latenzzeit zubilligt, während der er sich um das Auffinden unbewusster Konflikte bemüht, damit er dann einen Herd eingrenzen und im letzten Drittel oder Viertel der Sitzung deuten kann.

In der fünften Sitzung der drei untersuchten Fälle stellt man überrascht fest, dass der Therapeut in den allerletzten Minuten etwas mehr als die Mutter spricht. Es ist, als ob der Therapeut vermeiden wolle, die Mutter mit »leeren Händen« gehen zu lassen, vielleicht in der Hoffnung, der Frustration wegen des Verlustes des Therapeuten auszuweichen und das Aufkommen von Übertragungsansprüchen zu vermeiden, die zu Widerständen werden könnten.

In diesem Bereich unterscheidet sich die Technik der gemeinsamen Kurztherapien von den Kurztherapien mit einem einzelnen Erwachsenen, in der es im Allgemeinen als sinnvoll gilt, das Problem der Trennung, dass durch die angekündigte Kürze der Therapie induziert wird, ganz spezifisch abzuhandeln. Sie unterscheidet sich natürlich auch von der klassischen Technik, die darauf zielt, die Ausbildung einer regressiven Übertragung zu fördern.

Darüber hinaus liefert der Therapeut der Mutter ein abschließendes Bild, das den Herd der Sitzung aufgreift, als wolle er sich der Fortsetzung ihrer psychischen Arbeit von einer Sitzung zur anderen versichern.

XIV   Schlussfolgerung

Mit dieser quantitativen Analyse haben wir eine Radiografie der verbalen Interaktion zwischen Therapeut und Mutter geliefert. Dieses Profil entspricht weder unseren Erwartungen noch der Modellvorstellung vom Therapeuten, die durch Abwarten und Überwiegen von Schweigen charakterisiert ist.

Die Untersuchung des Profils der Sprechaufteilung im Lauf der Sitzung ermöglicht uns, die Kritikpunkte zu erörtern, die den Kurztherapien aus dem Blickwinkel der psychoanalytischen Technik entgegengehalten werden. Brusset weist darauf hin, dass »die fokalen und zeitlich begrenzten Psychotherapien die Regel der freischwebenden Aufmerksamkeit und damit einhergehend auch die der offenen Zielsetzung verletzen« (1991, S. 575). Dieser Generalkritik können wir uns anschließen, man muss sie aber nuancieren. Wie festgestellt reagiert der Therapeut im ersten Teil der Sitzung nur wenig auf die Aussagen der Mutter. In diesem Abschnitt, so scheint uns, kommt man einer freien Assoziationstätigkeit der Mutter und einer freischwebenden Aufmerksamkeit aufseiten des Therapeuten recht nahe. Im zweiten Teil der Sitzung scheint der Therapeut eine unbewusste Konstellation erfasst zu haben und versucht mit zunehmender Aktivität, sie einzugrenzen, um zur Formulierung von einer oder zwei Deutungen zu gelangen. In eben diesem zweiten Teil fokalisiert sich die Aufmerksamkeit, und ein Deutungsvorhaben zeichnet sich ab.

Wir glauben nicht, dass wir es hier *von vornherein* mit einer Umgehung der freien Assoziationen und der freischwebenden Aufmerksamkeit zu tun haben. Der Therapeut ist für die Assoziationsverläufe der Mutter empfänglich, die er anschließend in eine Konfiguration zusammenfasst. Nicht haltbar ist also die Behauptung, es gebe hierbei den Vorsatz, dem Beobachteten lediglich eine vorgefertigte Deutung im Stil suggestiver Manipulation oder pädagogischer Anleitung aufdrücken zu wollen.

In der Frage der offenen Zielsetzung entfernen sich diese Therapien am meisten vom puren psychoanalytischen Modell: Der Therapeut konzentriert sich auf die Konflikte zwischen Mutter und Kind, auf die Einwirkung der Kindheitsneurose der Mutter und auf die Dynamik der projektiven Identifizierungen. Anhand der Inhaltsanalyse der Interventionen des Therapeuten wird dies sichtbar. Die Fokalisierung bringt deshalb eine thematische Eingrenzung mit sich, aber wir glauben gezeigt zu haben, dass dies zugleich Resonanzeffekte erzeugt, die Veränderungen auch auf anderen intrapsychischen Ebenen nach sich ziehen, die durch die Fokaldeutungen nicht direkt angezielt worden waren.

Wir denken, dass diese quantitativen Analysen – besonders dann, wenn sie mit hermeneutischen und linguistischen Analysen verbunden würden – uns sehr viel über die Prozesse in der Psychotherapie lehren könnten[29]; sie könnten die Existenz von Interaktions- und Bedeutungsstrukturen aufdecken, die sich hinter dem Rücken des Therapeuten herausbilden. Derartige Analysen könnten für die Selbstwahrnehmung eine Rolle vergleichbar der der Supervision spielen. Eine Semantik der Interaktion könnte einen Evidenznachweis für den Prozess vorbewusster und unbewusster »Inszenierung« in den Äußerungen von Therapeut und Patientin ermöglichen, wie die Ulmer Schule es praktiziert (Dahl et al. 1988)[30]. Man muss aber einsehen, dass derartige Untersuchungen eine Infrastruktur spezialisierter Forschung benötigen und einen beträchtlichen Zeitaufwand erfordern, über die der Kliniker in der Privatpraxis nicht verfügt. Solche Forschungen zur semantischen Struktur sind Gegenstand eines Projekts in unserem Zentrum, das Informationen über die Faktoren von Veränderungen im psychotherapeutischen Prozess liefern soll.

Selbst wenn die psychotherapeutische Technik eine Kunst bleibt, die durch die Intersubjektivität der Begegnung mitbedingt wird, zeigt die hier vorgelegte bescheidene quantitative Studie, dass ziemlich konstante Strukturen der Sprechaufteilung nachweisbar sind, die eine Kohärenz in der technischen Zielsetzung aufzeigen, die für unsere gemeinsamen Therapien charakteristisch ist.

XV Der Inhalt der Interventionen des Therapeuten

1 Ziele der Therapie

Die Ziele des Therapeuten sind nicht die gleichen wie in einer üblichen deutenden Psychotherapie oder gar einer Psychoanalyse.

---

29 Die Forschung im Bereich psychotherapeutischer Prozesse, die bis vor Kurzem noch vernachlässigt worden waren, ist im Aufwind. Die Internationale Psychoanalytische Vereinigung hat 1991 ein jährliches Symposion »Forschung und Psychoanalyse« ins Leben gerufen, in dessen Rahmen derartige Analysen vorgestellt wurden.
30 Dieses Buch kann allen, die das Forschungsfeld zu den Prozessen in Psychotherapie und Psychoanalyse vertiefen möchten, als Referenz dienen.

Es kann nicht um den Anspruch gehen, die Gesamtpersönlichkeit bewusst werden zu lassen und auch nicht darum, die tiefsten Konflikte der Patientin angehen zu wollen. Die Untersuchung unserer Fälle von Mutter-Kind-Therapien zeigt deutlich, dass ein fokalisierendes Vorgehen für diese therapeutische Arbeit typisch und deren Ziele begrenzt sind. Die Definition des Herdes konzentriert sich immer auf die Konfliktqualität der Eltern, die anhand eines bestimmten Kindes zu Tage treten und durch einen spezifischen Aspekt der Geschichte der Mutter gefördert werden. Diese Zentrierung auf den Mutter-Kind-Konflikt verweist sowohl auf die Spezifität dieser Therapien wie auf ihre Begrenzungen. Man kann wirklich sagen, dass es sich um Therapien der Mutter-Kind-Beziehung handelt. Die quantitative Untersuchung der ersten Sitzung im Fall Martine-Sandra zeigt, dass sich 42% der Interventionen auf die Mutter-Kind-Beziehung und -Interaktion beziehen, wie sie innerhalb und außerhalb der Sitzung erkennbar wird. Diese Proportionen variieren wahrscheinlich von einer Sitzung zur anderen, wir sind aber überzeugt, dass die Fokalisierung eine der Hauptdeterminanten für die Form ist, diese Therapien annehmen, insbesondere für ihre Kürze.

Die Hauptrichtung der Deutungen des Therapeuten wird durch den Herd bestimmt. Mit seinen Interventionen in Richtung Nachfrage und Informationserhebung versucht er, den Herd einzugrenzen, um an das zu gelangen, was der harte Kern der Therapie ist: die Deutung des gegenwärtigen Konflikts mit dem Kind in Begriffen äquivalenter unbewusster früherer Konflikte der Mutter. Diese Verbindung zwischen Gegenwart und Vergangenheit ist der tragende Pfeiler des therapeutischen Prozesses: In der ersten Sitzung der Therapie Martine-Sandra richten sich 41% der Interventionen auf diese Verbindung zur Vergangenheit, womit gut belegt wird, dass wir Anhänger der Theorie der Wiederkehr der Kindheitsneurose der Mutter in der gegenwärtigen Beziehung zum Kind sind.

Obwohl ein Gutteil der Interventionen der Kategorie der sogenannten Stützung der Assoziationskraft der Mutter zuzurechnen ist (Wiederaufnahme, Fragen, Akzentsetzungen, empathische Spiegelungen, Empfangsbestätigung), nimmt die im engeren Sinne deutende Arbeit einen wichtigen Platz ein. Es ist schwer, die Proportionen zwischen diesen Anteilen mit denen zu vergleichen, die mit einem erwachsenen Einzelpatienten im Rahmen einer üblichen Psychotherapie praktiziert werden würden. Darüber hinaus scheinen die individuellen Stile sehr unterschiedlich zu sein (von einem Therapeuten zum anderen, von einer »Schule« zu anderen, von einer Pathologie zu anderen etc.). Sicher ist dagegen, dass der Therapeut von der ersten Sitzung an und im gesamten Verlauf der Therapie regelmäßig wiederkehrend Deutungen von unbewusstem Material vornimmt.

Diese Form der Therapie hat eine deutende Zielrichtung, aber im Rahmen wiederum einer Fokalisierung: Die Deutungen rühren weder direkt an die Übertragung noch an die Widerstände. Eine solche Fokalisierung ist Hauptursache und zugleich Garant dafür, dass sich keine übliche Psychotherapie entwickelt, die zeitlich offen ist. Die Übertragungsneurose, die der Therapeut auflösen will, ist diejenige, die die Beziehung zwischen Mutter und Kind prägt und nicht die zwischen Mutter und Therapeut.

2 Schlussfolgerungen zur Technik des Therapeuten

Diese Technik ist zwar von Modellen inspiriert, wie sie in der üblichen analytischen Psychotherapie praktiziert werden, unterscheidet sich von ihnen aber in bestimmten Parametern.

Aktivität

Der Therapeut ist verbal viel aktiver; auch auf der Ebene der visuellen Beobachtung der Austauschprozesse zwischen Mutter und Kind ist er aktiver, ebenso in seinem Erkenntnisinteresse: Er fragt und forscht, um schnell zur Schaffung von Minimodellen zu gelangen, die zu Deutungsherden führen.

Selektivität

Er geht selektiver vor, indem er seine Deutungen auf den Bereich der Mutter-Kind-Konflikte und ihrer Äquivalente in der Geschichte der Mutter eingrenzt. Er bezieht sich vor allem auf den Beziehungsaspekt der Konflikte. Er geht nicht auf die Übertragung der Mutter auf den Therapeuten ein, sondern deutet die Übertragung der Mutter auf das Kind. Das therapeutische Unternehmen ist von einer Zielsetzung geprägt, die sich vor allem auf der Ebene des Deutungsziels ausdrückt, das eben auf den Herd des Mutter-Kind-Konflikts begrenzt ist.

Obwohl sich die Technik in diesen Merkmalen von der der üblichen Psychotherapien unterscheidet, scheint es uns unerlässlich, dass der Therapeut über eine solide klassische psychotherapeutische Ausbildung verfügt.

Aus mehreren Gründen ist dies für ihn notwendig:

1.) Zum Erwerb der Grundkenntnisse zu ubiquitären Konflikten, Fantasien und mentalen Mechanismen, was die schnelle Entdeckung ihrer vorbewussten Abkömmlinge erleichtert: Eine der wichtigsten Fähigkeiten für

die Praxis dieser Therapien ist das schnelle Erkennen roter Fäden oder essenzieller Themen.
2.) Zum Schutz vor den Gefahren, die diesen »dynamisierenden« Therapien innewohnen: wilde Deutung, Suggestion-Verführung, Therapieeifer.
3.) Das Hauptziel des Therapeuten ist, unbewusste Vorstellungen, die die Mutter von sich selbst und vom Kind hat, zu transformieren. Es handelt sich um von ihrem Wesen her deutende Therapien, und allein die praktische eigene Erfahrung mit psychoanalytischer Deutung liefert dem Therapeuten jene Abstützung durch Konzepte, Technik und Gegenübertragung, die erforderlich ist, um die Zielrichtung seiner Deutungen in diesen Therapien formulieren und vermitteln zu können.

XVI Das Problem der Übertragung in den gemeinsamen Therapien

Wir sind uns vollkommen bewusst, dass die Technik der gemeinsamen Kurztherapien, weil sie die Deutung der Übertragung ausschaltet, als eine Methode betrachtet werden kann, die sich von vornherein aus dem Bereich der psychoanalytisch orientierten Psychotherapien verabschiedet. In der Psychoanalyse kann die Analyse der Übertragung als ein *sine qua non* betrachtet werden, aber bei den psychoanalytisch orientierten Psychotherapien ist es schwieriger, sie als den tragenden Pfeiler zu betrachten, auf den sich mutative Deutungen stützen müssten. In der *Face-to-Face*-Situation sind das drängende Ersuchen des Patienten nach einer Milderung der Symptome und der niedrigere Sitzungsrhythmus Faktoren, die die Menge der Übertragungsfantasien reduzieren und sie vor allem auf die Themen Trennung, Ansprüche, libidinöse und narzisstische Bestätigungen eingrenzen. In den analytisch orientierten Kurztherapien mit Erwachsenen fokalisieren sich die Übertragungsdeutungen vor allem auf die Problematik der durch die Methode auferlegten Trennung, die den Prozess dynamisieren soll (wie es die klassischen Autoren der Kurztherapie mit Erwachsenen behaupten: Malan, Sifneos, Gilliéron und andere).

Man könnte also eine Klassifizierung der analytisch orientierten Psychotherapien auch danach vornehmen, in welchem Umfang sie auf Übertragungsdeutung setzen, die von einer Situation zur anderen sehr unterschiedlich sein kann. In den gemeinsamen Therapien wird das Problem der Übertragung in einer besonderen Weise gehandhabt, die durch die Phänomenologie der frühen Mutter-Kind-Beziehungen determiniert ist.

1 Übertragungsspaltung

Wenn Mütter zur Konsultation kommen, sind sie davon überzeugt, dass das Kind der Patient ist. Darin unterscheidet sich ihre Vorübertragung deutlich von der, die bei einer Konsultation vorherrscht, in der sich die Mutter *selbst* als Patient designiert. Konsultiert die Mutter für sich selbst, besetzt sie den Therapeuten von vornherein mit einer Reihe von Übertragungsfantasien, die an ihre gesamte unbewusste Konfliktualität rühren. Der Therapeut ist in diesem Fall zunächst als ein Versprechen triebhafter und narzisstischer Gratifikationen besetzt, im weiteren Verlauf dann in ambivalenter Form, sobald nach Behandlungsbeginn Frustrationen und Enttäuschungen ins Spiel kommen.

Konsultiert die Mutter dagegen wegen ihres Kindes, hat man es mit zwei Übertragungslinien oder mit einer Spaltung der Übertragungsdynamik zu tun. Der Therapeut wird vor allem in idealisierender Weise besetzt (Palacio-Espasa 1984): Er wird als ein Experte betrachtet, der den Fall des Kindes aufklären wird. Im Verlauf der Therapie wird er dann im Allgemeinen als Stütze der gestörten Mutterfunktion und als Beistand erlebt (für die Mutter wie eine Elternfigur). In der Mehrzahl der Fälle dominiert diese Form positiver Übertragung; da keine Übertragungswiderstände aufkommen, folgt man dem üblichen Prinzip, die positive Übertragung nicht zu deuten. Darüber hinaus stützt sich der Therapeut auf diese positive Übertragung, die ein starkes Motiv für die Mitwirkung der Patienten bei der therapeutischen Arbeit ist (Freud 1937).

Treten dagegen Widerstände auf, weiß man, dass man sich Übertragungsdeutungen nicht länger ersparen kann, und man orientiert sich in einem zweiten Zeitabschnitt auf eine Einzeltherapie der Mutter hin. Eine solche Situation ist im Fall von Olaf und seiner Mutter im Kapitel X beschrieben.

Parallel zur »stummen« positiven Übertragung auf den Therapeuten beobachtet man die inflationäre Zunahme einer sehr konflikthaften und ambivalenten Übertragung auf das Kind. Die Mutter überträgt konflikthafte Konstellationen mit ihren inneren Objekten auf ihr Kind – mit all den Charakteristika von Wiederholung, Projektion, Verschiebung und Verzerrung, die an die typischen Elemente der »psychoanalytischen« Übertragung erinnern: Das Kind wird – wie der Therapeut – als rätselhaft und als Versprechen triebhafter und narzisstischer Gratifikationen erlebt. Die Enttäuschung, die das reale Kind durch den Abstand zu seinem imaginären Pendant bereitet, zeigt starke Ähnlichkeiten mit der Desillusionierung in der Übertragung bei analytischer Psychotherapie wegen fehlender Belohnungen, auferlegter Trennungen und der frustrierenden Natur des Rahmens.

Wir sehen aber auch, dass diese Analogien nicht zu weit getrieben werden sollten: Die Beiträge der Technik des Therapeuten und des Rahmens zu Ausbildung und Aufrechterhaltung der Übertragung haben in der Beziehung einer Mutter zu ihrem Kind keine Äquivalente.

Herausarbeiten möchten wir hier die unterschiedliche Verteilung der Elemente, die von der Mutter einerseits auf den Therapeuten und andererseits auf das Kind übertragen werden. Letzteres wird von der Konflikthaftigkeit der Mutter samt den sich daraus ergebenden Wiederholungen, Verzerrungen und symptomatischen Agierhandlungen erfasst, während der Therapeut von dieser leidenschaftlichen Übertragung verschont bleibt.

Freud hatte die Existenz spontaner Übertragungen in allen menschlichen Beziehungen anerkannt (Freud 1910), und das Kind eignet sich besonders gut für eine solche Übertragungskreativität.

Das Kleinkind bietet sich als ein Projektionsschirm an, auf dem sich die Kindheitsneurose der Mutter reaktiviert. Freud hatte seine Theorie von der Notwendigkeit der Reaktivierung der Übertragung und ihrer Deutung zur Lösung der kindlichen Konflikte in den Aphorismus gefasst: »[...] denn schließlich kann man niemand *in absentia* oder in *effigie* erschlagen« (1912, GW VIII, S. 374). Unserer Auffassung nach kann das Kleinkind die Rolle einer Verkörperung der infantilen Objekte der Mutter spielen, wie es der Therapeut innerhalb der Übertragung in der Psychoanalyse tut. Auf dem Weg über Deutungen der mütterlichen Projektionen auf das Kind lässt sich diese konflikthafte Übertragung auf das Kind auflösen.

Wir meinen also, dass sich der Therapeut in einer Mehrzahl der Störungen der frühen Mutter-Kind-Beziehung das Ziel setzen kann, die »Übertragung« der Mutter auf das Kind zu behandeln, wobei sich diese Auflösung auf die gleichzeitig bestehende – im Wesentlichen positive und nicht gedeutete – Übertragung auf den Therapeuten stützt. Wenn wir es mit einer solchen Aufteilung der Übertragungen zu tun haben und die elterliche Konfliktualität nur einen Sektor betrifft (wie wir im Kapitel »Psychische Abläufe im Postpartum« beschrieben haben), können diese Therapien kurz sein und die Deutung der mütterlichen Übertragung auf den Therapeuten außer Acht gelassen werden.

XVII Beendigung

Wenn der Therapeut die Indikation zu einer gemeinsamen Kurztherapie gestellt hat, kündigt er bereits in der ersten Sitzung an, dass er Mutter und Kind zu ungefähr sechs Sitzungen sehen wird (diese Zahl wurde auf der Grundlage des Mittelwerts der Sitzungszahl in unserer Untersuchung von 75 Fällen so festgelegt). Die Mutter ist damit über die zeitliche Begrenzung informiert, die sie übrigens nicht verwundert, weil sie ja wegen der Probleme des Kindes konsultiert und nicht zu einer persönlichen Psychotherapie motiviert ist.

Sobald der Hauptkonfliktherd gedeutet und herausgearbeitet ist, beobachtet man bereits eine Reduzierung der Projektionen und eine Beruhigung der Angst der Mutter. Dies führt zu einer Veränderung der Vorstellungen, die die Mutter vom Kind hat, und im günstigen Fall auch ihrer Vorstellungen von sich selbst als Mutter. Die Natur der Interaktionen verändert sich oft in sehr sichtbarer Weise, und das Hauptsymptom verschwindet oder geht zurück.

Kommt es zu einer Beruhigung der inflationären Übertragungen auf das Kind, kündigt sich das Ende an. Die Mutter berichtet, dass sich die Situation verändert hat, dass sie das Kind mit anderen Augen sieht und wegen des Symptoms nicht mehr beunruhigt ist. Der Fluss ihrer Assoziationen versiegt tendenziell, und wenn der Therapeut keinen neuen Herd und auch keine neuen Übertragungsmanifestationen aufflammen sieht, kann er die Beendigung einleiten. Letztere wird ein oder zwei Sitzungen im Voraus angekündigt, um das eventuelle Aufkommen einer Trauerproblematik im Hinblick auf die therapeutische Beziehung zu ermöglichen. Sollte sich die konflikthafte Übertragung dann vom Kind auf den Therapeuten verlagern, muss der Mutter vorgeschlagen werden, eine Einzeltherapie in Angriff zu nehmen.

Kapitel XII
Die Begrenztheiten der gemeinsamen Therapien

Die Begrenztheiten, die den Psychotherapien inhärent sind, werden selten diskutiert. Wird das Thema aber angesprochen, dann erfolgt dies viel stärker unter dem Gesichtspunkt der Einschränkungen auf der Ebene der *Indikationen* als auf der der Begrenztheit der therapeutischen *Wirkungen.* Diese beiden Aspekte der Begrenztheit von Psychotherapien sind in der Tat schwer abzuhandeln. Hinsichtlich der Indikationen für die gemeinsamen Therapien ist uns klar geworden, dass – von offensichtlichen Kontraindikationen (aufgrund schwerer Pathologien bei Mutter oder Kind) abgesehen – das Feld der Fälle für positive Indikationsstellungen ausgedehnter und schwieriger zu formalisieren ist als wir erwartet hatten. Eine systematische Studie zum Zusammenhang zwischen Indikationsstellungen und Ergebnissen bescherte uns in der Tat etliche Überraschungen (Robert-Tissot et al. 1991).

Wir haben nämlich festgestellt, dass die Fälle, die angesichts der Psychopathologie der Mutter nach den klassischen Kriterien als ungünstige Indikationen betrachtet worden waren, eine viel größere Fähigkeit zur Veränderung zeigten als wir gedacht hatten. Es ist also möglich, gemeinsame Kurztherapien in Fällen anzubieten, die dem Anschein nach wenig günstige Bedingungen für das Gewinnen von Einsicht bieten, sofern man von vornherein eine Begrenztheit der angestrebten Ziele anerkennt. Diese Grenzen sind durch die sektorbezogene Herangehensweise definiert, die sich auf den Mutter-Kind-Konflikt konzentriert und auf den Ehrgeiz verzichtet, die gesamte psychische Struktur verändern zu wollen, wie man sie sich implizit oder explizit in zeitlich unbegrenzten Behandlungen erhofft.

Ausgeschlossen von diesen Therapien haben wir allerdings Eltern mit Psychosen oder schweren Borderline-Störungen; bessere Resultate als erwartet hatten wir mit Müttern, die einen Depressivitäts-Score nach Beck von mehr als 17 hatten, was uns die Annahme nahelegte, dass es sich eher um Depressionen des Postpartums als um tief verankerte depressive Strukturen handelte. Depressive Bilder melancholischer Ausprägung stellen unserer Auffassung nach Kontraindikationen für Kurztherapie dar, ebenso auch tiefe Persönlichkeitsstörungen oder ausgesprochen psychosomatische Bilder.

Liegen aufseiten des Kindes Disharmonien in der Entwicklung, psychotische Züge, ausgeprägte psychosomatische Bilder oder Charakterstörungen vor, muss der Therapeut von vornherein zu stärkeren Verfahren greifen. Sind diese Kontraindikationen einmal gestellt, bleibt noch eine große Randgruppe von Fällen, deren Pathologie in ihrer Intensität nicht unterschätzt werden sollte. Die von uns dargelegten Fälle zeigten kritische Situationen, die die psychische Zukunft des Kindes und der Mutter schwer hätten belasten können.

Die Entscheidung über die Indikationsstellung muss im Allgemeinen von folgenden Überlegungen gesteuert werden:

➢ Zeigt sich der Konfliktbereich in der konzentrierten Form, wie wir sie in der Topik des Postpartums beschrieben haben, und kann man einen Hauptkonfliktherd erfassen, dessen Sinngehalt die Interaktionspathologie auslöst, kann man sich auf die Kurztherapie begrenzen. Dieses Erscheinungsbild kann man bei sehr verschiedenen Bildern von Psychopathologie der Mutter antreffen, was es recht schwierig macht, von vornherein formelle Kontraindikationen festzulegen.

➢ Im Lauf der ersten Gespräche erfasst man schnell, ob eine tiefere Bindungspathologie mit im Spiel ist, was sich entweder am Funktionieren des Kindes oder dem der Mutter zeigt. Eine solche Feststellung orientiert den Therapeuten von vornherein zu zeitlich unbegrenzten Therapien hin. Auch wenn es schnell zu Übertragungswiderständen kommt, orientiert sich die Behandlung hin zu einer zeitlich offenen Einzeltherapie der Mutter.

Therapeutische Wirkungen der Kurzzeitbehandlungen lassen sich dagegen unschwer belegen: Da diese Therapien häufig aber sehr kurz sind, nur auf einen »Sektor« einwirken und die Übertragung der Mutter nicht deuten, muss man sich der Frage stellen, wie tief greifend die erzielten Wirkungen sind. Die essenzielle Frage lautet: Handelt es sich im Wesentlichen um Krisentherapien, die eine zugespitzte Situation auflösen (die sich ohne Therapie vermutlich nicht verbessert hätte), oder ist es vorstellbar, dass diese Therapien, weil sie zu einem so sensiblen Zeitpunkt eingreifen, auch zu einer tief greifenden realen

Veränderung mit Langzeitwirkung führen können (so schwierig dies auch nachzuweisen sein mag)?

Unser Rückgriff auf eine große Zahl von Fällen liefert uns Elemente für Antworten auf diese Frage: In der Mehrzahl der Situationen ist die gemeinsame Kurztherapie zu einem wichtigen Ereigniss geworden, das die Beziehung und bestimmte mentale Repräsentanzen, die die Mutter vom Kind und ihrer Funktion als Mutter hat, zutiefst verändert hat. In einer kleinen Zahl von Fällen begeben sich die Mütter – manchmal Jahre später – wegen einer neuen (oder wiedergekehrten) Problematik mit dem Kind erneut in Konsultation. Eine der wichtigen Fragen, die sich bei diesen Fällen stellt, ist das Schicksal der pathologischen elterlichen Projektionen und der Grad ihres Eindringens in die Psyche des Kindes.

Wir wenden uns nun einigen dieser Punkte zu, wobei wir zunächst die überraschend positiven Resultate zu den therapeutischen Effekten erwähnen wollen, die den Vorurteilen zur begrenzten Wirksamkeit der Kurztherapien zuwiderlaufen; im Anschluss daran untersuchen wir die Frage, inwieweit Fantasien der Eltern, die auf das Kind projiziert werden, veränderbar sind. Zum Abschluss stellen wir dann einen Fall dar, an dem deutlich wird, dass die hauptsächliche Begrenztheit der (kurzen oder langen) gemeinsamen Therapien auf die Natur der Besetzungen zurückgeht, die die Beziehung der Mutter sowohl zu ihren Eltern wie auch zu ihrem Kind und zum Therapeuten mit psychischem Leben erfüllen.

I   Der Umfang der therapeutischen Wirkungen

Die Untersuchung der therapeutischen Resultate bei 75 Kurztherapien (Cramer et al. 2000, 2002) sowie die Katamnesen bei etlichen weiteren Fällen Jahre nach Beendigung der Behandlung ermöglichen Angaben darüber, wo die Begrenztheiten der Kurztherapien liegen.

II   Die Evaluierung der Therapieergebnisse

1   Die Dauer der Verbesserungen

Diese Studie ermöglichte den Nachweis, dass es in der gesamten Untersuchungsgruppe sowohl sechs wie zwölf Monate nach Beendigung der Therapie weder zu einem Wiederauftreten der Symptome noch zum Auftreten von Ersatzsymptomen gekommen war, was das Auftreten von Symptomen in Einzelfällen aber nicht ausschließt. Die Messungen der Mutter-Kind-Interaktionen zeigen sogar eine gewisse Verbesserung, die erst *nach* dem Ende der Therapie eintrat.

Diese Daten sind wichtig, denn sie widerlegen die herrschende Vorstellung, eine Kurztherapie sei nur eine oberflächliche Maßnahme, deren einzige Wirkung in einer vorübergehenden Linderung der Symptome bestünde.

Der Umstand, dass Interaktionsverbesserungen nach dem Ende der Therapie auftreten, ist übrigens tendenziell ein Beweis dafür, dass die Initialwirkung der Therapie sekundär zu einer fortlaufenden Verbesserung der Beziehung führt. Dies kann auf zwei Faktoren beruhen, die wahrscheinlich in ihrer Kombination wirken:
1. Die Verbesserung der Beziehung bringt für Mutter und Kind neue Gratifikationsmöglichkeiten mit sich und erzeugt dadurch innerhalb der Dyade einen Synergieeffekt in Richtung weiterer Verbesserung. Eines der auffälligsten Resultate, auf das wir bei der Evaluierung der Therapieergebnisse stießen, war die signifikante Verbesserung des Selbstwertgefühls der Mütter, was einen Rückgewinn an Kompetenz und narzisstischer Abstützung anzeigte. Wir schreiben diese Verbesserung zum großen Teil den neuen Gratifikationen zu, zu denen die beiden Partner in ihrem Austausch gefunden hatten.
2. Die Mütter, die nach Behandlungsabschluss eine fortlaufende Verbesserung zeigen, tun dies wahrscheinlich dank einer Internalisierung der psychotherapeutischen Arbeit, wie sie vom Therapeuten zur Verfügung gestellt worden war.

Dies erlaubt die Schlussfolgerung, dass die Wirkung dieser Therapien nicht auf eine vorübergehende Symptomheilung begrenzt ist, sondern ein Prozess eingeleitet werden kann, der den Funktionsmodus der Dyade dauerhaft verändert.

Angesichts der Stabilität der Verbesserungen, wie sie bis zu zwölf Monaten nach der Therapie ermittelt wurden, muss betont werden, dass wir die Weiterentwicklung der Psychopathologie auf lange Sicht *nicht* vorhersehen können. Die Langzeitprognose ist besonders beim Kleinkind äußerst riskant: Wir verfügen in der Psychiatrie des frühen Lebensalters bei sehr pathologischen Fällen zwar über eine gewisse Vorhersagesicherheit, die Erfahrung zeigt aber, dass die Entwicklungen von zu vielen Faktoren abhängen, als dass man es wagen könnte, genauere Vorhersagen aufzustellen.

Die gemeinsamen Kurztherapien führen zwar zu bedeutenden Veränderungen, die über eine symptomatische Besserung hinausgehen, und können im Bereich bestimmter Strukturen auch Veränderungen abstützen, aber es wäre utopisch, die Zukunft dieser Kinder und Mütter auf lange Sicht vorhersagen zu wollen.

Es versteht sich auch von selbst, dass diese Therapien, obwohl sie zu beachtlichen Veränderungen führen, keinesfalls als präventives Allheilmittel präsentiert werden können. Außerdem decken sich die therapeutischen Ziele nicht mit jenen, die angezielt werden, wenn man eine Indikation zur Einzelpsychotherapie für das Kind oder die Mutter stellt.

Die herkömmliche analytische Psychotherapie vermeidet im Gegensatz zu den gemeinsamen Kurztherapien die Technik der Fokalisierung, weil sie eine Umformung *aller* Besetzungen anstrebt, die sich innerhalb der Übertragungsneurose entfalten. Die herkömmliche analytische Psychotherapie behandelt die »kindlichen Anteile« der Mutter, aber nicht unbedingt ihr Funktionieren als Mutter, auf das in den gemeinsamen Therapien spezifisch abgezielt wird. Dies erklärt die Unterschiede der »Ziele« der beiden Therapieformen.

III Katamnese von zwei gemeinsamen Therapien: Prägung durch die Projektionen der Mutter

Die Einzelpsychotherapie der vierjährigen Sandra ist im Hinblick auf die Frage, wie die Begrenztheiten der gemeinsamen Kurztherapien zu definieren seien, sehr aufschlussreich.

Das bemerkenswerteste Resultat der gemeinsamen Therapie war die Befreiung von den Gegenbesetzungen der Mutter, die den Ausdruck von Sandras Trieben zu ersticken drohten. Als Martine von ihrem zweiten Kind entbunden wird, ist Sandra im Ausdruck ihrer Triebe nicht mehr gehemmt und ihre aggressiven Besetzungen sind an den Interaktionen mit ihrer Mutter wie auch an ihrer eigenen Neurose beteiligt, was das Bild der bösen Spinne belegt, die sie kratzt und beißt (siehe Kapitel VII). Nicht verändert hat sich dagegen das phantasmatische *Thema* (das Kratzen), in dem der Inhalt der mütterlichen Projektionen exakt übernommen wird.

Die gemeinsame Kurztherapie – Sandra war damals 13 Monate alt – hat diese Vorstellung, die von der Mutter initiiert und vom Kind übernommen worden war, also nicht modifizieren können.

Der Fall Marie, der im Kapitel IX unter der Überschrift »Verschiebung unabgeschlossener Trauer auf das Kind« detailliert dargestellt wurde, lieferte uns eine vergleichbare Problematik. Die Kurztherapie hat die wechselseitigen Beziehungen zwischen Mutter und Tochter beträchtlich verändert, und dies dank der Auflösung der unverarbeiteten Trauer der Mutter (deren Vater einen Schlaganfall erlitten hatte) und deren Übertragung auf Marie, das Kind. Bei der Katamnese zwei Jahre später fand man bei Marie aber eine Prädominanz phallischer Themen, die die zentrale Konfliktthematik der Mutter ein weiteres Mal in homologer Weise aufnahmen. Die Konfliktualität der Mutter hatte (in Verbindung mit der von Marie her strukturierten ödipalen Problematik) diese Fokalisierung auf Phallisches mitbestimmt, und dies aufgrund einer frühen Bahnung, die der Form der zentralen Konflikte des Mädchens in der ödipalen Phase die Richtung wies.

In beiden Fällen hatten wir das Ausmaß von Dauer und Durchschlagskraft der mütterlichen Projektion nicht vorhersagen können, die auch dann noch fortbestand, als die mütterlichen Gegenbesetzungen allem Anschein nach bereits aufgehoben worden waren.

Das Schicksal projektiver Themen auf lange Sicht haben wir im Detail noch nicht in genügend Fällen von Kurztherapie untersuchen können, um etwas über deren Schicksal im Allgemeinen sagen zu können. Aber aus theoretischer Sicht kann man wohl kaum behaupten, eine gemeinsame Kurztherapie könne die Gestalt einer Fantasie grundlegend verändern.

IV   Eine katamnestische Studie in der Adoleszenz

Kinder, die im Alter zwischen zwei und drei Jahren unseren therapeutischen Kindergarten besucht hatten, haben wir in ihrer Jugend katamnestisch untersucht. Bei der Erörterung des Schicksals der elterlichen Projektionen kann diese Studie als Referenz herangezogen werden.

Es handelte sich um eine Stichprobe von Hochrisiko-Kindern, sowohl hinsichtlich ihrer persönlichen psychopathologischen Struktur wie vor allem auch der ihrer Familie. (Diese Vergleichsgruppe ist wesentlich pathologischer als die Gruppe mit gemeinsamer Kurztherapie.)

Bei 12 Kindern, die wir im Vorschulalter, dann in der Latenzperiode und schließlich noch in der Adoleszenz eingehend untersucht haben, konnten wir die folgenden Phänomene feststellen:

➢   Die Kinder, die im Alter von drei Jahren einen psychotischen Funktionsmodus zeigten, verändern sich im Laufe ihrer Entwicklung nur wenig, während sich die Kinder, die eine Grenzpathologie oder eine schwere Persönlichkeitsstörung gezeigt hatten, in der Adoleszenz zu deutlich neurotischeren Funktionsweisen hin entwickelt hatten. Diese Besserung hat uns überrascht: Sie beruht wahrscheinlich auf der Wirkung einer sehr intensiven Behandlung, die manchmal mehrere Jahre dauerte (vor allem in Form von Psychotherapie, Unterstützung der Eltern und logopädischen Behandlungen). Als Faktor, der in Langzeituntersuchungen psychotischer Kinder bereits identifiziert worden war, finden wir hier wieder eine stabile therapeutische Beziehung, die mit den höchsten Werten von Langzeit-Verbesserung korreliert (Bachmann/Robert-Tissot 1992).

➤ Die Untersuchung des Funktionierens der Eltern während dieser Entwicklungen über mehr als zehn Jahre hinweg hat übrigens gezeigt, dass die Form der elterlichen Projektionen auf das Kind über die Zeit hinweg praktisch unverändert bleibt! Geändert hat sich in den günstigeren Fällen die Verteilung der libidinösen Besetzungen in ihrem Verhältnis zu den aggressiven Besetzungen innerhalb der projizierten Fantasiekonstellation (Abella 1991). Dies ist genau das, was schwer vorherzusagen ist: die Ökonomie dieser Verteilung bei der Ausbildung dauerhafter Projektionen.

V Das Schicksal der elterlichen Projektionen

Die verschiedenen oben skizzierten Katamneseformen legen bestimmte Schlussfolgerungen zu den Faktoren nahe, die die Begrenztheit der Wirkungen der gemeinsamen Kurztherapien mitbestimmen.

Es sieht so aus, dass die Gestalt der Fantasien, die von den Eltern auf die Kinder projiziert werden, so schwer zu verändern ist wie viele psychische Strukturen. Was die gemeinsamen Therapien dagegen ändern können, ist die Verteilung der Trieblasten innerhalb der Vorstellung vom Kind, indem beispielsweise libidinöse Elemente relativ die Oberhand über aggressive Besetzungen gewinnen können. Es kommt auch zu einer Verringerung des Ausmaßes, in dem sich der pathologische elterliche Narzissmus der Vorstellung vom Kind bemächtigt, was eine stärkere Objektalisierung des Kindes zur Folge hat. Haben diese Therapien einen befriedigenden Verlauf, wird die Repräsentanz der Eltern von ihrem Kind von den aggressiv dominierten Besetzungen dekontaminiert, die auf Übertragungen der infantilen Beziehungen der Eltern zu ihren eigenen Eltern beruhen und auch von Besetzungen mit narzisstischer

Prädominanz, die sich aus Übertragungen von Repräsentanzen ergeben, die ein Elternteil von seinen eigenen kindlichen Anteilen hat.

Das Thema der Projektion selbst ist unserem Eindruck nach aber schwieriger zu verändern; es bleibt latent vorhanden und kann in späteren Phasen als Bahnung zum Auftauchen neuer Konflikte wirksam werden.

Es muss aber darauf hingewiesen werden, dass nach unserer Erfahrung (aus einem Abstand von mehreren Jahren betrachtet) nur ein geringer Prozentsatz (etwa 15%) der Dyaden, bei denen in der frühen Kindheit gemeinsame Kurztherapien stattgefunden hatten, wegen eines erneuten Auftretens von Symptomen in Konsultation kommt.

Im Übrigen wären für die Fälle gemeinsamer Therapie längerfristige Katamnesen erforderlich, damit wir zu einer Aussage darüber kommen könnten, was aus den Themen der Projektionen wird, *so wie sie vom Kind internalisiert wurden*, was für die Prognose natürlich entscheidend ist. Das Beispiel Sandra zeigt einen Fall, in dem dieses Eindringen der Projektionen – wie auch in anderen Mutter-Kind-Dyaden, die wir beobachten konnten – eine determinierende Rolle für die Form bekommt, die die Kindheitsneurose annimmt.

Dieses Beispiel illustriert die These der transgenerationellen Weitergabe von Fantasien bestens und bestätigt den Einfluss unbewusster Fantasieprägungen auf dem Weg über Identifizierung, wie dies unter anderem von Abraham und Torok (1978) und von de Mijolla (1981) beschrieben wurde.

Wir denken, es wäre utopisch, die therapeutische Gelegenheit, die von Müttern geboten werden, die wegen eines Kleinkindes konsultieren, dazu benutzen zu wollen, Behandlungen durchzuführen, die den Ehrgeiz hätten, das Aufkommen *jeglicher* späteren Pathologie verhüten zu wollen. Alle Praktiker der Kinderpsychoanalyse wissen, dass es selbst nach langen Behandlungen, die die psychischen Strukturen »in der Tiefe« verändern sollten, später häufig zu Rückfällen kommt, die eine Wiederaufnahme der Behandlung notwendig macht.

Bieten können die gemeinsamen Kurztherapien die Befreiung der Beziehung der Mutter zum Kind von solchen Besetzungen, die dem persönlichen Konfliktbereich der Mutter angehören. Im Allgemeinen ermöglicht dies eine Wiederaufnahme des Prozesses der Personwerdung und Objektalisierung des Kindes aufseiten der Mutter, wobei gleichzeitig jene mütterlichen Besetzungen aufgehoben werden, die die Triebwahlen des Kindes wie auch seine Identifizierungsprozesse belastet hatten.

Auf der Interaktionsebene führt dies zu einer oft unmittelbaren und »mit bloßem Auge« zu erkennenden Harmonisierung der Austauschprozesse samt Wiederbelebung der Kommunikation und der wechselseitigen Gratifikationen.

Der unmittelbare und mittelfristige (bis zu zwölf Monaten) Gewinn, den diese Therapien bringen, ist beträchtlich, wie unsere Katamnesen belegen.

Die Ergebnisse rechtfertigen an sich schon den Einsatz dieser Therapien, deren präventive Tragweite dank der »Abschaltung« der pathologischen und pathogenen interpersonellen Kreisläufe leicht vorstellbar ist.

Es liegt aber auch auf der Hand, dass wir der Entwicklung auf längere Sicht nicht vorgreifen können und auch nicht – wie wir gerade im Bereich der elterlichen Projektionen gesehen haben – dem Schicksal der Prägungen, die durch diese Projektionen und das damit erreichte »Abstecken der Identität« in der Psyche des Kindes hinterlassen werden.

Eine recht gute Definition der Begrenzungen dieser gemeinsamen Kurztherapien ist den folgenden Formulierungen zu entnehmen: Diese Therapien zielen auf eine Behandlung des Sektors der Konflikte zwischen Mutter und Kind auf dem Weg über eine Neuverteilung der elterlichen Projektionen und eine Überarbeitung der damit verbundenen pathogenen Interaktionen, wodurch gleichzeitig die Besetzungen berührt werden, die das Kind vornimmt. Es geht nicht darum, eine tief greifende Veränderung des psychischen Funktionierens der Mutter oder des Kindes *in seiner Gesamtheit* anzustreben, auch wenn einer der Effekte dieser Therapien in der Veränderung der triebhaften und narzisstischen Besetzungen der beiden Partner besteht.

VI Ein Beispiel falscher Indikationsstellung zu gemeinsamer Therapie

Anhand einer detaillierten Falldarstellung werden wir sehen, dass man sich oft erst im Verlauf der gemeinsamen Therapie wirklich eine Vorstellung zur Indikation, das heißt zu den Chancen, die eine Behandlung hat, der klinischen Situationen angemessen zu sein und sie verbessern zu können, erarbeiten kann. Man wird erkennen, dass eine in rigider Weise negative Projektion auf das Kind mit einer Verfolgerhaltung der Mutter gegenüber ihren Elternobjekten einhergeht, die in der Übertragung auf den Therapeuten verschoben und dessen Interventionen dann sehr schlecht aufgenommen werden. Dieser Fall illustriert gut, dass eine der prinzipiellen Begrenztheiten der gemeinsamen Therapien (seien sie nun kurz oder lang) von den Beziehungsmodi der Mutter zu ihrem Kind, zu ihren Eltern und simultan dazu auch zum Therapeuten abhängt. Die weitere Beobachtung des Falles (bis das Kind vier Jahre alt ist) zeigt ferner die stark pathogene Wirkung, die ein fortdauernder rigider Mutter-Kind-Konflikt auf das Kind hat.

VII Die Begrenztheit der Wirkungen einer gemeinsamen Therapie samt einer Katamnese nach zwei Jahren

Diane ist ein 24 Monate altes kleines Mädchen, einer der Fälle aus unserem Forschungsprojekt zur Wirksamkeit der Kurztherapien. Seit dem Alter von drei bis vier Monaten zeigt sie Probleme hinsichtlich Ernährung (Nahrungsverweigerung) und Schlaf, da sie nachts mehrfach aufwacht. Die Mutter – Frau C. – sagt dazu: »Anfangs dachte ich, sie würde vor Hunger aufwachen, da sie ja nicht aß«. Schließlich entschloss sich die Mutter, wegen Dianes Verhalten, die »den ganzen Tag über ihre Kaprizen und fürchterlichen Krisen produziert«, einen Therapeuten zu konsultieren. Sie ist die jüngere von zwei Mädchen; das erste ist drei Jahre älter, hat aber keine besonderen Probleme gemacht.

Nach zwei Evaluierungsgesprächen mit der Forschergruppe kommt Frau C. zur ersten Sitzung und sagt dem Therapeuten, sie frage sich, ob eine Behandlung überhaupt nötig sei, da es Diane hinsichtlich der Ernährung viel besser gehe und sie nachts auch nicht mehr wach werde. Gewiss, Diane »zeigt sich noch zehnmal am Tag äußerst kapriziös«, was der Therapeut ebenfalls sofort feststellen konnte. Als er Mutter und Tochter im Wartezimmer abholte, weinte letztere gerade und schrie umher, sie wolle ein Spielzeug mitnehmen. Die Intensität des Geschreis verdoppelte sich, als der Therapeut mit der Mutter zu sprechen begann.

Nach mehreren Minuten Verhandlung zwischen Mutter und Tochter schlug der Therapeut vor, Diane solle ihr Spielzeug mit in den Praxisraum nehmen. Angesichts dieses Vorfalls war er umso überraschter, als die ersten Äußerungen der Mutter die Besserung des Kindes herausstrichen und nahelegten, die Psychotherapie sei überflüssig geworden. Auf die Frage des Therapeuten, wie diese schnelle Besserung bei Diane zu verstehen sei, antwortet die Mutter, sie habe dazu nicht die mindeste Idee und fügt hinzu: »Es hat mir sehr gut getan, hier einmal alles herauszulassen. Ich habe mir gesagt, es gibt hier jemanden, der da ist, um mir zu helfen«.

Trotz dieser Äußerungen zeigt sich die Mutter zögerlich, noch einmal von ihrer Vergangenheit zu sprechen. Dies ist quälend für sie, denn, so unterstreicht sie: »Ich habe viele Probleme mit meiner Mutter gehabt und möchte mit meiner Tochter nicht noch einmal das erleben, was ich mit ihr durchgemacht habe. Ich möchte nicht, dass meine Tochter mich so hasst wie ich meine Mutter gehasst habe. Sie hat mich geschlagen und mir gesagt, ich wäre ein furchtbares Kind. Jetzt liebt sie meine Tochter, aber ich liebe meine Mutter noch nicht genügend«.

Der Therapeut realisiert, dass es für Frau C. quälend ist, von ihrer Vergangenheit zu sprechen, denn obwohl sie spontan gewisse Verbindungen zwischen den Beziehungen zu ihren Eltern und der Angst herstellen kann, all dies mit ihrer Tochter noch einmal zu erleben, akzeptiert sie die Interventionsversuche des Therapeuten nur unter Schwierigkeiten. Jede seiner Bitten um Präzisierung erweckt einen gewissen Ärger. Es hat den Anschein, als ob das einzige, worauf Frau C. aus sei, darin bestünde, »alles herauszulassen«: »Sogar mein Mann findet meine Mutter in ihrer Gleichgültigkeit mir gegenüber unglaublich. Selbst jetzt noch glaubt sie, ich hätte meinen Kindern niemals Zärtlichkeit geben können, denn sie sagt, ich hätte einen verbissenen und furchtbaren Charakter wie mein Vater«.

Während Frau C. von ihrer eigenen Mutter und dem negativen Bild spricht, das diese von sich selbst als Kind hatte, nimmt Diane die Spielzeuge aus der Kiste und verstreut sie im Raum. Die leere Kiste stellt sie triumphierend und herausfordernd auf den Kopf. Die Kissen, die auf einer Couch liegen, wirft sie zu Boden und bringt die Decke in Unordnung. Da ihre Mutter diesen Aktionen keine Aufmerksamkeit schenkt, packt Diane sie im Gesicht und zieht ihr an den Haaren, um ihre Aufmerksamkeit auf sich zu ziehen.

Das Mädchen hat zwar normentsprechend zu laufen begonnen (mit etwa 15 Monaten), die Sprachentwicklung zeigt aber einen Rückstand. Sie sagt isolierte Worte wie »Mama«, wobei sie mit diesem Wort geradezu aufheult, um Aufmerksamkeit auf sich zu ziehen, aber lieber noch richtet sie die Forderungen an ihre Mutter in Form von Gesten, wobei sie kaum zwei Worte hintereinander setzt. Auch sonst zeigt Diane keine symbolischen Aktivitäten. Nicht, weil sie dazu nicht fähig wäre, denn sie spielte in früheren Sitzungen durchaus einige elementare symbolische Spiele wie etwa Ernährung und Pflege einer Puppe, aber ihre Hyperaktivität geht mit einer Instabilität ihrer Aktivitäten einher, die sich aus diesem Grund letztlich nie richtig strukturieren. Die leicht schwärmerische Tönung ihrer Stimmung, zusammen mit dem herausfordernden Gestus, der sich bei Frustrationen oder Einengungen schnell in Verärgerung und Krisen verwandelt, verleiht Diane einen hypomanen Ausdruck.

Nach einigen Zwischenfällen, in deren Verlauf die Mutter entweder mit

Unterwerfung oder aber Verärgerung und Gewalt auf die Tyrannei der Tochter reagiert, kann Frau C. mit ihrer Geschichte fortfahren. Ihr Vater war Alkoholiker und machte ihr, wenn er betrunken war, große Angst. Sie erinnert sich noch voller Entsetzen an eine Episode, bei der er sie mit einem Messer bedroht habe. Ihre Eltern ließen sich scheiden, als Frau C. 15 Jahre alt war; sie blieb bei ihrer Mutter. Ihrer Mutter, die viele Liebhaber hatte, war sie sehr böse; sie wurde Ohrenzeuge ihrer leidenschaftlichen Liebesspiele, während sie sich verlassen oder gar zurückgewiesen fühlte. Frau C. fügt hinzu: »Seit der Geburt meiner Kinder habe ich keine Lust auf Sexualität mehr, – zu wissen, dass sie nebenan sind und alles hören könnten ...«

Da die Mutter spontan den Zusammenhang zwischen ihrer Vergangenheit und der Beziehung zu ihren Töchtern herstellt, signalisiert ihr der Therapeut, dass sie in gewisser Weise Gefangene ihrer Töchter ist und ganz besonders von Diane mit ihren Forderungen, da sie in dauernder Angst stehe, sie könne, wenn sie eine strengere Haltung einnehme, so erscheinen wie ihre Mutter, die sie so sehr enttäuscht hat.

Frau C. lehnt diese Deutung nicht ab, legt aber Wert auf die Präzisierung, dass ihr all das, was sie gerade gesagt habe, sehr schmerzhaft sei und sie sich ungern daran erinnere. Sie gesteht ein, dass sie gerne einmal ein Wochenende allein mit ihrem Mann verbringen würde, aber immer befürchte, ihre Töchter könnten sich abgelehnt fühlen, wenn sie selbst entschiedener aufträte.

1 Kommentar

Diese erste Therapiesitzung nach zwei vorangegangenen Evaluierungsgesprächen ist aufseiten der Mutter durch ein Klima von Verleugnung und »Flucht in die Heilung« gekennzeichnet. Während die Tochter bereits im Wartezimmer einen ostentativen Wutanfall produziert, beginnt die Mutter damit, die Notwendigkeit der psychotherapeutischen Behandlung infrage zu stellen, weil sie eine Verbesserung der Ernährungs- und Schlafstörungen sieht. Für Frau C. ist es unerträglich, von ihrer Vergangenheit zu sprechen, und als sie sich dazu entschließt, es doch zu tun, bringen die Bilder aus ihrer Vergangenheit sehr negative Beziehungen zu ihren Eltern ans Tageslicht.

Es wird offenkundig, dass Frau C. auf Diane das Bild der »schrecklichen Tochter« projiziert, das ihre eigene Mutter in ihr gesehen hatte. Eine solche Deutung ist aber schwer formulierbar, wenn man berücksichtigt, dass diese Mutter sehr wenig Interesse und Empfänglichkeit für eine Beleuchtung der aktuellen Beziehungen zu ihrem Kind vor dem Hintergrund ihrer eigenen Vergangenheit zeigt. Außerdem müssten wir besser verstehen, warum Frau C. Probleme mit ihrer jüngeren Tochter hat, die sie mit der älteren nicht gehabt hatte. Das einzige Element, über das wir verfügen, ist, dass sie Einzelkind war. Erwartete sie einen Sohn an Dianes Stelle? Frau C. sagt, das Geschlecht des Kindes sei ihr egal. Erlebt sie Diane als das Kind, das Zwietracht zwischen den Eltern erzeugt, so wie sie sich selbst gegenüber ihren Eltern wohl erlebt hat?

Diese letztere Fragestellung, die eine mögliche Verantwortlichkeit und damit Schuld für die Schwierigkeiten ihrer Eltern anklingen lässt, war in dem Verfolgungskontext, in dem Frau C. die Beziehungen zu ihren Eltern präsentierte, nicht einleuchtend formulierbar. Die verfolgenden Elternimagines finden sich in der wenig aufnahmebereiten Haltung dieser Mutter gegenüber dem Psychotherapeuten wieder und leisten einer negativen Vorübertragung Vorschub. Und doch lassen die schnelle Besserung der Symptome des Kindes, die anfänglichen Erklärungen von Frau C. zur Wirkung des Abreagierens (»mal alles herauslassen«) angesichts der Möglichkeit, ihre schmerzhafte Vergangenheit zur Sprache zu bringen und jemanden zu haben, auf den man sich verlassen kann, Umrisse einer positiven Vorübertragung erkennen.

Von Beginn der Interventionen des Psychotherapeuten an hat Frau C. Zeichen von Unbehagen gegeben. Dem Therapeuten drängte sich die Vorstellung auf, dass seine Interventionen bei Frau C. das Bild des bedrohlichen Vaters hervorriefen (mit dem Messer in der Hand, als er betrunken war). Er optierte daraufhin dafür, Frau C. die Erzählung ihrer Vergangenheit fortsetzen zu lassen, zumal dieser Diskurs stets Aspekte von Entlastung hatte, selbst wenn dies auf Kosten eines möglichen Verständnisses der aktuellen Beziehung zu ihrer Tochter ging.

Dianes anspruchliches und tyrannisches Verhalten ihrer Mutter gegenüber bringt die Identifizierung des Kindes mit der Projektion zum Ausdruck, die Frau C. auf das »verbockte fürchterliche Kind« vorgenommen hatte, das sie selbst für ihre eigene Mutter gewesen war. Ein solches Verhalten beschränkt sich aber nicht nur auf die Wechselfälle der Beziehung zwischen Mutter und Kind. Das hohe Ausmaß an Aggressivität, das in diesem Bild des Kindes in der projektiven Identifizierung der Mutter enthalten ist, spiegelt sich bereits in der Art und Weise, in der Diane die Spielzeuge benutzt: als Projektile, die sie aus sich herausschleudert, um ein Gefühl von Allmacht und euphorischer Erregung aufrechtzuerhalten.

Die Mutter-Kind-Beziehung ist durch die Abfuhrprojektion des »fürchterlichen Kindes« gekennzeichnet, das Frau C. für ihre Mutter gewesen war, parallel dazu aber auch durch Momente der Distanzierung voneinander, in denen sich Diane ihrer Mutter gegenüber als sehr wenig empfänglich zeigt. Daraus ergibt sich ein tiefes Kommunikationsdefizit, das unter anderem zu Dianes Rückstand in der Sprachentwicklung führt.

Wir begegnen den Kommunikationsschwierigkeiten zwischen Mutter und Kind auch in der Beziehung der Mutter zum Therapeuten. Die Kommunikation, die Frau C. mit dem Therapeuten aufbaut, läuft nur in einer Richtung und ist narzisstischen Typs. Da der Therapeut als Träger der frustrierenden und beunruhigenden Elternbilder ihrer Vergangenheit erlebt wird, wurde er zum Objekt der Klagen und Proteste, die sie in ihrer Kindheit angesammelt hatte. Ihre Erzählung hatte für Frau C. die Funktion der Entlastung vor allem von Aggression (»mal alles herauslassen«).

Angesichts dieses Tableaus war der Handlungsspielraum sehr eingeengt, über den der Psychotherapeut verfügte, ohne paranoide Ängste und damit Widerstände zu provozieren. In seiner einzigen Deutung hat er letztlich nur unterstreichen können, wie sich alle Anklagen von Frau C. gegen ihre eigene Mutter für sie gegenwärtig in Forderungen an sich selbst verwandeln, in eine Quelle bedeutender Einschränkungen (die Unmöglichkeit, ein Wochenende mit ihrem Mann zu verbringen) oder gar in persönliche Einschränkungen (die Unmöglichkeit sexueller Lust seit der Geburt ihrer Tochter). Insgesamt beschränkte sich der Therapeut darauf, den einzigen Aspekt der Mutter-Kind-Beziehung zu deuten, der als ein neurotischer Konflikt der Mutter formulierbar war, in dem die Tochter die Nachfolge eines sehr tyrannischen oder gar sadistischen Über-Ichs der Mutter antrat und Frau C. sich deren Ansprüchen in masochistischer Weise unterwarf. Diese Unterwerfung ermögliche es ihr, dem schmerzlichen Gefühl zu entgehen, so wie die »furchtbare und zurückweisende« Mutter zu sein, unter der sie ihrem Erleben nach in der eigenen Kindheit und Jugend gelitten hatte. Man sieht bereits am Verlauf dieser ersten Sitzung, dass die Begrenztheit der Wirksamkeit der Therapie durch die Aktualisierung mütterlicher Projektionen in der Beziehung zum Kind und zum Therapeuten bestimmt wird.

2   Zweite Sitzung

Eine Woche später kommt die Mutter wieder und sagt, Diane gehe es weiterhin gut, obwohl sich das Verhalten des Kindes in der Sitzung nicht sonderlich von der Hyperaktivität unterscheidet, die es in der vorangegangenen Sitzung an den Tag gelegt hatte. Nun aber unterstreicht Frau C. den »unabhängigen, autonomen und sehr eigenwilligen« Charakter ihrer Tochter, wie er auch für ihr eigenes Verhalten charakteristisch ist. Die Mutter legt Wert auf die Feststellung, Diane solle einen solchen Charakter behalten, denn, so fügt sie hinzu: »Dank dieses Charakters habe ich aus meiner fürchterlichen familiären Situation herauskommen können«.

Der Therapeut hatte jetzt das schwierige Verhalten des Kindes zu erdulden, unter dem seine Mutter in der vorangegangenen Sitzung gelitten hatte und das nun seitens der Mutter positiv bewertet wurde.

Frau C. behauptet jetzt, sie könne mit dem Kind entschlossener umgehen, wenn es seine Krisen aufführt. Sie denkt, das vorangegangene Gespräch habe ihr in dieser Richtung geholfen. Gleichwohl unterstreicht Frau C., es sei für sie sehr beschwerlich, sich an ihre Vergangenheit zu erinnern. Das Erwähnen von Szenen und Disputen zwischen ihren Eltern sowie des Bildes ihres betrunkenen Vaters, der sowohl ihre Mutter wie sie selbst mit einem Messer bedroht, hatte sie tief betroffen gemacht, und sie möchte nicht, dass wir darauf zurückkommen. Jetzt, wo sich die Schwierigkeiten, die sie mit Diane gehabt hatte, deutlich gebessert hätten, so denkt Frau C., müsse sie nun aus eigener Kraft weiterkommen, indem sie klarer ihren Willen zeige. Aus diesem Grund bittet sie den Therapeuten, das nächste Gespräch erst für in zwei Wochen anzusetzen.

3 Kommentar

Da die Mutter-Kind-Beziehung in dieser Sitzung trotz der Instabilität und Hyperaktivität der Tochter tatsächlich weniger konflikthaft gewesen war, beschränkte sich der Therapeut darauf, den Vorschlag der Mutter anzunehmen, zumal er dachte, dass jeder andere Vorschlag von seiner Seite Gefahr gelaufen wäre, als verfolgend erlebt zu werden. Der Umstand, dass Frau C. auf ihre Vergangenheit nur zurückkommt, um das Bild des erschreckenden Vaters zu beschwören, ist eine Assoziation, die einen Hinweis auf ihre ängstliche Erwartungshaltung in Bezug auf den Therapeuten und auf die Rigidität einer negativen Übertragung gibt.

Wie sie bedeutet, hat ihr die erste Sitzung dazu verholfen, sich weniger schuldig zu fühlen, wenn sie ihrer Tochter Grenzen setzt. Da sie nun also weniger von der Angst bestimmt ist, so indifferent oder zurückweisend wie ihre Mutter zu werden, kann Frau C. sich besser gegen die Tyrannei des Kindes schützen, aber dieser Verbesserung der problematischsten und explosivsten Interaktionen zwischen Mutter und Tochter hat die mehr narzisstischen Aspekte dieser Beziehung nicht grundlegend verändert. Die Mutter bescheinigt ihrer Tochter nach wie vor einen »unabhängigen und sehr eigenwilligen« Charakter, hält also eine projektive Identifizierung ich-syntonen narzisstischen Typs weiterhin aufrecht. Die Mutter erlebt diese Charakterzüge als Garanten einer Kraft, die es dem Kind ermöglicht, den verfolgenden Aspekten der Eltern zu entkommen. All dies führt dazu, dass die Mutter-Tochter-Beziehung weiterhin von problematischen Elementen belastet bleibt, selbst wenn dies aktuell durch eine bessere Regulierung der Distanz zwischen beiden verdeckt ist.

Die triumphierende und leicht euphorische narzisstische Haltung, in der Diane Gegenstände durch den Raum wirft oder auf die Couch klettert, nachdem sie die Decken heruntergezogen und die Kissen weggeworfen hat, findet ihre Parallele in der narzisstischen und autoritären Art und Weise, in der die Mutter den nächsten Gesprächstermin für in zwei Wochen festsetzt, ohne dem Therapeuten zu gestatten, seine Ansicht zu formulieren. Die Mutter agiert damit ihr Ideal von Autonomie und Unabhängigkeit und flüchtet vor dem Erleben, vom Therapeuten verfolgt zu werden. Der Therapeut seinerseits fühlt sich entwaffnet und weiß nicht, wie er eine Situation verändern kann, deren pathogenen Einfluss auf das Kind, das zu strukturierten symbolischen Aktivitäten nicht in der Lage zu sein scheint, er bereits wahrgenommen hat.

4 Dritte Sitzung

Zwei Wochen später kommt Frau C. zu ihrem Termin und sagt, Diane mache nicht mehr das geringste Problem, und sie denke, dieses Mal könnten wir unsere Sitzungen abschließen. Die Mutter hat beschlossen, in einigen Wochen wieder arbeiten zu gehen, was sie schon seit zwei Jahren wolle, sich bisher aber nie dazu habe entschließen können. Eine solche Entscheidung kostete sie einen vorübergehenden Disput mit ihrem Ehemann, der sie lieber weiterhin im Haus gesehen hätte, aber Frau C. trifft bereits alle Anstalten dafür, dass ein junges Mädchen die Kinder hüten kommt.

In dieser Sitzung zeigt sich Diane ruhiger, obwohl eine Instabilität der Art und Weise feststellbar ist, in der sie die Objekte exploriert: Sie lässt sehr schnell wieder von ihnen ab. Manchmal kann sie ansatzweise symbolischen Aktivitäten nachgehen, wie etwa dem Führen des Fläschchens an den Mund der Puppe, der Überprüfung deren Windeln etc. Aber diese Art Spiel dauert nicht sehr lange, denn Diane lässt die Puppen schnell wieder fallen oder verstreut sie im Raum, um nach Art eines Kleinkinds die verschiedenen Gegenstände auf dem Schreibtisch zu untersuchen, die sie dann mit jubilierendem Gestus durch den Raum werfen möchte. Ihre Sprache hat sich nicht weiterentwickelt; sie kann »Mama« sagen, um nach ihrer Mutter zu rufen, aber sie macht diese lieber durch Lautsprache und vor allem durch Gesten, die zuweilen missverständlich sind, auf sich aufmerksam.

Obwohl zwischen Mutter und Kind nun keine Krisen und Konflikte jener Art mehr auftreten, denen der Therapeut in der ersten Sitzung beigewohnt hatte, bleibt die Mutter-Tochter-Beziehung durch eine gewisse Distanz gekennzeichnet, denn Diane wendet sich bei ihren Aktivitäten mit den Gegenständen nur selten an ihre Mutter.

Angesichts der bereits eingangs mitgeteilten Entscheidung der Mutter, die Sitzungen zu beenden, begnügt sich der Therapeut damit, den Fortschritt hervorzuheben, der in ihrer Entscheidung liegt, wieder arbeiten zu gehen, was sie vorher nicht habe tun können – aus Angst davor, eine »furchtbare Mutter« zu sein, auf die ihre Töchter böse sein könnten, wie sie es auf ihre Mutter gewesen war. Frau C. zeigt sich mit dieser Erklärung einverstanden, besteht aber auf ihrem Wunsch, nicht weiter auf eine Vergangenheit eingehen zu wollen, die für sie zu schmerzhaft war und die sie definitiv hinter sich lassen will. Da der Therapeut keinen Weg sieht, den psychotherapeutischen Prozess mit einer Mutter weiterzuführen, die derartige Abwehren zeigt, schlägt er ihr vor, einen Monat später, bevor sie ihre Arbeit aufnimmt, noch ein letztes Mal zu kommen, was Frau C. akzeptiert.

5 Kommentar

In dieser Sitzung konnte sich der Therapeut nur ein weiteres Mal der Version unterordnen, die die Mutter dem therapeutischen Prozess auferlegt. Die Besserung der Symptome des Kindes setzt sich fort, zumindest in den Bereichen, die in den Augen der Mutter am störendsten sind: dem kapriziösen und krisengeschüttelten Verhalten der Tochter ihr gegenüber.

In diesem Kontext ist es für den Therapeuten schwierig, Frau C. etwas zum leichten Entwicklungsrückstand des Kindes (im Bereich der Sprache, der Symbolisierungsfähigkeit etc.) sowie zur Hyperaktivität und Instabilität des Kindes zu sagen, ohne direkt an deren Widerstände gegen die Psychotherapie anzuecken. Diese Widerstände, die bereits vor der Begegnung mit dem Psychotherapeuten aufgekommen waren, waren im Lauf der beiden Vorgespräche immer mehr gewachsen.

In der dritten Sitzung scheint die von Frau C. angebotene Alternative der Abbruch der Therapie zu sein. Sie akzeptiert es kaum, das aktuelle Verhalten ihrer Tochter (die sie als einen »unabhängigen und sehr eigenwilligen Charakter« betrachtet) zu hinterfragen. Noch schwerer fällt ihr, den Versuch zu unternehmen, dies in Abhängigkeit von ihren eigenen früheren Beziehungen zu ihren Eltern zu verstehen. In der ersten Sitzung hat Frau C. zwar noch widerwillig von bestimmten sehr konflikthaften Elementen der Beziehung zu ihren Eltern in Kindheit und Jugend gesprochen, im Lauf der Sitzungen sind diese Themen aber immer stärker zurückgegangen. Mit dem Aufbau einer negativen Vorübertragung dieser Mutter zum Therapeuten ab der zweiten Sitzung werden die Erinnerungen an die Vergangenheit nur mit großer Mühe thematisiert und beschränken sich im Wesentlichen auf die verfolgende Vaterimago (den »betrunkenen Vater, der mit dem Messer Angst macht«).

Die »unabhängige und sehr eigenwillige« Haltung, die Frau C. gegenüber dem Therapeuten an den Tag legt, dem sie bereits zu Beginn dieser Sitzung ihren Wunsch nach Beendigung der Mutter-Kind-Psychotherapie mitteilt, hat nicht nur Nachteile: Diese Haltung hat es ihr möglich gemacht, die Wiederaufnahme von Arbeit in Betracht zu ziehen – etwas, was sie schon seit Langem tun wollte – und sich dem Konflikt zu stellen, der sich daraus mit ihrem Mann ergibt. Was die Beziehung zu ihrer Tochter betrifft, können wir darüber hinaus annehmen, dass Dianes Capricen und Wutanfälle sowie ein Teil ihrer Hyperaktivität dank der nun entschiedeneren Position von Frau C. eingegrenzt werden konnten.

6   Vierte Sitzung

Einen Monat später erscheint Frau C. ganz aufgelöst zur Sitzung und sagt, das Verhalten ihrer Tochter sei seit zwei Wochen unerträglich geworden. Die Mutter hat Tränen in den Augen, als sie das – besonders im Bereich der Sauberkeit – sehr oppositionelle, kapriziöse und cholerische Verhalten Dianes beschreibt. »Ich stehe am Rande der Depression, denn Diane ist so anstrengend, dass ich nicht mehr bereit bin, viel bei meinen Töchtern zu bleiben«. Unglücklicherweise kann sie nicht sofort zu arbeiten beginnen, denn das junge Mädchen, das die Kinder hüten soll, kann erst in zwei Monaten anfangen.

Der Therapeut fragt die Mutter, warum sie nicht angerufen habe, um den Gesprächstermin vorzuverlegen, wenn sie seit zwei Wochen derartige Schwierigkeiten mit Diane hat. Frau C. antwortet, dass sie ja beschlossen hatte, allein zurechtzukommen und sie nach wie vor daran festhält, auch so zu verfahren. Sie ist gekommen, weil der Termin einmal vereinbart worden war, aber sie befürchtet, der Therapeut könne wieder damit anfangen, sie über ihre Kindheit und ihre Eltern zu befragen, um zu erfahren, warum es ihre Tochter ablehne, ihr Geschäft in den Topf zu erledigen und stattdessen wieder Windeln wolle.

Das Verhalten Dianes an diesem Tag unterscheidet sich nicht sonderlich von dem, das sie in der letzten Sitzung präsentiert hatte. Das Mädchen zeigt eine gewisse Instabilität bei der Erforschung der Objekte, was ihren symbolischen Aktivitäten den Charakter von Verarmung verleiht. Ihre Sprache ist weiterhin eingeschränkt, denn Diane bildet noch keine Sätze, und ihr Vokabular ist auf isolierte Worte und Lautmalereien reduziert. Auf affektiver Ebene ist die Mutter-Kind-Beziehung weiterhin distanziert.

Trotz des offensichtlichen Zögerns der Mutter gegenüber jeglicher Deutung ihrer Schwierigkeiten mit Diane vor dem Hintergrund der eigenen Vergangenheit fragt der Therapeut Frau C., warum Diane ihrer Meinung nach eine solche Regression vollzogen habe. Da die Mutter ihm diese Frage zurückgibt, fügt er hinzu, dass das Mädchen vielleicht die von der Mutter empfundenen Schuldgefühle wahrnimmt, je mehr sich der Tag nähert, an dem sie wieder arbeiten gehen wollte. Die Mutter stimmt zu und weist darauf hin, dass sie trotz der Schwierigkeiten mit ihrer kleinen Tochter entschlossen bleibt, in zwei Monaten die Arbeit wieder aufzunehmen. Der Therapeut verdeutlicht ihr, dass sie es wohl nur tun könne, weil sie »es nicht mehr aushält, mit ihren Töchtern zu Hause zu bleiben«, wie sie zuvor gesagt hatte. Dies geht aber mit dem Gefühl einher, die »zurückweisende und furchtbare Mutter« zu sein und damit den Grund zu liefern, aus dem heraus Diane ihr ihrem Eindruck nach Vorwürfe macht, so wie sie selbst ihrer Mutter deren egoistischen Lebensstil vorgeworfen hatte.

Frau C. war durch diese Deutung wirklich erleichtert. Anstelle einer Antwort präzisiert sie, dass Dianes Verhaltensschwierigkeiten geringer als vor der Therapie sind, aber dass sie dieses Mal durch die Regression des Kindes sehr angegriffen war, nachdem sie doch den Eindruck gehabt hatte, ihre Probleme mit dem Kind erfolgreich überwunden zu haben. Der Mutter wird deutlich, wie empfindlich sie für den Umstand ist, sich als schlechte Mutter zu empfinden. Frau C. denkt, dieses Mal werde es ihr gelingen, selbst mit der Situation fertig zu werden, wie sie es sich vorgenommen hatte. Beim Hinausgehen ruft sie aber aus, sie wolle sichergehen, dass der Therapeut weiterhin bereit sei, sie zu unterstützen, wenn es bei Diane zu einer neuerlichen Regression käme, was der Therapeut ihr zusagt. Tatsächlich nimmt sie später wieder Kontakt auf, aber erst nach zwei Jahren.

7 Gesamtkommentar zum Fall

Die Regression mit Wiederkehr der Verhaltensprobleme der Tochter zwischen der dritten und vierten Sitzung scheint, worauf der Therapeut in seiner Deutung hingewiesen hat, eng mit dem Aufkommen von Schuldgefühlen bei der Mutter wegen der herannahenden Wiederaufnahme ihrer Arbeit zusammenzuhängen. In der Tat liefert der Therapeut in dieser vierten Sitzung eine zweite Fassung der Deutung, die er gleichen Inhalts schon in der ersten Sitzung gegeben hatte. Trotz ihrer offenen Ablehnung jeglicher Erforschung der Beziehungen zu ihren eigenen Eltern in der Vergangenheit zeigt sich Frau C. beide Male sehr empfänglich für diese Deutung.

Angesichts der verschiedenen projektiven Identifizierungen, die diese Mutter auf ihre Tochter zu richten scheint, trifft der Therapeut die Wahl, von der Projektion des aggressiven Kindes zu sprechen, als das sie sich selbst einer »zurückweisenden« und als »furchtbar« erlebten Mutter gegenüber gesehen hatte. Die Identifizierung von Frau C. mit diesem so negativen Mutterbild ist bewusst oder vorbewusst: Sie führt bei Frau C. zu der Tendenz, für ihre Schuld durch Unterwerfung unter die Aggressivität und Tyrannei ihrer Tochter büßen zu wollen. Wie oben dargetan, hat eine Deutung in dieser Richtung möglich gemacht, bestimmte Aspekte der Mutter-Kind-Problematik im Sinne eines schweren neurotischen Konflikts zu formulieren: Die Tyrannei der Tochter hatte für diese Mutter die Funktion eines sadistischen Über-Ichs; sie musste sich der Tochter unterwerfen, um sich nicht als »furchtbare und zurückweisende« Mutter erleben zu müssen, wenn sie sich ihrer eigenen Wünsche bewusst wurde, etwas Abstand von ihren Kindern zu nehmen.

Zwischen der ersten und zweiten Sitzung kam es aufgrund der wohltuenden Wirkung dieser Deutung zu einer beträchtlichen Entspannung der Mutter-Kind-Beziehung. Diese günstige Auswirkung auf ihre Haltung ihrer Tochter gegenüber hat Frau C. selbst eingestanden. Sie konnte der Tyrannei und Aggressivität des Kindes gegenüber eine festere Haltung einnehmen, ohne sich deswegen als zurückweisend zu erleben; ein Teufelskreis in der Mutter-

Tochter-Beziehung konnte auf diese Weise unterbrochen werden. Die Besserung im Verhalten des Kindes ermöglichte die Vermeidung von Situationen, in denen die Mutter, weil es ihr nicht mehr gelang, durch Unterwerfung die Aggressivität des Kindes zu besänftigen, so überfordert war, dass sie sich als äußerst verfolgt erlebte und nur noch mit dem Bild ihrer gewalttätigen Mutter identifizieren konnte, die sie geschlagen hatte. Solche Episoden, waren sie einmal vorüber, konnten nur die Schuldgefühle verstärken, die »furchtbare und zurückweisende Mutter« zu sein, die zu werden Frau C. so sehr befürchtete, womit sich der Teufelskreis schloss.

Diese Verbesserung der Mutter-Tochter-Interaktion schaffte Dianes Beziehungsprobleme allerdings noch nicht aus der Welt. Die Hyperaktivität des Kindes hatte sich zunehmend abgeschwächt, aber die Instabilität dauerte an und gab ihren Aktivitäten auf symbolischer Ebene eine gewisse Armut, die sich auch in ihrer Sprache und ganz allgemein in der Qualität der Kommunikation wiederfand, in der sich Diane wenig aufnahmefähig zeigte. Aber die Eigenschaft der »Losgelöstheit« und »Autarkie«, die das Kind in seiner Beziehung und seiner Kommunikation sowohl mit der Mutter wie mit dem Therapeuten an den Tag legte, enthielt keinen Hinweis darauf, dass sein noch leichter Rückstand aufgeholt werden würde; ganz im Gegenteil bestand die Gefahr, dass er sich noch vergrößern könnte.

In der zweiten Sitzung tauchten die Begrenzungen auf, die in diesem Fall für eine kurze oder lange gemeinsame Psychotherapie bestehen würden: der narzisstische Funktionsmodus, den wir gerade für das Kind beschrieben haben und der aufseiten der Mutter seine Entsprechung hat. In der Tat sprach Frau C. an diesem Tag voller Stolz von Dianes und ihrem eigenen »unabhängigen und sehr eigenwilligen Charakter«. Was der Therapeut beim Kind als eine Störung der Beziehung zum anderen betrachtet, verbunden mit Desinteresse und mangelnder Rezeptivität gegenüber der Umgebung, stellt für die Mutter eine Rettung vor verfolgenden Elternbildern dar, denn, so sagt sie: »Dank dieses Charakters habe ich aus meiner fürchterlichen familiären Situation herauskommen können«. Eine solche projektive Identifizierung seitens der Mutter enthält natürlich eine intensive Aggressivität, die Frau C. ihren eigenen Eltern gegenüber angesammelt hatte und die bei ihr nun starke Verfolgungsgefühle auslöst.

Von der Technik her schien eine solche narzisstische Problematik sowohl bei der Mutter wie beim Kind umso schwieriger behandelbar als die Mutter das Verschwinden der Abwehraspekte, die dieser Narzissmus enthielt, als eine Bedrohung sowohl für das Kind wie für sich selbst erlebte. In der Beziehung der Mutter zum Psychotherapeuten manifestierte sich das Ausmaß dieser Abwehrphänomene in einer Haltung negativer Vorübertragung, die wenig aufnahmebereit für das war, was vom Psychotherapeuten kam, da dies bestenfalls als infantilisierend und sie abhängig machend erlebt wurde, dann aber auch als anklagend und regelrecht verfolgend.

Diese Widerstandshaltung von Frau C. trat in der dritten Sitzung noch stärker in Erscheinung, in der sie gleich zu Beginn nach einer Beendigung der Therapie fragt, da Diane in ihren Augen keine Probleme mehr zeigt. Die deutliche Verbesserung derjenigen Symptome des Kindes, die der Mutter die größten Schwierigkeiten bereiten (als erstes die Ess- und Schlafstörungen und dann das tyrannische und krisengeschüttelte Verhalten), hat für den Therapeuten eine knifflige Situation geschaffen. Ohnmächtig sieht er sich einer Situation gegenüber, in der die »negative Vorübertragung« der Mutter zu einem Widerstandsagieren geführt hat, das auf Kosten mentalisierterer Ausdrucksformen des Trieb- und Fantasielebens geht, auf die der Therapeut für seine Deutungsaktivität angewiesen ist.

Die negative Vorübertragung führt also auf der Ebene der Formulierung von Erinnerungen an die Vergangenheit bei den Eltern zu einem Effekt, der dem der positiven Vorübertragung gerade entgegengesetzt ist. Liegt letztere vor, können die Eltern verschiedene Erfahrungen mit bedeutungsvoll besetzten Personen ihrer Kindheit zur Sprache bringen. Dieser Prozess der Erinnerung und Beleuchtung der aktuellen Beziehungen eines Elternteils zu seinem Kind im Lichte seiner Beziehungen als Kind zu den eigenen Eltern ist ein wesentliches therapeutisches Agens in den Mutter-Kind-Psychotherapien. Die Deutung des Therapeuten wird von Eltern gut aufgenommen, die auf der Suche nach einem Verständnis der Schwierigkeiten sind, denen sie mit ihrem Kind begegnen.

Die Haltung von Frau C. gegenüber der Deutungsaktivität steht am entgegengesetzten Pol dessen, was wir gerade beschrieben haben, sodass der Therapeut sich in der dritten Sitzung darauf beschränkt, die im Übrigen realen und tatsächlichen Fortschritte zu unterstreichen, die die Mutter sowohl für ihre Tochter wie für sich selbst geschildert hat (die Entscheidung, wieder arbeiten zu gehen). Im Wesen der negativen Übertragung liegt also etwas, das zu der am schwersten zu überwindenden Begrenztheit der therapeutischen Arbeit führt.

Als Frau C. einen Monat später wegen des Rückfalls im Verhalten ihrer Tochter voller Tränen zur Sitzung kommt, ist der Therapeut nicht überrascht, als er erfährt, dass sie trotz allem daran festhält, an diesem Tag die Sitzungen zu beenden. Die Verfolgungsgefühle, die diese Mutter angesichts der Verhaltensweisen ihrer Tochter erlebt, finden für sie ihre Parallele in der Angst vor den Nachforschungen, die der Therapeut in ihrer eigenen Vergangenheit vornehmen könnte. Sie fürchtet sowohl den Schmerz, der durch die Wiedererinnerung der Konflikte mit ihren Eltern reaktiviert würde, wie das Wiederaufleben einiger dieser Konflikte in der Beziehung zum Therapeuten, insbesondere die Abhängigkeit, die sie als sehr infantilisierend und verfolgend erlebt. Letzteres Erleben in der Vorübertragung ist ein Widerstand narzisstischen Typs, der sich bereits beim ersten psychotherapeutischen Kontakt gezeigt hatte.

Die zwei Sitzungen der Datenerhebung zum Zweck der Evaluierung der Mutter-Kind-Beziehung, die zu unserem Forschungsprojekt gehören, hatten Frau C. das Gefühl gegeben, sie habe nun jemanden, der ihr »dabei helfen werde, alles herauszulassen«. Am Ende der vierten Sitzung bittet sie beim Hinausgehen den Therapeuten erneut, ihr zu versichern, dass er im Falle neuerlicher Regressionen Dianes auch in Zukunft noch zur Verfügung stünde. Diese Mutter kann also in dem Maße von anderen profitieren als diese als Behälter für ihre Ängste und Konflikte fungieren, aber sie kann ihre eigenen psychischen Inhalte, die ihr zurückgegeben werden, nur sehr schwer aufnehmen. Der Schmerz, der in ihr dadurch geweckt wird, dass sie belastende Erlebnisse aus ihrer Vergangenheit passiv annehmen soll, wird als eine qualvolle Abhängigkeit erlebt, die sich in ein Gefühl von Verfolgung durch den Therapeuten verwandelt.

8 Die Katamnese nach etwa zwei Jahren

Die Mutter ruft den Therapeuten wieder an, als das Kind drei Jahre und zehn Monate alt ist. Da die Sprachentwicklung ihrer Tochter retardiert ist und sie demnächst in die Schule kommt, hat sie eine Logopädin konsultiert. Diese hat ihr geraten, Diane auch einem Kinderpsychiater vorzustellen, der die logopädischen Behandlungen verschreiben soll, damit die Krankenkasse die Kosten erstattet. Aus diesem Grund möchte sie den Therapeuten treffen.

Während Frau C. die Umstände, die sie zu dieser neuerlichen Konsultation veranlasst haben, mit großer Zurückhaltung darlegt, zeigt sich ihre Tochter sehr aufgeräumt und vertraulich. Ihren Gesamteindruck beim Eintritt in das Praxiszimmer fasst sie in die Worte »Sehr hübsch!«, nimmt den Therapeuten bei der Hand und sagt: »Fisse« [Fische]. Die Mutter erklärt, dass Diane beim Anblick der Spielsachen wohl gedacht habe, der Therapeut habe vielleicht auch ein Fisch-Puzzle wie sie zu Hause eines hat. Diane zieht weiterhin die Aufmerksamkeit des Therapeuten auf sich, wobei sie die Rede der Mutter unterbricht, um ihm mit einem großem Lächeln die verschiedenen Spielzeuge aus der Kiste so zu zeigen, wie es ein kleineres Kind tun würde. Dann stellt sie die Tiere nebeneinander in eine Reihe, darunter auch die Puppen, die Menschen darstellen, ohne darauf zu achten, sie von den wilden Tieren zu trennen.

Der Therapeut sagt der Mutter, er werde ihr eine Verschreibung ausstellen (denn Dianes Sprachentwicklung scheint ganz offensichtlich retardiert zu sein) und fragt sie, wie Diane sich seit dem letzten Termin weiterentwickelt habe. Frau C. sagt, Ernährung und Schlaf hätten sich so verbessert, dass sie keine Probleme dieser Art mehr habe. Ihr Verhalten sei aber noch wechselhaft, und Diane zeige sich manchmal oppositionell: Frau C. meint, auch auf der Ebene der Sprache bringe sie Opposition zum Ausdruck. Im Kindergarten führen die Sprachprobleme zu Verständigungsschwierigkeiten mit ihr. Als der Therapeut versucht, die Umstände näher zu erforschen, in denen Dianes Oppositionshaltung auftritt, antwortet die Mutter mit einer Verärgerung, die trotz ihrer Versuche, sie nicht zu zeigen, offensichtlich ist: »Ich habe keine Probleme außer Dianes undeutlicher Sprache. Niemand kann sie verstehen, und sie kommt bald in die Schule. Man muss also etwas machen, nicht?«

Angesichts solcher Zeichen von Widerstand, von etwas anderem als der Sprache zu sprechen, interessiert sich der Therapeut für die Entwicklung des Kindes und fragt die Mutter, wann Diane begonnen habe, Sätze zu bilden (da sie ja schon mit zwei Jahren eine gewisse Zahl von Worten aussprechen konnte). Frau C. antwortet, ihre Tochter bilde erst seit zwei oder drei Monaten korrekte Sätze, fügt aber hinzu: »Sie wissen ja, dass ich vertrete, niemals auf die Vergangenheit zurückzukommen. Die Vergangenheit ist vorbei, und jetzt muss man mit dieser Sprache weiter kommen. Außerdem fängt sie nun auch noch an zu stottern. Also frage ich mich: Was habe ich nicht richtig gemacht? Ich habe ein Psychologie-Buch gelesen und mir die Schuld zugeschrieben«.

Trotz des offensichtlichen Zögerns der Mutter, »die Vergangenheit noch einmal zu überdenken«, versucht der Therapeut, ihre Schuldgefühle zu mindern, indem er ihr bedeutet, wie sehr sie dazu neige, sich Vorwürfe zu machen und sehr schnell als »furchtbare Mutter« zu betrachten. Frau C.s Antwort duldet keinen Widerspruch: »Aber ich wollte Sie ja gar nicht sehen. Ich bin zur Logopädin gegangen, und sie sagte mir, die Stellungnahme eines Psychiaters sei erforderlich. Ich hätte also gern, dass Sie mir sagen, was man im Hinblick auf Dianes Sprache unternehmen muss«.

Der Therapeut entscheidet, das Mädchen alleine zu sehen, um dessen

Sprachschwierigkeiten innerhalb ihres gesamten psychischen Funktionierens evaluieren zu können.

9 Die Unterredung mit dem Kind allein

Während dieses kurzen Versuches, den psychotherapeutischen Dialog mit der Mutter wieder aufzunehmen, lutschte Diane in kindisch anmutender Weise an ihrem Daumen und blickte mit einiger Unruhe zwischen Mutter und Therapeut hin und her.

Als ihre Mutter hinausgeht, fragt der Therapeut Diane, um was es in ihrem Spiel gehe, und sie beginnt, mit gestörter Sprache die Spielzeuge zu beschreiben: »Ein Mädchen, ein Junge, ein Papa« etc. Als das Repertoire erschöpft ist, fragt der Therapeut, was die Spielfiguren tun.

Diane: »Sie schlafen. Ein Kokoi [Krokodil]. Es schläft nicht«. (Sie unterbricht das Spiel und erhebt sich plötzlich.) »Gucken wir mal da!« (Ein Spiegel ohne Spiegelbelag, den sie für ein Fenster hält.) Sie bittet den Therapeuten, sie auf den Arm zu nehmen und hochzuheben, um besser sehen zu können, und ruft enttäuscht aus: »Nicht nach draußen!«

Wieder auf den Boden gestellt, wechselt sie noch einmal das Thema und sagt jubilierend: »Schön, mein Kleid!« Der Therapeut bestätigt ihr, dass es sehr schön ist, und sie beginnt wieder zu spielen: »Zwei kleine Babys. Sie schlafen«. (Sie nimmt den Tiger und steckt ihm einen Finger ins Maul.) »Er beißt! Aua!« (Diane führt das Maul des Tigers an die Hand des Therapeuten, der mitspielt und »Aua!« sagt. Das Kind jubiliert und hat zeitweise selbst Angst dabei. Diane wiederholt das gleiche Spiel mehrere Male.) »Nochmal! ... Er beißt in Deinen kleinen Finger!« – fügt sie mit einer Sprachstörung hinzu, die sie schwer verständlich macht.

Da das Spiel unablässig wiederholt wird, bedeutet ihr der Therapeut: »Der Tiger beißt wie ein wütendes Baby«. Diane lässt von dem Tiger ab, nimmt eine Babypuppe und sagt. »Gibt eine Spritze«. (Die Spritze wird zunächst der Puppe mit dem Fläschchen verabreicht und anschließend dem Finger des Therapeuten. Sie legt das Fläschchen beiseite und nimmt sich noch einmal den Tiger, den sie Löwe nennt.) »Der Löwe gibt eine Spritze«. Anschließend verabreicht sie dem Therapeuten mit dem Rhinozeros und anderen wilden Tieren weitere Spritzen, stets in jubilierendem Tonfall wie ein kleineres Kind.

Nachdem Diane diese leichtere Variante des Spiels mehrmals wiederholt hat, nimmt sie ein Kissen, streicht damit über die Finger des Therapeuten und sagt: »Mimi ...geheilt«. Dann frottiert sie die Puppe, steht auf und sagt: »Mama rufen und Doktor spielen«.

Der Therapeut lässt die Mutter eintreten und empfiehlt ihr, Diane nicht zu zwingen, die Worte korrekt zu wiederholen, und sie auch nicht zu verbessern, wenn sie stottert. Das Mädchen zieht mit Nachdruck an seiner Jacke, um ihm eine nackte Puppe zu zeigen: »(Ich) habe alles ausgezogen«. Als der Therapeut sagt, die Unterredung sei zu Ende, meint Diane kategorisch »Nein« und setzt sich wieder, um der Puppe einen Schlafanzug anzuziehen. Dann legt sie sie ins Bett und sagt ihr »Auf Wiedersehen«, unterbricht sich dabei aber brüsk, um eine kleine Kiste an sich zu nehmen, die sie mitgebracht hatte: »Das ist mir!«, ruft sie verärgert aus. Die Mutter muss darauf drängen, dass man jetzt weggeht, denn Diane will noch aufräumen.

10 Kommentar zum Katamnesegespräch

Bei diesem Anlass stößt sich der Therapeut ein weiteres Mal an den Widerständen der Mutter gegen den Versuch einer Wiederaufnahme der psychotherapeutischen Arbeit. Sie gibt sehr schnell ihre Verärgerung zu erkennen und zeigt, dass sie sich von jeglichem Versuch, ihre Vergangenheit – selbst die jüngste Vergangenheit (weniger als zwei Jahre) – zu überdenken, verfolgt fühlt. Eine solche Haltung macht wie bei dem früheren Versuch der Mutter-Kind-Psychotherapie die Konfliktthemen, die von Frau C. angeboten werden, sehr summarisch. Sie sagt es ja auch ganz offen: Für sie »ist die Vergangenheit vorbei«, und dementsprechend will sie »niemals auf die Vergangenheit zurückkommen«. Ein weiteres Mal ist der Psychotherapeut lahm gelegt.

Das Funktionieren des Kindes ist übrigens weniger beunruhigend als wir unserem ersten Eindruck nach hätten glauben können, besonders als Diane noch in Gegenwart der Mutter war. Diane manifestiert nämlich mit ihrer Vertraulichkeit dem Therapeuten gegenüber von vornherein eine etwas euphorische kindliche Haltung. Dieses Verhalten lässt an eine Hypomanie mit leerer Hyperaktivität und Instabilität auf mentaler und symbolischer Ebene denken, die sich bereits in den ersten Psychotherapiesitzungen gezeigt hatte. In Gegenwart der Mutter beschränkte sie sich darauf, die Spielzeuge zu benennen, obwohl sie im Lauf der Zeit die Menschenpuppen dann doch in bedeutungsvoller Weise anordnen konnte. Nachdem die Mutter gegangen ist, kann das Kind bestimmte symbolische Aktivitäten aufnehmen: Das Thema des ersten Spiels drückt sicherlich Dianes Tendenz zu Gehemmtheit aus (»ein Mädchen… … ein Junge … ein Papa … Sie schlafen«).

Eine solche Hemmung erklärt sich aus dem konflikthaften Erleben, das das Kind dadurch zum Ausdruck bringt, dass es sich erhebt und das Spiel unterbricht, sobald der Aggressionstrieb ins Spiel kommt (in dem »Krokodil, das nicht schläft«). Den Wunsch, den Diane an den Therapeuten richtet, nämlich »nach draußen sehen« zu wollen (durch den Spiegel hindurch, den sie für ein Fenster hält, nach außerhalb des Praxiszimmers), hat wohl zum Ziel, dem zu entgehen, was sie gerade voller Angst in ihrer inneren Welt wahrnimmt: der gefräßigen Aggressivität. Aus diesem Grund zeigt sich Diane sehr enttäuscht, als sie nicht »nach draußen (sehen)« kann! Diese Flucht aus der inneren zur äußeren Welt gehört zu den Frühformen der manischen Abwehrmechanismen. Ganz augenfällig werden diese auch im jubilierenden Tonfall, in dem sie zum Ausdruck bringt, wie schön ihr Kleid sei!

Bei der Wiederaufnahme des symbolischen Spiels wird die Realität der beteiligten Personen besser respektiert. Die »zwei kleinen Babys« »schlafen«, und der Tiger »beißt«, als Diane ihm ihren Finger spielerisch ins Maul steckt, obwohl sie zum Teil Angst dabei hat. Dieses Spiel wird aber sehr schnell in den Dienst der manischen Abwehr gestellt. Das Kind übernimmt die Rolle des wilden Tieres, das in einer Bewegung von »Identifizierung mit dem Angreifer« gefräßig und angstmachend ist (Identifizierung mit einem idealisierten Objekts in dessen angstmachenden und verfolgenden Eigenschaften). Wir begegnen hier der zum Gesamt der Abwehrmechanismen manischen Typs gehörenden projektiven Identifizierung der »angsterfüllten kindlichen Anteile« auf den Therapeuten. Als der Therapeut das Spiel mitmacht und die Rolle des »angsterfüllten Kindes« akzeptiert, jubiliert Diane. Zugleich zeigt die Tendenz zur unablässigen Wiederholung dieses Spiels die Grenzen eines solchen Modus manischer Abwehr, wenn es um die Integration dieser Anteile in das Triebleben geht.

Insgesamt beeindruckt Dianes psychisches Funktionieren zunächst durch den Rückstand sowohl auf der Ebene der Sprache wie der des Spiels und der Symbolisierung im Allgemeinen. Die Beziehung, die sie sowohl zur Mutter wie zum Therapeuten aufbaut, erinnert an die eines viel jüngeren Kindes. Diane zeigt sich in ihren Spielen vom Erwachsenen viel abhängiger als Kinder ihres Alters dies für gewöhnlich tun. Die ödipale Problematik, die in Gegenwart des männlichen Therapeuten viel lebendiger wird, fehlt bei Diane nicht. Nach Rückkehr der Mutter scheint sich Diane durch sie ausgeschlossen zu fühlen und fordert eindringlich die Aufmerksamkeit des Therapeuten ein. Das abschließende Spiel mit der Puppe, die sie anzieht und ins Bett bringt, steht wahrscheinlich ebenfalls in Beziehung zu den ödipalen Wünschen gegenüber der väterlichen Imago, deren Vertreter der Therapeut wohl ist. Gleichwohl sind in dieser ödipalen Fantasiewelt regressive Themen vorherrschend, in denen die Oralität die sexuellen Wünsche durchsetzt, die sich eher an Partialobjekte richten.

Abschließend kann festgestellt werden, dass Diane, obwohl sie eine disharmonische Entwicklung zeigt, kein psychotisches Kind ist, da ihr Realitätsbezug zufriedenstellend ist. Das Mädchen berücksichtigt Merkmale der Realität der Personen, die sich im Praxiszimmer befinden (Mutter und Therapeut) und mit denen sie in ständiger Beziehung steht, wenn auch in eher regressiver Weise. Einerseits kann sie benennen, was die Objekte repräsentieren, nimmt andererseits aber gewisse Verwechslungen vor, die auch in ihrem Alter noch möglich sind (beispielsweise den Tiger »Löwe« zu nennen).

11 Zusammenfassung des Berichts von Dianes Logopädin acht Monate später

Das Kind ist viereinhalb Jahre alt. In den ersten Monaten der logopädischen Therapie mit einer Sitzung pro Woche hat sich Diane zeitweise sehr oppositionell gezeigt, wobei sie im Übrigen die Tendenz hatte, relativ stereotype Aktivitäten zu wiederholen (beispielsweise bestimmte Formen von Kreisen zu zeichnen). In den Sitzungen zeigt sich das Mädchen lächelnd und lustig, was aber täuscht, denn in Wirklichkeit ist sie für das, was man ihr sagt oder nahelegt, wenig aufnahmefähig und greift schnell zu der Antwort: »Du bist Kacke!«

In dem Maße, in dem Diane eine zunehmend vertrauensvollere Beziehung aufbaut, möchte sie immer mehr »ein kleines Baby« spielen, dem vielerlei Pflege zuteil wird. In ihren Spielen zeigt sich Diane empfänglicher und aufmerksamer, imitiert einerseits eine Babysprache, kann sich aber auch auf sprachlich entwickelterer Ebene ausdrücken. Das Mädchen zeigt sich ferner in der Lage, in recht guter Ausführung die ganze Familie zu zeichnen.

Im Hinblick auf ihre Einschulung wurden psychologische Tests eingesetzt. In den psychometrischen Tests zeigt Diane Leistungen an der Untergrenze der Norm und erhält einen IQ von 85. Die Psychologin, die sie getestet hat, ist überzeugt, dass ihr Potenzial vollkommen erhalten ist und allein ihre Oppositionshaltung für die Leistungseinschränkungen verantwortlich ist, wobei sie paradoxerweise im verbalen Bereich die besten Resultate erzielt.

VIII Diskussion der Begrenztheiten der therapeutischen Wirkung in Abhängigkeit von der Psychopathologie

Wir haben in diesem Fall sowohl während des Versuchs einer Mutter-Kleinkind-Psychotherapie wie zwei Jahre später aus Anlass des Katamnesegesprächs großen Wert auf die Betonung der psychopathologischen Manifestationen des Kindes gelegt, um herauszustellen, dass die Pathologie nicht nur in der Interaktion zwischen Mutter und Kind liegt. Trotz des nur sehr begrenzten psychotherapeutischen Einwirkens auf diese Mutter und dieses Baby war Dianes psychische und mentale Entwicklung viel positiver als das, was wir angesichts der Desorganisiertheit ihres Funktionierens zwei Jahre zuvor hätten vorhersagen können. Es besteht eine gewisse Kontinuität, die sich nicht nur auf der Ebene des Entwicklungsrückstands in Sprache und symbolischem Spiel wiederfindet, sondern auch im Bereich der Abwehrfunktionen. Die manischen Abwehrmechanismen, die wir im Katamnesegespräch gefunden haben, sind sehr viel strukturierender als diejenigen, die sie im Alter von zwei Jahren eingesetzt hatte.

Gegenwärtig ist das Kind besser strukturiert, obwohl es eine Disharmonie der Entwicklung zeigt, die nicht psychotischer Natur ist. Gewiss, diese Entwicklungsstörung steht in engem Zusammenhang mit dem narzisstischen Funktionsmodus, der sich bei Diane sowohl in den Beziehungen zu ihrer Mutter und zum Therapeuten wie auch in ihren symbolischen Spielen feststellen ließ. Diese narzisstische Funktionsweise beim Kind scheint in engem Zusammenhang mit der »narzisstischen Konflikthaftigkeit der Mutter« zu stehen, wie wir sie für Frau C. zuvor beschrieben und die den Therapeuten vor so viele Probleme gestellt hatte.

Die Zahl der Fälle, die von einer gemeinsamen Psychotherapie profitieren könnten, ist sehr viel größer als wir von unserer empirischen Erfahrung her gedacht hatten. Allerdings hat diese Behandlungsform – wie jede andere Form von Therapie auch – ihre Grenzen. Diese Einschränkungen gehen vor allem auf die »negative Vorübertragung« zurück, zu der bestimmte Mütter gegenüber dem Therapeuten neigen, wie der Fall von Frau C. deutlich zeigt. Diese Mütter fühlen sich durch die Deutungsversuche des Therapeuten verfolgt – im Gegensatz zu den Müttern, die von einer Mutter-Kleinkind-Kurztherapie profitieren und Erleichterung dadurch erfahren können, dass sie ihre aktuellen Konflikte mit dem Kind im Lichte der mit ihren eigenen Eltern in der Kindheit erlebten Konflikte verstehen lernen.

Warum fühlen sich bestimmte Mütter sehr schnell erleichtert, während sich andere vom Therapeuten angeklagt oder gar verfolgt fühlen, wobei die Verfolgungsgefühle zum Abbruch jeglicher Form von Kurz- oder Langzeitpsychotherapie führen? Der oben geschilderte Fall zeigt uns, dass Wesen und Qualität der projektiven Identifizierungen der Mutter auf das Kind bei beiden Typen von Müttern sehr unterschiedlich sind. In den Fällen, die sich tendenziell günstig entwickeln, stellen wir fest, dass die mütterlichen Projektionen auf das Kind trotz der darin enthaltenen Konflikte darauf aus sind, Verbindungen mit Aspekten der Vergangenheit der Mutter herzustellen und deshalb libidinös stark aufgeladen sind. Fälle wie der von Frau C. zeigen uns demgegenüber, dass solche Mütter rigidere projektive Identifizierungen vornehmen, durch die stark konflikthafte Selbstanteile aus dem Bereich der eigenen narzisstischen Problematik auf dem Weg über das Kind abgeführt werden sollen.

Eine solche Konflikthaftigkeit der Mutter-Kind-Interaktion findet sich dann auch auf der Ebene der Beziehung der Mutter zum Psychotherapeuten wieder, wo die gleichen oben beschriebenen problematischen Bilder aus der Vergangenheit der Mutter ins Spiel kommen. So finden wir in den Projektionen, die die Mutter auf den Therapeuten zu richten versucht, die Bilder zurückweisender, feindseliger oder regelrecht verfolgender Eltern wieder (im Fall von Frau C. »der Vater mit dem Messer, der ihr Angst macht«). Aus solchen negativen Projektionen auf den Therapeuten ergeben sich die »negative Vorübertragung« dieser Mütter sowie die Schwierigkeiten, die sie dabei haben, Deutungen des Psychotherapeuten aufzunehmen, die sie tendenziell als Vorwürfe, Anklagen oder sogar Angriffe erleben. Diese Verfolgungsgefühle, die durch die Situation und die psychotherapeutischen Mittel ausgelöst werden (die Deutungsversuche des Therapeuten), enden sehr oft in einem Abbruch der therapeutischen Beziehung, ohne dass zwischen diesen Müttern und dem Psychotherapeuten die eine oder andere Form von Arbeitsbündnis hätte aufgebaut werden können. Zum Abbruch trägt auch der Narzissmus dieser Mütter bei, der sich in den Wünschen nach Unabhängigkeit, Autonomie oder gar Selbstgenügsamkeit und Autarkie dem Therapeuten gegenüber manifestiert. Am Fall von Frau C. haben wir den Narzissmus herausgearbeitet, wie wir ihn in der Beziehung vieler solcher Mütter zu ihren Kindern beobachtet haben.

Zusammenfassend ist festzustellen, dass die Kurzpsychotherapien von Mutter und Kleinkind wie jede andere Behandlungsform auch ihre Grenzen haben. Diese Grenzen werden zunächst durch die Beziehung abgesteckt, die die Mutter mit dem Psychotherapeuten herstellt. Die Schwierigkeiten beim Aufbau eines Arbeitsbündnisses mit bestimmten Müttern beruhen auf

Gefühlen von Misstrauen der Mutter dem Therapeuten gegenüber, die sehr frühzeitig entdeckt werden müssen, wollen wir den Abbruch vermeiden, der aus Verfolgungsgefühlen solcher Art sehr oft resultiert. In diesen Fällen ist es wichtig, sich vorzugsweise um die Symptome des Kindes statt um die Störungen der Mutter-Kind-Beziehung zu kümmern. Im Fall von Frau C. und Diane wäre beispielsweise die Indikation zur Aufnahme des Mädchens in unseren therapeutischen Kindergarten gestellt worden, wenn die Umstände es gestattet hätten, was aber leider nicht der Fall war, da die Familie außerhalb von Genf lebte. Zunächst die problematischen Äußerungsformen des Kindes zu behandeln ist umso wichtiger als die negativen Projektionen, die diese Mutter auf den Psychotherapeuten vornimmt, auch in ihrer Beziehung zum Kind wiederzufinden sind.

Der hier dargelegte Fall ermöglicht die explizite Darstellung der Entwicklung einer schweren Psychopathologie des Kindes aufgrund eines frühen Konflikts in der Mutter-Kind-Beziehung und illustriert den Nutzen des Konzepts einer Genese der Pathologie aus den wechselseitigen Beziehungen.

Fünfter Teil
Psychische Funktionsweise und frühe Eltern-Kind-Beziehung: Versuch einer theoretischen Ausarbeitung

Einführung

Der Einfluss der Beziehungspsychopathologien auf den Entwicklungsgang der kindlichen Psyche ist ein für theoretische Reflexion sehr ergiebiges Gebiet.

Wir haben uns durch direkte Anschauung so eindrücklich vom wechselseitigen Zusammenhang zwischen den frühen Pathologien und der elterlichen Konfliktualität überzeugt, dass es für uns außer Zweifel steht, dass die Struktur der kindlichen Psyche durch die Konfliktthemen der Eltern und die frühen Interaktionsmodi zutiefst geprägt wird.

Wir versuchen nun, diese wechselseitige Durchdringung klarer darzulegen, obwohl wir uns der Schwierigkeiten bewusst sind, denen wir begegnen, wenn vom Säugling produzierte Fantasien und Identifizierungen in Worte gefasst werden sollen. Wir wissen viel mehr über die psychischen Wechselfälle und Schicksale der Elternschaft als über die Ausbildung früher Identifizierungen beim Kleinkind. Wir müssen also zu theoretischen Extrapolationen Zuflucht nehmen, um uns vorstellen zu können, wie sich die Psyche des Kleinkinds in Abhängigkeit von den Beziehungen zu den Eltern strukturiert.

Kapitel XIII
Identifizierung, Projektion und projektive Identifizierung in der frühen Mutter-Kind-Beziehung: der Beitrag der gemeinsamen Therapien

Die psychotherapeutische Klinik liefert Evidenzen zur grundlegenden Rolle von Projektion, Identifizierung und projektiver Identifizierung in den Beziehungen zwischen Eltern und Kleinkind. Im Kontext der Mutter-Kind-Beziehung ist die Bezeichnung »Abwehr« für Mechanismen dieser Art nicht wirklich die treffendste. Von Pathologie zu sprechen, ist zur Bezeichnung dieser basalen Aktivitäten, die zur Entwicklung des psychischen Lebens des Kindes beitragen, noch weniger angemessen.

Die Identifizierung wurde in der Tat nicht immer als Abwehr beschrieben. Im Kontext der kindlichen Entwicklung erscheint die Identifizierung als ein Mechanismus, der die Strukturierung des Ichs und der psychischen Instanzen ermöglicht. Im Gegensatz dazu hat die Projektion den Ruf eines im Wesentlichen psychopathologischen Mechanismus'. In der Beziehung der Eltern zu ihren Kindern und insbesondere in der Beziehung zwischen Mutter und Kleinkind entfalten die Projektionen aber nicht unbedingt eine pathogene Wirkung. Die therapeutische Erfahrung mit Eltern und Kindern zeigt uns, dass die Projektion und deren verschiedene Nuancierungen, die mit dem Begriff der projektiven Identifizierung umschrieben werden, ein »natürlicher« Mechanismus des Funktionierens als Eltern. Dies bedeutet, dass die Projektionen der Eltern auf ihre Kinder nicht unbedingt pathogen sind; sie sind ganz im Gegenteil zur Überführung der Besetzungen auf die Kinder unerlässlich. Solche Projektionen sind im Prozess der »Identifizierung« des Kindes durch seine Eltern von entscheidender Bedeutung.

Von den verschiedenen Funktionen, die wir für die Eltern und insbesondere die Mutter beschrieben haben und die zur Strukturierung und psychischen Entwicklung des Kindes beitragen, nimmt die »Funktion der Identifizierung durch die Mutter« einen wesentlichen Platz ein. Ausgehend von dem, was ihr bekannt ist – ihren inneren Objekten und eigenen kindlichen Selbst-Anteilen – beginnt die Mutter, das zu »identifizieren«, was das Baby an Fremdem und Rätselhaftem repräsentiert (das Unheimliche des *Infans*).

I   Betrachtungen zur projektiven Identifizierung

Im Bereich der Eltern-Kind-Beziehungen ist es, wie Grotstein (1983) unterstreicht, für die psychoanalytische Klinik schwierig, eine präzise Unterscheidung zwischen Projektion und projektiver Identifizierung vorzunehmen. Für diesen Autor kann die Aufteilung in Projektion und projektive Identifizierung nur auf der Grundlage einer sehr radikalen Differenzierung zwischen Ich und Es erfolgen. Nur dann wäre es möglich, einen strikten Begriff von Projektion zu konzipieren, nach dem nur Es-Triebe projiziert werden.

Der Begriff der projektiven Identifizierung unterstellt, dass das Projizierte als Bestandteil des eigenen Selbst erlebt wird, das heißt als Selbst-Aspekt oder auch als inneres Objekt. Im Rahmen einer solchen Konzeption verflüchtigen sich die Unterschiede zwischen Projektion und projektiver Identifizierung. Es handelt sich um zwei Versionen des gleichen klinischen Phänomens in Abhängigkeit von verschiedenen theoretischen Konzeptionen zu den dabei beteiligten dynamischen Elementen.

Im Anschluss an M. Klein (1972) ist der Begriff der projektiven Identifizierung durch verschiedene Autoren weiterentwickelt, bereichert und nuanciert worden (Rosenfeld 1976, Grinberg 1976, Meltzer 1977, Bion 1979, Segal 1981, und andere). Die Mehrzahl dieser Autoren stimmt darin überein, dass innerhalb des großen Komplexes psychischer Mechanismen, die zur projektiven Identifizierung gehören, noch etliche Unterscheidungen vorzunehmen sind. Diese verschiedenen Nuancen verleihen den psychischen Funktionsweisen, die aus einer ganzen Skala möglicher Modalitäten projektiver Identifizierung hervorgehen, eine kaleidoskopische Vielfalt, die von der allerschwersten Pathologie bis zur Normalität reicht.

Die Originalität des Konzepts der projektiven Identifizierung beruht auf der Erweiterung und Vertiefung des Freud'schen Begriffs der Projektion. Wie wir weiter unten sehen werden, werden im Begriff der projektiven Identifizierung bestimmte psychische Mechanismen präzisiert, die zuvor nicht als Bestandteile des Projektionsmechanismus beschrieben worden waren. Es handelt sich insbesondere um die Möglichkeiten, die aus der Empathie hervorgehen und die gesündesten und normalsten Formen der projektiven Identifizierung möglich machen, oder aber um Tendenzen nach Besitzergreifung und Abfuhr, die über pathologische projektive Identifizierungen transportiert werden.

Grotstein (1983) beschreibt die projektive Identifizierung als eine unbewusste Fantasie, in der das Subjekt sich selbst oder Aspekte seiner selbst in ein Objekt verschiebt – mit dem Ziel einer Suche nach Beziehung und Kommunikation oder nach Abwehr. Im ersten Fall handelt es sich um eine normale strukturierende Dynamik, mit der das Objekt mit einem anderen in Kontakt zu treten und zu kommunizieren versucht. Das paradigmatische Beispiel für diesen Modus projektiver Identifizierung ist die Rêverie-Fähigkeit der Mutter oder des Psychoanalytikers. Wir werden sehen, dass diese Kommunikationsfunktion für den Aufbau und die Aufrechterhaltung des Bandes zwischen Mutter und Neugeborenem von kardinaler Bedeutung ist. Diese Prozesse entsprechen den projektiven Identifizierungen, die wir als »*empathisch*« und *normal* bezeichnen.

1 Pathologische projektive Identifizierungen: Ausstoßung und Annexion

Dient dieser Mechanismus dagegen der Abwehr, befreit sich das Ich von unerwünschten und abgespaltenen Aspekten seiner selbst, indem es sie in der Fantasie in das Objekt verlagert. Das Subjekt kann aber auch die Abwehrfantasie haben, in das Objekt einzudringen, um von ihm Besitz zu ergreifen und es aktiv zu kontrollieren oder aber, um passiv in dessen Inneren zu verschwinden, um Gefühlen von Verzweiflung zu entgehen.

Aus dieser knappen Definition ergeben sich zwei grundlegende Funktionen der defensiv-pathologischen projektiven Identifizierung:
1.) Evakuierung von Selbstanteilen in das Objekt,
2.) Selbst-Zuschreibung von Aspekten des Objekts, was man als *Annexionsfunktion* bezeichnen könnte.

Dominieren die Aspekte projektiven Ausstoßens, ähnelt der Mechanismus stärker dem der reinen Projektion, da *die projizierten Selbst-Anteile mit dem Objekt identifiziert werden*. Im Objekt erkennt das Subjekt die von ihm projizierten Anteile wieder. Demgegenüber *trägt die Annexionsfunktion zu einer Nichtunterscheidung vom Objekt im Bereich des Selbst bei, denn das Ich identifiziert das Objekt der Projektion so, als sei es ein Teil seiner selbst.*

2 Die Unterschiede zwischen libidinösen und aggressiven projektiven Identifizierungen

Je nach dem, welche Triebe zugrunde liegen und vorherrschend sind, bestimmen sich Normalität oder Pathologie der projektiven Identifizierung. Die projektive Identifizierung im Dienste der Anerkennung des Objekts, der Kommunikation mit ihm und der Empathie ihm gegenüber bringt dessen intensive libidinöse Besetzung zum Ausdruck. Ist dagegen die Aggressivität vorherrschend, wird die projektive Identifizierung in Bezug auf das Objekt eindringend und kontrollierend. Dies geht mit einer tiefen Abspaltung derjenigen Selbst-Anteile einher, die in das Objekt evakuiert werden und die Kommunikation mit ihm verhindern.

Im ersteren Fall dient die projektive Identifizierung der »Externalisierung« (Grotstein 1983) von Selbst-Anteilen, die durch den Kontakt mit dem Objekt angereichert werden. Im zweiten Fall laufen phantasmatische Veränderungen ab, die sowohl das Bild seiner selbst (das Selbst) deformieren oder entstellen wie auch das des Objekts, auf das sich die projektive Identifizierung richtet. Der Ausstoßungsaspekt dieses Abwehrmechanismus' führt zu paranoiden Ängsten, während der Annexionsaspekt zu narzisstischen Fantasien der Besitznahme eines idealisierten Objekts beiträgt, die bis zu Verschmelzungsfantasien symbiotischen Typs gehen können.

Wir werden uns im Folgenden nicht weiter mit den pathologischen Aspekten der projektiven Identifizierung beschäftigen, die ja weitgehend bekannt sind, sondern den Schwerpunkt mehr auf die »externalisierenden« und »empathischen« Formen legen, die nahe an der Normalität liegen und für Eltern in den Beziehungen zu ihren Kindern typisch sind. Die durch diesen Mechanismus möglich gewordene »Externalisierung« verhilft den Eltern dazu, Verbindungen mit signifikanten Objekten ihrer Vergangenheit wiederzufinden.

3 Die projektive Identifizierung in der Beziehung zwischen Mutter und Säugling

Die Projektionen von Eltern auf ihre Kinder bestehen selten aus reinen Trieben. Die Triebe werden meist auf dem Weg über Vorstellungen transportiert, die in Verbindung zur Vergangenheit der Eltern stehen. Es handelt sich um Bilder ihrer eigenen Eltern und anderer signifikanter Personen ihrer Vergangenheit (Brüder und Schwestern, Onkel und Tanten, Großeltern etc.) und um Bilder ihrer selbst als Kind. Die Mutter beschreibt ihr Baby in ihren Assoziationen mit sehr ähnlichen oder gar identischen Begriffen wie jenen, die sie verwendet, wenn sie von sich selbst als Kind spricht oder wenn sie uns signifikante Personen ihrer Vergangenheit schildert.

Die projektive Identifizierung kann anhand der Erwartungshaltungen der Mutter in Bezug auf das Verhalten ihres Babys klar erkennbar gemacht werden. Plastisch formuliert könnte man sagen, dass sie bestimmte Aspekte der »façon d'être« des Säuglings nach den gleichen Charakteristika betrachtet und sich vorstellt, die sie von den Objekten ihrer Vergangenheit in Erinnerung behalten hat. Die Fantasien der Mutter zu solchen Zügen des Verhaltens ihres Kindes verdeutlichen die triebhaften Komponenten, die diese Vorstellungen mit Leben erfüllen. Dies ist im Falle von Martine (Kapitel IV) der Fall: Diese Mutter beschreibt ihre Tochter Sandra mit Begriffen, die denen sehr ähnlich sind, die sie zur Beschreibung ihrer eigenen Mutter verwandt hatte und die als schnell aggressiv erlebt worden war.

In früheren Arbeiten und im gesamten Verlauf des hier vorgelegten Buches haben wir den Begriff der Projektion zur Definition der »Übertragung« gebraucht, das heißt der Verschiebung von Bildern aus der Vergangenheit der Mutter auf ihr Baby. Wie wir oben dargelegt haben, ist der Begriff der projektiven Identifizierung hierfür am besten geeignet, da es sich darum handelt, dass im Baby Aspekte des psychischen Lebens der Mutter deponiert werden, die sie dann mit dem Kind identifiziert (Projektion).

Bei den Modalitäten der elterlichen Projektionen treffen wir auf substanzielle Unterschiede. Im Sinne der von Freud in *Zur Einführung des Narzißmus* skizzierten Gedanken neigen die Eltern dazu, zu ihren Kindern einen Beziehungsmodus narzisstischen Typs zu entwickeln und auf sie entweder das Bild des »Kindes, das sie (in ihrer Kindheit) gewesen sind«, oder das des »Kindes, das sie gerne gewesen wären«, zu projizieren. In der gleichen Arbeit spricht Freud aber auch von Objektbeziehungen anaklitischen Typs, die sich über die Projektion von Bildern von Personen aufbauen, die für die Befriedigung der Bedürfnisse des Subjekts bedeutsam sind, hier also des starken Wunsches, eine Beziehung zu den Eltern wiederzufinden.

4 Drei Modalitäten projektiver Identifizierung von Eltern auf ihre Kinder

In den Eltern-Kind-Psychotherapien begegnen wir diesen unterschiedlichen Versionen projektiver Identifizierung von Eltern – schematisch betrachtet – in Form von drei Hauptmodalitäten:

1.) Im normalen elterlichen Funktionieren sind die projektiven Identifizierungen vor allem »externalisierend« und verfolgen das Ziel, Verbindungen zu libidinösen Objekten der Vergangenheit der Eltern wiederherzustellen. In diesem Fall projizieren die Eltern auf ihr Kind das Bild des geliebten Kindes, so wie sie sich in ihrer Kindheit geliebt gefühlt haben, oder das Bild eines Elternteils oder beider Eltern, die sie geliebt haben. Das Vorherrschen der libidinösen Komponente in den Besetzungen der auf das Kind projizierten Imagines gibt diesen »externalisierenden« projektiven Identifizierungen eine »empathische« Dimension. Eine solche Besetzung ermöglicht es, die für den Säugling charakteristischen Eigenschaften zu erkennen, sodass der »Entfremdungsdruck« der projektiven Identifizierungen stark eingeschränkt ist.

2.) Die projektiven Identifizierungen von Eltern mit neurotischer Funktionsweise sind ebenfalls »externalisierend«, in ihrem Entfremdungsdruck auf das Kind aber viel »zwingender«. Obwohl auch sie zum Ziel haben, Verbindungen zu Objekten aus der Vergangenheit der Eltern wieder aufzunehmen, »zwingen« sie das Kind stärker, bestimmte sehr fokalisierte Eigenschaften und auf es projizierte Bilder auch effektiv zu übernehmen. Solche Bilder befördern eine mehr ambivalente Besetzung, auch wenn der libidinöse Anteil vorherrschend bleibt. Wie wir später sehen werden, macht die Annahme der »zwingenden«, aber fokalisierten projektiven Identifizierung der Mutter oder des Vaters auf das Kind letzteres zum »Erben« der intensiven libidinösen Fracht, die bei dem Objekt aus der Vergangenheit deponiert war. Die Mehrzahl der projektiven Identifizierungen, die wir in unseren klinischen Beispielen beschrieben haben, gehört zu dieser Kategorie. Eine Rollenzuschreibung dieser Art wird durch einen sie begleitenden Prozess der Umsetzung in Handeln begleitet, der sich in symptomatischen Interaktionen niederschlägt.

3.) Die projektiven Identifizierungen bei narzisstischer Funktionsweise der Eltern verfolgen hauptsächlich das Ziel, konflikthafte Aspekte der Eltern aus ihnen auszustoßen. Es handelt sich meist um negative Aspekte ihrer selbst als Kinder (das aggressive, zerstörerische, gierige, abgewertete etc. Kind), die die Eltern mithilfe der projektiven Identifizierung auf ihr eigenes Kind tendenziell abspalten und verleugnen. Solche Eltern können auch verfolgende, verabscheute oder gehasste Aspekte ihrer eigenen Eltern projizieren. Bei den hier vorliegenden Formen projektiver Identifizierung prädominieren die aggressiven Triebe, die in das Bild, das der Elter sich von seinem Kind macht, einfließen und es massiv und global deformieren. Diese Projektionen gehen oft mit agierten Varianten wie Intrusion oder Gleichgültigkeit einher, aus denen dann offen pathologische Interaktionen hervorgehen.

5 »Externalisierende« projektive Identifizierungen und Trauerfälle der Eltern

Die projektiven Identifizierungen der eben beschriebenen Typen 1.) und 2.) haben mit mehr oder weniger überwundenen Trauersituationen in der Vergangenheit der Eltern zu tun. Wenn die projektive Identifizierung vor allem Externalisierungsfunktion hat und nicht so sehr ein pathologischer Abwehrmechanismus ist, trägt ihr »empathischer« Aspekt zum Erkennen des Kindes und der ihm eigenen Charakteristika bei. Dieser Mechanismus, der *per se* ein Organisator des libidinösen Bandes zwischen Eltern und Kindern ist, kann allerdings pathologisch werden, wenn bestimmte Konflikte mit dem Objekt der Vergangenheit persistieren. Dies hängt von der Problematik der Eltern und insbesondere von dem Platz ab, den das Kind in der Trauerdynamik seiner Eltern einnimmt.

Normalerweise kann die Beziehung zum Neugeborenen den Eltern die Wiederaufnahme und Verarbeitung von Verlusten und Konflikten erleichtern, die aus ihrer Kindheit oder Jugend in der Schwebe geblieben sind. Die auf das Kind gerichteten »externalisierenden« projektiven Identifizierungen ermöglichen eine »Neuauflage« der Beziehungen mit signifikanten Personen ihrer Vergangenheit und eine bessere Lösung noch unabgeschlossener Konflikte. Insofern ist die Elternschaft eine Entwicklungsphase des Individuums, die zu seiner Reifung beiträgt.

In vielen Fällen trägt die Ankunft des Kindes dagegen zur Verleugnung bestimmter konflikthafter und nicht überwundener Verlustsituationen ihrer Vergangenheit bei. Diese Konflikte werden mittels projektiver Identifizierungen auf das Kind »transferiert«, wodurch es den Eltern möglich wird, die schmerzhafte Konfrontation mit den in der Vergangenheit erlebten Schwierigkeiten hinauszuschieben. Grotstein (1983) ist der Auffassung, dass sowohl die projektiven Identifizierungen wie die Spaltung die Funktion haben können, bestimmte psychische Konfliktthemen beiseite zu schieben oder auf später zu vertagen.

6 »Zwingende« projektive Identifizierungen und pathologische Trauersituationen der Eltern

Die Fälle, die eine gute Indikation zur Eltern-Kind-Kurzpsychotherapie darstellen, zeichnen sich dadurch aus, dass die Eltern einen gut strukturierten und umgrenzten »Elternschaftskonflikt« zeigen, wie es die Konflikte neurotischen Typs sind. In diesen Fällen sind die projektiven Identifizierungen der Eltern auf das Kind zwingend und transformieren das Bild, das der Elter vom Kind dadurch hat, dass ihm im Übermaß bestimmte umgrenzte Züge von Objekten aus der Vergangenheit des Elters auferlegt werden. Gleichwohl haben diese Mechanismen keine radikale Ausstoßungs- oder Evakuationsfunktion. Im Gegenteil greifen die Eltern, indem sie dies tun, Verbindungen mit denjenigen signifikanten Objekten ihrer Vergangenheit wieder auf, die sie (projektiv) mit dem Kind »identifizieren«. Diese Bande werden zur Grundlage der libidinösen Besetzung des Kindes durch die Mutter.

Für Eltern mit einem strukturell organisierten »Elternschaftskonflikt« dieser Art spielen bestimmte genau fokalisierte und umgrenzte Aspekte ihres Kindes eine Rolle für die eigene psychische Ökonomie. Es handelt sich insbesondere um bestimmte Symptommanifestationen, mittels derer sie in der Fantasie ein verlorenes Objekt wiedergewinnen können, dessen Verlust noch konfliktbeladen ist. Die Geburt eines Kindes scheint bei ihnen neue Hoffnung für die Verleugnung dieser noch unabgeschlossenen Trauer zu wecken. Die »externalisierende« und »zwingende« projektive Identifizierung auf das Kind ermöglicht den Eltern zusammen mit ihrer Beziehung zu diesem Kind, phantasmatische Verbindungen zum verlorenen Objekt wiederherzustellen (auch Freud wies darauf hin, dass die Vornamen unserer Kinder sie zu »Wiedergängern« machen).

II Trauer der Eltern um ein real verlorenes Objekt

Wie bei jeder pathologischen Trauer unterliegt das Objekt aus der Vergangenheit der Eltern einem Triebkonflikt voller Ambivalenz. Die klinischen Beispiele zeigen uns, dass die symptomatischen Äußerungen des Kindes oft beschädigte oder verfolgende Aspekte des Objekts darstellen, dies ermöglicht zugleich aber die Wiederaufnahme libidinöser Bande zu diesem Objekt. Der Fall von Frau R., die ihre Tochter überbehütete, um zu verhindern, dass sie sich am Kopf verletzen könnte, ist ein Beispiel für die projektive Identifizierung, die diese Mutter mit dem Bild ihres durch einen Hirnschlag beschädigten Vaters auf ihr Kind vornahm, weil sie die Trauerarbeit um das verlorene Bild ihres unbeschädigten Vaters nicht leisten konnte.

In diesen Fällen besteht in der Bindung an das Objekt aus der Vergangenheit eine deutliche Prädominanz libidinöser Aspekte. Wir finden als Ursprung der Symptome des Kindes aber oft konflikthafte Aspekte der Beziehung zum Objekt. Sehr häufig können wir in der Sitzung agierte konflikthafte Interaktionen zwischen der Mutter und dem Kind erkennen, die zur Bildung der Symptome des Kindes und dessen beitragen, was wir »symptomatische Interaktionssequenz« genannt haben. Dieser Typ von Interaktionen nimmt sehr oft die problematischen Beziehungen mit den Objekten der Vergangenheit der Mutter wieder auf. Die Aktualisierung der vergangenen konflikthaften Beziehungen in der Interaktion mit dem Kind lassen diese als neurotische Symptome der Mutter-Kind-Beziehung erscheinen, die zur Ausbildung der Symptome des Kindes beitragen.

Melanie Klein hatte in ihrem Text zur Trauer und deren Beziehung zu den manisch-depressiven Zuständen (1972) bereits intuitiv erfasst, dass bei Eltern mit Verlust- und Trauerfällen eine solche Tendenz vorhanden ist. In ihrem Beispiel von Frau A., die wegen des Verlusts ihres Sohnes in Trauer ist, weist Melanie Klein auf die »Verschiebung« des Bildes ihres Bruders auf ihren Sohn hin. Dieser in der Kindheit verlorene Bruder war Objekt der Eifersucht der Patientin gewesen, was ihre Trauer konflikthaft gemacht hatte. Melanie Klein legt nahe, dass diese schlecht aufgelöste Trauersituation der Kindheit zur »Verschiebung« des Bildes des Bruders auf den Sohn von Frau R. beigetragen hatte. Die Trauer und die mit ihr einhergehenden Schuldgefühle seien bei Frau R. durch den Verlust ihres Sohnes reaktiviert worden.

Hinter solchen ungenügend verarbeiteten Verlusten eines »realen Objekts« in der Vergangenheit der Mutter stehen meist starke verleugnete Schuldgefühle, wie der Fall von Frau R. sehr deutlich zeigt.

1 Trauer der Eltern um ein Fantasieobjekt

Trauersituationen aufseiten der Eltern ergeben sich nicht nur als Folge des Verlusts eines realen Objekts, einer signifikanten Person ihrer Vergangenheit. Die Klinik der Eltern-Kind-Therapien zeigt uns, dass die Interaktionskonflikte meist auf der *Trauer um Fantasieobjekte* beruhen. Solche Eltern haben Schwierigkeiten, auf einen Elternteil oder auf Eltern zu verzichten, die sie *gerne gehabt hätten* (beispielsweise einen liebevolleren, weniger strengen, präsenteren, verfügbareren etc. Elternteil). Sie versuchen, für die eigenen Kinder das Gegenteil der Eltern zu sein, die sie selbst gehabt hatten. Sie haben das Gefühl, unter ihren eigenen Eltern oder zumindest unter bestimmten ihrer Aspekte zu leiden (Kälte, Strenge, Abwesenheit, Distanz etc.). Sie wollen ihren Kindern Gefühle dieser Art um jeden Preis ersparen, was zu Konflikten mit ihnen führt; typische Beispiele hierfür sind Hyper-Nachsichtigkeit und Überfürsorglichkeit, die ein narzisstisch-despotisches Kind erzeugen.

2 Narzisstischer Funktionsmodus der Eltern und Schwierigkeiten bei der Trauerarbeit

In den Fällen, die schlechte Indikationen für Kurzpsychotherapien darstellen, scheinen die projektiven Identifizierungen der Eltern näher an der klassischen Projektion zu liegen. Die projektiven Identifizierungen sind hier wirkliche Abwehrmechanismen mit einer starken *Ausstoßungs*komponente. Aus diesem Grund trifft der Psychotherapeut auf große Schwierigkeiten, wenn die negativen und verfolgenden Objektbilder aus der Vergangenheit der Eltern oder von ihnen selbst als Kind herausgearbeitet werden sollen, mit denen sie ihr Kind identifizieren. Es handelt sich um pathologische projektive Identifizierungen, die stark aggressiv aufgeladen sind und das Bild des Kindes negativ verformen; diese Deformation ergibt sich aus der abführenden Ausstoßung in das Kind, die diesen Mechanismus charakterisiert. Die Projektion der aggressiven Triebe auf das Kind trägt dazu bei, dass diese Eltern dem Kind gegenüber mehr oder weniger bewusste paranoide Befürchtungen haben.

Bestimmte Eltern projizieren ein sehr idealisiertes Bild (eines Elters oder von sich selbst als Kind), mit dem sie sich über einen Annexionsmodus in einer narzisstischen Allmachtsfantasie identifizieren. Diese Fantasien können zu Verschmelzungsfantasien symbiotischen Typs werden. Ein solcher Typ narzisstischer oder symbiotischer Fantasien zielt darauf, andere projektive Identifizierungen, die stark mit destruktiver, sehr gefürchteter Aggressivität aufgeladen sind, beiseite zu schieben und zu verleugnen, denn das Kind wird zum Träger enormer infantiler Ansprüche gegenüber den eigenen Eltern. Verwerfung und Verleugnung solcher Ängste mittels der stark idealisierten Beziehung, die durch die narzisstischen Fantasien forciert wird, schränken die Möglichkeiten des Austauschs mit dem Kind stark ein und tragen zur Störung seiner Entwicklung bei. Mit anderen Worten: Projektive Identifizierungen, die das Kind annektieren, gehen oft mit ausstoßenden projektiven Identifizierungen einher. Innerhalb der Eltern-Kind-Beziehung zielt der annektierende Aspekt der projektiven Identifizierung darauf ab, den Interaktionskonflikt und insbesondere die paranoide Angst aufzuheben, die durch die projektivausstoßenden Tendenzen des Elters auf das Kind erzeugt werden.

Bei Eltern mit vorherrschend narzisstischer Funktionsweise hat der Therapeut große Schwierigkeiten, bewusste Spuren der Verlust- und Trauersituationen aufzufinden, die sie in den früheren Beziehungen zu ihren eigenen Eltern wahrscheinlich erlebt haben. Die pathologischen projektiven Identifizierungen auf das Kind ermöglichen es diesen Eltern, Gefühle von Mangel, Trauer, psychischem Schmerz und vor allem Schuldgefühle gegenüber ihren eigenen Eltern in das Kind auszustoßen.

Im Gegensatz zum weiter oben beschriebenen Typ beeinträchtigt diese Projektionsform die gesamte Persönlichkeitsorganisation des Kindes mehr oder weniger schwerwiegend.

III   Die Deutung »anaklitischer« oder »ödipaler« Projektionen

Wir haben nun die projektiven Identifizierungen narzisstischen, annektierenden und ausstoßenden Typs diskutiert. Betrachten wir jetzt, wie man diese Projektionsformen auch anhand des Objektbeziehungsmodus beleuchten kann, dessen Dimension von der anaklitischen Beziehung bis zur ödipalen Triangulierung reicht.

Auf diesem Kontinuum kann die Besetzung der Objekte durch die Eltern deutlich variieren. Auf der einen Seite finden wir die »Bindungs«-Objekte, wie man sie mit Bowlby (1978, 1984) nennen könnte, die anaklitisch besetzt werden und ein Gefühl von »Sicherheit« vermitteln (Sandler 1960). Hier geht es um Objekte, deren Verlust als eine Bedrohung erlebt wird, die Angst erzeugt und Aggressivität weckt. Das bedeutet, dass sich die Konflikte mit diesem Typ von Objekten im Bereich der Trauer und der depressiven Position bewegen.

Der andere Besetzungsmodus der Objekte hängt demgegenüber mit der infantilen Sexualität zusammen. Die sich hieraus ergebende Konfliktthematik ist ödipalen Typs. Je nach unterschiedlichem Ausgang des Ödipuskomplexes transportieren die auf das Kind projizierten Objekte auch unterschiedliche Fantasiemodalitäten, je nach dem, ob es sich um ein inzestuöses, ein rivalisierendes oder um ein Über-Ich-Objekt handelt.

Wir neigen in den Kurzpsychotherapien dazu, in unseren Deutungen an die Adresse der Eltern den projektiven Identifizierungen »anaklitischen« Typs den Vorzug zu geben, mit denen die ungenügend verarbeiteten Trauersituationen ihrer Vergangenheit sichtbar gemacht werden können. Wir geben auch ödipale Deutungen, die bei den Patienten aber oft größere Widerstände produzieren. Diese Widerstände gehen einerseits auf das ödipale Über-Ich der Eltern zurück, das sie unter Druck setzt, Deutungen zurückzuweisen, die inzestuöse oder Rivalitätsfantasien in Bezug auf ihr Kind aufgreifen. Andererseits können diese Widerstände auch daher kommen, dass diese Art von Deutung bei den Patienten eine Tendenz zur Ausbildung einer Übertragung ödipalen Typs mobilisiert. Dieser Übertragungsmodus verwandelt sich leicht in einen Übertragungswiderstand, der eine Eltern-Kind-Kurzpsychotherapie schwierig macht, denn dessen Deutung birgt das Risiko, mit dem betroffenen Elternteil in den Prozess einer Langzeitpsychotherapie einzutreten.

Treten solche Widerstände auf, wenden wir Deutungsformeln an, die Begriffe »anaklitischer« Fantasien verwenden, um den Eltern etwas zu ihrer ödipalen Problematik zu sagen. Dies ist der Fall, wenn Eltern inzestuöse Fantasien in Bezug auf ihre Kinder gedeutet werden sollen, wobei wir die entsprechenden Wünsche einer Mutter dann beispielsweise in die Worte fassen, sie wolle zu ihrem Sohn eine »sehr nahe und ausschließliche Beziehung« haben.

Formulierungen dieser Art erzeugen bei den Eltern viel weniger Widerstände gegen Deutungen, denn der Widerstand ist bei Kurzpsychotherapie ja die Hauptschwierigkeit. Im Übrigen ist es so, dass die Deutungen für Dynamiken anaklitischen Typs die des ödipalen Konfliktbereichs implizit enthalten. Inzestfantasien zielen, wie soeben gesehen, auf Ausschließlichkeit der Beziehung zum Liebesobjekt. Innerhalb der ödipalen Konfliktdynamik geht eine solche Beziehung zu Lasten des ausgeschlossenen Dritten. In der ödipalen Triangulierung ist das rivalisierende Objekt für das Subjekt eine Bedrohung in Richtung auf Verlust des Liebesobjekts durch Ausschluss aus der Beziehung zu ihm. Dies zeigt, dass unter der ödipalen Thematik eine Problematik anaklitischen Typs liegt. Sie kann mit Begriffen gedeutet werden, die die Fantasien dieses letzteren Typs explizit machen.

Derartige Überlegungen treffen auch für die oft problematische Deutung der ödipalen Rivalität eines Elternteils gegenüber seinem Kind zu. Die Widerstände des Elters entstehen in einem solchen Falle leicht aus der Schwierigkeit (insbesondere der Mütter), sich einzugestehen, dass sie ihrem Kind gegenüber aggressive Gefühle haben könnten. Stehen wir der ödipalen Rivalität eines Elternteils mit seinem Kind gegenüber, neigen wir deshalb eher dazu, dem Elter die realen oder phantasmatischen Beziehungen zu zeigen, die er zu *verlieren* fürchtet, als die Aggressivität, die er dem Kind gegenüber empfindet, das als Rivale erlebt wird, der für die eigenen Verlustängste verantwortlich ist. Bei der Ankunft eines Kindes weisen wir beispielsweise einen Vater eher auf die Gefühle hin, die Beziehung, die er bis dahin zu seiner Frau gehabt hatte, verlieren zu können, als auf die Aggressivität, die er dem Kind gegenüber verspürt, das als ödipaler Rivale erlebt wird (nach dem Vorbild dessen, was er mit seinem Vater oder jüngeren Bruder möglicherweise bereits erlebt hatte).

Diese klinischen Beobachtungen führen uns zu der Überlegung, dass Deutungen in Begriffen von Verlust oder Trennung dazu führen können, dass die ödipale Problematik eines Elternteils mit seinem Kind mobilisiert wird sowie weiterentwickelt und durchgearbeitet werden kann, ohne dass der ödipale Fantasiebereich (Inzest und Rivalität zwischen Elter und Kind) direkt und explizit gedeutet werden müsste.

IV Die Rolle des Vaters und die Rolle des Dritten

In der psychotherapeutischen Arbeit mit Eltern und Kleinkindern stellen wir fest, dass die Projektionen der Väter auf die Babys denen der Mütter sehr ähnlich sind, wie am Beispiel Sandras gezeigt wurde. In diesem Fall hatte der Vater in Bezug an seine Tochter Erwartungen an Liebe und Zärtlichkeit, die denen Martines – der Mutter – sehr ähnlich waren. Väter produzieren also ebenso sehr Projektionen »anaklitischen« Typs wie Projektionen ödipaler Objekte. Dieser Befund ermöglicht uns, die Rolle des Vaters für die psychische Entwicklung des Kindes im Lichte der Eltern-Kind-Psychotherapien neu zu durchdenken.

Unter dem Einfluss lacanianischen Gedankenguts haben verschiedene theoretische Strömungen in der Psychoanalyse dem Vater die Funktion zugeschrieben, er setze symbiotischen Fantasien von Mutter und Kind Grenzen. Schwangerschaft und Stillzeit enthalten in der Tat eine physische Materialisierung, die das Auftauchen von Verschmelzungsfantasien bei der Mutter begünstigt. Infolgedessen wird der Vater angesichts der Intimität zwischen Mutter und Neugeborenem eher Gefühle von Ausgeschlossenheit und Eifersucht erleben, das heißt Gefühle, die zur ödipalen Konfliktebene gehören, auf der er die Rolle des ausgeschlossenen Dritten einnimmt. Die Erfahrung mit den Eltern-Kind-Psychotherapien zeigt uns eine Prädominanz anaklitischen Fantasien bei der Mutter, die die ganze Skala narzisstischer Fantasien abdecken und bis zu Symbiosefantasien reichen können. Anders ausgedrückt haben die Mütter aufgrund der biologischen Gegebenheiten von Schwangerschaft und Stillzeit eine größere Tendenz als die Väter, sich als das Objekt zu erleben und sich mit dem Objekt zu identifizieren, das das Überleben des Neugeborenen sicherstellt. Infolgedessen richten sie eher Projektionen anaklitischen oder narzisstisch-symbiotischen Typs auf das Kind als Projektionen, es handele sich bei ihm um ein rivalisierendes Objekt. Dies erklärt, warum wir bei Kleinkindern und Neugeborenen häufig nur mit Mutter und Baby arbeiten (und seltener mit dem Vater).

Man sollte gleichwohl nicht vergessen, dass auch die Väter in der Beziehung zu ihren Kindern mehr oder weniger intensive anaklitische oder symbiotische Fantasien haben, insbesondere solange diese noch Babys sind. Fantasien dieser Art stehen mit Verlusterlebnissen aus ihrer Vergangenheit in Zusammenhang, deren Verleugnung sie mithilfe massiver »annektierender« projektiver Identifizierungen auf ihr Kind versuchen können. Wir finden daher, dass die Klinik der Beziehungen zwischen Eltern und Kleinkindern zeigt, dass die »Rolle des Dritten«, der Symbiosefantasien den Weg versperrt, nicht allein dem Vater zukommt, weil solche Fantasien nicht ausschließlich Angelegenheit der Mutter sind. Die »Rolle des Dritten« wird von jedem der beiden Eltern gegenüber einer zu ausschließlichen Beziehung des anderen Elternteils gegenüber einem Kind gespielt.

Zusammenfassend kann bestätigt werden, dass der Vater angesichts der engen Beziehung zwischen Mutter und Neugeborenem leichter Gefühle von Ausgeschlossenheit entwickeln kann. In jedem Fall werden trianguläre Situationen dadurch aufrechterhalten, dass jeder der beiden Elternteile sowohl zum Kind wie zum jeweils anderen Elternteil eine kontinuierliche Besetzung vornimmt. Die Besetzung, die von jedem Elternteil sowohl auf seinen Partner wie auf das Kind gerichtet wird, ist es, die die exklusive dyadische Beziehung zwischen zwei Mitgliedern der triangulären Situation konflikthaft und schwer haltbar macht (angesichts der »Rolle des Dritten«). Die zweiseitige Besetzung garantiert den Zugang des Kindes zur ödipalen Situation. In diesem Sinne ist die zweiseitige Besetzung ein Garant guten psychischen Funktionierens und ihre Verstärkung eines der Ziele der Psychotherapie.

Kapitel XIV
Die Beiträge der Mutter zu den Identifizierungen

I Die strukturierende und die pathogene Rolle der Identifizierungsfunktion der Mutter

In den Arbeiten zur Entwicklung des psychischen Lebens und des Identitätsgefühls des Kindes konstatiert man große Divergenzen zwischen den Autoren, die die frühen Interaktionen zwischen Mutter und Baby untersuchen, und jenen, die sich auf Befunde der Psychoanalyse und der Psychotherapie mit Kindern oder Erwachsenen beziehen.

Die Hauptgründe dieser Kontroverse liegen in der Eigenart jeder dieser Methoden zur Säuglingsforschung. Die erstere beruht auf der direkten Beobachtung der Mutter-Kind-Beziehung und neigt zu der Auffassung, dass das Baby das Resultat einer Generalisierung der Erfahrungen mit der Mutter internalisieren wird, so wie sie real wahrgenommen wurden (Stern 1985, 1989). Diese Art Modell, wie es unter anderem von Stern vertreten wird, ist von sehr großer Kohärenz. Seine Logik ist der der kognitivistischen Modelle (Piaget) vergleichbar, berücksichtigt aber die Einwirkung früher Abwehrmechanismen des Kindes bei der Konstruktion seines Vorstellungslebens nicht genügend. Die Psychoanalytiker, die ihre Theorien auf der Grundlage von Rekonstruktionen erarbeiten, die im therapeutischen Prozess vorgenommen wurden, privilegieren demgegenüber tendenziell die Fantasiekreativität des Kindes. Obwohl sie den frühen Erfahrungen mit der Mutter große Bedeutung zumessen, untersuchen aber nur sehr wenige Analytiker gleichzeitig auch die frühen Interaktionen (Emde 1983, Lebovici 1983, Gauthier 1991). Erst in jüngerer Zeit berücksichtigen die Psychoanalytiker Fantasieentwürfe und elterliche Projektionen in ihrem Einfluss auf die psychische Strukturierung des Kleinkinds.

Eine dritte Perspektive wird uns durch die Erfahrung der Mutter-Kind-Psychotherapien geliefert, die uns Zugang zu mehreren Arten von Phänomenen und Deutungsebenen ermöglicht:
1.) Wir beobachten die Mutter-Kind-Interaktionen unmittelbar,
2.) gleichzeitig deuten wir Projektionen der Mutter auf das Baby in Abhängigkeit von ihrer psychischen Funktionsweise und infantilen Neurose;
3.) simultan dazu werden wir Zeugen der strukturierenden und defensiven Verarbeitung der projektiven Identifizierungen der Mutter durch das Kind.

Die Qualität der projektiven Identifizierungen der Mutter können von uns danach differenziert werden, ob sie für die psychische Entwicklung des Babys strukturierend oder pathogen sind. Haben sie eine im Wesentlichen »empathische« Funktion in Bezug auf die Bedürfnisse des Kindes, fördern diese Projektionen dessen Fähigkeiten, seine Interaktionen mit der Mutter und der Umgebung im Allgemeinen zu organisieren. Gleichzeitig stellen wir fest, dass diese »empathischen« projektiven Identifizierungen eine mehr oder weniger zwingende Wirkung ausüben und das Baby dahin drängen, sich mit den durch sie beförderten Bildern aus der Vergangenheit des Elters zu identifizieren. So organisiert das Baby seine eigenen Abwehrmodi, die den Ausdruck seiner Triebe filtern, indem es die Beziehungs- und Interaktionsthemen, die durch die mütterlichen Projektionen eingeführt werden, aufgreift, nuanciert oder auch transformiert.

In den schwersten pathologischen Fällen haben diese projektiven Identifizierungen der Mutter einen ausgeprägt narzisstischen und Ausstoßungscharakter und üben auf die Bedürfnisse des Babys und auf das Bild, das die Mutter sich von ihm macht, eine deformierende Wirkung aus, die das Kind zu radikaleren Abwehrbemühungen veranlasst. Die sehr konflikthaften Interaktionen, die sich aus solchen pathologischen Ausstoßungsprojektionen der Mutter ergeben, haben pathogene Auswirkungen auf die gesamte psychische Funktionsweise des Kindes.

Die Entwicklung der Identifizierungen des Babys wird von einem grundlegenden Paradox begleitet. Man beobachtet die mehr oder weniger entfremdende Einwirkung der mütterlichen Projektionen und simultan dazu die Bemühungen des Kindes, diese zu integrieren, um ein authentisches Identitätsgefühl aufbauen zu können. Die ganze Zukunft des Kindes hängt dann von dieser Gratwanderung zwischen den entfremdenden Identifizierungen – die gutartig oder aber sehr deformierend sein können – und jenen ab, die sich aus einer Integration ergeben und zu einem authentischen Selbstgefühl führen.

1 Die »entfremdenden« Identifizierungen in den Theorien von Piera Aulagnier

Unsere Konzeption zum Einfluss der Bilder der Mutter, die über deren projektive Identifizierungen in das Kind transportiert werden, kommt den lacanianischen Begriffe des »Transitivismus«[31] und des »Komplexes«[32] nahe, die den Entfremdungsdruck hervorheben, der auf das Subjekt ausgeübt wird. Wir stellen fest, wie bestimmte Projektionen einen Zwang auf das Kind ausüben, der es dazu bringt, Objekte aus der Vergangenheit der Mutter zu reaktualisieren, wobei das Subjekt durch das Projekt der Mutter »entfremdet« wird.

Piera Aulagnier (1984) greift den Begriff der Entfremdung auf, die der Entwicklung des Subjekts innewohnt, und unterstreicht zwei Zeiten in diesem Prozess:

> »Erinnern wir nur daran, dass das Kind in einer ersten Phase der Existenz des gesprochenen *ich* [frz.: je] dem Wortführer weiterhin die Aufgabe überlässt, identifikatorische Wünsche zu formulieren, die seine Zukunft betreffen. [...] Zwar kann *ich* nur existieren, indem es sich Gedankeninhalte mit *Identifizierungsfunktion* zu eigen macht und besetzt, als deren Sender es sich erkennt, ohne zu wissen, dass es zunächst nur ein bloßer ›Wiederholer‹ der Rede des anderen gewesen war, aber es gibt für sein Funktionieren einen zweiten grundlegenden Augenblick, der von ihm fordert, den *zweiten Antizipationsakt* in eigene Verantwortung zu übernehmen, die anfangs in den Händen des Wortführers gelegen hatte«.

Formulierungen dieser Art kommen uns in der psychotherapeutischen Arbeit mit Müttern und Säuglingen sehr oft in den Sinn. Im Verlauf unserer Behandlungen werden wir Zeugen des aufkommenden Fantasielebens des Babys, das aus einer Bahnung hervorgeht, die durch die Projektionen der Mutter und die

---

31 Im »Spiegelstadium« (Lacan 1949), in dem das Bild der Mutter dem *ich* [klein geschrieben, im Französischen das gesprochene *je*. Anm. d. Üb.] des Kindes »Form verleiht«, stellt das, was Lacan »Transitivismus« nennt, ein »wirkliches Auffangen des Bildes des anderen« dar und führt zu einer »primären Identifizierung«.
32 Für Lacan (1966) stellt sich der »Komplex« als eine Konstellation von Bildern der Mutter dar, mit denen sich das Subjekt identifiziert, um das Drama ihrer Konflikte aufführen zu können; sie führen zu Verhaltensmodellen, die die sozialen Strukturen widerspiegeln.

Interaktionen determiniert ist, die sich aus den komplementären Identifizierungen der Mütter ergeben. Evident ist dies beispielsweise im Fall von Frau R. mit einer Schuld- und Trauerproblematik in Bezug auf ihren Vater, die mit dem Ausmaß ihrer phallischen Rivalitätsfantasien zu tun hat. Diese phallischen Fantasien waren von ihrer Tochter übernommen worden, als wir sie im Alter von dreieinhalb Jahren erneut untersuchten. Das Kind zeigte eine neurotische Problematik hysterischen Typs, dessen zentrale Konfliktthemen um Penisneid und phallische Allmachtsfantasien kreisen. Es war beeindruckend festzustellen, welche Bedeutung Fantasien dieser Art bei der Tochter angenommen hatten, die in den Konflikten ihrer Mutter mit deren Vater und Bruder so viel Raum eingenommen hatten, wie in der Therapie zwei Jahre zuvor aufgedeckt worden war. Damals waren phallische und Kastrationsfantasien auch im Austausch zwischen Mutter und Tochter zentral gewesen, als die Mutter fürchtete, ihre Tochter könne sterben, sich insbesondere aber am Kopf verletzen, was zu Interaktionsmodi geführt hatte, in denen die Abwehrtaktiken der Mutter gegenüber ihren eigenen intrapsychischen Rivalitätskonflikten zum Ausdruck kamen (siehe Kapitel IX).

2 Die Identifizierungsfunktion der Mutter in den Mutter-Kind-Psychotherapien

Die projektiven Identifizierungen von Imagines aus der Vergangenheit und von Aspekten ihrer selbst als Kind ermöglichen der Mutter, sich bereits vor der Geburt oder gar der Empfängnis mit ihrem Kind zu identifizieren. Aber diese Identifizierungsfunktion der Mutter beschränkt sich nicht auf das Bild des Kindes, und dies umso mehr als dieses Bild nicht nur eine einfache Vorstellung ist, die sich die Mutter von ihrem Kind macht. Es ist das Ergebnis einer Gesamtheit von projektiven Identifizierungen, die verschiedene Triebe zum Kind hin befördern und zu Konflikten oder gar Symptomen führen können (um Ernährung, Schlaf, Verhalten, Eifersucht etc.). Diese projektiven Identifizierungen bestimmen also Beziehungs- und Interaktionsthemen (»Sie tut mir weh«, »er ist cholerisch« etc.) und Konfliktzonen (»Sie isst zu viel« oder »zu wenig«, »er hat Angst, wenn er schlafen gehen soll« etc.).

Solche projektiven Identifizierungen gehen mit den grundlegenden Identifizierungen dessen einher, was man die »Elternfunktion« nennt, die sich – wie oben dargestellt – von der Adoleszenz an in evidenter Weise zu manifestieren beginnt. Entsprechende projektive Identifizierungen nuancieren sich dann oder verändern sich sogar je nach den Umständen von Schwangerschaft, Geburt, Entwicklung und Charakteristika des Kindes und des Elternpaares.

Unsere Herausarbeitung der »symptomatischen Interaktionssequenz« ist eine Illustration der Inszenierung von Konflikten auf der Handlungsebene, die auf projektiven Identifizierungen auf das Baby und auf komplementären Identifizierungen aufseiten der Mutter beruhen (siehe dazu das »Du hast mich gekratzt« zwischen Martine und Sandra oder auch das Verhalten von Frau R., die den Ball unter den Tischen herausholt, um zu verhindern, dass sich ihre Tochter dabei den Kopf anschlägt, etc.). Wir achten in der psychotherapeutischen Situation wegen ihrer pathogenen Rolle natürlich besonders auf symptomatische Interaktionssequenzen, es muss aber unterstrichen werden, dass wir demgegenüber auch sehr oft die strukturierende und reifungsfördernde Rolle der Projektionen und ihrer Umsetzung in Handlungen sehen.

Wir möchten zunächst die strukturierenden Aspekte der »empathischen« projektiven Identifizierungen näher darlegen, deren – mit den projizierten Bildern zusammenhängende – libidinöse Aufladung die Kommunikation ermöglicht, die Identifizierung und das Erkennen einer gewissen Reihe von Charakteristika, die dem Kind eigen sind. Anschließend werden wir die pathogene Wirkung der narzisstischen projektiven Identifizierungen beschreiben, deren Ausstoßungscharakter und starke aggressive Aufladung dazu führen, dass die Mutter das Baby tendenziell sehr rigide mit den Eigenschaften des Objekts oder jenen Aspekten ihrer selbst identifiziert, die sie auf das Kind projiziert.

Die jeweiligen Proportionen zwischen dem, was von den Eltern als dem Baby intrinsisch und eigen anerkannt wird, und dem, was ihm durch die Rigidität ihrer projektiven Identifizierungen »auferlegt« wird, werden für das psychische Gleichgewicht des Kindes determinierend sein. Nachwirkungen der Besonderheiten dieses Gleichgewichts werden wir auf der Ebene der Identifizierungen des Kindes und also beim Aufbau seines gesamten Identitätsgefühls antreffen.

II Die Rolle der »externalisierenden« und »empathischen« projektiven Identifizierungen bei der Entwicklung des kindlichen Identitätsgefühls

Die »externalisierenden« und »empathischen« projektiven Identifizierungen haben das Ziel, der Mutter auf dem Weg über das Kind die Wiederherstellung von Verbindungen zu Objekten ihrer Vergangenheit zu ermöglichen. Unter solchen Umständen empfängt das Kind das Erbe der libidinösen Besetzungen, die bei den inneren Objekten der Mutter deponiert waren. Diese besondere Besetzung von Seiten der Mutter kann mehr oder weniger »zwingend« sein und das Kind dazu drängen, sich mit den Objekten oder den Aspekten ihrer selbst zu identifizieren, die die Mutter auf es projiziert, wie wir in der Mehrzahl unserer klinischen Beispiele feststellen konnten. In den Konsultationen sehen wir beim Baby die Tendenz, die projektiven Identifizierungen der Mutter »passiv« – so kann man sagen – zu übernehmen, beispielsweise bei einem einige Monate alten Baby, das auf wütende und fordernde Weise weint und damit die Übernahme der Rolle des cholerischen Vaters vollzieht, den die Mutter gehabt hatte. Ein anderes Baby zeigt Schwierigkeiten, an der Brust zu trinken und sich zu ernähren, womit es die projektive Identifizierung einer Mutter annimmt, die in ihrer Kindheit und Jugend Anorexie-Probleme gehabt hatte. Es ist beeindruckend festzustellen, mit welcher Präzision das Kind bisweilen die Vorstellung oder die Vorstellung*en* reproduziert, die die Mutter von bedeutsamen Objekten ihrer Vergangenheit oder auch von Aspekten ihrer selbst als Kind liefert, insbesondere in den »symptomatischen Interaktionssequenzen«.

1 Der »zwingende« Druck der projektiven Identifizierungen der Eltern

Die Identifizierungsfunktion der Mutter löst im Kind *zwei* Identifizierungsaktivitäten aus. Wir stellen zum einen fest, dass das Kind die Tendenz hat, die Identifizierungen mit den Objekten oder den Aspekten ihrer selbst, die die Eltern auf es projizieren, zu übernehmen und sich zu eigen zu machen, obwohl dies bestimmte Konflikte und zuweilen gar Symptome mit sich bringt. Das Baby sichert sich damit gleichzeitig aber eine starke libidinöse Aufladung, die ihm die »Bindung« seiner Eltern garantiert, insbesondere die der Mutter. Diese libidinöse Besetzung erhält das Baby, indem es in identifikatorischer Weise den Imagines gerecht wird, die ihm über die »externalisierenden« projektiven Identifizierungen der Eltern zugetragen werden. Eine solche libidinöse Besetzung trägt also zur Identifizierung der Bedürfnisse des Babys und seiner authentischsten triebhaften und affektiven Äußerungen durch den Elter bei. Dies wiederum ermöglicht es dem Kind, sich mit den empathischen Aspekten der Mutter zu identifizieren, was beim Kind einen Beitrag zum Aufbau des Gefühls leistet, »Agent« des eigenen psychischen Lebens zu sein.

2 Das frühe Identifizierungsparadox, durch die gemeinsamen Therapien evident gemacht

Die gemeinsamen Therapien ermöglichen uns, »direkt« – könnte man sagen – und simultan die zwei Zeiten der mütterlichen Identifizierungsfunktion zu beobachten, wie sie die oben zitierte Piera Aulagnier beschrieben hat. Am Beginn des psychischen Lebens scheint alles so abzulaufen, als ob das Baby nur zum Preis einer »Konzession an entfremdende Identifizierung« – also durch seine Anpassung an bestimmte Aspekte des Fantasielebens der Mutter – seine eigene Funktionsweise würde entwickeln und das Gefühl erwerben können, die Mehrzahl der Interaktionen mit der Mutter zu kontrollieren, zu beherrschen, zu reparieren etc. (Tronick/Cohn/Shea 1986; Tronick/Gianino 1986). Die Tochter von Frau R. zeigt in ihrer Hemmung, aus Angst vor einer eventuellen Kopfverletzung den Ball unter den Möbeln herauszuholen, eine Form der Identifizierung mit dem Bild ihres »am Kopf beschädigten« Großvaters, das in der projektiven Identifizierung enthalten ist, die die Mutter auf sie richtet. Durch diese Identifizierung erhält das Kind einen Betrag an Aufmerksamkeit und Interesse von Seiten ihrer Mutter, unter anderem beispielsweise für ihre Leistungen im Fußball, die sie in der Sitzung an den Tag legt, oder auch für ihre Sprache (die die Mutter im Falle eines Fehlers der Tochter korrigiert und ihr den korrekten Satz liefert, aber fast automatisch, also ohne Penetranz oder Intrusion). Dies zeugte von der konstanten Aufmerksamkeit dieser Mutter für ihre Tochter, obwohl sie doch gleichzeitig damit beschäftigt war, mit dem Therapeuten zu sprechen. Eine solche Besetzung von Seiten der Mutter scheint zur Entwicklung von Sprache und Symbolisierungsfähigkeit des Mädchens beigetragen zu haben, die auch in der katamnestischen Untersuchung zwei Jahre später noch andauerte (siehe Kapitel IX).

Die Identifizierungsprozesse folgen beim Kleinkind also zwei Wegen. Die authentische Entwicklung der frühen Identifizierungen und des kindlichen Identitätsgefühls, das auf dem Erleben beruht, »Agent« des eigenen psychischen Lebens zu sein, vollzieht sich zeitgleich mit und dank partiellen und umschriebenen Identifizierungen mit entfremdendem Charakter. Das Baby scheint sein Fantasieleben und seine frühen Identifizierungen also anfangs aus einer Spur heraus aufzubauen, die durch die »externalisierenden« projektiven Identifizierungen der Mutter gebahnt worden waren. Dies beinhaltet eine gewisse Dimension von Entfremdung, die mit den Fantasien der Eltern zusammenhängt: »Man ist immer jemandes Kind«, könnte man sagen, »denn das macht es möglich, ein Kind für jemanden zu sein« (der die charakteristischen Eigenschaften des Kindes erkennen und identifizieren kann).

Auf diese Weise tragen die Identifizierungen des Kindes mit den inneren Objekten oder Selbst-Aspekten, die die Mutter auf es projiziert, zum Aufbau dessen bei, was die psychoanalytischen Autoren als Fähigkeit zu Empathie (Kohut 1974), zu *holding* (Winnicott 1975) und mütterlicher »Rêverie« (Bion 1962) beschrieben haben. Dies beruht auf dem Umstand, dass die Mutter die spezifischen Bedürfnisse des Babys auf dem Weg über Bilder aus ihrer Vergangenheit besetzt, die sie auf das Kind projiziert. Dies kann sich dann mit seiner Mutter als einem Objekt identifizieren, das eigene Triebwünsche und affektive Bedürfnisse »enthält«, aber auch fähig ist, die eventuell dazugehörige Angst zu transformieren. Dies führt im Kind schließlich zum Aufbau eines eigenen strukturierenden Prozesses von »Internalisierung« und »Externalisierung« (Begriffe, die denen der Reintrojektion und Projektion vorzuziehen sind, da sie umfassender sind und nicht unbedingt Pathologisches bezeichnen). Dieses neue Identitätsgefühl, das über die Identifizierungen mit den libidinösen Aspekten der Mutter entwickelt wird, ermöglicht es dem Baby, sich mit den negativen Affekten zu konfrontieren, die durch Erlebnisse von Trennung und Verlust oder von Frustration durch die Mutter ausgelöst werden. Schritt um Schritt kann das Kind dann versuchen, diese schwierigen Affekte durch Entwicklung seiner Ich-Funktionen und seines mentalen und symbolischen Lebens zu überwinden.

3 Die Identifizierungen als Ausdrucksform früher Fantasien

Die Mutter-Kind-Psychotherapien zeigen uns, dass das Baby, wenn es bestimmte mütterliche Funktionen positiv besetzt, dazu tendiert, sich mit einem Objekt diesen Typs zu identifizieren und auf diese Weise seine eigenen Funktionen zu entwickeln (Funktionen dieser Art sind beispielsweise die von Anzieu 1985 beschriebenen umhüllenden und nährenden Funktionen des Haut-Ichs oder die »intrakorporellen Identifizierungen« von Haag 1991). Es handelt sich also um Repräsentanzen, die automatisch in Identifizierungen überführt werden. Diese Identifizierungen und die darin beförderten Funktionen finden ihren ersten Ausdruck in den realen Interaktionen mit der Mutter, zu deren Bereicherung und Weiterentwicklung diese Identifizierungen wiederum beitragen. Die Gefühle von Kontrolle, Beherrschung und Reparation der Interaktionen mit der Mutter, die Tronick, Cohn und Shea (1986) für das Baby beschrieben haben, sind Funktionen, die das Baby auf der Grundlage von Identifizierungen mit den libidinös besetzten mütterlichen Funktionen aufgebaut hat. Solche Identifizierungen spielen beim frühen Aufbau des Gefühls, Agent seines eigenen psychischen Lebens und der Interaktionen mit der Mutter zu sein, eine ganz wesentliche Rolle. Golse (1990) weist auf frühe Formen von Symbolisierung im Verhalten des Babys hin, die in Gegenwart der Mutter auftreten.

Nach Pinol-Duriez (1984) sind die organisierten Aktivitäten des Babys in den ersten Monaten Frühformen von Vorstellungen (»Protorepräsentanzen«), die noch nicht versprachlicht sind. Diese Aktivitäten im Ausdruck und in der Kommunikation über Gesten lassen deutlich werden, dass zu Beginn des Lebens Kommunikation und Vorstellung zusammenfallen. Anders formuliert manifestieren sich diese »Protorepräsentanzen« des Babys in den Identifizierungen mit den libidinösen und empathischen Charakteristika seiner Mutter ihm gegenüber; diese Identifizierungen fördern die Entwicklung des Kindes und die Qualität der Kommunikation mit der Mutter. Wie wir im Folgenden sehen werden, haben Identifizierungen des Babys mit den frustrierenden und zurückweisenden Aspekten der Mutter die gegenteilige Wirkung, das heißt die einer mehr oder weniger starken Einschränkung der Entwicklung des Kindes sowie der Quantität und Qualität der Interaktionen mit der Mutter.

III Ausstoßende und deformierende projektive Identifizierungen der Eltern: Frühe Identifizierungsstörungen des Kindes

Wenn die Eltern projektive Identifizierungen mit Ausstoßungscharakter und voll aggressiver Aufladung vornehmen, werden die Eltern-Kind-Interaktionen tendenziell sehr problematisch. Diese Interaktionen werden besonders konflikthaft, wenn die Eltern sich komplementär mit aggressiven, zurückweisenden, feindseligen etc. Elternimagines identifizieren. In diesen Fällen wird die Funktionsweise des Kindes durch die Eltern in globaler, massiver und rigider Form mit den negativen Eigenschaften der Objekte oder von Aspekten ihrer selbst identifiziert, die sie auf das Kind projizieren. Beispielsweise projizierte Frau C. in dem Fall, der die Grenzen der Mutter-Kleinkind-Psychotherapien verdeutlichte, ihre eigenen, aggressiv stark aufgeladenen kindlichen Ansprüche, die sie fürchtete und verdrängte, auf ihre Tochter. Dies trieb die Tochter dazu, sich mit den Aspekten ihrer »indifferenten« eigenen Mutter zu identifizieren, die in ihrer Kindheit und besonders in ihrer Adoleszenz soviel Aggressivität ausgelöst hatte (»Identifizierung mit dem verfolgenden Elternteil«, siehe Kapitel XII).

In den Fällen, in denen die Eltern-Kind-Interaktionen offen konflikthaft sind, empfindet das Kind vorwiegend negative Affekte. Das Baby wird versuchen, diese Affekte zu modifizieren oder sie eher durch Abbruch der Interaktionen als durch deren Internalisierung zu annullieren. Es ist von fundamentaler Bedeutung hervorzuheben, wie Emde (1989) dies tut, dass das Kind versucht, die negativen Affekte verschwinden zu lassen, zu annullieren oder zu transformieren, während es die positiven Affekte aufrechtzuerhalten und zu verlängern sucht. Aus diesem Grund finden Verinnerlichungen der Mutter-Kind-Interaktionen vor allem in einem affektiven Kontext statt, in dem Befriedigung und Lust vorherrschend sind. In einem Klima mit überwiegend negativen Affekten geht die Tendenz des Kindes dagegen in Richtung Abbruch der Interaktion, um die belastenden Affekte zu neutralisieren. Mit anderen Worten: Nicht auf jede Art von Eltern-Kind-Interaktion folgt notwendigerweise deren Verinnerlichung. In Fällen dieser Art ist die korrigierende Wirkung der Containment-Funktion der Mutter lahmgelegt.

1 Verzerrungen der Interaktion zwischen Mutter und Baby

In dem hier beschriebenen konflikthaften Beziehungskontext erhält das Kind nicht genügend libidinöse Besetzung, um seine eigenen triebhaften und affektiven Bedürfnisse als anerkannt empfinden zu können. Ganz im Gegenteil kann es die negativen projektiven Identifizierungen der Eltern nur erleiden – passiv erdulden –, was mit einem schlechten Selbstbild einhergeht, da diese Projektionen von negativen Gegenhaltungen der Mutter begleitet sind. Infolgedessen wird das Kleinkind dazu neigen, seine Initiativen und Aktivitäten als für die Mutter inakzeptabel zu erleben. Es wird die Fantasie entwickeln, seine spontanen Bedürfnisse und Bewegungen seien aggressiv geladen, was auf längere Sicht Schuldgefühle erzeugen wird. Die Schwierigkeit, diese negativen Affekte zu ertragen, führt zu einer Tendenz zu Verdrängung und Verleugnung dieser Erlebnisse, was sich in eine Hemmung spontaner Äußerungen des Kindes umsetzen wird. Im Falle Sandras (siehe Kapitel IV) steht die Hemmung des Babys in den ersten Sitzungen in Beziehung zur negativen Gegenhaltung seiner Mutter, die wiederum eine Frucht der aggressiv aufgeladenen projektiven Identifizierung war, die sie auf ihre Tochter gerichtet hatte; die Hemmung wurde im Lauf der Mutter-Kind-Therapie aufgehoben. Tronick und Gianino (1986) weisen daraufhin, dass die Babys depressiver Mütter mit aggressiver Haltung im Lauf der Zeit Gefühle von Unvermögen und mangelndem Zutrauen in ihre Eigeninitiative entwickeln, die zu Apathie und Traurigkeit führen, wie Sandra sie innerhalb der Interaktionen mit Martine, die von letzterer als aggressiv aufgefasst wurden, zu entwickeln im Begriff war.

Von der Interaktion her betrachtet tritt beim Baby dann eine Tendenz zur »Abwendung« von der Mutter auf, verbunden mit einer mehr oder weniger starken Verringerung der affektiven Kontakte mit anderen signifikanten Personen der familiären Umgebung. Diese Einschränkung der positiven affektiven Austauschprozesse zieht eine Unsicherheit auf der Ebene der Introjektionsprozesse mit einer Zunahme der Projektionstendenzen nach sich. Der Fall Diane (siehe Kapitel XII) macht diese »Abwendung« des Kindes von seiner Mutter und von Personen der Umgebung sehr gut sichtbar. Die signifikanten Einengungen positiven Austauschs mit der Mutter schlagen sich in gewichtigen Einschränkungen in den Internalisierungsprozessen und also dem mentalen Leben dieses Babys nieder. Mit vier Jahren waren Dianes Symbolisierungsfähigkeiten sehr eingeschränkt und ihre intellektuelle Leistungsfähigkeit unterhalb der Norm.

2 Frühe Identifizierungsstörungen beim Kleinkind

Wenn der Entfremdungsdruck der rigiden und ausstoßenden projektiven Identifizierungen der Eltern auf das Kind sehr stark ist, wird das Kind zunächst versuchen, diese Projektionen wie im Falle der »externalisierenden« projektiven Identifizierungen einfach anzunehmen. Da die Imagines der mütterlichen Projektionen im Allgemeinen ebenso negativ sind wie die Gegenhaltungen, die dem Kind gegenüber eingenommen werden, wird es auf lange Sicht aber die Tendenz entwickeln, alles zurückzuweisen, was von der Mutter kommt. Dies trägt dazu bei, dass die Identifizierungen und ganz allgemein die innere Welt des Kindes dazu tendieren werden, gegenüber den äußeren Austauschprozessen eine relative Autarkie einzunehmen.

Das Wesen der inneren Objekte entscheidet dann über das Schicksal der Identifizierungen. Diese werden sich nicht so vollziehen wie bei den oben erwähnten Kindern mit mehr oder weniger idealisierten Objekten oder Selbstanteilen aus der Vergangenheit der Mutter – wie dies bei Olafs Grandiosität der Fall war (siehe Kapitel X), dessen Äußerungen von

Allmachtsfantasien mit den projektiven Identifizierungen der infantilen Grandiosität der Mutter zu tun hatten. Ganz im Gegenteil werden sich die leichter evident zu machenden Identifizierungen an den idealisierten oder idealisiert-verfolgenden Objekten vollziehen, die mittels pathologischer Abwehrmechanismen konstruiert wurden: durch Spaltung, aber auch über Idealisierung, Projektion, projektive Identifizierung etc. Auf dem Weg über die pathologische projektive Identifizierung fantasiert das Kind, die idealisierten inneren Objekte zu »annektieren«, die es im Dienste der Abwehr erarbeitet hat. Dies ermöglicht ihm, zum Bild eines grandiosen Selbst zu finden, mit dem es Erleben von Verzweiflung und Verfolgung abwehren kann, also die Früchte der Ausstoßung der exzessiven Aggressivität durch projektive Identifizierung, wobei die Aggression durch die Frustration der eigenen Bedürfnisse als Baby erzeugt worden war. Das Katamnesegespräch mit der vierjährigen Diane hat bei dem Kind jene pathologischen narzisstischen Fantasien herausarbeiten können, die mithilfe von Mechanismen »annektierender« projektiver Identifizierung idealisierter und verfolgender Objekte konstruiert worden waren. Auf Fantasien dieser Art kann von Kinderspielen aus geschlossen werden, bei denen dem Therapeuten mit Spielfiguren wilder Tiere Angst gemacht werden soll.

3 Negative Identifizierungen mit zurückweisenden und verfolgenden Elternobjekten

Die Allmachtsfantasien, die für diese Babys charakteristisch sind, wurzeln aber auch in anderen, kryptischeren und stärker maskierten Identifizierungsmechanismen. Es handelt sich um Identifizierungen, mit denen die als feindlich und vor allem als zurückweisend erlebten Aspekte der Mutter oder ganz allgemein der Eltern abgewehrt werden. Die »Verwandlung von passiv in aktiv« als archaischer Abwehrmechanismus, der für Freud (1915) zur narzisstischen Organisation des frühen Ichs gehört, wird vom Baby sehr früh in quasi automatischer Weise eingesetzt. Im Gegensatz zu den frühen Identifizierungen mit den libidinösen und fürsorglichen Aspekten der Mutter, die leicht auszudrücken sind und dazu dienen, die Interaktion mit ihr zu stärken, springen die grandiosen Identifizierungen mit den frustrierenden und zurückweisenden Aspekten der Objekte durch Ausdruck von Negativem ins Auge. Identifizierungen dieser Art drücken sich durch Defizite oder Begrenztheiten zum einen auf der Ebene der Interaktion mit der Mutter aus – und tragen so zur »Abwendung« bei – und zum anderen durch Hemmungen auf der Ebene der Funktionen, die der Entwicklung dienen.

Mit anderen Worten: Dieser Typ negativer Identifizierung mit starkem Abwehrcharakter wird sich über ein »Agieren durch Unterlassung« Ausdruck verschaffen, sowohl die Interaktion mit der Mutter wie mit der Umgebung im Allgemeinen verarmen lassen und darüber hinaus die gesamte psychische Entwicklung des Kindes beeinträchtigen.

4 Der pathologische Narzissmus des Babys

Daraus folgt, dass die narzisstische Grandiosität dieser Babys oder Kleinkinder sehr unsicher bleibt und es ihnen nicht gelingt, die paranoiden Ängste, die das Kind oft ganz bewusst erlebt, dauerhaft beiseite zu schieben oder zu verleugnen. Darüber hinaus werden diese Kinder auf unbewusster Ebene eine Verarmung spüren (wegen der Einschränkung der introjektiven Austauschprozesse mit der Umgebung) sowie Hilflosigkeit mit verschärftem Bedarf nach einem »umhüllenden« mütterlichen Objekt, das ihnen helfen könnte, die durch die Frustration erzeugten intensiven negativen Affekte zu ertragen. Wir sehen, dass bei Babys und sehr kleinen Kindern solche Erlebnisweisen leicht auftreten. Sie verleihen ihnen ein finsteres, trauriges, »zu ernstes« etc. Aussehen. Gefühle dieser Art sind bei Kindern von drei bis fünf Jahren, die ein stärker hypomanes und narzisstisches klinisches Bild zeigen, noch radikaler verleugnet. Die manischen Abwehrmechanismen, die zu Fantasien narzisstischen Typs führen, lassen sich bei Diane insbesondere in dem Katamnesegespräch beobachten, als das Kind fast vier Jahre alt war. Viele dieser Fälle bewegen sich in der Tat außerhalb des Rahmens der Möglichkeiten, die die gemeinsame Kurz- oder Langzeitpsychotherapien eröffnen können.

IV Fragen zur frühen Entwicklung der Identifizierungen

Wir möchten dieses Kapitel mit einer allgemeineren Überlegung zu den beträchtlichen Schwierigkeiten schließen, denen wir begegnen, wenn wir uns der Komplexität des Fantasielebens und der frühen Identifizierungen des Babys nähern. Diese Komplexität ergibt sich aus den frühen Abwehrformen, die das Baby von den ersten Augenblicken seiner Existenz an, die wir noch kaum kennen, einsetzt. Die Literatur über das Baby stellt dessen interaktive Kompetenzen stark in den Vordergrund, spricht aber nur sehr wenig von dessen Abwehrmöglichkeiten.

Die Erfahrungen der Mutter-Kleinkind-Psychotherapien sowie die der Psychoanalyse kleiner Kinder scheinen uns zu zeigen, dass sich diese Abwehraktivität beim Baby vor allem in Transformationen und Rekonstruktionen von Vorstellungen äußert, die es auf der Grundlage seiner Interaktion mit der Mutter aufbaut und dann die Grundlage seines Fantasielebens bilden. Es ist immer wieder beeindruckend festzustellen, wie beim Menschen die Interaktionskonflikte, die dem Baby ein negatives Bild seiner selbst vermitteln, von diesem in »animistischer« Weise erlebt werden: als einen Mangel aufseiten des Objekts. Ein solches Erleben wird aber sehr flüchtig, weil schwer zu erkennen und zu ertragen sein. Abwehrbemühungen werden die durch dieses Erleben erzeugten negativen Affekte in Fantasien von einem verfolgenden Objekt umwandeln (die von R. Spitz 1965 beschriebene Angst vor dem Fremden ist hierzu ein paradigmatisches Beispiel).

Dieselbe »animistische« Tendenz ist auch dafür verantwortlich, dass das Kind die Erlebnisse von Gemeinschaft mit der Mutter (dank derer die authentischen Bedürfnisse des Babys identifiziert werden können) später in Identifizierungen mit den positiven Aspekten des mütterlichen Objekts organisiert, die es ihm ermöglichen, die belastenden Affekte zu tolerieren und besser zu akzeptieren, die in Situationen von Mangel und Frustration aufkommen. Dieser Prozess geht mit dem der Repräsentanz sowohl der positiven wie der negativen und frustrierenden Aspekte der Mutter einher und führt zur Ausbildung des Gefühls von »relativer Stabilität und Konstanz des mütterlichen Objekts« in der inneren Welt des Kindes.

Die frühen Identifizierungen mit der Allmacht der zurückweisenden oder feindlichen Aspekte eines mütterlichen Objekts strukturieren demgegenüber die Grundlagen eines pathologischen narzisstischen Identitätsgefühls. Die Grandiosität und Allmacht einer solchen narzisstischen Funktionsweise gründen sich im Wesentlichen auf die negativen Aspekte des Objekts. Diese »Negativität« etabliert sich sowohl auf der Ebene der Interaktionen – sichtbar an der Tendenz des Babys zur Abwendung von der Mutter und von emotional bedeutsamen Personen – wie auf der Ebene der Entwicklung, in der diese Kinder tendenziell verschiedene Rückstände aufweisen.

Die psychoanalytisch orientierten Psychotherapien von Mutter und Kleinkind liefern einen besonders geeigneten Rahmen zur Untersuchung des Paradoxons der kindlichen Identifizierungen, das wir in diesem Kapitel geschrieben haben. Man erkennt hier die zwingende oder auch intrusive und sogar deformierende Rolle, die die projektiven Identifizierungen der Eltern (insbesondere der Mutter) für den Aufbau eines Identitätsthemas im Kind spielen. Aber man sieht hier ebenso, wie es dem Kind gelingt, diesen »Fremdkörper« zu integrieren und ihn in Richtung eines Identifizierungsprozesses zu verarbeiten, der die eigene Authentizität sichert.

In den erfolgreichen gemeinsamen Therapien verringert sich die entfremdende Rolle der projektiven Identifizierungen, wenn die Mutter die Repräsentanzen innerer Objekte und Selbstanteile, die auf das Kind übertragen worden waren, in ihren eigenen psychischen Raum zurücknimmt.

Zeichen einer solchen Reintrojektion werden auf drei Ebenen sichtbar:
➤ Die Mutter entdeckt ihr Kind mit neuen Augen, wodurch der Prozess der Objektalisierung des Kindes gefördert wird.
➤ Das Kind entwickelt gleichzeitig neue Funktionen, die bis dahin gehemmt waren (beispielsweise durch eine Neubesetzung körperlicher Nähe oder von Ich-Funktionen).
➤ Die dritte Ebene liegt im Prozess der Umstrukturierung der Besetzungen der inneren Objekte aufseiten der Mutter.

Scheitern die gemeinsamen Therapien, so häufig deshalb, weil die Mutter die Rücknahme projektiver Identifizierungen mit nicht-tolerierbarem Inhalt nicht erträgt und sie weiterhin dem Kind anheftet, womit sie zur Fortsetzung des Ausstoßungsprozesses beiträgt, der mehr oder weniger ausgedehnte Bereiche der Psyche des Kindes infiltriert. In diesen Fällen werden wir Zeugen von Verbiegungen im Identifizierungsprozess des Kindes – oft mit dem Ergebnis einer inflationären pathologisch-narzisstischen Megalomanie – sowie von Beeinträchtigungen bestimmter Ich-Funktionen. Eine erste Phase gemeinsamer Therapie ermöglicht hier zwar eine Evaluierung der Formen projektiver Identifizierung und ihres Veränderungspotenzials, aber auf Dauer werden diese sehr pathologischen Fälle auf Einzeltherapien für Mutter und Kind hin orientiert.

Schlussfolgerungen

I   Der Umbruch

Die Praxis der Psychotherapien für Mutter und Kleinkind liefert für die Beobachtung einer Phänomenologie dessen, was man psychischen Umbruch nennen könnte, einen bestens geeigneten Rahmen, und dies in zweierlei Hinsicht:

Zunächst deshalb, weil die Erwachsenen, die im Postpartum (das wir bis zu etwa zwei Jahren ausdehnen) zu uns in Konsultation kommen, bereits die Metamorphose durchgemacht haben, in der sie in einer neuen Identifizierung zu Eltern wurden. Als solche sind sie nun sowohl durch die Ansprüche des Kindes wie durch die Notwendigkeit zutiefst gefordert, dieses neue, ungewohnte Objekt zu besetzen. Wir werden hier zu Zeugen einer Form von Dislokation des vorherigen Ichzustands, der durch ein subjektives Erleben von Bruch und bisweilen von Unheimlichkeit angesichts des Neugeborenen gekennzeichnet ist. Diese Phänomenologie des Umbruchs berücksichtigt die schweren Pathologien des Postpartums ebenso wie die häufig auftretenden depressiven Zustände und die Beziehungspathologien, die in den gemeinsamen Therapien behandelt werden.

Der irreversible Charakter dieser Metamorphose verweist auf die Phänomenologie der Krise wie auf das Konzept der originellen Neoformation – eine Form der Selbstorganisation –, deren Konfiguration nicht auf die Summe ihrer Vorläufer zurückführbar ist.

Das psychische Funktionieren der Eltern, insbesondere das der Mutter, gehorcht also einer neuen Topik, die die mentale Repräsentanz des Kindes als etwas mit umfasst, das dem psychischen Territorium der Eltern hinzugefügt wurde. Der Elternneuling sieht sich vor eine einmalige Herausforderung gestellt: Er muss einem ungewohnten neuen Objekt Bedeutungen verleihen, einem Objekt, von dem die Anforderung ausgeht, »gedeutet« werden zu müssen, damit es besetzt werden kann. Angesichts dieses neuen Lebewesens, das seinen Platz einnehmen will, sind die Eltern gezwungen, Bedeutungen zu erzeugen; sie tun dies in einer lebhaften Produktion von Projektionen, die so unmittelbar wie blühend ist – daher die Charakterisierung der frühen mütterlichen Fürsorge als »normale Verrücktheit«. Um dieser Herausforderung gerecht werden zu können, schöpfen die Eltern in den vorbewussten und unbewussten Vorstellungen, die sie in sich tragen, wodurch das Kind zu einem Projektionsschirm wird, auf dem ihre infantilen Imagines in einer Neuauflage wiederbelebt werden.

Die normalen und pathologischen Schicksale der frühen Beziehungen beruhen auf der Art der Begegnung zwischen dem Neuen des Kindes und dem Infantilen der Eltern, zwischen der Fremdheit des Babys und der Vertrautheit der alten Imagines.

Die Atmosphäre dieser Begegnung ist durch die Wiederkehr von Phantomen getönt, die diesem fremden Objekt eine Form geben müssen. Nur der Zustand der Verliebtheit nähert sich der Dramatisierung und illusionistischen Kreativität, die diese Begegnung bestimmen: Man trifft hier auf das gleiche Veränderungspotenzial aufgrund des Strömens von Projektionen und der Erschütterung von Identifizierungen. Die Aufgabe für die Psyche der neuen Eltern ist ebenso umfangreich wie die bei einem Trauerfall, aber in einer spiegelverkehrten Analogie: In der Trauer muss das Subjekt Identifizierungen aufgeben, bei der Geburt eines Kindes muss es solche erzeugen. Der Umfang dieser Produktion erlegt den Eltern einen beträchtlichen psychischen Umbruch auf, der im Übrigen ein Beleg für ihre Veränderungsfähigkeit ist.

Normalerweise ist dieser Umbruch vorübergehender Natur: Das Aufblühen der Projektionen geht mit der Zeit zurück und macht einem Erkennen und einer »Personwerdung« des Kindes Platz.

Die gemeinsamen Psychotherapien sind indiziert, wenn der Prozess des Erkennens des Kindes blockiert ist und sich eine konflikthafte Besetzung der Vorstellung von ihm chronifiziert, denn eine solche Wiederholung ruft nach der Lösung alter Konflikte, die sich wegen der Unfähigkeit verewigen, von kindlichen Imagines Abschied zu nehmen.

Die schnellen und tiefgreifenden therapeutischen Wirkungen, die man bei diesen Therapien oft erzielt, sind die zweite Illustration für den Prozess psychischer Reifung, der für das psychische Funktionieren der Dyade in dieser frühen Zeit charakteristisch ist. Die Deutung der »Übertragung«, die auf das Kind vorgenommen wurde, führt zu massiven Veränderungen der Besetzungen und Vorstellungen der Eltern, der damit einhergehenden Interaktionsmodi wie auch der Funktionsweise des Kindes. Dieser Umbruch ist Ergebnis einer Reintegration der projektiven Identifizierungen der Eltern in ihr psychisches Herkunftsgebiet, was zu einer plötzlichen Veränderung der Identifizierungen der Eltern und ihrer Besetzungen des Kindes führt, das nun »entdeckt« wird und sich dadurch als befreit empfindet, was sekundär zu einer Umverteilung *seiner* Besetzungen führt. Diese von den Eltern vollzogene Reintrojektion induziert eine tiefgreifende Mutation der Dyade, deren weitere Entwicklung dadurch verändert wird. Man kann also zwei Zeiten psychischen Umbruchs im Lauf des Postpartums unterscheiden: Zunächst kommt es zu einem steilen Anstieg von Sinnzuschreibung in Richtung auf das Neugeborene, dann folgt während der gemeinsamen Therapien die plötzliche Reintrojektion der projizierten Vorstellungen, was eine Neugeburt des Kindes bewirkt.

Diese Fähigkeit zu psychischer Beweglichkeit scheint uns für diesen Lebensabschnitt typisch zu sein; sie ist das Grundcharakteristikum der Beziehungspathologien und ihrer Therapien und bietet eine einmalige Gelegenheit sowohl für kurztherapeutische Interventionen wie für Grundlagenforschung zu psychischer Veränderung.

II Die Kurzpsychotherapien

Dass Kurztherapien möglich sind, hat sich von zwei Feststellungen her durchgesetzt: zunächst der der oben beschriebenen großen psychischen Beweglichkeit und dann der der sektoriellen Begrenztheit der meisten Interaktionspathologien. In der Tat impliziert der Elternschaftskonflikt, der bei den meisten dieser Störungen mobilisiert wird, nicht die *gesamte* psychische Struktur der Eltern, sondern einen Sektor, der sowohl durch die besondere Topik des Postpartums wie durch die hier reaktualisierten Konflikte definiert ist. Diese »sektorielle« Strukturiertheit der Psychopathologie der Dyade bietet sich als Deutungsherd an, der ein schnelles Erfassen und eine Konzentrierung auf den Beziehungskonflikt ermöglicht.

In den Therapien, die kurz bleiben, wird die Übertragung auf das Kind und nicht die auf den Therapeuten als Symptom gedeutet. Sie laufen innerhalb des Rahmens einer positiven Übertragung auf den Therapeuten ab, und nur wenn die Übertragung zum Widerstand wird, muss zu einer Einzeltherapie der

Mutter übergegangen werden. Die Tatsache, dass dies nur selten notwendig wird, beruht wahrscheinlich auf einer Prädisposition in Sachen Übertragung, die bereits *vor* der Behandlung gegeben ist: Die meisten dieser Mütter designieren das Kind als Patient und sind also nicht in der Prädisposition, wie wir sie gewöhnlich bei einem Patienten antreffen, der die Entscheidung getroffen hat, für sich selbst um Behandlung nachzusuchen. Wir fühlen uns von daher nicht berechtigt, die Modellvorstellung »Langzeittherapie oder gar nichts« durchzusetzen.

Die Schnelligkeit der erzielten Veränderungen bedeutet nicht, dass letztere zerbrechlich oder oberflächlich wären. Anhand der Katamnesen und einer systematischen Erforschung der Therapieergebnisse von bis zu einem Jahr nach Therapieende konnten wir feststellen, dass die Veränderungen umfangreich und dauerhaft sind. Sie betreffen auch nicht nur die Symptome: Die Interaktionen und die vorbewussten mentalen Vorstellungen der Mutter (besonders ihr Selbstbild) haben sich verändert. Es kommt auch nicht zwingend zu neuen Symptomen. Die Lektüre unserer Fallberichte zeigt unserer Auffassung nach, dass diese Kurztherapien – für die wir noch einmal unterstreichen, wie sehr sie an die spezifische Pathologie des Postpartums gebunden sind – keine abgebrochenen Therapien sind, wie man vielleicht zu sagen geneigt wäre, wenn man ein Idealmodell vor Augen hat, bei dem das Ideal mit zeitlich offener Behandlungsdauer gleichgesetzt wird.

Im Übrigen liefern wir einige Kriterien, anhand derer die Beschränkungen evaluiert werden können, die dieser Vorgehensweise inhärent sind und aus denen sich Hinweise darauf ergeben, wann die Behandlung (mit der Mutter oder dem Kind) fortgesetzt werden muss. Eine entscheidende Rolle spielt hier die Natur der psychischen Funktionsweise der Mutter, ihrer Projektionen auf das Kind und die der Übertragung auf den Therapeuten.

Die gemeinsamen Kurztherapien stellen sich für uns als ein therapeutisches Werkzeug dar, das die Untersuchung der frühen wechselseitigen Beziehungen ermöglicht und zugleich eine Interventionsform ist, die für die Prävention von Interesse ist.

III Evaluationen der Psychotherapieeffekte

Eine systematische Studie zur Evaluation der therapeutischen Wirkungen der gemeinsamen Therapien hat unseren klinischen Eindruck bestätigt, dass man die erzielten Veränderungen nicht als vorübergehende Ergebnisse von Symptombehandlungen abtun kann. Wir haben aber die beträchtlichen Schwierigkeiten ermessen können, mit denen Forschungsprojekte dieser Art konfrontiert sind. Die gewichtigsten betreffen direkt die Ethik des Psychotherapeuten; sie hängen eng mit der Vorstellung von der Einmaligkeit des Patienten zusammen, mit dem Vorrang der Intersubjektivität der therapeutischen Begegnung und der impliziten Bezugnahme auf das Idealmodell des reinen Goldes der psychoanalytischen Kur. Diese Werte sind nur schwer mit dem Einbruch einer von außen kommenden Untersuchung zu vereinbaren, die die Therapieergebnisse über Quantifizierungen objektivieren will.

Es steht übrigens außer Zweifel, dass die Vorgehensweise der Objektivierung von Veränderungen schwierig, aber nicht unmöglich ist, solange man innerhalb des Rahmens dessen bleibt, was tatsächlich evaluiert werden *kann*. Wir konnten signifikante Veränderungen in mehreren Parametern aufzeigen. Sie sind nur Hinweise auf Veränderungen auf metapsychologischer Ebene, mit denen sie aber nicht gleichgesetzt werden sollten. Die Untersuchung des Veränderungsprozesses muss künftig im Zentrum der Forschungsprojekte zu diesem Thema stehen.

Trotz dieser Vorbehalte ist die wissenschaftliche Forschung in der Psychotherapie in vollem Aufschwung, und es wird für die Psychotherapieausbilder (wie für die Kliniker) wichtig, diesen Bereich zu kennen, und sei es auch nur, um die Spezifität der analytisch orientierten Psychotherapien besser vertreten zu können.

IV Technik

Der Phänomenologie der Beziehungspathologien entsprechen spezifische Techniken. Wir haben diejenigen herausgearbeitet, die sich an eine bedeutende Randgruppe der frühen Störungen richten, bei denen die Definition sektorieller Konflikte die Deutung von Herden und die Dekontaminierung von elterlichen Projektionen ermöglicht, die die Vorstellungen vom Kind betreffen.

Die Definition des Deutungsherdes und seiner verschiedenen Emanationen in den Assoziationen der Mutter und den Interaktionsstrategien ist das spezifischste technische Element. Dies erfordert aufseiten des Therapeuten eine Bereitschaft zu freischwebender Aufmerksamkeit und die Fähigkeit, ein zentrales Konfliktthema anzuzielen.

Die Untersuchung der Sprechverteilung zwischen Therapeut und Mutter zeigt, dass der Therapeut im Verlauf der Sitzungen von einer abwartenden offenen Haltung zu einem höheren Aktivitätsgrad übergeht, wobei er durch Eingrenzung eines Deutungsherds einen Abschluss setzt. Diese Technik erfordert eine Rezeptivität für die Abkömmlinge des mütterlichen Unbewussten und zugleich eine Aktivierung in Richtung Deutung, worin sie sich von der Praxis der konventionellen Psychotherapien unterscheidet. Eine Ausbildung in psychoanalytisch orientierter Psychotherapie ist erforderlich, um dieses Zusammenfallen von Rezeptivität und Aktivität verwirklichen und dabei doch die Klippen von Manipulation oder Suggestion umgehen zu können.

V Die Beiträge der Eltern zur Formung der kindlichen Psyche

Die epistemologische Herausforderung, die uns in unseren Forschungsprojekten zu den wechselseitigen Beziehungen zwischen Eltern und Kindern, wie sie in der psychotherapeutischen Situation zu beobachten sind, am meisten motiviert hat, besteht darin, die Wege der Prägungen durch die Eltern bei der Formung der kindlichen Psyche aufzufinden. Dieser Bereich hat mit der Generationenfolge zu tun, mit der Weitergabe von Unbewusstem zu Unbewusstem, mit der Entwicklung von »entfremdenden« Identifizierungen als Kommunikationsmodi in den Interaktionen.

Die Praxis der gemeinsamen Psychotherapien ermöglicht ein gemeinsames Erfassen des Themas der Zuschreibung von Sinn *an das Infans*, des Themas der Projektionsmodi, auf denen er transportiert wird, und des Themas der Interaktionsmodi, die diese Mitteilungen durch eine Myriade agierter Zeichen abstützen.

Die klinische Praxis hat uns auf die erstaunliche Formbarkeit des *Infans* und seiner Interaktion mit der Mutter durch die Zwänge aufmerksam gemacht, die ihm durch die unbewusste Konfliktualität der Mutter auferlegt werden. Die Auswirkungen dieser Prägung sind sehr früh sichtbar, manchmal schon in den ersten Tagen, wie man an den frühen Anorexien sehen kann, und man kann deren Abkömmlinge Jahre später nachweisen, sei es nun in Katamnesen in der ödipalen Phase oder im Erwachsenenalter, worauf bestimmte psychoanalytische Schriften abgehoben haben. Oft waren wir durch die Präzision dieser Durchdringung beeindruckt, insbesondere im Bereich der Fantasiethemen, wenn diese, der Spur der früheren Bahnung folgend, in die Kindheitsneurose übernommen wurden.

Bei dieser Weitergabe haben in erster Linie zwei Phänomene unsere Aufmerksamkeit auf sich gezogen: die zusammengesetzte Natur der beiden Identifizierungsprozesse, die dem *Infans* auferlegt werden, und die Rolle der interaktiven Kommunikationsmodi.

Die Identifizierungsprozesse etablieren sich als eine Komposition, in der zwei Kraftfelder miteinander rivalisieren, deren Resultante dem Kamm eines Berges vergleichbar ist, dessen eine Seite durch die Identität der Mutter abgesteckt ist, die andere dagegen durch die autonome Kreativität des Kindes. In der Dynamik der Beiträge jeder dieser beiden Seiten wird sich das Aufkommen der persönlichen Identität – gewissermaßen auf des Messers Schneide – abzeichnen. Entweder sind die Projektionen der Eltern zu entfremdend und führen zu einer Pathologie nach Art des falschen Selbst, die vom dauerhaften Einfluss von »Krypten« bis hin zum offensichtlichen Fehlen von Aneignung eines authentischen Selbst reichen, oder das Kind kann diese erste Zeit identifizierender Aussagen der Mutter in die Bildung von Strukturen integrieren, die es zu seinen eigenen macht.

Vom Gleichgewicht dieser Kräfte hängen die Zukunft des psychischen Funktionierens und die Möglichkeit ab, den Entfremdungsprozess durch gemeinsame Psychotherapie abzubiegen. Die Natur der elterlichen Projektionen spielt eine entscheidende Rolle bei dem, was sich auf dieses Messers Schneide ereignet, weshalb es wichtig ist, sie diagnostisch einzuschätzen.

Am meisten haben uns die Koinzidenz von Aussagen der Mutter zu unbewussten Konflikten und deren gleichzeitige handlungsmäßige Umsetzung in jenen Interaktionsszenarien, die wir »symptomatische Interaktionssequenzen« genannt haben, in Erstaunen versetzt.

Über Interaktionsmodalitäten, die sich auf Handeln auf der Ebene der Proxemie, den Austausch von Blicken, auf Affektindizes im Gesichtsausdruck, in der Intonation der Stimme etc. stützen, bedeuten sich Mutter und Kind, was wichtig und was von nachgeordneter Bedeutung ist, was erlaubt ist und was verboten, was wünschenswert und was gefährlich. Recht häufig haben wir symptomatische Interaktionen als sichtbare Korrelate gemeinsamer Konflikte deuten können, als agiertes Vokabular unbewusster Mitteilungen, hinter denen sich Fantasien, Abwehren, Wünsche und Zensur verbergen.

Wertet man diese Phänomene als Zeichensetzung durch Handeln, kann uns die psychotherapeutische Untersuchung der Interaktionen einiges zur Weitergabe von Unbewusstem zu Unbewusstem und zur Rolle des psychischen Funktionierens der Eltern bei der Strukturierung des Kindes lehren.

Literatur

Abella, A. (1991): Les catamnèses à l'adolescence d'un groupe de très jeunes enfants à haut risque traités en Centre de jour. Doktorarbeit Nr. 9264, Universität Genf, Medizinische Fakultät.
Abraham, N.; Torok, M. (1978): L'écorce et le noyau. Paris (Flammarion).
Ainsworth, M.D.S. (1974): Mother-infant attachment and social development. In: Richards, M. (Hg.): The interrogation of the child into the social world. Cambridge (Cambridge University Press).
Ainsworth, M.D.S.; Blehar, M.; Waters, E.; Wall, S. (1978): Patterns of attachment: a psychological study of the strange situation. Hillsdale, NJ (Erlbaum).
Anzieu, D. (1985): Le moi peau. Paris (Bordas). [Dt. (1991): Das Haut-Ich. Frankfurt/M. (Suhrkamp).]
Atlan, H. (1979): Entre le cristal et la fumée. Paris (Seuil).
Aulagnier, P. (1984): L'apprenti-historien et le maître-sorcier. Paris (PUF).
Bachmann, J.-P. (1992): Evaluation de la satisfaction d'une population consultant un service de psychiatrie infantile. Doktorarbeit Nr. 9327. Universität Genf, Medizinische Fakultät.
Bachmann, J.-P.; Robert-Tissot, C. (1992): Le raisonnement du clinicien dans les indications aux psychothérapies brèves mère-bébé. Psychothérapies (12) 2.
Bader, M.; Cramer, B. (1991): Expressions faciales et échanges de regards entre enfant et mère au cours d'une psychothérapie. Cahiers psychiatriques genevois 11, 125–128.
Bentovim, A.; Kinston, W. (1978): Brief focal family therapy when the child is the referred patient. J. Child Psychol. Psychiatr. 19 (1), 1–12.
Bibring, G.; Dwyer, T.F.; Huntington, D.S.; Valenstein, A.F. (1961): A study of psychological processes in pregnancy of the earliest mother-child relationship. The Psychoanalytic Study of the Child 16, 9–27.
Bion, W.R. (1962): Learning from experience. London (Heinemann Medical Books).
Bion, W.R. (1979): Eléments de psychanalyse. Paris (PUF).
Blos, P.Jr. (1985): Intergenerational separation-individuation. Treating the mother-infant pair. Psychoanalytic Study of the Child 40, 41–56.
Bowlby, J. (1958): The nature of the child's tie to his mother. I. J. Psycho-Anal. 39, 350–373.
Bowlby, J. (1978, 1984): Attachement et perte. Bände 1, 2, 3. Paris (PUF).
Brazelton, T.B.; Cramer, B. (1991): Die frühe Bindung. Die erste Beziehung zwischen dem Baby und seinen Eltern. Stuttgart (Klett-Verlag).

Brockington, L.; Cox-Roper, A. (1985): The nosology of puerperal mental illness. In: Kumar, R.; Brockington, I. (Hg.): Motherhood and mental illness. Band 2. London (Wright, Butterworth & Co.).
Brusset, B. (1991): L'or et le cuivre (La psychothérapie peut-elle être et rester psychanalytique?). Revue française de Psychanalyse 3.
Budman, S. H. (Hg.) (1981): Forms of brief therapy. New York (Guilford Press).
Cramer, B. (1974): Interventions thérapeutiques brèves avec parents et enfants. Psychiatrie de l'enfant XVII (1), 53–118.
Cramer, B. (1977): Vicissitudes de l'investissement du corps: symptômes de conversion en période pubertaire. Psychiatrie de l'enfant XX (1), 11–127.
Cramer, B.; Manzano, J.; Palacio-Espasa, F.; Torrado, M. (1978, 1979): Programmes de prévention dans un service de guidance pour enfants préscolaires. Acta Paedopsychiatrica 43, 44, 45.
Cramer, B.; Manzano, J. (1981): L'enfant en crise. Psychothérapies, 1 (3), 149–157.
Cramer, B.; Manzano, J.; Dufour, R.; Gottardi, P.-Y.; Knauer, D. (1983): Trente-six encoprétiques en thérapie. Psychiatrie de l'enfant XXVI (2), 309–410.
Cramer, B. (1987): Objective and subjective aspects of parent-infant relations. In: Osofsky, J. (Hg.): Handbook of infant development. New York (John Wiley), S. 1037–1057.
Cramer, B.; Stern, D. N. (1988): Evaluation des changements relationnelles au cours d'une psychothérapie brève mère-nourrisson. In: Cramer, B. (Hg.): Psychiatrie du bébé: nouvelles frontières. Paris/Genf (Eshel), Médecine et Hygiène, S. 31–70.
Cramer, B.; Robert-Tissot, C.; Stern, D. N.; de Muralt, M.; Besson, G.; Palacio-Espasa, F.; Bachmann, J.-P.; Kanuer, D.; Berney, C.; d'Arcis, U. (1990): Outcome evaluation in brief mother-infant psychotherapy: a preliminary report. Infant Mental Health Journal 11 (3), 278–300.
Cramer, B.; Robert-Tissot, C. (2000): Evaluating mother-infant psychotherapies: »bridging the gap« between clinicians and researchers. In: Osofsky, J. D.; Fitzgerald, H. E.: WAIMH Handbook of Infant Mental Health. Band 2. New York (John Wiley and Sons Inc.).
Cramer, B.; Robert-Tissot, C.; Rusconi Serpa, S. (2002): Du bébé au préadolescent. Une étude longitudinale. Paris (Odile Jacob).
Crittenden, P. M. (1981): Abusing, neglecting, problematic and adequate dyads, differentiating by patterns of interaction. Merill-Palmer Quarterly, 27, 201–218.
Dahl, H.; Kächele, H.; Thomä, H. (Hg.) (1988): Psychoanalytic process research strategies. Frankfurt/Heidelberg (Springer-Verlag).
David, M.; Appell, G. (1966): La relation mère-enfant: étude de 5 patterns d'interaction entre mère et enfant à l'âge d'un an. Psychiatrie de l'Enfant IX (2), 445–531.
Debray, R. (1987): Bébés-mères en révolte. Paris (Paidos).
Debray, R. (1991): Consultations et traitements conjoints de la triade mère-père-bébé, Revue française de Psychanalyse 3.
Donnet, J.-L. (1992): Le divan bien tempéré. Paris (PUF).
Dulcan, M. K. (1984): Brief psychotherapy with children and their families, the state of the art. J. Amer. Acad. Ch. Psychiatry 23 (5), 544–551.
Elkin, I. et al. (1989): National Institute of Mental Health, Treatment of depression. Collaborative research program. Arch. Gen. Psychiatry 46, 971–981.
Emde, R. N.; Kligman, D. H.; Reich, J. H.; Wade, T. D. (1978): Emotional expression in infancy, I: Initial studies of social signalling and an emergent model. In: Lewis, M.; Rosenblum, L. (Hg.): The development of affect. New York (Plenum Press).
Emde, R. (1983): The pre-representational self and its affective core. Psychoanalytic Study of the Child 38, 165–192.

Emde, R. (1989): The infants' relationship experience, developmental and affective aspects. In: Sameroff, A.J.; Emde, R.N. (Hg.): Relationship disturbances in early childhood. A developmental approach. New York (Basic Books), 33–51.
Eysenck, H. (1952): The effects of psychotherapy, an evaluation. J. Consult. Psychol. 16, 319-324.
Flegenheimer, W. (1982): Techniques of brief psychotherapy. New York (Aronson).
Fraiberg, S. (1980): Children studies in infant mental health: the first year of life. New York (Basic Books).
Frank, J.D. (1974): Therapeutic components of psychotherapy, a 25 years progress report of research. Journal of Nervous and Mental Disease 159, 325–342.
Freud, S. (1910): Über Psychoanalyse. GW VIII, 1–60
Freud, S. (1912): Zur Dynamik der Übertragung. GW VIII, 364–374
Freud, S. (1915): Triebe und Triebschicksale. GW X, 210–232.
Freud, S. (1937): Die endliche und die unendliche Analyse. GW XVII, 59–99.
Gauthier, L. (1991): Psychopathologie développementale et psychanalyse. Psychiatrie de l'Enfant XXXIV (l), 5–33.
Gerin, P. (1984): L'évaluation des psychothérapies. Paris (PUF).
Gillieron, E. (1990): Les thérapies brèves. Paris (PUF).
Golse, B. (1990): Insister - exister. De l'être à la personne. Paris (PUF).
Golse, B. (1991): La dépression chez le nourrisson. Vortrag vor dem Genfer Symposion für Kinderpsychiatrie. (Unveröffentlicht).
Gottardi, P.-Y. (1991): Psychiatrie institutionnelle – psychiatrie privée: comparaison de deux pratiques. Cahiers psychiatriques genevois 11, 85–97.
Green, A. (1979): L'enfant modèle. Nouvelle Revue de Psychanalyse 19, 27–48.
Grinberg, L. (1976): Teoria de la identificación. Buenos Aires (Paidos).
Grotstein, J.S. (1983): Identificación projectiva y escisión. Barcelona/Mejico (Gedisa).
Gutton, P. (1983): Le bébé du psychanalyste. Paris (Le Centurion, Paidos).
Guyotat, J. (1980): Mort, naissance et filiation. Paris (Manes).
Haag, G. (1991): Nature de quelques identifications dans l'image du corps: hypothèses. Journal de la Psychanalyse de l'Enfant 9, 73–92.
Haynal, A. (1968): Le syndrome de couvade. Annales médico-pédagogiques 1 (4), 539–571.
Haynal, A. (1987): La technique en question. Paris (Payot).
Hill, C.E.; Carter, J.A.; O'Farell, M.K. (1983): A case study of the process and outcome of time limited counselling. Journal of Counselling Psychology 30, 3–18.
Kächele, H. (1983): Verbal activity level of therapists in initial interviews and long-term psychoanalysis. In: Minsel, W.R.; Heuff, W. (Hg.): Methodology in psychotherapy research. Frankfurt (Lang).
Kächele, H. (1988): Clinical and scientific aspects of the Ulm process model of psychoanalysis. I. J. Psycho-Anal. 69, 65–73.
Kächele, H. (1991): Les facteurs thérapeutiques en psychothérapie, une nouvelle perspective de recherche. Vortrag in Genf, unveröffentlichtes Manuskript.
Kernberg, O.; Burstein, E.D.; Coyne, L.; Appelbaum, A.; Horowitz, L.; Voth, H. (1972): Psychotherapy and psychoanalysis. Final report of the Menninger Foundation. Bull. Menninger Clinic 36, 3–275.
Klein, M. (1966): Notes sur quelques mécanismes schizoïdes. In: Klein, M.; Heimann, P.; Isaac, S.; Riviere, J.: Développements de la psychanalyse. Paris (PUF).
Klein, M. (1972): Le deuil et ses rapports avec les états maniaco-dépressifs. In: Essais de psychanalyse. Paris (PUF).
Kohut, H. (1974): Le Soi. Paris (PUF).

Koss, M.P.; Butcher, J.N. (1986): Research on brief psychotherapy. In: Garfield, S.L.; Bergin, A.E. (Hg.): Handbook of psychotherapy and behaviour change (3. Auflage.). New York (Wiley & Sons).

Krause, R.; Lütolf, P. (1988): Facial indicators of transference processes within psychoanalytic treatment. In: Dahl, H.; Kächele, H.; Thomä, H. (Hg.): Psychoanalytic process research strategies. Berlin/Heidelberg (Springer-Verlag).

Kreisler, L.; Fain, M.; Soulé, M. (1974): L'enfant et son corps. Paris (PUF).

Kreisler, L. (1981): L'enfant du désordre psychosomatique. Toulouse (Privat).

Kreisler, L.; Cramer, B. (1985): Les bases cliniques de la psychiatrie du nourrisson. In: Lebovici, S.; Diatkine, R.; Soulé, M. (Hg.): Traité de psychiatrie de l'enfant et de l'adolescent. Band II, Kap. 72, S. 649–680.

Lacan, J. (1949): Le stade du miroir comme formateur de la fonction du Je telle qu'elle nous est révélée dans l'expérience. Revue française de Psychanalyse 13, 449–455.

Lacan, J. (1966): Au-delà du principe de réalité. In: Ecrits. Paris (Seuil).

Lambert, M.J.; Shapiro, D.A.; Bergin, A.E. (1986): The effectiveness of psychotherapy. In: Garfield, S.L.; Bergin, A.E. (Hg.): Handbook of psychotherapy and behaviour change (3. Auflage). New York (Wiley & Sons).

Laufer, M.; Egle-Laufer, M. (1984): Adolescence and developmental break-down. New Haven & London (Yale University Press).

Lebovici, S. (1980): Névrose infantile, névrose de transfert. Revue française de Psychanalyse 5-6, 754–857.

Lebovici, S. (1983): Le nourrisson, la mère et le psychanalyste. Les interactions précoces. Paris (Paidos).

Lewis, M.; Rosenblum, L.A. (Hg.) (1974): The effect of the infant on its caregivers. New York (John Wiley).

Luborsky, L.; Crits-Christoph, P.; Mintz, L.; Auerbach, A. (1988): Who will benefit from psychotherapy? Predicting therapeutic outcomes. New York (Basic Books).

Mackenzie, K.R. (1988): Recent developments in brief psychotherapy. Hospital and Community Psychiatry 39 (7), 742–752.

Mac Lean, G.; Mac Intosh, B.; Taylor, E.; Gerber, M. (1982): A clinical approach to brief dynamic therapies in child psychiatry. Canad. J. Psychiat. 27, 113–118.

Mahler, M.; Pine, F.; Bergman, A. (1975): The psychological birth of the human infant. New York (Basic Books).

Manzano, J.; Palacio-Espasa, F. (1989): Soigner l'enfant. Les thérapies en psychiatrie infantile et en psycho-pédagogie. Lyon (Césura).

Manzano, J.; Palacio-Espasa, F. (1990): Concepts théoriques fondamentaux à propos des psychothérapies mères-bébés. Vortrag auf dem Symposium für Kinderpsychiatrie, Genf.

Meltzer, J. (1977): Les structures sexuelles de la vie psychique. Paris (Payot).

Meyer, A.E. (1988): What makes psychoanalysts tick ? A model and the method of audio-recorded retroreports. In: Dahl, H.; Kachele, H.; Thomä, H. (Hg.): Psychoanalytic process research strategies. Frankfurt/Heidelberg (Springer-Verlag), 273–291.

Mijolla, A. de (1981): Les visiteurs du moi. Paris (Belles Lettres).

Morin, E. (1977): La méthode. Band I: La nature. Band II: La vie de la vie. Paris (Seuil).

Murray, L. (1988): Effects of postnatal depression on infant development: direct studies of early mother-infant interactions. In: Kumar, R.; Brockington, I. (Hg): Motherhood and mental illness. Band 2. London (Wright, Butterworth & Co).

Neyraut, M. (1979): Le transfert. Paris (PUF).

O'Dell, J.; Winder, P. (1975): Evaluation of a content analysis system for therapeutic interview. J. Clin. Psychol. 31, 737–744.

O'Farell, M. K.; Hill, C. E.; Patton, S. (o.Jg.): A case study of the process and outcome of time-limited psychotherapy. A methodological re-plication. Unveröffentlichtes Manuskript.
O'Hara, M. W.; Zekoski, E. M. (1988): Post-partum depression: a comprehensive review. In: Kumar, R.; Brockington, I. (Hg.): Motherhood and mental illness, Band 2, London (Wright, Butterworth & Co).
Paffenberger, R. S. (1982): Epidemiological aspects of mental illness associated with childbearing. In: Brockington, I.; Kumar, R. (Hg.): Motherhood and mental illness. London (Academic Press).
Palacio-Espasa, F.; Manzano, J. (1982): La consultation thérapeutique de très jeunes enfants et de leurs mères. Psychiatrie de l'enfant XXV (1), 5–26.
Palacio-Espasa, F. (1984): Indications et contre-indications des approches psychothérapeutiques brèves des enfants d'âge préscolaire et leurs parents. Neuropsychiatrie des enfants et adolescents 12, 591–609.
Palacio-Espasa, F. (1985): Les indications thérapeutiques en psychiatrie infantile et l'implication de la famille. Arch. Suisses de Neurologie, de Neurochirurgie et de Psychiatrie 136 (6), 165–173.
Pardes, H.; Pincus, H. (1981): Brief therapy in the context of national mental health issues. In: Budman, S. (Hg.): Forms of brief therapy. New York (Guildford Press).
Parloff, M. B. (1988): Psychotherapy outcome research. In: Michels, R.; Lippincott, J. B. (Hg.): Psychiatry (3 Bände). New York (Basic Books).
Pepinsky, H. B. (1979): A computer assisted language analysis system and its application. Arlington (EMC Documentation Reproduction Service).
Piaget, J. (1978): La formation du symbole chez l'enfant. Paris (Delachaux & Nestlé).
Pinol-Douriez, M. (1984): Bébé agi - Bébé actif. L'émergence du symbole dans l'économie interactionnelle. Paris (PUF).
Pontalis, J.-B. (1979): La chambre des enfants. Nouvelle Revue de Psychanalyse 19, 5–12.
Proskauer, S. (1971): Focused time-limited psychotherapy with children, J. Amer. Acad. Ch. Psychiatry 10 (4), 619–639
Racamier, P.-C. (1979): De psychanalyse en psychiatrie. Paris (Payot).
Robert-Tissot, C.; Rusconi-Serpa, S.; Bachmann, J. P.; Besson, G.; Cramer, B.; Knauer, D.; de Muralt, M.; Palacio-Espasa, F.; Stern, D. N. (1989): Le questionnaire »Symptom Check-List«, évaluation des troubles psycho-fonctionnels de la petite enfance. In: Lebovici, S.; Mazet, P.; Visier, J.-P. (Hg.): L'évaluation des interactions précoces entre le bébé et ses partenaires. Paris/Eshel/Genf, Médecine et Hygiène, 179–215.
Robert-Tissot, C.; Rusconi-Serpa, S.; de Muralt, M.; Stern, D. N.; Cramer, B. (1991): Traitement des troubles fonctionnels dans la petite enfance. Cahiers psychiatriques genevois 11, 109–123.
Rosenfeld, H. (1976). Etats psychotiques. Paris (PUF).
Rusk, T. N.; Gerner, R. H. (1972): A study of the process of emergency psychotherapy. American Journal of Psychiatry 128, 882–885.
Sandler, J. (1960): The background of safety. Intern. J. of Psychoanalysis 41, 387–418.
Sandler, J. (1987): Projection, identification, projective identification. London (Karnac Books).
Sameroff, A. J.; Emde, R. N. (1989): Relationship disturbances in early childhood. A developmental approach. New York (Basic Books).
Segal, H. (1981). The work of Hanna Segal. A kleinian approach to clinical practice. New York (Jason Aronson).
Shapiro, D.; Shapiro, D. (1982): Meta-analysis of comparative therapy outcome studies, a replication and refinement. Psychological Bulletin 92, 581.
Sledge, W. H.; Moras, K.; Hartley, D.; Levine, M. (1990): Effect of time-limited psychotherapy on patient drop-out rate. Amer. J. Psychiat. 147, 1341–1347.

Smith, M. L.; Glass, G. V.; Miller, T. L. (1980): The benefits of psychotherapy. Baltimore (John Hopkins University Press).
Spitz, R. (1950): Psychiatric therapy in infancy. American Journal of Orthopsychiatry 20, 623–633.
Spitz, R. (1951): Psychogenic diseases in infancy: an attempt at their etiologic classification. Psychoanalytical Study of the Child 6, 255–275.
Spitz, R. (1964): The derailment of dialogue: stimulus overload, action cycles and the completion gradient. J. Amer. Psychoanal. Assoc. 12, 752–775.
Spitz, R.; Cobliner, G. W. (1965): The first year of life. New York (International Universities Press). [Dt.: Spitz, R. (1976): Vom Säugling zum Kleinkind. Naturgeschichte der Mutter-Kind-Beziehungen im ersten Lebensjahr. Unter Mitarbeit von W. Godfrey Cobliner. Stuttgart (Klett).]
Stern, D. N. (1985): The interpersonal world of the infant. New York (Basic Books).
Stern, D. N.; Cramer, B. (1988): Evaluation des changements relationnels au cours d'une psychothérapie brève mère-nourrisson. In: Cramer, B. et al. (Hg.): Psychiatrie du bébé, nouvelles frontières. Paris/Eshel/Genf, Médicine et Hygiène, Mapitel 2, S. 31–70.
Stern, D. N. (1989): The representation of relational patterns, developmental considerations. In: Sameroff, R. J.; Emde, R. N.: Relationship disturbances in Early Childhood. A developmental approach. New York (Basic Books), 52–69.
Stern, D. N.; Robert-Tissot, C.; Besson, G.; Rusconi-Serpa, S.; de Muralt, M.; Cramer, B.; Palacio-Espasa, F. (1989): L'entretien »R«, une méthode d'évaluation des représentations maternelles. In: Lebovici, S.; Mazet, P.; Visier, J.-P. (Hg.): L'évaluation des interactions précoces entre le bébé et ses partenaires. Paris/Eshel/Genf, Médecine et Hygiène, 151–177.
Stern, D. N.; Robert-Tissot, G.; de Muralt, M.; Cramer, B. (1989): Le KIA-profil, un instrument de recherche pour l'évaluation des états affectifs du jeune enfant. In: Lebovici, S.; Mazet, P.; Visier, J.-P. (Hg.): L'évaluation des interactions précoces entre le bébé et ses partenaires. Paris/Eshel/Genf, Médecine et Hygiène.
Stern-Bruschweiler, N.; Stern, D. N. (1989): A model for conceptualizing the role of the mother's representational world in various mother-infant therapies. Infant Mental Healt Care Journal 10 (3), 142–156.
Stoleru, S.; Morales-Huet, M. (1989): Psychothérapies mère-nourrisson. Paris (PUF).
Strupp, H. H. (1980): Success and failure in time-limited psychotherapy. Arch. Gen. Psychiatry 37, 947–954.
Strupp, H. H.; Hadley, S. W. (1978): Specific versus non-specific factors in psychotherapy, a controlled study of outcome. Arch. Gen. Psychiatry 36, 1125–1136.
Strupp. H. H.; Binder, J. L. (1984): Psychotherapy in a new key. New York (Basic Books).
Strupp, H. H.; Schacht, E.; Henry, W. P. (1988): Problem-treatment-outcome congruence, a principle whose time has come. In: Dahl, H.; Kächele, H.; Thomä, H. (Hg.): Psychoanalytic process research strategies. Frankfurt/Heidelberg (Springer-Verlag).
Tronick, E.; Cohn, J.; Shea, E. (1986): The transfer of affect between mothers and infants. In: Brazelton, T. B.; Yogman, M. W.: Affective development in infancy. New Jersey (Ablex Publish Corp.).
Tronick, E.; Gianino, A. (1986): The transmission of maternal disturbances to the infant. In: Tronick, E.; Fields, T. (Hg.): Maternal depression and infant disturbance. New directions for child development. San Francisco (Jossey Bass).
Viderman, S. (1970): La construction de l'espace analytique. Paris (Denoël).
Winnicott, D. W. (1969): La préoccupation maternelle primaire. In: De la pédiatrie à la psychanalyse. Paris (Payot).

Winnicot, D.W. (1971): Therapeutic Consultations in Child Psychiatry. London (Hogarth Press).
Winnicott, D.W. (1975): De la pédiatrie à la psychanalyse. Paris (Payot).

Aktive Vaterschaft

Harald Werneck, Martina Beham, Doris Palz (Hg.)

Männer zwischen Familie und Beruf

Vater werden ist nicht schwer?

Eberhard Schäfer, Michael Abou-Dakn, Achim Wöckel (Hg.)

Zur neuen Rolle des Vaters rund um die Geburt

2006 · 244 Seiten · Broschur
ISBN 978-3-89806-551-1

Die Frage, wie sich Familie und Beruf im Einzelfall vereinbaren lassen, wurde lange Zeit nahezu ausschließlich Frauen gestellt. An ihnen lag es, sich gegebenenfalls mit diesem »privaten«, »persönlichen« Problem zu befassen und eine Lösung zu finden. Seit einigen Jahren werden zunehmend auch die Männer in die Diskussion einbezogen, sowohl in der Forschung als auch im medialen und politischen Diskurs. Die Gründe, weshalb der Ausgleich zwischen Familie und Beruf zunehmend auch zur »Männersache« wird, sind vielfältig. Wissenschaftler und Wissenschaftlerinnen unterschiedlicher Disziplinen untersuchen – auch aus alltagspraktischer Sicht – die besonderen Fragen und Probleme, die sich für Männer aus dem Spannungsverhältnis zwischen Familie und Beruf ergeben.

2008 · 153 Seiten · Broschur
ISBN 978-3-89806-819-2

Die Anwesenheit des Vaters bei der Geburt seines Kindes ist heutzutage selbstverständlich und gleichzeitig umstritten. Studien und Praxiserfahrungen zeigen: Gut informierte und unterstützte Väter bauen eine bessere Beziehung zum Kind auf und unterstützen ihre Partnerin. Internationale Wissenschafter und Praktiker präsentieren in diesem Band Studien, Good Practice und Erfahrungsberichte, die allesamt auf Handlungsbedarf zur professionellen Unterstützung engagierter Vaterschaft hinweisen.

Die Publikation wendet sich einerseits an Professionelle wie Ärztinnen und Ärzte in der Geburtshilfe, Hebammen und Entscheider im Gesundheitswesen. Andererseits richtet sich dieses Buch auch an interessierte Laien, an Paare auf dem Weg zu gelingender Elternschaft, die sich über die innovative Unterstützung der Väter informieren wollen.

P⬚V
Psychosozial-Verlag

Goethestr. 29 · 35390 Gießen · Tel. 0641/9716903 · Fax 77742
bestellung@psychosozial-verlag.de
www.psychosozial-verlag.de

2007 · 198 Seiten · broschiert
ISBN 978-3-89806-743-0

2007 · 250 Seiten · broschiert
ISBN 978-3-89806-820-8

Lebensformen und Familien befinden sich im Wandel. Gerhard Bliersbach sieht dies als »ungeplantes Experiment der Evolution der Lebensformen«. Dazu gehört als Normalfall der Moderne die Auflösung alter familiärer Gefüge und deren Zusammensetzung in neuen Konstellationen. Eine davon ist die Patchwork-Familie, in der sich Partner mit leiblichen und nichtleiblichen Kindern zu einer gemeinsamen Lebensform entschließen. Das Buch beschreibt ein sehr typisches Patchwork-Familiensystem: die Mutter, deren Kinder, den Stiefvater und ein gemeinsames leibliches Kind.

Horst-Eberhard Richter gibt eine grundlegende und umfassende Darstellung der Familientherapie basierend auf der Psychoanalyse. Anhand authentischer Krankengeschichten und Behandlungsbeispielen illustriert der Autor die Chancen dieses Heilverfahrens, weist aber zugleich auf mögliche Schwierigkeiten hin. Das Buch richtet sich nicht nur an Angehörige sozialpädagogischer Berufsgruppen, sondern darüber hinaus an ein interessiertes Laienpublikum.

PV
Psychosozial-Verlag

Goethestr. 29 · 35390 Gießen · Tel. 0641/9716903 · Fax 77742
bestellung@psychosozial-verlag.de
www.psychosozial-verlag.de

1999 · 225 Seiten · Broschur
ISBN 978-3-932133-52-7

Wilfried Datler, Helmuth Figdor, Johannes Gstach (Hg.)
Die Wiederentdeckung der Freude am Kind
Psychoanalytisch pädagogische Erziehungsberatung heute

Was tun, wenn Eltern mit ihren Kindern nicht mehr zurecht kommen? Wie kann man die Sorgen und Nöte verstehen, mit denen diese Eltern ebenso zu kämpfen haben wie die Kinder?

Dieses Buch zeigt, in welcher Weise die unbewusste Bedeutung von Eltern-Kind-Problemen erschlossen und in die Beratungspraxis Eingang finden können. Darüber hinaus werden die Grundlagen und Grundzüge psychoanalytisch-pädagogischer Erziehungsberatung dargestellt und anhand zahlreicher Fallbeispiele diskutiert.

2002 · 222 Seiten · Broschur
ISBN 978-3-89806-165-0

Wilfried Datler, Annelinde Eggert-Schmid Noerr, Luise Winterhager-Schmid (Hg.)
Das selbständige Kind
Jahrbuch für Psychoanalytische Pädagogik 12

Nahezu unbemerkt hat sich eine neue pädagogische Leitvorstellung etabliert: die Selbständigkeit des Kindes. Doch wie ist die erzieherische Norm der Selbständigkeit einzuschätzen? Welche Form von Selbständigkeit kann als sinnvolle Herausforderung oder aber als unsinnige Überforderung gelten? Welche Entwicklungsprozesse von Kindern können besser verstanden werden, wenn man sie als Prozesse der Selbstbildung und des Selbständig-Werdens begreift? Sind Kindheit und Kindlichkeit nur noch Störfaktoren auf dem Weg der fortschreitenden Modernisierung oder doch ein Raum der besonderen kindlichen Subjektivität, die des Schutzes und der Fürsorge bedarf?

P🕮V
Psychosozial-Verlag

Goethestr. 29 · 35390 Gießen · Tel. 0641/9716903 · Fax 77742
bestellung@psychosozial-verlag.de
www.psychosozial-verlag.de